本书得到下列基金项目的资助：

河北省社会科学基金项目"新制度主义视角下地方政府行为适应性调整研究"（项目编号：HB15ZZ012）

河北师范大学博士基金项目"新制度主义视角下的中国地方政府行为悖论分析"（项目编号：130917）

河北师范大学人文社会科学基金项目"国有企业产权制度的适应性调整研究——基于对新制度主义功能绩效观的反思"（项目编号：S2015Y06）

河北师范大学法政学院（马克思主义学院）学术著作出版基金项目

适应性调整

新制度主义视角下的中国体制转型研究

李 艳 著

中国社会科学出版社

图书在版编目(CIP)数据

适应性调整：新制度主义视角下的中国体制转型研究 / 李艳著.
—北京：中国社会科学出版社，2016.12
ISBN 978-7-5161-9384-6

Ⅰ.①适⋯　Ⅱ.①李⋯　Ⅲ.①体制改革—研究—中国
Ⅳ.①D61

中国版本图书馆 CIP 数据核字(2016)第 290712 号

出 版 人	赵剑英
责任编辑	冯春凤
责任校对	张爱华
责任印制	张雪娇
出　　版	中国社会科学出版社
社　　址	北京鼓楼西大街甲 158 号
邮　　编	100720
网　　址	http://www.csspw.cn
发 行 部	010-84083685
门 市 部	010-84029450
经　　销	新华书店及其他书店
印　　刷	北京君升印刷有限公司
装　　订	廊坊市广阳区广增装订厂
版　　次	2016 年 12 月第 1 版
印　　次	2016 年 12 月第 1 次印刷
开　　本	710×1000　1/16
印　　张	20.75
插　　页	2
字　　数	340 千字
定　　价	78.00 元

凡购买中国社会科学出版社图书，如有质量问题请与本社营销中心联系调换
电话：010-84083683
版权所有　侵权必究

目 录

Abstract ……………………………………………………（1）
第一章 导论 ………………………………………………（1）
　第一节 问题的提出及研究意义 …………………………（1）
　　一 问题的提出 …………………………………………（1）
　　二 研究意义 ……………………………………………（5）
　第二节 核心概念与主要研究内容 ………………………（7）
　　一 核心概念 ……………………………………………（7）
　　二 主要研究内容 ………………………………………（11）
　第三节 理论创新与研究方法 ……………………………（15）
　　一 理论创新 ……………………………………………（15）
　　二 研究方法 ……………………………………………（16）
　第四节 论文写作思路与基本框架 ………………………（18）
第二章 文献综述 …………………………………………（21）
　第一节 关于体制转型的文献综述 ………………………（21）
　　一 国外关于体制转型的研究 …………………………（22）
　　二 国内关于体制转型的研究 …………………………（29）
　　三 对已有研究的简要评述 ……………………………（32）
　第二节 新制度主义制度变迁理论在中国应用的文献综述 ……（34）
　　一 国外学者对新制度主义制度变迁理论的研究 ………（34）
　　二 国内学者对新制度主义制度变迁理论的研究与应用 ……（35）
　　三 对已有研究的简要评述 ……………………………（40）
　第三节 新制度主义产权理论在中国应用的文献综述 …………（44）
　　一 国外学者对新制度主义产权理论的研究 ……………（44）

二　国内学者对新制度产权理论的研究与应用 …………（45）
三　对已有研究的简要评述 ………………………………（51）
第四节　新制度主义国家理论在中国应用的文献综述 …………（53）
一　国外学者对新制度主义国家理论的研究 ……………（53）
二　国内学者对新制度主义国家理论的研究与应用 ……（55）
三　对已有研究的简要评述 ………………………………（60）
第五节　新制度主义意识形态理论在中国应用的文献综述 ……（61）
一　国外学者对新制度主义意识形态理论的研究 ………（61）
二　国内学者对新制度主义意识形态理论的研究与应用 …（62）

第三章　制度、行为与意识形态 …………………………（65）

第一节　制度与制度变迁 …………………………………………（65）
一　制度 ……………………………………………………（65）
二　制度变迁 ………………………………………………（69）
第二节　产权、企业产权制度与产权制度绩效 …………………（74）
一　产权与产权形式 ………………………………………（74）
二　产权制度与企业产权制度 ……………………………（77）
三　产权制度绩效 …………………………………………（80）
第三节　行为者及其利益 …………………………………………（85）
一　企业行为及其利益目标 ………………………………（86）
二　中央政府行为及其利益目标 …………………………（87）
三　地方政府行为及其利益目标 …………………………（90）
第四节　意识形态与传统文化观念 ………………………………（92）
一　意识形态 ………………………………………………（93）
二　传统文化观念 …………………………………………（94）

第四章　中国体制转型的基本特征与主要影响因素 ………（95）

第一节　中国体制转型的基本特征 ………………………………（95）
一　制度变迁主体的适时转换 ……………………………（95）
二　诱致性与强制性相伴的制度变迁方式 ………………（97）
三　制度变迁路径的过渡性与适应性 ……………………（103）
四　意识形态的适应性调整 ………………………………（106）
第二节　中国体制转型的主要影响因素 …………………………（107）

  一　制度环境 …………………………………………………（107）
  二　利益集团与权力分配 ……………………………………（114）
第五章　体制转型中产权制度的适应性调整 ……………………（119）
 第一节　产权制度的外适应力：制度效率的相对性与适应性 ……（119）
  一　制度的外适应力的含义 …………………………………（119）
  二　国有企业产权制度适应性调整 …………………………（120）
  三　民营企业产权制度适应性调整 …………………………（124）
 第二节　产权制度的内适应力不足：制度的非耦合与非协调 ……（139）
  一　产权改革、外部竞争机制、内部治理机制三者之间
    的非耦合 ……………………………………………………（140）
  二　制度供求不协调，相关制度安排配套改革不到位 ………（144）
 第三节　产权制度的实质绩效不足：国企改革中的"效
    率与公平"目标失衡 …………………………………………（147）
  一　国有企业的双重属性与双重目标 ………………………（148）
  二　国有效率目标与公平目标的失衡 ………………………（148）

第六章　体制转型中政府行为的适应性调整 ……………………（153）
 第一节　体制转型中中央政府行为的适应性调整 ………………（154）
  一　中央政府放权行为的主要内容 …………………………（155）
  二　中央放权行为中的适应性调整 …………………………（166）
 第二节　体制转型中地方政府行为的适应性调整：以苏南
    模式与温州模式为例 ………………………………………（174）
  一　苏南模式强制性制度变迁中的政府行为 ………………（174）
  二　温州模式诱致性制度变迁中的政府行为 ………………（180）
  三　地方政府行为调整的适应性特征 ………………………（188）
 第三节　政府行为调整中的"制度性悖论" ………………………（196）
  一　"诺斯悖论"及其适用性分析 ……………………………（196）
  二　中央政府行为悖论及原因分析 …………………………（203）
  三　地方政府行为悖论及制度性因素 ………………………（209）

第七章　体制转型中意识形态的适应性调整 ……………………（230）
 第一节　体制转型中官方意识形态调整轨迹 ……………………（230）
  一　改革方向和改革目标的探索：社会主义市场经济体

制的确立过程 …………………………………………………… (233)
  二 关于"所有制"与"国有企业"观念的转变 …………… (235)
  三 效率与公平的分配观念的变迁 ……………………………… (239)
 第二节 体制转型中意识形态调整的特征 …………………………… (243)
  一 官方意识形态与传统文化价值观念并行 …………………… (244)
  二 意识形态与其他制度安排及制度环境的双向适应性 …… (248)
  三 稳定性与灵活性统一 ………………………………………… (252)
  四 渗透着实践理性的实用主义特征 …………………………… (253)
 第三节 体制转型中意识形态调整的层级性与区域性差异 ………… (255)
  一 意识形态调整的层级性差异 ………………………………… (255)
  二 意识形态调整中的区域性差异 ……………………………… (259)
 第四节 意识形态与观念调整中的"非适应性"问题 ……………… (262)
  一 意识形态调整滞后 …………………………………………… (262)
  二 传统文化价值观念与市场经济不协调 ……………………… (267)

第八章 中国体制转型中的适应性调整趋向 ……………………… (269)

 第一节 企业产权制度的适应性调整趋向 …………………………… (269)
  一 继续深入推进产权制度改革 ………………………………… (269)
  二 完善企业内部治理机制 ……………………………………… (271)
  三 健全外部竞争机制，培育充分竞争的产品市场与要
    素市场 ………………………………………………………… (272)
  四 合理确定国有企业的社会目标与市场目标，以实现
    其公平绩效与经济绩效的均衡发展 ………………………… (274)
  五 健全与完善其他相关政治、经济与法律制度的配套
    改革 …………………………………………………………… (274)
 第二节 政府行为的适应性调整趋向 …………………………………… (275)
  一 正确处理中央政府、地方政府、企业之间的关系 ………… (276)
  二 政府行为目标由"经济建设型"向"公共服务型"
    转变 …………………………………………………………… (280)
  三 完善地方政府权力制衡机制 ………………………………… (285)
 第三节 意识形态的适应性调整趋向 …………………………………… (286)
  一 继续发展与完善主流意识形态 ……………………………… (287)

二　构建与社会主义市场经济体制相适应的文化基础和
　　　价值观念体系 ………………………………………（292）
第九章　结论 ……………………………………………（295）
参考文献 …………………………………………………（302）
后　记 ……………………………………………………（316）

Abstract

This paper concentrates on the adaptability adjustment of institutional transformation in China in the three aspects of the system of property rights, government behavior and ideology from the perspective of new institutionalism. Overall, the institutional transformation in China is a large – scale institutional change related to all fields of economic, political, social and cultural. Due to the complexity of the institutional transformation, the transition takes on a lot of features which new institutionalism theory can not cover and is called features of "discretionary" in the paper. It is shown in the following ways: timely conversion of main roles of institutional change, the pattern of institutional change with attendant "induced" and "mandatory", transition and adaptability of the path of institutional change and the adaptability adjustment of ideological form. The main factors that affects institutional transformation includes not only the interest goals of actors, but also other factors of the changing institutional environment, as the constitutional order, ideology, decentralization reform of the central government and the process of market – oriented, interest groups and the distribution of power.

In the institutional transformation in China, the system of property rights, government actions and ideology make the adaptability adjustment with the changes in the institutional showing regularity characteristics, which constitute the overall picture of the institutional transformation. Among them, the system of property rights is a priority. If we evaluate the reform of property rights in China based on the view of economic performance of new institutionalism, this is not only inconsistent with the general standard of system performance, and not in line with China's specific national conditions. We build the view of multidimensional performance combining procedural performance and real performance, static performance and dynamic performance to replace the view of single performance only containing the economic performance criteria in order to evaluate the performance of reform of the enterprise property right system in Chinese institutional transformation. Throughout the empirical analysis, this paper points out that in the institutional transformation the adjustment of property rights system of state – owned enterprises and private enterprises has certain "adaptive efficiency", that is, the property right systems in various stages have the characteristics of relative efficiency and dynamic adaptability. But from the point of static view of procedural performance, there exists the non – coupling of system of property rights, external competition mechanism and the internal governance structure, as well as the inharmony of the system of supply and demand and the lack of related supporting reforms of institutional arrangements. Meanwhile, in the aspect of real performance, state – owned enterprises have achieved significant economic performance since the reform, but there is a great lack in the fair performance.

Referring to the changes of government behavior, the paper argues that whether the evolution of the behavior of the central government or that of local government behavior itself is the adaptability adjustment under the motives of seeking profit according to the institutional environment, only that the objective function and the institutional environment which they face is not exactly the same. The adaptability adjustment conducted by the central government for environmental change is mainly reflected in its decentralization acts including administrative decentralization, economic decentralization, fiscal decentralization and political decentralization. The decentralization of the central government behavior is in accordance to China's economic system in various stages, whose process of decentralization is mainly limited by the macroeconomic institutional framework and the official ideology. Overall, the decentralization of the central government acts shows the market – oriented characteristics under the auspices of the central government. China forms a kind of unique political and economic structure of the relative concentration in politics and relative autonomy in economics by adapting to the leading of central government and market – oriented reforms.

Due to the rule of the government evolution of Sunan Model and Wenzhou Model, this paper concludes the general trajectory of the adjustment of the behavior of local governments, i. e. the behavior of local governments experience changes in three stages from "directly accede" to "indirectly promote" and then to "provide peripheral services". The characteristics of government behavior in the stage of the "directly accede" mainly includes direct intervention, taking on everything and a strong resource for mobilization and disposable capacity. In this stage, government actions affect the whole process of the enterprise economic activity and dominate economic behavior of firms. The characteristics of government behavior in the stage of "indirectly promote" is very different from taking on everything of the stage of "direct accede". In this stage, the government steers "passively" from the "leader" to "facilitator" under the objective institutional environment. The government acts as the role of a "corporate broker" i. e. the government pushes the enterprises into the market through various way actively and the government exits from the role of managing specific economic enterprises. Due to the change of the relationship from business brokers to mutual aid or reciprocality between government and enterprises, the government in the stage of "provide peripheral services" no longer directly manages and operates on the enterprise, but commits to creating a better market environment in the region and strengthening macro guidance of the enterprise. The evolution of the behavior characteristics is the result of the adaptability adjustment of the local government according to the internal and external environment. The environmental factors which affect the behavior adjustment of local governments mainly includes the process of market – oriented, institutional environment including macro – system environment and micro – system environment, policy environment and ideological constraints.

The effect of the adjustment of the behavior of the central government and local government has a dual nature. It both promotes and hinders economic and social development and forms the "paradox of government behavior", which is not a complete equivalent to the "North Paradox" and "institutional paradox". The paradox of the behavior of the Chinese government in the institutional transformation is mainly due to institutional factors behind the behavior of the government i. e. mainly due to that the ideology and the related system has not made adaptability adjustment timely for the changed economic base and the institutional environment.

System and behavior are inseparable from the guide of the concept. The greatest constraints posing for the system of property rights and government action in the institutional transformation is the official ideology as the adjustment of the property system and the government action must be accompanied by adjustment of the official ideology. In the process of institutional transformation in China, the official ideology in fact is an important part of the formal system. Reflecting in national policy documents as well as the Constitution and legal system, the official ideology has rigid constraints on the behavior of individuals and groups and national institutional change so is often as important components of the institutional environment. The most important ideological factors that impact the current Chinese institutional transformation is the relationship between planning and the market, the nature of ownership, the relationship between the public sector of the economy and the non – public economy as well as the relationship between efficiency and fairness in the the field of distribution. The ideological adjustment in institutional transformation in China shows the characteristics of the paralleling of the official ideology and the traditional cultural values, the bidirectional adaptability of the ideology and other institutional arrangements and institutional environment, the unity of stability and flexibility and pragmatism permeated with the practical rationality, etc. At the same time, the effect in ideological institutional transformation shows a decreasing trend from the center to the margin. And different ideological preferences of local governments determines to some extent the path of economic development and the economic model of the region just like the case of that the formation of Sunan Model and Wenzhou Model is due to the local government's ideological differences. While we are sure of the positive role of ideology and adjustment of concept, we should also see its lacks which exists in cognitive, invention and starting delays in the reform of state – owned enterprises, inability in explaining the problems in the reality in the changes of property rights and distribution system, the failure to establish the ideology for the market economy and to a reasonable Seeking Profits behavior, that they can not play the function of diluting the opportunistic behavior and also in inharmony of traditional culture and values of the market economy, and so on.

The great achievement in Chinese institutional transformation is mainly owing to the adaptability adjustment of property rights, government behavior and ideology. However, we should also be fully aware of that there are still many problems in the adjustment of these three areas, and some of them become so serious that even have affected the performance and process of China's reformation. This is a question of the first importance we have to solve in the future tends of the adaptability adjustment. In the matter of the system of enterprise property rights supported to introduce a series of related supporting reforms to continue to improve the corporate governance structure and external competition mechanism on the basis of the deepening of enterprise reform of property rights, to reasonably set social goals and the target market of the state – owned enterprises, to improve the supporting reforms of related political, economic and legal systems. In terms of government behavior, that is to properly deal with the relationship between the central government, local and enterprise, to promote the establishment of public service – oriented government by changing the philosophy of government action, building a system of public finance and reforming the evaluation standards of government performance, to constrain the paradox for behavior of the local government by improving checks and balances mechanism of the local government. In ideology and concept, that is to develop and improve the mainstream ideology under the principle of making coexisting dominance and inclusiveness, to taking into account the inheritance and innovation; adaptability and flexibility, effectiveness and practicality and to build cultural foundation and values system compatible with the socialist market economic system in order to better guide and standardize people's market behavior.

To sum up, there are two crucial issues need to be solved in the deep development of institutional transformation. In the first place, the related system must be reformed, especially the political system and economic system. In the second place, it will continue to promote the adjustment of ideology and ideas keep pace with the times. Not only because that ideology and ideas can make a reasonable description of the results of the transformation, but also it could guide the system to continues to adaptability adjustment.

Key words: Adaptability adjustment; Institutional transformation; New institutionalism; The system of property Rights; Government actions; Ideology

第一章 导 论

第一节 问题的提出及研究意义

一 问题的提出

关注体制转型问题一直是学界的焦点。转型主要是指苏联、东欧以及中国等国家在20世纪后期所进行的从高度中央集权的计划经济体制向分散决策的市场经济体制的转变过程。转型涉及大规模的制度变迁，被认为是20世纪最重要的经济事件之一，波及30多个国家和15亿人口，也是20世纪中继社会主义（计划经济）试验之后的另一项伟大试验。经过将近20年的转型过程，俄罗斯、东欧与中国在转型过程中出现的一系列原有经济理论无法解释的现象，使得经济学家们展开激烈辩论，究竟如何认识转型国家的转型目标、路径与方式以及如何评价转型国家各不相同的转型绩效，成为争论的焦点。西方学者分别从新古典自由主义、保守主义、新凯恩斯主义视角分析转型问题并得出不同结论。以萨克斯等人为代表的新古典自由主义主张激进式改革，提出包括自由化、稳定化、私有化为主要内容的"华盛顿共识"并开出了"休克疗法"的药方，试图使转型国家一劳永逸地从根本上解决计划经济体制下的弊端，但是苏联和东欧国家按图索骥的转型实践所导致的几近毁灭性的打击使得激进式改革遭到普遍质疑和批判。与此同时，中国"摸着石头过河"的渐进式改革在改革初期取得的重大成效引起国内外理论界高度重视，基于中国实践以及原有理论基础，形成了以哈耶克、斯蒂格利茨、科勒德克、热若尔·罗兰等人为代表的制度—演进学派，他们虽然分属不同的经济理论流派并在转型问题上的分析各有侧重，但又存在着共识，即认为体制转型是一个大规模的制度变迁过程，由于转型势必涉及利益调整，因此转型的过程必然是一个充满冲突和相互妥协的过程，因此是一个渐进而非激进的过程。热若尔·罗兰对此进行综合，强调"改革的总和不确定性"和"政治约束"作用，"在总和的和个别层面上，结果的不确定性都是转型的关键特征。即使转型有一个明确的目标，也没有公认的理论说明如何达到这个目标"。"由于总体不确定性的存在，转型从来就没有路线图。"①

中国学者对转型问题的分析借助了新制度主义和演化制度主义分析工具，更主要是前者，但是在具体分析中国转型过程中采取了独特的视角并加入了中国实践的元素，对原理论进行补充和创新，比如我们在新制度主义成本收益分析框架中加入了利益因素，认为改革本身是一个利益关系的调整过程，其中讨价还价、相互冲突和妥协贯穿始终，利益冲突本身构成了改革成本。在目标既定和收益既定的前提下，改革就是一个探寻成本最小化的过程，也就是将冲突控制在最小范围内，显然只有通过渐进式改革才能做到，这样学者们就将公共选择理论融入到新制度主义研究范式之中。在具体分析制度变迁方式中，林毅夫、杨瑞龙、黄少安、金祥荣等人基于中国实践提出了创新理论，是对新制度主义的一种扩展和补充。

不同国家转型绩效的阶段性变化不能不引起我们的关注，苏联、东欧国家在经历了转型初期的混乱倒退后，在20世纪90年代后期纷纷复苏，并于21世纪开始展现出强势发展的势头。中国20多年来虽然一直保持经济高速增长势头，但是转型出现的问题和困境也越发明显，如经济增长方式的粗放型与不可持续性；放权改革后的重复建设、地区分割、保护主义等问题；制度变革中对非公有制经济的歧视性政策；国企改革中国有资产流失与垄断行业高额垄断利润问题；城乡之间、地区之间、阶层之间、行业之间收入差距不断扩大等等问题，不一而足。我们不禁要分析产生这些问题的根源是什么呢？仅仅从单一的制度领域分析无法透视体制转型的全部，制度是对观念的反映并通过约束主体行为而产生，制度的绩效受制于两方面因素：一是制度目标或制度的绩效标准，它受制于主流意识形态和内外环境约束；二是制度对行为的约束效果，在这个过程中，行为主体通过观念与行为作用于制度，使得制度对行为的约束更有效或无效。制度目

---

① [比] 热若尔·罗兰：《转型与经济学》，北京：北京大学出版社2002年版，第25—27页。

标是实现政治利益、经济利益、社会利益三种利益的综合。但是不同时期不同行为主体由于意识形态和利益偏好不同对三种利益的侧重也不同，导致制度绩效取向不同。可见，分析中国的体制转型离不开对产权制度、政府行为、意识形态这三大领域的综合分析，虽然在每个领域都有众多的学者在进行专门研究并提出相应对策，但是将这三个领域纳入同一分析框架并结合中国转型实践的研究却明显不足。

本书试图从产权制度、政府行为、意识形态这三个领域来分析中国体制转型的现状与存在的问题。在理论工具的选择上，恰恰新制度主义在这三方面的理论探索给我们提供了分析中国体制转型的新视角。就制度而言，由于其是体制转型中的重要构成部分，因此成为本书论述的重点。体制转型是大规模的制度变迁，涉及经济、政治、社会、文化等方方面面，而在所有制度中对于转型国家的经济相对落后的起始点而言，经济制度变迁无疑是最关键的，其中，产权制度则是重中之重，这也是我们考察中国体制转型的起始点。对制度尤其是产权制度的绩效分析，国内外学者更多是从其经济绩效来考察，这种单一的制度评价标准不符合中国体制转型的基本目标即社会主义市场经济体制，这一制度目标所包含的绩效标准是多维度的，"市场经济"要求使得市场成为资源配置的基础性制度，关注的是制度的资源配置效率或简化为制度的经济绩效；而"社会主义"关注的是政治利益和社会利益，即要求在中国共产党掌握领导权的情况下的政治民主，人民社会生活的改善，包括机会平等、过程平等、适当的结果平等，具体涉及就业、收入分配、健康、教育等等内容，这其实涉及的是制度的公平绩效；综合而言，完善的社会主义市场经济体制的建成对制度绩效标准的要求就是要做到效率与公平的均衡（协调）发展。除了从中国体制转型的基本目标来看单一的经济绩效评价标准有失全面外，从制度本身的一般演化轨迹而言，这一标准也值得商榷。一项制度安排要有效率除了满足特定政治经济环境乃至于意识形态的约束外，还需要能够针对制度环境进行适应性调整，即制度应具有动态"适应性效率"。此外，在静态状态下，一个有效率的制度安排还要与其他制度安排相耦合与互补。可见，对体制转型中产权制度的绩效评价需要构建一个包括制度静态与动态绩效、政治绩效与经济绩效相结合的多维标准，再以此来考察产权制度实际运行状况，这是本书考察中国体制转型中产权制度调整的起点。

中国的体制转型具有明显的政府主导性特征。在中国集权式的政治结构中，政府拥有绝对的政治权力和很大的资源配置权，能够对其他行为主体进行行政、经济和法律等强制性约束。中国的改革方向、形式、路径以及改革时间表均取决于政府的利益目标及其效用偏好。政府在既定目标和约束条件下，规划体制改革，提供并实施制度供给。政府还通过行政命令、法律、法规等手段，设置制度进入壁垒，如限制市场准入权和政治体系进入权等，限制微观主体的制度进入权，使制度创新活动被控制在政府所允许的范围内。因此，分析中国体制转型过程不能不分析政府行为。体制转型不仅涉及大规模的制度变迁，更要求政府行为要做适时调整，前述的体制转型中出现的许多问题，比如，经济粗放增长、环境污染；放权改革后的重复建设、地区分割、保护主义等问题，制度变革中对非公有制经济的歧视性政策，教育、医疗、住房、社会保障等改革滞后，城乡之间、地区之间、阶层之间、行业之间收入差距不断扩大等等问题大都与政府行为未能随制度环境进行适时调整相关。无论是中央政府还是地方政府其行为调整都受制于外部制度环境以及内在趋利动机，由于二者目标函数与偏好不同，具体的行为变迁动因又有所不同。中央政府的放权改革是与我国各个阶段的经济制度相适应的，其放权进程也受制于当时宏观经济制度框架和官方意识形态，其放权行为呈现出中央政府主导下市场导向性特征。[①]地方政府行为演化轨迹经历了从"直接介入"到"间接推动"、再到"外围提供服务"三个阶段的转变。地方政府行为的变迁也离不开对其所在的特定环境（包括市场化进程、制度环境、政策环境、意识形态约束等）的分析。中央政府行为与地方政府行为调整的效应具有双重性，既推动又阻碍经济社会发展，即出现政府行为悖论，这是一种不完全等同于"诺斯悖论"的"制度性悖论"，即体制转型中的中国政府行为悖论更主要源于政府行为背后的制度因素，是经济政治制度改革滞后于经济基础的变革或未能针对变化的政治经济环境进行适应性调整的结果。目前对中国体制转型中"政府主导型"的文献可谓汗牛充栋，但是多数集中于政府职能转换方面或者政企关系方面，而对中央政府行为与地方政府行为调

---

① 刘承礼：《理解当代中国的中央与地方关系》，《当代经济科学》2008年第5期，第31页。

整的具体动因、演化规律与特点、行为效应等却分析不够。本书以新制度主义为主要分析视角，并借助于公共选择理论和委托代理理论，采用规范分析与实证分析相结合的方法对上述问题进行深入分析和研究。

制度与行为均离不开观念的引导，而在体制转型中对产权制度与政府行为构成最大约束条件的则是官方意识形态，产权制度与政府行为的调整必然伴随着官方意识形态的调整。在中国体制转型过程中，官方意识形态其实已是正式制度的一部分，往往会体现在国家政策文件以及宪法与相关法律体系中，对个体和团体的行为选择和国家制度变迁具有刚性约束作用，因此常被作为制度环境的重要构成部分。在意识形态因素中对当前中国体制转型影响最大的是：关于计划与市场关系、所有制性质以及公有制经济与非公有制经济的关系、分配领域的效率与公平的关系等。因此对体制调整的研究必然离不开对体制转型中意识形态的调整内容、主要特征等进行研究。

总之，体制转型不仅涉及政治、经济、社会、文化等领域数量众多的制度变迁，而且还涉及不同层次内容的变迁，本书即是从产权制度、政府行为、意识形态这三个联系密切的方面来分析中国的体制转型，指出体制转型即是这三方面随制度环境所进行的"适应性调整"的过程。本书先是对中国体制转型的总体基本特征及其主要影响因素进行分析，然后分析这三方面的具体调整轨迹、演化特征及其调整效应，最后指出中国体制转型中这三方面在进一步进行适应性调整的未来趋向。

二 研究意义

本书以新制度主义为分析视角通过对产权制度、政府行为、意识形态三个方面如何围绕制度环境变迁进行适应性调整来分析中国的体制转型，具有很强的理论意义与现实意义。

（一）理论意义

自 20 世纪 80 年代末新制度主义被引入中国以来，已经被广泛用来分析中国的制度改革，其制度变迁理论、产权理论、国家理论、意识形态理论被用于经济、政治、社会、文化等各学科领域。新制度主义对于分析中国的体制转型是非常有用的工具，但是我们也要充分认识到这一工具是以成熟的市场经济和西方民主政治为历史与现实背景的，如果不加任何辨识地用于中国改革实践会出现很多问题。总体而言，国内学者对新制度主义用得较多，但是较少分析其在中国的适用性问题。本书在利用新制度主义理论分析中国体制转型时，也从实践中检验了新制度主义在中国的适用性问题，从中提炼出很多结论，可以很好地弥补国内在此问题研究上的不足，具有一定的理论意义。比如，本书通过对新制度主义制度变迁理论以及国内学者的相关理论创新进行研究，在肯定其突出贡献的同时也指出各自存在的问题，并用"相机抉择"这一概念来重新阐释中国体制转型的特点，这既是对以往理论的借鉴也是一种创新，同时又赋予了理论以实践意义；再如，本书对新制度产权绩效观进行重构，用一个包含形式绩效与实质绩效、静态绩效与动态绩效相结合的多维绩效观取代原有的仅包含经济绩效标准的单一绩效观，并以此来评价中国体制转型中的企业产权制度改革绩效；此外，本书将"诺斯悖论"放在中国体制转型的制度背景下，使我们从仅以"经济人"假设的视角分析国家悖论转移到从政府行为背后的制度背景来分析政府行为悖论，进而得出政府行为的"制度性悖论"这一概念，显然这是对新制度主义国家理论的一种拓展与补充。

（二）实践意义

本书从产权制度、政府行为与意识形态三方面对中国体制转型进行分析，在研究中具有一定的"问题意识"，揭示了体制转型中存在的问题以及解决问题的对策，对改革实践具有一定的指导意义。本书指出，在中国体制转型过程中，在以社会主义市场经济为基本经济制度前提下对相关领域进行改革，需要我们格外关注如何在具体改革举措中做到使"社会主义"与"市场经济"相融合。

首先，在产权制度改革领域，本书提出重构多维性绩效标准，并认为国有企业产权制度既要重视其随制度环境变化适时调整的能力，同时还需将产权改革与外部竞争机制、内部治理机制以及各种非正式制度相耦合，在满足这两个形式绩效的前提下，国有企业作为既具有企业营利性质又肩负社会公共责任的一种特殊企业形式，在对其产权制度进行改革时还需要兼顾经济绩效与公平绩效，这一通过构建多维性制度绩效标准来评估企业产权制度改革成效的方式给我国国有企业改革提供了新思路。

其次，在政府行为调整方面，本书指出政府行为的演化始终都要受其所处的特定制度环境的约束，中央政府通过推动与我国各个阶段的经济制度相适应的放权改革，地方政府则通过从"直接介入"到"间接推动"、再到"外围提供服务"的阶段性行为模式的变迁，使得其各自行为在自身趋利动机下根据环境（包括市场化进程、制度环境、政策环境、意识形态约束等）进行适应性调整。这就要求我们在实践中对政府行为的认识应结合特定阶段的制度背景，也提示我国在进行政府职能转变或政府机构改革过程中，既要从西方发达国家那里"取经"，借鉴其比较成熟的做法或者引介一些经典政府改革理论，同时也要清楚地认识到，不同的制度环境与客观政治经济社会发展状况将会使同一制度安排产生不同的绩效，出现"南橘北枳"现象。

最后，本书还着重分析了意识形态与观念的适应性调整，指出在中国体制转型过程中，官方意识形态作为制度环境的重要构成部分，对个体和团体的行为选择和国家制度变迁具有刚性约束作用。中国改革的大规模进行都有观念或意识形态先行的特点。渐进改革路径的选择、地区发展模式差异等都与意识形态有关。在某种意义上，意识形态的演变是中国改革进程的核心。因此，在改革实践中，适时解放思想与更新观念对于中国改革的深入进行起到了关键的作用。

此外，本书还分析了体制转型中在产权制度改革、政府行为调整以及意识形态与观念转变中存在的不足和问题，如企业产权制度改革中相关制度不配套、效率与公平绩效失衡、政府行为调整中的"制度性悖论"以及意识形态与观念调整滞后，等等，提出相应的解决办法和途径，这对未来的改革实践具有一定的指导意义。

第二节 核心概念与主要研究内容

一 核心概念

（一）适应性调整

适应性调整这一概念是对中国渐进式改革特征的一种概括性描述。本书中适应性调整主要是指企业产权制度、政府行为、意识形态在主体趋利动机下根据制度环境的变化不断渐进调适的过程。

体制转型路径包括激进式和渐进式两种，中国体制转型更多的是一种渐进式变迁，是在坚持基本政治制度不变的情况下发展市场经济，这构成了中国体制转型的重大制度环境约束。社会主义与市场经济相结合的模式没有经验可借鉴，再加上中国具体的政治经济形势的复杂性与转型涉及内容的多样性，使得转型不可能迅速完成，对目标的内涵以及实现过程只能通过中国的制度实践在摸索中不断总结并加以完善。不仅转型目标的确定，而且达成目标的方式、路径、手段等均是一个渐进的、不断调适的过程，这也是中国渐进式改革的突出特征。这期间形成了中国特色转型方式如自上而下与自下而上相结合；双轨过渡，增量先行；整体协调，重点突破；兼顾改革、发展与稳定；分步推进，循序渐进，先试验后推广，并根据实践的需要不断调整目标与思路。

推动体制进行适应调整的内部动力机制是行为主体的内在趋利动机，即对新制度的需求主要源于主体追求利益最大化的动机，行为主体基于自身收益成本比较决定是否进行制度创新。关于成本主要包括设计成本、实施成本、摩擦成本和随机成本，这四个方面构成了制度变迁的总的预期社会成本，其中，摩擦成本中的政治成本或意识形态成本是本书分析的重点。关于收益，不同行为主体利益目标或效用目标不同，其对收益的理解也不同。不同类型的行为主体的利益目标与效用偏好不同，其对新的制度安排的关注点也不同。

推动体制进行适应性调整的外部动力机制是由于外部客观环境的变化如经济增长、技术变化、市场规模扩大、相对产品要素价格变化等引发相应的制度环境发生变化，进而导致原来适应环境的制度安排变得不再适应，需要供给新的制度安排来适应新环境。

可见，对体制进行适应性调整的最主要影响因素是行为主体的内部趋利动机和外部制度环境变迁。此外，一个社会中不同利益集团的利益结构与权力结构也会对适应性调整产生影响。

（二）体制转型

本书认为体制转型是指观念、制度、行为针对制度环境变化进行适应性调整的过程。观念塑造制度，制度是观念的固化与凝结，它们共同对主体行为构成约束。制度为行为划出自由行动的范围，观念则引导行为向何处努力。

可见，任何具体的制度变迁均离不开观念、制度、行为的相应调整。仅从单一的制度领域分析无法透视体制转型的全部，必须将三者结合起来。在体制转型的每一阶段均有赖于这三方面的变迁与调整才能推动整体制度变革的前行,仅靠一方面的转变很难促成体制转型的成功。比如,要建立现代企业制度,不仅需要企业产权制度变革,还需要主体角色与行为进行调整,包括作为国有企业的单位职工变成了公司的雇员,为避免被解雇就要改变磨洋工、怠惰的思想与行为;对于政府而言,转变职能,给企业以法人财产权,并给企业"松绑",使企业真正成为独立的市场经济主体;对于企业而言,从以前一味依赖政府变成要自负盈亏和自主经营。同时,还需要个人、企业、政府的观念更新。

中国体制转型是一场"大规模的制度变迁",这是一个非常庞大的工程,为了便于研究,本书缩小了范围,并根据学界关注度和实际改革进程重新排序,主要研究企业产权制度、政府行为、意识形态的转型过程。

体制转型涉及众多的制度,包括经济制度、政治制度、社会制度、文化制度,等等,针对社会主义初级阶段的现实,经济制度转型是重中之重,而对一个国家的经济发展而言,在经济制度中,企业产权制度又是核心内容,这也是我国转型中理论界和改革实践中最为关注的问题,因此,我们对"制度"的适应性调整限定在"企业产权制度"范围内。

体制转型中的制度变迁离不开主体的推动行为,"主体"涉及个人、企业、政府,因此对行为的分析也理应涉及这三部分,事实上离开任何一种主体行为的参与,体制转型都不会发生。但是,不可否认的是,这三类主体在中国体制转型中所起的作用相差很大,其中起最主要作用的是政府,中国的体制转型具有明显的政府主导性特征。在中国集权式的政治结构中,政府拥有绝对的政治权力和很大的资源配置权,能够对其他行为主体进行行政、经济和法律等强制性约束。中国的改革方向、形式、路径以及改革时间表均取决于政府的利益目标及其效用偏好。政府在既定目标和约束条件下,规划体制改革,提供并实施制度供给。因此,分析中国体制转型过程不能不分析政府行为。企业产权制度变迁不是企业自身所能解决的,更在于政府自身的改革。强制性制度变迁需要政府积极充当"第一行动集团",积极介入并推动改革。诱致性制度变迁也需要得到政府的确认与保护,充当"第二行动集团",积极配合。因此在对"行为"的分析对象上我们选取了"政府行为"。由于中央政府与地方政府行为动机与约束不同,其行为轨迹也不同,我们对此分别来考察。

无论是制度的变迁还是主体行为方式的演化都离不开观念的引导，因此，体制转型不能不分析观念的转变。我们对观念的选取对象主要界定在"官方意识形态"，对传统文化观念也有所分析，但重点在前者，原因在于，在中国的体制转型中，官方意识形态事实已经成为正式制度的重要构成部分，并且成为约束企业产权制度和政府行为的一个重要制度环境，如果没有官方意识形态的适时调整，体制转型很难取得成功。

这样，本书对体制转型中涉及的制度、行为、观念三方面如何调整的考察就被限定为对企业产权制度、政府行为、官方意识形态三方面如何针对制度环境与外部客观环境的变化进行适应性调整的分析。

（三）产权制度与企业产权制度

产权制度是关于产权关系的一系列规则、规范。具体而言，产权制度就是指关于产权的界定、划分、组合以及使用、保护等的一系列规则、规范。产权制度的内容包括产权界定制度、产权分割制度、产权使用及受益制度、产权处置（转让、流动）制度等。

企业产权制度是指企业的财产制度，是企业制度的核心，它决定了企业财产的组织形式和经营机制。西方企业产权制度经历了业主制产权制度、合伙制产权制度、公司制产权制度的变迁。在中国特定的制度环境和意识形态的约束下，中国的产权制度变迁远比西方企业产权制度变迁复杂得多，尤其是国有企业，1978—1993年期间实施的国企改革是围绕着"放权让利"基本思路展开的，无论是经营责任制、利改税，还是承包制都属于"放权让利"范畴，其实质就是在产权关系不变的前提下，中央政府将经营决策权下放企业，并对政府与企业间的利益分配比例进行相应调整。而1994年后的国企改革则属于产权制度改革，无论是股份制改造还是国有经济战略性重组都涉及产权制度的微观与宏观创新。

（四）政府行为

政府行为是相对于企业、个体、自然人的行为而言的，具有法定性和强制性。代表政府行为的是国家机关公务员和国家行政机构管理人员。计划经济向市场经济的转型主要靠政府行为来推动，并且很多本身就是政府行为方式的转变。政府行为又分为中央政府行为与地方政府行为。本书所分析的中央政府行为主要包括中央的放权行为，包括行政、经济、财政以及政治上的放权行为，放权的方向是市场化，其进程却由中央政府主导。

本书所分析的地方政府行为主要是指地方政府根据制度环境变化采取不同方式推动地方经济社会发展以及进行制度创新的行为，如苏南模式中的地方政府行为从大包大揽直接介入经济社会，转变为政府充当企业经纪人，采用各种方式将企业推向市场，政府从对企业的具体经济管理角色中退出，再到政府"外围提供服务"，致力于创造本地区更好的市场环境、加强对企业的宏观指导。温州模式中的地方政府也从早期充当"第二行动集团"，采取"积极无为"的行动策略，以默许、宽容的态度为民间制度创新实践创造相对宽松的政策环境。到20世纪90年代以后成为"第一行动集团"采取"积极有为"的行动策略，政府通过宏观调控，规范市场秩序，引导私营经济发展，加强社会管理职能等。政府在体制转型中，无论是中央政府行为还是地方政府行为既推动又阻碍了经济社会的发展，从而形成了"政府行为悖论"。

（五）意识形态

本书中的意识形态主要指官方意识形态，主要是一种自觉地反映一定社会集团经济政治利益的系统化、理论化的思想观念体系，在当代中国主要指执政党的政治理想、价值标准和行为规范的思想基础。在中国，官方意识形态以马克思列宁主义为指导、以社会主义价值观为核心，它构成渐进式体制转型的主导意识形态。官方意识形态其实已是正式制度的一部分，往往会体现在国家政策文件以及宪法与相关法律体系中，对个体和团体的行为选择和国家制度变迁具有刚性政治约束的作用，因此常被作为制度环境的重要构成部分。

当前的官方意识形态已经构建了包括邓小平理论、"三个代表"重要思想和科学发展观等重大战略思想的中国特色社会主义理论体系，反映了改革开放不同阶段面对的不同主题，成为指导中国改革的思想指南。对体制转型影响最大的意识形态是，由于正确认识了计划与市场、公有制经济与民营经济、分配领域的效率与公平的关系，从而突破了传统僵化的意识形态束缚，最终促使国家整体意识形态的大变革。

二 主要研究内容

本书主要分析了中国体制转型中的适应性调整的主要影响因素；企业产权制度、政府行为与意识形态这三个领域各自调整轨迹、演化特征、调整效应以及未来调整趋向。

（一）适应性调整的主要影响因素

企业产权制度与政府行为的适应性调整主要是在行为主体的内在趋利动机和外在制度环境约束下进行的，行为主体的利益目标与效用偏好以及制度环境是影响体制适应性调整的主要因素。同时，制度变迁并非单个行为主体理性选择和逐利的结果，而是不同利益集团之间博弈的结果，分析制度变迁既要关注行为个体的收益成本比较，又要关注不同集团的利益博弈。此外，行为主体还需要具备一定发起制度变迁以获取利益的能力，这又与行为主体获得的权力正相关。因此，一个社会中不同利益集团的利益结构与权力结构也会对适应性调整产生影响。本书重点分析了制度环境对体制转型的影响。制度创新和变迁离不开现实的社会环境与制度资源所能提供的条件。就中国转型实践而言，制度环境主要包括宪法秩序、意识形态、中央放权改革、市场化进程等，这些制度环境并非恒定不变的外生变量，它们也会随着外部客观环境的变化如经济增长、技术变化、市场规模扩大、相对产品要素价格的变化而不断变化，进而推动企业产权制度、政府行为与意识形态的调整与变迁。

（二）适应性调整的演化轨迹、主要特征与调整效应

本书分别对企业产权制度、政府行为、意识形态三个领域的调整轨迹进行梳理，并对其调整中的特征与效应进行分析。

1. 关于企业产权制度

本书构建了一个包括形式绩效与实质绩效、静态绩效与动态绩效相结合的多维绩效标准来对其调整状况进行分析。动态意义的形式绩效要求制度安排与制度结构要具有"适应性效率"，即具有随内外环境变化进行弹性调整的能力，即制度要具有外适应力。静态意义的形式绩效要求制度结构中的各种制度要相互耦合与互补，即制度要具有内适应力；制度的实质绩效要求制度的经济绩效与公平绩效均衡发展。根据这一多维性制度评价标准来分析企业产权制度变迁，本书认为，国有企业产权制度的演化轨迹以及以苏南模式和温州模式为代表的民营企业的产权制度变迁轨迹均充分体现出中国体制转型中产权制度具有一定的外适应力，具有相对性与动态适应性的特点。但是还存在内适应力不足的问题，即存在着产权制度与外部竞争机制、内部治理结构的非耦合，以及制度供求不协调、相关制度安

排配套改革不到位等问题。同时，在实质绩效方面，国有企业自改革以来其经济绩效显著，而公平绩效却存在很大不足。

2. 关于政府行为

本书认为无论是中央政府行为还是地方政府行为的演化均是在自身趋利动机下根据制度环境（包括市场化进程、政策环境、意识形态约束等）所进行的适应性调整。中央政府行为调整主要体现在其放权行为（包括行政性放权、经济性放权、财政分权、政治放权）中。中央政府的放权行为与我国各个阶段的经济制度相适应，其放权进程主要受制于当时的宏观经济制度框架与官方意识形态。中央政府的放权行为呈现出中央政府主导下市场导向性特征，通过中央政府对改革的主导性和对市场化的适应，使得中国形成了一种政治上相对集中与经济上相对自主的独特的政治经济结构。地方政府行为无论是苏南模式地方政府行为从"直接介入"到"间接推动"、再到"外围提供服务"三个阶段的转变，还是温州模式地方政府从"第二行动集团及其'积极无为'行动策略"向"第一行动集团及其'积极有为'行动策略"的转变，都是行为主体基于自身收益成本计算并随制度环境进行适应性调整的结果。

中央政府行为与地方政府行为调整的效应具有双重性，既推动又阻碍了经济社会的发展，从而形成了"政府行为悖论"。在中央政府方面主要体现为中央政府对国有企业与非国有企业的矛盾行为，一方面，国家努力保护作为权力组织基础的国有企业的利益；另一方面，国家为了实现税收财政收入的增长，又必须使国有企业部分退出，而允许和鼓励更有效率的非国有产权组织的存在。这两个目标的冲突也是国家政治利益与经济利益的冲突。在地方政府方面则主要体现为在体制转型期间，地方政府既有积极促进市场化改革、大力培植市场主体、推动市场区域化、弥补市场缺陷积极提供基础设施等公共产品和服务、协同中央宏观调控以及通过扩大投资、招商引资促进辖区经济增长的一面；又有消极阻碍全国统一大市场形成、过度介入国有企业而延缓市场主体成熟、盲目投资、逆向调控、在提供公共物品与服务上"越位、缺位、错位"并存，以及因投资冲动导致经济过热等对经济增长和社会发展造成负面影响的另一面。无论是中央政府还是地方政府导致其悖论行为的主要原因均是制度因素，主要源于意识形态以及相关制度没有及时针对变化的经济基础及制度环境进行适应性调整，因此本书将其称为"制度性悖论"。

3. 关于意识形态

在中国体制转型过程中，意识形态在所有的制度安排中具有特殊地位。一方面，官方意识形态其实已是正式制度的重要组成部分，常被作为制度环境的重要构成部分，对其他制度安排的变迁构成重要政治约束。另一方面，意识形态作为思想上层建筑也要以经济生活和政治生活的发展变化为基础，并随经济制度和政治制度的变迁而变迁。因此意识形态具有双重适应性特征。除了这一特征外，在中国的体制转型过程中，意识形态的调整还具有官方意识形态与传统文化价值观念并行、稳定性与灵活性相统一、渗透着实践理性的实用主义等特征。同时，体制转型中意识形态的影响效应呈从中心到边际递减趋势。并且，地方政府不同的意识形态偏好在一定程度上决定了本地区经济发展路径和经济模式，如苏南模式与温州模式的形成很大原因在于地方政府的意识形态差异。在意识形态因素中对当前中国体制转型影响最大的是：关于计划与市场关系、所有制性质以及公有制经济与非公有制经济的关系、分配领域的效率与公平的关系等的认识。

中国体制转型过程中在意识形态与观念调整方面，取得了巨大成就，构建了包括邓小平理论、"三个代表"重要思想和科学发展观等重要内容的中国特色社会主义理论体系，囊括了改革开放不同阶段面对的不同主题，并使之成为指导中国改革的思想指南。由于正确认识了计划与市场、公有制经济与民营经济、分配领域的效率与公平的关系，从而突破了传统僵化的意识形态束缚，推动了国家整体意识形态的大变革。国家整体意识形态的大变革。在肯定意识形态与观念调整的经济意义的同时，我们也应该看到其滞后性的一面，如导致对国有企业改革中的认知时滞、发明时滞与启动时滞；无法解释产权制度变迁与分配制度变迁中的现实问题；也没有针对市场经济建立起对寻利行为合理规约的意识形态，以至于无法发挥其淡化机会主义行为的功能，还体现为传统文化价值观念与市场经济不协调，等等。

（三）适应性调整的未来趋向

适应性调整的未来趋向首先要解决在前期调整中出现的问题。在企业产权制度上，就是要通过一系列相关配套制度的改革，在深化企业产权制度改革的基础上，继续完善企业治理结构，并健全外部竞争机制；合理确定国有企业的社会目标与市场目标；健全与完善其他相关政治、经济与法律制度的配套改革。在政府行为上，就是要通过相关制度的完善与健全来正确处理中央政府、地方政府、企业之间的关系；通过转变政府行为理念、构建公共财政体制并改革政府绩效评估标准来促使公共服务型政府的建立；通过完善地方政府权力制衡机制来约束地方政府行为悖论。在意识形态与观念上，就是要一方面根据主导性与包容性并存；继承性与创新性兼顾、适应性与灵活性、有效性与实用性等原则继续发展与完善主流意识形态；另一方面还需要着力于构建与社会主义市场经济体制相适应的文化基础和价值观念体系，以更好地指导与规范人们的市场行为。总之，中国的体制转型向纵深处发展必须重点解决两方面的问题，一个是深入进行相关配套制度的改革，最主要的是政治制度与经济制度的配套改革；另一个是进行观念调整尤其是官方意识形态的适时调整，使之既能很好地对转型成果作出合理说明，又能成为体制继续进行适应性调整的指南。

第三节 理论创新与研究方法

一 理论创新

第一，将制度、行为、观念（意识形态）的适应性调整纳入统一分析框架，做到规范与实证相结合。

第二，提出中国体制转型具有"相机抉择性"特征，具体体现为：制度变迁主体角色适时转换；"诱致性"与"强制性"相伴而生的制度变迁方式；制度变迁路径的过渡性与适应性；意识形态形态的适应性调整。

第三，构建制度绩效的多维度标准，包括形式绩效标准与实质绩效标准来解读国有企业与民营企业的产权制度调整效果。形式绩效标准包括制度动态的"适应性效率"和静态的制度间耦合与互补；实质绩效标准是衡量制度安排能否促进"效率与公平"均衡发展。本书通过实证分析指出在形式绩效方面，体制转型中国有企业与民营企业的产权制度调整具有一定的"适应性效率"，即其各阶段的产权制度效率具有相对性与动态适应性的特点。同时，也指出在实质绩效方面，国有企业改革以来其经济绩效显著,而公平绩效却存在很大不足。

第四,提出中央政府的放权行为呈现出中央政府主导下市场导向性特征,地方政府行为遵循从"直接介入"—"间接推动"—"外围提供服务"的轨迹演化。无论是中央政府行为还是地方政府行为,其行为演化均是根据制度环境所进行的适应性调整。并提出体制转型中所出现的"政府行为悖论"是一种不完全等同于"诺斯悖论"的"制度性悖论",即"政府行为悖论"的产生不只是源于政府经济人的本性,更主要是因为政府行为背后的制度因素,即经济政治制度改革滞后于经济基础的变革或未能针对变化的政治经济环境进行适应性调整。

第五,提出体制转型中意识形态的适应性调整呈现出官方意识形态与传统价值观念并行、双向适应性、稳定性与灵活性相统一、渗透着实践理性的实用主义等特征,进而提出在体制转型中意识形态的影响效应呈从中心到边际递减趋势,并且指出意识形态的差异对地区经济发展模式的影响作用。

二 研究方法

(一) 文献研究方法

文献研究方法是指围绕课题的主要研究内容和目的收集与整理历史和当代文献资料和研究成果,对文献资料进行鉴别筛选,并对其准确地理解和把握,以期掌握所要研究问题的现状和趋势,真正发挥文献的价值和创造性地利用文献。

(二) 制度分析方法

本书主要以新制度主义视角分析体制转型中的适应性调整问题,但也不仅限于此一种方法,在具体分析问题时还将其与公共选择以及委托代理理论等糅合在一起共同作为分析中国体制转型的理论工具。

新制度主义分析方法强调制度重要以及制度与行为互动。新制度主义对于主体行为的研究,以及对于主体行为中人们之间权利及利益关系的研究,均是通过制度分析视角来展开的,认为制度是经济发展的关键因素,制度约束着个人的社会经济行为。新制度主义的相关理论如产权理论、制度变迁理论等都是从不同角度分析制度与经济发展的关系。制度的功能在于能够降低交易费用,为实现合作创造条件、提供激励机制,促使外部利益内部化，减少"搭便车"和机会主义行为。在制度分析中，交易成本是其主要分析工具，其理论依据建立在市场不确定、信息不对称与个体机会主义行为等内容之上。由于引入了交易费用这一分析工具，必然涉及两个或两个交易主体之间的交易费用的比较，因此收益成本的比较分析方法也就成为评价制度绩效的具体方法。无论是交易费用理论，还是产权理论或者制度变迁理论都是建立在一个共同的前提假设之上的，即"经济人"假设。制度是人们为寻求最优化组织活动从而实现自身利益最大化的产物，在这一过程中，行为主体在追逐自身利益时受到制度条件的约束和限制。新制度主义的"经济人"假设是对新古典经济学的批判与修正，新古典经济学中的经济人是自私而理性的，为追求自身利益最大化而无所不为，这种经济人是一种抽象人或者只是作为一个无处不在的隐含的前提而存在。新制度主义则立足于现实中具体的经济人来展开具体分析，现实社会中的经济人只具有有限理性而非完全理性，即个人在知识、预见力、技能与时间上都是有限的。同时，现实社会中的经济人不仅利己还会利他，其行为动机既有追求财富最大化的一面，也有追求非财富最大化的一面。

公共选择理论把新制度主义适用于经济领域的"经济人"理性原则运用到政治领域的公共选择活动的分析中，将选民、政治家与官僚等行为主体均看作是追求自身利益最大化的经济人，这为我们分析政府行为提供了新视角，使我们可以更客观、更现实地来观察分析政府行为。

委托—代理理论最初产生于对股份制公司治理问题的研究，旨在建立适当的激励约束机制使得经理利益与股东利益兼容，即使得作为代理人的经理层在追求自身利益最大化时也能最大限度地实现股东利益，进而达到双方的利益均衡。

本书在分析中国体制转型过程中制度与行为的适应性调整时，将上述三种理论结合使用，无论是企业制度变迁还是政府行为变化，都是行为主体基于经济人的理性原则出发，根据自身效用目标与偏好进行收益成本计算而进行的。在分析政府行为适应性调整时又把中央—地方关系纳入委托—代理的理论框架中来分析，地方政府行为出现悖论的前提就是其双重代理的身份，既是当地民众的代理人又是上级政府的代理人，这导致地方政府各种机会主义行为的发生。

第四节　论文写作思路与基本框架

本书主要借助于新制度主义分析工具将观念、制度、行为作为一个整体纳入中国体制转型的分析框架中，但并未按照"观念—制度—行为"这一思维逻辑顺序去写，而是根据转型中人们的关注度即"制度—行为—观念"这一顺序安排论文结构。同时为了便于分析，本书对这三方面做了限定，即从"企业产权制度—政府行为—意识形态"这三个方面展开论述。

本书首先阐明论文涉及的相关基础理论，进而分析了中国体制转型中的整体基本特征，即"相机抉择性"特征，再指出中国体制转型中的主要影响因素，为其后的具体分析奠定基础。接下来分别从企业产权制度、政府行为和意识形态三个方面来分析中国体制转型的适应性调整问题，始终围绕着"适应性调整即是这三方面基于主体趋利动机并依据制度环境的变化而不断渐进调适"这一主线来构建本书框架。在分析了企业产权制度、政府行为、意识形态这三方面的调整轨迹、主要特点与调整效应后，最后针对适应性调整所产生的负面效应或不足提出解决途径并指出适应性调整的未来趋向。

本书基本框架如下：

第一章是导论。主要阐述论文的研究问题与研究意义，并对核心概念"适应性调整""体制转型""产权制度与企业产权制度""政府行为""意识形态"等作出界定，对论文创新、写作方法、论文写作思路与研究框架等给出说明。

第二章是文献综述。主要对体制转型、新制度主义的制度变迁理论、产权理论、国家理论以及意识形态理论在中国的应用情况进行综述和评析。

第三章是制度、行为与意识形态。主要分析了论文所涉及的基本理论，分析了制度的定义与类别以及制度变迁的相关理论，还分析了产权制度与产权制度绩效，为其后"企业产权制度适用性调整"作铺垫；还分析了行为主体及其利益目标以为其后的"政府行为适应性调整"作铺垫；最后还分析了意识形态与观念，以为其后的"意识形态与观念的适应性调整"作铺垫。

第四章是中国体制转型的基本特征与主要影响因素。分析了中国体制转型的"相机抉择性"特征，即制度变迁主体角色、地位、作用与行为方式、制度变迁方式、制度变迁路径、意识形态等随内外部环境变化不断进行着适应性调整。具体表现为：制度变迁主体角色适时转换；制度变迁方式"诱致性"与"强制性"相伴而生；制度变迁路径呈现出过渡性与适应性；意识形态的适应性调整。在中国体制转型中最主要的影响因素除了行为主体的利益驱动外，还包括制度环境以及利益集团与权力分配等因素。

第五章是体制转型中产权制度的适应性调整。构建了产权制度绩效的多维标准，并以此来分析体制转型中企业产权制度的绩效。从产权制度的外适应力来看，国有企业产权制度演化轨迹以及以苏南模式和温州模式为代表的民营企业的产权制度变迁轨迹均充分体现出中国体制转型中产权制度效率的相对性与动态适应性的特点。但是，从产权制度的内适应力来看，产权制度改革还存在产权改革、外部竞争机制、内部治理机制非耦合，以及制度供求不协调，相关制度安排配套改革不到位等问题。同时，在实质绩效方面，国有企业自改革以来其经济绩效显著，而公平绩效却存在很大不足。

第六章是体制转型中政府行为的适应性调整。分析中央政府的放权行为与地方政府的行为调整。中央政府的放权行为与我国各个阶段的经济制度相适应，其放权进程主要受制于当时的宏观经济制度框架与官方意识形态。总体而言，中央政府的放权行为呈现出中央政府主导下市场导向性特征，通过中央政府对改革的主导性和对市场化的适应，使得中国形成了一种政治上相对集中与经济上相对自主的独特的政治经济结构。从苏南模式和温州模式中政府演化规律推导出地方政府行为调整的一般性轨迹，即地方政府行为经历从"直接介入"到"间接推动"、再到"外围提供服务"三个阶段的转变。无论是中央政府行为还是地方政府行为的演化均是在自身趋利动机下根据制度环境（包括市场化进程、政策环境、意识形态约束等）所进行的适应性调整。中央政府行为与地方政府行为调整的效应具有双重性，既推动又阻碍了经济社会的发展，从而形成了"政府行为悖论"，这是一种基于意识形态以及相关制度没有及时针对变化的经济基础及制度环境进行适应性调整的产物，因此，又称为"制度性悖论"。

第七章是体制转型中意识形态的适应性调整。分析了体制转型中官方意识形态主要是"关于计划与市场关系""所有制性质"以及"公有制经济与非公有制经济"的关系、分配领域的"效率与公平"的关系等方面的调整轨迹；分析了意识形态的调整特征，主要包括官方意识形态与传统文化价值观念并行、双向适应性、稳定性与灵活性相统一、渗透着实践理性的实用主义等特征。同时，还分析了体制转型中意识形态从中心到边际递减趋势的影响效应，以及地方政府意识形态对地区经济发展路径和经济模式的影响。在分析了意识形态与观念调整的积极作用的同时，还分析了其调整的滞后性，如导致对国有企业改革中的认知时滞、发明时滞与启动时滞；无法解释产权制度变迁与分配制度变迁中的现实问题；也未建立起合乎市场经济的对寻利行为合理规约的意识形态，以至于无法发挥其淡化机会主义行为的功能。此外，也未建立起与市场经济相协调的传统文化与价值观念。

第八章是中国体制转型中的适应性调整趋向。体制继续进行适应性调整首要的任务就是要解决前期调整中出现的问题。在企业产权制度上，就是要通过一系列相关配套制度的改革，在深化企业产权制度改革的基础上，继续完善企业治理结构，并健全外部竞争机制；合理确定国有企业的社会目标与市场目标；健全与完善其他相关政治、经济与法律制度的配套改革。在政府行为上，就是要通过相关制度的完善与健全来正确处理中央政府、地方政府、企业之间的关系；通过转变政府行为理念、构建公共财政体制并改革政府绩效评估标准来促使公共服务型政府的建立；通过完善地方政府权力制衡机制来约束地方政府行为悖论。在意识形态与观念上，就是要一方面根据主导性与包容性并存、继承性与创新性兼顾、适应性与灵活性、有效性与实用性等原则继续发展与完善主流意识形态；另一方面还需要着力于构建与社会主义市场经济体制相适应的文化基础和价值观念体系，以更好地指导与规范人们的市场行为。

第九章结论。对全书的主要观点进行总结，并对未来提出展望。

第二章 文献综述

本章文献综述部分我们分为两大块五部分内容,两大块中的一块是指国内外学者对体制转型的论述;另一块主要是指学者们在分析中国制度变迁时对新制度主义理论的应用情况,为了与本书其后各章内容对应,我们又将其分为四部分内容,即制度变迁理论、产权理论、国家理论、意识形态理论在中国的适用情况,加上前面学者们关于"体制转型"的论述共五部分内容。

第一节 关于体制转型的文献综述

转型首先是指经济转型,主要是指苏联、东欧以及中国等国家在20世纪后期所进行的从中央高度集权的计划经济体制向分散决策的市场经济体制转变的过程。转型涉及大规模的制度变迁,被认为是20世纪最重要的经济事件之一,波及30多个国家和15亿人口,也是20世纪中继社会主义(计划经济)试验之后的另一项伟大试验。经过20多年的转型过程,俄罗斯、东欧与中国在转型过程中出现的一系列原有经济理论无法解释的现象,使得经济学家们展开激烈辩论,究竟如何认识转型国家的转型目标、路径与方式以及如何评价转型国家各不相同的制度安排和转型绩效,成为争论的焦点。

对于体制转型的研究主要集中在以下几个方面:一是转型方式或路径,主要分析激进式改革与渐进式改革的区别;二是对转型绩效的评价以及导致不同绩效的原因;三是分析体制转型的理论依据。国内外学者在这几个方面都进行了有益探讨。

一 国外关于体制转型的研究

（一）关于激进—渐进二分法的理论研究

在所有转型国家中，中国和俄罗斯分别是从原计划经济体制向市场经济转型的两种不同方式的典型代表。国内外学者分别就两国的转型路径、转型特点、产生差异的原因、转型绩效等进行对比，在此基础上，激进式与渐进式、华盛顿共识、后华盛顿共识、北京共识等字眼在转型研究领域滥觞，其中对转型路径的激进式与渐进式的争论最为激烈。

主张激进式改革者所依据的理论范式是新古典主义研究范式，主要代表是新自由主义学派，它也是"华盛顿共识"的主要倡导者。以萨克斯为代表的新自由主义经济学家认为，所有的经济问题都是稀缺资源的配置问题，而市场机制是实现资源有效配置的最好机制，因此，体制转型即意味着以全面的市场经济机制取代计划经济体制。萨克斯等经济学家以及世界银行、国际货币基金组织和美国政府一致为苏联、东欧国家开出了"休克疗法"的药方，这也被称为"华盛顿共识"（Washington Consensus），主要涉及宏观经济稳定、开放程度和市场经济三个方面，主要强调财政纪律和公共部门资源配置方式的改革，主张金融部门和贸易部门的自由化，主张对汇率、利率和外国投资放松政府管制，并强调国有企业的私有化和保护私人产权。其核心内容是自由化、私有化和市场化。[①]

然而，相比于渐进式改革中的中国所取得的巨大成效而言，采取激进式改革的苏联、东欧国家却出现停滞、通货膨胀、财政赤字等问题，经济几近崩溃。巨大的反差使得激进式改革范式备受责难，也促使新自由主义经济学者反思"华盛顿共识"的失败原因，并将之前作为既定环境的政治法律经济文化等制度因素纳入新古典经济学研究框架，以此完善和补充新古典经济学，使其更好地解释现实。这方面的代表人物是麦金农，在保持"宏观稳定和经济自由化"这一与新古典经济学基本理念一致的前提下，他更加关注转型的次序和秩序，关注制度的互补性和相关性，因此其转型观带有更多的渐进色彩。麦金农在《经济市场化的次序——向市场经济过渡时期的金融控制》一书中指出，虽然经济化和自由化是转型国

---

① 景维民、孙景宇：《转型经济学》，北京：经济管理出版社 2008 年版，第 7—8 页。

家的目标，但是向经济市场化过渡有一个最优次序问题，对这个次序的制定和把握依赖于政府，政府的作用是以保持宏观经济稳定为己任，同时渐进地、逐步放松对经济活动的控制，政府不能也不应该同时实行所有的市场化措施。麦金农以金融和财政为主线分析经济领域全面市场化的次序问题。①

主张渐进式改革所依据的理论是制度—演化研究范式，这一研究范式包括很多的经济流派，如新凯恩斯主义、新制度主义、演化经济学等。它们虽分属不同流派，但却有着共同特征，即重视对转型过程的关注，并一致认为大规模的制度变迁并非一蹴而就，是一个渐进的发展变化过程。

新凯恩斯主义学派的代表人物约瑟夫·斯蒂格利茨认为政府要控制改革的时序和转型速度，改革要以渐进的方式进行。政府保持宏观经济稳定的政策要同微观转型结合起来；政府要注重增量改革即创立新制度和新企业。转型过程中竞争远比私有化更重要，私有化与效率并不等同。进入20世纪90年代中期以后，随着"休克疗法"的失败，"华盛顿共识"受到普遍质疑。科勒德克指责"华盛顿共识"必然导致"制度真空"，并提出八个要素在转轨中的作用，着重强调制度建设在转轨中的重要性。② 斯蒂格利茨则提出"后华盛顿共识"，倡导"走向一种新的发展范式"，认为不能仅以 GDP 的增长来衡量转轨，应该采用更广泛的工具以实现更宽泛的目标，最终实现包括健康与教育在内的生活标准的提高、自然资源和环境保护在内的持续发展、社会上所有集团分享成果的均衡发展，以及使居民能够以多种方式参与和影响政策决策过程的民主的发展。③

哈耶克虽然在目标和价值上比新古典主义更倾向于自由市场和私有制，但在社会变迁方式上却主张渐进式而非激进式变迁。他认为产权私有化、经济自由化和政治的多元化必须采取渐进的方式才能取得成功。许多

---

① [美]麦金农：《经济自由化的顺序——向市场经济转型中的金融控制》，北京：中国金融出版社1993年版。

② Grzegorz W. Kolodko. Ten Years of Postsocialist Transition: the Lessons for Policy Reforms, Journal for Institutional Innovation, Development and Transition, Vol. 4, 2000.

③ 约瑟夫·斯蒂格利茨：《走向一种新的发展范式》，《经济社会体制比较》2005年第1期，第1—12页。

持自由主义观点但又反对激进变革的人采用这种理论来解释中国改革成功的经验。英国经济学家麦克米伦和诺顿认为，在计划经济向市场经济的过渡中，由于不完全信息和有限理性，不能仅根据一个预定的时间表来进行一揽子改革。市场是通过一系列规则和惯例发挥作用，而这种规则和惯例更主要是发育和生成的，而非设计。① 美国经济学家蒙勒认为，激进改革把社会看成是一种资源配置手段，因此它设计了一个理想的配置体制希望将其一步到位；而渐进改革则把社会看成是一种信息加工手段，认为社会的信息量有一个累积过程，任何改革方案最初都是以旧体制下获得的信息为基础的，对于未来，改革者只能一步一步走。②

热若尔·罗兰认为改革是一个演进过程，强调"改革的总和不确定性"和"政治约束"作用，"在总和的和个别的层面上，结果的不确定性都是转型的关键特征。即使转型有一个明确的目标，也没有公认的理论说明如何达到这个目标"。"由于总体不确定性的存在，转型从来就没有路线图"③。在政治约束下，改革方案就要在改革决策的可接受性和改革的不可逆转性之间谋求均衡。由于改革涉及利益的调整，因此必须关注利益集团这一现实力量，从而关注改革顺序的选择，通过恰当的顺序使得通过改革不断产生受益者集团来支持改革进一步深入。从中俄比较看出，渐进式改革更优于激进式改革，一个很大原因在于前者满足了富有信息这一条件，主要是指"成本较低的早期逆转"信息。俄罗斯激进式改革实行大规模私有化，这样做是为了创造改革的不可逆转性。然而，这种不可逆转性使得俄罗斯经济陷入低效率状态，从大规模私有化中获益最多的利益集团变得非常强大，以至于阻碍了进一步改革如税收改革、政府改革、更强的执法以及对产权的保护等方面。

（二）对转型绩效及其原因分析

渐进式改革与激进式改革的经济绩效差距很大，虽然有的经济学家对

---

① Mcmillan, J. and B. Naughton, How to Reform a Planned Economy: Lesson From China, Oxford Review of Economic Policy, Vol. 8, No. 1, 1992.

② 彼得·蒙勒：《论激进经济改革与渐进经济改革》，见李兴耕等主编：《当代国外经济学家论市场经济》，北京：中共中央党校出版社1994年版。

③ ［比］热若尔·罗兰：《转型与经济学》，北京：北京大学出版社2002年版，第25—27页。

第二章 文献综述

有关转型国家统计数字的准确性存在争议。但是不可否认的是，中国经济连续多年的高速持续增长，与苏联、东欧国家在转型初期的急剧恶化形成鲜明对比。自1978年中国改革开放改变传统的计划经济体制以来，中国经济开始迅速增长，GDP总量从1978年的3624.1亿元增加到2006年的209407亿元，28年间增长了近58倍，年平均增长率达到9.8%，人均GDP增长了42倍[①]。中国的高速发展被林毅夫等人称为"中国奇迹"，英国剑桥的彼得·诺兰把这种没有经济学理论支撑的高速增长称为"中国之谜"[②]。相反，苏联、东欧国家的经济并未随经济转型而好转，反而陷入更为严重的经济衰退中，虽然在20世纪90年代中后期这些国家开始出现正增长，但是直到20世纪末大多数国家的GDP仍未达到1989年转型前的水平，实际GDP累计下降超过1989年的50%。[③] 不仅如此，在这些转型国家中还出现了许多令经济学家未能料到的意外后果，如私有化的结果导致"内部人"获益、不断增多的有组织的犯罪活动、国家分崩离析，等等。相比于苏联、东欧国家令人沮丧的转型后果，中国转型却获得了巨大成功，尤其是经济增长迅速，学者们将焦点集中于对中国转型绩效及其原因的分析上。

肯定中国转型绩效并认为其转型成功的学者多数是支持渐进式改革的经济学家，如斯蒂格利茨、诺顿、罗兰、钱颖一、许成钢、科勒德克等人，也有学者对"中国奇迹"的真实性提出质疑（Rawski，2001）；还有学者认为中国转型已经偏离最初意图，已经趋向资本主义（Martin Hart-Landsberg、Paul Brukett，2004）；还有学者认为中国的成功只是短期的，从长期看，苏联、东欧国家由于完成了宪政转轨则会更成功（Sachs、胡永泰、杨小凯，2000）。

对于转型期间中国与苏联、东欧国家之间的绩效差距，许多学者从初始条件方面来分析。Sachs和Woo把中国经济改革成功的原因归结为是在特殊的内部条件约束下非国有经济迅速发展的产物。中国经济改革的初始条件为落后的经济结构，正是因为改革开始时农业劳动力在就业结构中处

---

① 景维民、孙景宇：《转型经济学》，北京：经济管理出版社2008年版，第194页。
② Peter Nolan. China's Post Maoist Political Economy: A Puzzle. Contributions to Political Economy, 1993, 12: 71—87.
③ 景维民、孙景宇：《转型经济学》，北京：经济管理出版社2008年版，第196页。

于绝对优势地位，而且大多数农民处于非常低的生活水平上，其收入远低于工人的收入，且没有像城市工人那样享受广泛的社会福利，计划的程度也较低，这种初始条件使得农民在工业化过程中大量进入城市非国有企业，从而加速了改革。而苏联国营农场和集体农庄工人与城市工人的实际生活水平和享受福利没有太大差别。由于工业化的程度很高，国营部门中就业人数占绝对优势，为了保住特权，人们都不愿向非国有部门发展，这使得非国有经济发展难以取得突破性进展，发展缓慢。这种初始条件迫使苏联只能放弃渐进式改革道路，转而求助于激进式改革道路。[1] 钱颖一和许成钢则认为中国改革的成功在于"从中国式的联邦主义到中国式的私有化改革模式"。与苏联、东欧等国家所建立在专业化、职能化基础上的单一等级的 U 型组织不同，中国的经济组织结构是一种 M 型结构，这种结构使得基层政府具有较大的自主权，而且地区之间的联系更多是一种市场取向，这就强化了市场活动，削弱了行政控制，也刺激了非国有经济部门的发展。[2]

萨克斯、胡永泰、杨小凯、科尔奈和科勒德克等持初始条件论的新自由主义者们将转型与"宪政转轨"联系起来，他们对于中国转型绩效并不乐观，认为渐进式改革并不是真正的转型，而只是一种改革，获得的只是一种短期成功，长期将面临艰巨的任务。萨克斯、胡永泰和杨小凯认为中国的转型与俄罗斯及东欧国家的转型在性质上不同，不具可比性。他们只把苏东剧变后的后社会主义国家的市场化进程称为转型，而把社会主义国家的市场化进程称为改革，而不是转型。这种理论观点把经济转型与政治体制的变革联系在一起，甚至把政治变革作为经济转型成功的前提条件。通过对俄罗斯和中国两种转轨模式的比较分析，他们得出结论，中国 20 世纪 80—90 年代令人瞩目的增长绩效主要归功于其落后的起始发展水平和模仿新的出口导向型工业化模式，在没有进行"宪政转轨"的政治垄断下的经济转轨将

---

[1] Jeffrey Sachs and Wing Thye Woo. Structural factors in the economic reform of China, Eastern Europe, and Former Soviet Union, Economic Policy, April 1994：102—145.

[2] Yingyi Qian, Chenggang Xu, Why China's Economic Reforms Differ：The M－Form Hierarachy and Entry/Expansion of thr Non－State Sector. The Economics of Transition, 1993, Vol. 1（2）：135—170.

第二章 文献综述

被国家机会主义所挟持。经济转轨双轨制产生了宪政转轨的非常高的长期代价，这将大大超过它赎买既得利益平滑转型的短期好处。① 杨小凯在《后发劣势》一文中指出落后国家由于模仿的空间很大，所以，可以在不进行制度改革的条件下，通过模仿发达国家的技术和管理模式，在短时期内取得较快的发展，但是却会产生很高的长期代价，即长期发展可能会失败，这种后发劣势最主要的弊端并非国有企业效率低下，而是将国家机会主义制度化。②

科尔内提出了"体制的特殊品性"概念，转型即意味着体制"品性"的改变，这些"品性"主要包括政治力量特征、产权的分配特征、协调机制特征、经济行为者的典型特征、经济运行特征五个方面。其中，前三者是"基础性特征"，它们的转型决定着后两者"非基础性特征"的状态。转型即意味着用资本主义的经济特征和政治制度取代社会主义的经济特征和政治制度，即从社会主义向资本主义的转变。而社会主义国家运用现行的制度去创造一种"社会主义市场经济"是不可能的。③ 科勒德克指出，应当将市场化改革与向市场经济转轨区分开来，转轨通过完全的制度替换和建立新型的经济关系来废除以前的制度。从这个角度来看，在1989年以前所进行的是一系列的改革，其后东欧和苏联地区则是一种转轨而非改革旧制度。④

可见，"宪政转轨论"认为转型并非创造一个本质上不同于资本主义的制度创新过程，而是后社会主义国家的制度与资本主义制度趋同的过程。他们否认存在不改变政治结构下的经济体制转型，即否认社会主义市场经济体制建立的可能性。事实上，他们的论述显然有悖于历史实

---

① Sacks, J. Wing Thye Woo and Xiaokai Yang, "Economic Reforms and Constitutional Transtion", CID Working Paper No. 42, April. 2000. 或参考：[美] 杰夫雷·萨克斯、胡永泰、杨小凯：《经济改革与宪政转型》，《开放时代》2000年第7期，第5—25页。

② 杨小凯：《后发劣势》，《天则双周》第181讲，2000年12月1日。http://www.unirule.org.cn/symposium/c181.htm. 或参考：[美] 杰夫雷·萨克斯、胡永泰、杨小凯：《经济改革与宪政转型》，《开放时代》2000年第7期，第5—25页。

③ Kornai, Janos, What the Change of System from Socialism to Capitalism Does and Does not Mean. Journal of Economic Perspectives, Vol. 1, No. 1 (Winter 2000): 22—27.

④ [波兰] 格泽戈尔兹·科勒德克：《从休克到治疗——后社会主义转轨的政治经济》，上海：上海远东出版社2000年版。

践。从人类社会的发展历史来看,不同的经济体制可以和不同的政治制度结合,二战后新兴市场经济国家与不完全相同的民主政治制度结合形成了多种市场经济模式,如美国政府微调的自由市场经济模式、法国计划引导下的市场经济模式、德国的社会市场经济模式以及日本的政府主导型市场经济模式。尽管一个社会的经济体制要与其政治体制、文化体制相互耦合,但是它们之间的耦合关系并不唯一,其变化也并非同步,那种认为只有变革宪政制度才能进行经济体制改革并进而保持经济长期可持续发展的观点,是一种僵化的、建立在意识形态基础上的原教旨主义观点。

(三) 战略或策略论

国外一些学者从改革战略或策略角度分析中国转型成功的原因,如科尔奈提出向市场经济转型的两种战略理论,即有机发展战略和加速私有化战略,前者主要侧重于发展新的私有经济以及扩大私有经济在社会总产出中的比重,同时缩小国有经济的比重;后者则通过转送的方式发展人民资本主义,快速消灭国有制企业。① 诺顿认为,中国改革的经验主要是:在保留旧的行政体制的条件下稳定宏观经济和调整工业结果;农村改革取得成功;对政府垄断部门逐步放松管制;价格双轨制;发展计划外经济。② 世界银行把中国改革经验概括为:以农业改革为突破口;强调市场化而非私有化;采取渐进的改革方式;重视发展出口以及进入世界市场;国家在维护社会稳定方面的作用。③ Mark Knell 和 Wenyan Yang 在 1992 年发表的"中国社会主义经济转型战略经验"一文中提出,中国改革特点是逐步放开价格并在经济转型中鼓励大量非国有经济发展,从而引入竞争机制,产生硬性预算约束,消除短缺经济,迫使国有企业在巨大竞争压力下进行改革。④

---

① Kornai, "Making the Transition to Privare Ownership", Finance & Development, September 2000. 转引张宇:《转型政治经济学——中国经济改革模式的理论阐释》,北京:中国人民大学出版社 2008 年版,第 31 页。

② 转引张宇:《中国的转型模式:反思与创新》,北京:经济科学出版社 2006 年版,第 17 页。

③ 同上。

④ 同上书,第 16 页。

二 国内关于体制转型的研究

国内对于体制转型路径与方式的研究主要集中于渐进式改革的特征以及渐进式改革成功的原因,林毅夫、吴敬琏、张军、樊纲等从改革战略或策略角度分析,张宇、周冰等人则将初始约束条件与改革策略结合进行分析;刘国光、厉以宁、周振华、吕炜、王玉海等人将经济发展与经济转型结合来分析。

(一) 战略或策略论

林毅夫等人认为,经济改革的核心是经济发展战略的转轨,将赶超战略转变为充分利用比较资源优势的发展战略。改革以前中国所推行的重工业优先发展的赶超战略是经济发展缓慢的根本原因,而改革以来中国经济迅速发展的关键就在于改革围绕赶超战略所形成的"三位一体"的传统经济体制,从而有利于农业劳动力的转移,使经济总量和经济结构变革两个过程协调进行。随着经济的发展,传统经济部门不断得到改造,二元经济结构反差逐渐缩小,整个国民经济迅速增长起来。同时,中国改革成功的一个重要原因是采取了一条成本小、风险小,又能及时带来收益的渐进式改革道路。[1] 樊纲明确地把中国渐进式改革概括为增量改革与体制外突破。渐进式改革的实质是在旧体制改不动的情况下在旧体制旁边培育新体制,通过新体制的发展为深化改革创造条件。而新体制的核心就是非国有经济。中国的渐进式改革就是通过发展非国有经济来为国民经济提供一个收入增量,减少改革成本。为国有经济的改革提供示范作用,并创造一个竞争的市场环境。[2] 张军认为正是中国所实行的价格双轨制保障了国有部门在转型初期的产出增长,从而没有使中国经济像苏联和东欧国家那样出现急剧下降。[3] 周振华认为改革程序的作用装置决定了改革的绩效。中国的渐进式改革在程序设定上采取的是改革目标动态化、改革选择集弹性化

---

[1] 林毅夫:《中国奇迹:发展战略与经济改革》,上海:上海人民出版社1994年版;或见:林毅夫:《论中国经济改革的渐进式道路》,《发展战略与经济改革》,北京:北京大学出版社2004年版。

[2] 樊纲:《两种改革成本与两种改革方式》,《经济研究》1993年第1期,第3—15页。

[3] 张军:《"双轨制"经济学:中国的经济改革(1978—1992)》,上海:上海三联书店1997年版。

和制度交易不完全合同化，而苏联的激进式改革在程序设定上采取的改革目标固定化、改革选择集刚性化、制度交易完全合同化，正是由于两国在改革程序的作用装置上的不同才导致了两国不同的转型绩效与结果。①

（二）初始条件与转型策略结合论

国内很多学者认为中国面临的初始条件与策略决策因素等共同决定了中国体制转型过程和绩效。如张宇认为初始条件只是改革的一种外部环境，它不可能完全决定改革的方向、进程与成败。实际上，是初始条件与政策因素共同决定了经济转型的效果②。他构建了一个整体分析模式来分析中国转型问题，认为渐进式改革成功的具体原因是多方面的，有利的初始结构③以及强制中的诱致性、从局部到整体、双轨过渡、体制内与体制外的结合的改革战略和政治上的集中与稳定等等都在这里发挥了重要作用。但是，这些特点和成功的具体原因都只是渐进式改革本质的不同表现。中国渐进式改革之所以能够获得成功，更主要在于社会主义制度下的宪法制度的包容性与灵活性。正是由于宪法制度根据环境变化不断的改革与"修正"，有效地容纳了资本主义社会所创造出来的适于我国的物质文明、精神文明和制度文明，从而推动生产力的发展和社会进步。④ 周冰与靳涛提出了转型方式综合因素决定论，具体指出了转型的初始条件和改革策略各自在转型方式决定中的作用。初始条件包括原计划体制的结构、外部环境、改革时机三个因素，它们影响改革决策的客观因素，但初始条件自身并不直接决定转型的方式，而是通过对行为主体选择集的限定作用间接地决定转型方式。而改革策略包括寻求改革"合法性"的处理方式、改革时序安排、掌握改革主导权、对社会利益分化的调控等则能够直接决

---

① 周振华：《中国制度创新的改革程序设定》，《经济研究》1998年第2期，第40—47页。
② 张宇：《中国的转型模式：反思与创新》，北京：经济科学出版社2006年版，第44—46页。
③ 有利的初始结构包括传统体制结构如中国的计划经济体制具有很大的分散性、盲目性和无组织性，各地区各部门的差异很大，而且计划经济体制在"大跃进"和"文化大革命"中受到很大破坏。因而，一旦放松控制，市场因素就会比较容易地自发地成长起来。二元生产力机构、改革前稳定的政治经济形势以及党和政府较高的权威和领导力等这些都是中国走向渐进式道路并取得成功的潜在因素。张宇：《中国渐进式改革成功的原因》，《学习与探索》1997年第3期，第4—20页。
④ 张宇：《论中国渐进式改革成功的原因》，《学习与探索》1997年第3期，第4—20页。

定转型方式。①

（三）经济发展与经济转型结合论②

许多学者都把转型与发展放在一起研究，把转型看作是经济发展的一种特殊类型或者特殊条件。国内南京大学的经济转型与发展研究中心将转型和发展并入一个科目，称为"转型与发展经济学"。以刘国光等为代表的一批学者主张体制模式的转换与发展模式的转换"双向协同"。③陈宗胜认为中国处在"双重转型"过程中，即从发展角度来看，由传统农业和现代工业并存的二元经济结构向现代一元经济的转型，而经济体制则由计划经济体制向市场经济体制转型。④厉以宁提出了转型发展观，他认为，"中国是一个转型的发展中国家。转型是指中国正在从计划经济体制转变到市场经济体制，发展是指中国正在从不发达状态迈向现代化。正是由于转型与发展这两项任务结合在一起，中国所遇到的问题，尤其错综复杂，这里既有转型中的问题，又有发展中的问题。"⑤周振华将制度作为经济增长的主要解释性变量，并提出了一种转型与增长交互作用的理论分析框架。⑥虽然这些学者都提出了体制转型和经济发展或者增长两条主线，但是他们往往仅把转型当作了发展的背景和约束条件，都在不同程度上更偏重于研究发展或者增长。洪银兴认为转型和发展相辅相成，概括起来就是在发展中转型，在转型中发展。经济发展给体制转型提供动力。同时，经济发展自身也有个转型问题，包括现代化的转型以及增长方式的转型。⑦吕炜则试图建立一种体制转轨和经济发展转型双主线的理论分析框架。⑧王玉海则从体制转型和增长的相互关系角度探讨了中国平滑转型能

---

① 周冰、靳涛：《经济体制转型方式及其决定》，《中国社会科学》2005年第1期，第71—82页。
② 周冰：《转型经济学在中国的兴起和学科定位》，《社会科学战线》2009年第7期，第39—49页。
③ 刘国光：《中国经济体制改革的模式研究》，北京：中国社会科学出版社1988年版。
④ 陈宗胜：《双重过渡经济学》，天津：天津教育出版社2005年版。
⑤ 厉以宁：《转型发展理论》，同心出版社1996年版，第1—2页。
⑥ 周振华：《体制改革与经济增长》，上海：上海三联书店、上海人民出版社1999年版。
⑦ 洪银兴：《中国经济转型和转型经济学》，《经济学动态》2006年第7期，第26—31页。
⑧ 吕炜：《经济转轨理论大纲》，北京：商务印书馆2006年版。

够持续推进的动力机制问题。①

三 对已有研究的简要评述

上述对国内外学者对转型路径、方式、绩效的研究进行了梳理，这些学者根据自己的研究视角和专长对转型问题作出各具特色的解释，给人们深入认识转型过程和未来趋势提供了理论平台。一些理论虽然我们并不完全认同，但是可以帮助我们从不同角度认识问题，对未来发展起一个警示作用，如新古典自由主义的"初始条件论"与"宪政转轨论"，渐进式改革的成功虽然不完全归因于我国二元经济社会结构的初始条件，但是不能否认它确是一个重要因素，提示我们不能忽视转型后期任务的艰巨性。我们无法认同"宪政转轨论"所主张的只有完成了宪政转轨才能说是真正完成了转型，以及转型就是向全球资本主义制度趋同的观点。但是他们提出的很多问题还是值得我们关注的，如中国市场化改革过程由于缺乏宪政秩序和法治所导致的"制度化的国家机会主义"与腐败问题，当然我们所指的宪政秩序并非原文所指的资本主义宪政秩序，而是与社会主义市场经济相适应的宪政秩序。

已有研究无疑为我们深入认识中国体制转型中的各种问题提供了理论积淀，在肯定学者们突出贡献的同时，我们同样也要认识到已有研究中存在的不足，我们主要从两方面来分析。

（一）激进与渐进二分法的局限性

激进与渐进二分法主要针对中国与苏联、东欧国家转型方式和速度的研究，一方面，仅仅关注两种转型方式的差异，忽略了二者之间的共性，即两种类型国家改革前均面临旧体制、时间和预设目标的约束，改革的最终经济目标都是建立市场经济体制，改革的手段均含有私有化、自由化和稳定化的因素，二者具有改革发生与推进的相似的基本属性，不同只在于同一运行机理在不同约束条件下的不同表现而已。另一方面，激进与渐进仅反映了转型某一阶段的特征，并不能反映转型全貌。转型过程是一个"渐进"包含"激进"、"激进"寓于"渐进"的辩证统一过程。任何国家的改革路径均非一成不变，往往是激进与渐进交替或并行。苏联和东欧

---

① 王玉海：《平滑转型推进的动力机制》，北京：社会科学文献出版社 2007 年版。

国家早在20世纪80年代末激进改革之前就早已尝试过渐进式改革，未获成功才在西方新古典自由主义经济学者和有关组织机构倡导下采取了激进式改革，激进式改革失败后这些国家纷纷调整激进政策，如俄罗斯从切尔诺梅尔金到普里马科夫、再到普京，都在努力修正以前的激进政策，普京总统上台执政后，提出既不全盘否定苏联70年的成就，也不全面肯定叶利钦时代的改革，主张走所谓的具有俄罗斯特色的第三条道路，采取"渐进的、逐步的和审慎的方法"将俄罗斯建设成为"发达、繁荣和强大的国家"。重新确立国家干预经济的改革思想，抛弃经济完全自由化和全面私有化的做法，截至1998年1月1日，属于俄罗斯联邦国有制的企业和组织仍有2万家，其中单一制国有企业有1.3万家。[①] 同样，中国的渐进式改革也伴随着如农村家庭承包责任制、价格闯关、福利分房制度改革等激进因素。此外，激进与渐进二分法无法关注到两种类型国家面临的转型任务有很大区别。苏联与东欧国家是由传统社会主义计划经济体制向资本主义市场经济体制的转型，即包含市场化的经济转型，还包含宪政转轨。而中国的体制转型则是在社会主义制度不变情况下的双重转型，即经济体制由计划经济向市场经济转型，从发展角度看，则是由传统农业和现代工业并存的二元经济结构向现代一元经济的转型，两种转型交织在一起相互作用、相互影响。而激进与渐进二分法恰恰忽视了体制转轨所包含的经济发展和发展转型的内在机理，而"体制转轨—经济发展—发展转型"及其之间的相互冲突和相互作用则构成了后发国家体制转型共同的轨迹。[②]

（二）对中国转型是否成功的绩效评价标准不统一导致对转型认识不同

景维民和孙景宇将目前学术界关于经济转型绩效的理解分为四种[③]：第一种观点认为经济转型绩效是指经济转型过程终结这一时点上所实现的市场经济制度结构的状态及这一制度结构对经济运行的影响；第二种观点认为经济转型绩效是指为实现经济转型目标——市场经济体制而付出的代

---

① 曲振涛、刘文革：《"宪政转轨论"评析》，《经济研究》2002年第7期，第74页。
② 卢新波：《对转型经济研究中激进与渐进二分法的评价》，《财经论丛》2008年第11期，第5页。
③ 景维民、孙景宇：《转型经济学》，北京：经济管理出版社2008年版，第303—305页。

价。主要突出了转型成本的重视;第三种观点认为经济转型绩效是指经济转型带来的净收益,即新制度运行后提供的收益,再减去改革成本之后所得到的净收益;第四种观点认为经济转型绩效是指经济转型进程启动以后至某一时点市场经济制度结构的实现程度和新制度结构的行为能力,以及制度变迁过程中不同的制度变动轨迹引起的经济增长、经济总量变动和社会发展的轨迹。简言之,经济转型绩效就是以市场经济体制模式的实现程度和社会经济的运行状况为切入点。正是由于对转型绩效的评价标准不一样才导致了上述理论的差别。我们认为转型即意味着大规模的制度变迁,转型的绩效即是制度的绩效,我们基本赞同第四种观点,也是景维民和孙景宇所持观点,但是认为转型不仅要考虑经济绩效,还要考虑社会、政治等绩效。因此制度的绩效或转型绩效的评价标准是一个多维度标准,主要包括:一是适应性效率即制度随内外环境进行弹性调整的能力;二是制度耦合与互补即制度之间以及制度与制度结构之间的结合能力;三是制度具有实质的目标内容即在既定技术、资源禀赋的前提下能够使得效率与公平均衡发展,也就是指在新的制度结构下如何实现经济与社会共同发展。前两个内容是指制度的形式绩效,显示出制度绩效的普遍性和一般性特点。最后一个内容是指制度的实质性绩效,也是制度变迁所要达到的目的。构建这样一种综合的分析框架对于深入认识中国体制转型绩效很有必要。

第二节 新制度主义制度变迁理论在中国应用的文献综述

一 国外学者对新制度主义制度变迁理论的研究

许多新制度经济学家都对制度变迁均有所研究,如舒尔茨、科斯、戴维斯、威廉姆森、阿尔奇安、德姆塞茨等,对制度变迁理论作出最为完整和系统整合的当属诺斯。诺斯的理论体系体现在《西方世界的兴起》《经济史中的结构与变迁》《制度创新与美国经济增长》和《制度、制度变迁与经济绩效》等著作中。新制度经济学认为,制度可以在个人、组织、政府等不同主体的层次上被创新。追求自身效用最大化是这些主体的共同特征,制度变迁正是这些主体最大化行为的结果。新制度主义制度变迁理论运用正统经济学去分析制度的构成和运行,去发现制度在经济体系中的地位和作用。它从效率出发,强调制度本身就是人们追求效率的结果,是影响效率的重要因素。同时它坚持方法论的个人主义,坚持将个人视为既定的分析前提,从个人的最大化行为出发解释制度。产权分析和交易成本分析范式构成了制度变迁理论两大分析工具,以此为基础,诺斯形成了其新古典式的制度变迁理论,他重视制度均衡的分析意义并在"需求—供给"框架下展开对制度变迁的研究,认为制度变迁就是不断降低交易成本,以一种高效率产权替代低效率产权的过程,也是效率最大化的实现过程。为了更好地解释制度变迁中的集团行为、非理性行为,以及制度变迁的动态性等问题,诺斯把国家理论和意识形态理论纳入了他的分析框架内,再加上产权理论共同构成其制度变迁理论的三大理论支柱或中心命题。

二 国内学者对新制度主义制度变迁理论的研究与应用

中国是在 20 世纪 80 年代末引入新制度经济学,90 年代以后该理论被广泛用来分析中国的体制转型,其中制度变迁理论成为解释中国问题最强劲的一支。中国学者在分析现实问题时,对制度变迁理论进行了深入探讨,涉及领域很多,如制度概念的界定、制度供给和制度均衡分析、制度变迁方式研究、提出制度变迁理论新范式等。学者们并未简单地引介,而是将其与中国改革实践相结合,对原有理论进行完善与创新,使其更适合解释中国改革实践。

(一) 结合新制度主义的成本收益分析与公共选择的利益分析

新制度主义继承了新古典主义的成本收益分析方法,认为制度变迁就是从效率高的制度安排替代效率低的制度安排的过程,对制度绩效评价标准也仅限于从资源配置效率角度来加以评析,不涉及制度变迁带来的利益重新分配问题。① 中国学者樊纲、盛洪、胡汝银等人在借鉴了新制度主义成本收益分析方法的同时,又加入了利益、权力等公共选择的新要素,使该理论变得更适合解释中国改革实践。

樊纲在早期主要用成本收益法解释中国改革。他通过研究得出结论,在体制初始条件和目标模式都给定的情况下,改革道路的选择问题将被归

---

① 盛洪:《中国的过渡经济学》,上海:格致出版社、上海三联书店、上海人民出版社 2009 年版,第 8 页。

结为改革成本最小化问题。只有当新体制运行所能带来的收益在扣除"改革成本"后仍高于旧体制的收益，改革才会实际发生。改革成本包括实施成本和摩擦成本。实施成本包括改革过程开始之后一切由体制决定的"信息不完全""知识不完全"、制度预期不稳定所造成的效率损失。摩擦成本是因社会上某些利益集团对改革的抵触和反对所引起的经济损失，是由改革的社会阻力所造成的时间和物质（甚至生命）的耗费。任何改革方式的改革成本是实施成本与摩擦成本的总和。渐进式改革之所以被采纳首先是因为它可能通过逐步地和分阶段地改革降低摩擦成本，减少改革阻力。同时，渐进式改革本质特征是在旧体制改不动时，先在旧体制的缝隙中发展新体制，并依赖新体制所提供的新增收入增量对人们在改革中所付出的成本进行补偿，为改革旧体制创造必要的条件。①

以成本收益分析方法研究改革过程无疑对认识改革本质是有益的，但是也有局限性。成本收益分析法认为改革无非是通过成本收益比较选择一个最优改革方案或最优改革战略的过程，以使社会福利最大化。这里隐含着计划者有完全理性，并代表公共利益作出最大化社会福利的选择。但是由于有限理性、不完全信息、不确定性、技术困难等约束，政府可能无力作出最优选择。樊纲后来意识到这一分析方法的局限性，开始采用公共选择分析法，从利益集团之间的冲突和相互制衡出发对改革过程进行分析，体现在其作品《公共选择与改革过程》《论改革过程》《论改革方式的选择》《渐进改革的政治经济学分析》中。他指出，经济体制改革和制度创新过程不过是人与人之间、利益集团与利益集团之间的缔约过程，这也是一个讨价还价、相互妥协、相互斗争的过程。体制改革本身并非市场过程，而是属于"非市场的选择"，即是一种"公共选择"过程。经济体制的改革要害不在于表面上的"体制摩擦"，而在于这种摩擦背后的"利益摩擦"。因此，对改革战略的思考，应着眼于尽可能妥善解决改革过程中的各种利益矛盾。②

不同的利益集团根据自己的特殊利益，有自己关于改革的目标模式与

---

① 樊纲：《两种改革成本与两种改革方式》，《经济研究》1993 年第 1 期，第 3—15 页。
② 樊纲：《论改革过程》，见盛洪主编：《中国的过渡经济学》，上海：格致出版社、上海三联书店、上海人民出版社 2009 年版，第 36—64 页。

改革战略；制度变革道路的差异是由于不同经济中的社会利益结构的差别造成的，是由于存在着具有不同利益集团和不同的社会利益结构造成的。具体而言，制度变革道路的不同在于：一是利益集团间的权力结构不同，道路的选择更符合享有更多权力者；二是不同利益集团偏好不同也会导致利益结构不同从而导致变革道路的公共选择结果不同。① 盛洪认为，无论从静态还是从动态看，制度变迁过程都不是"利益分配无关"。制度变迁会强制性地改变产权界定或利益格局，并且会采取少数服从多数的公共选择规则，因此本身就已包含了利益冲突的内涵。在制度资源配置既定的前提下，决定制度变迁过程和命运的主要因素还是利益分配与利益冲突。② 胡汝银在《中国改革的政治经济学》中指出，改革过程即是一个制度变迁和权利重新界定的过程。这是一个包含不同利益和不同相对力量的行为主体之间相互作用的政治过程，制度变迁的方向、速度、形式、广度、深度和时间路径完全取决于行为主体之间的利益一致性程度和力量对比关系。改革过程也是一个政治过程，所以，更需要结合政治市场结构或政治力量对比关系来分析制度安排供给者的行为及其对改革取向、形式和深度等方面的影响。③

通过将利益冲突与改革成本结合起来，学者们普遍认为，对成本最小化改革路径的寻求就是尽可能少地损害部分人的利益。苗壮提出暂时避开改革成本高的领域，在旧体制的薄弱环节首先推进改革。樊纲提出要抓住有利历史时机，即选择改革成本较低的时点。还提出"国内外援"设想，即在双轨制中，用新制度的收益来弥补改革旧制度的成本；盛洪提出"计划权交易"的方式，用市场的方法对计划经济中的权利和义务进行交易，这样就可以在不损害任何人的情况下，实现从计划经济向市场经济的过渡。这些降低改革成本的设想和方案其实是中国改革实践的启发。中国的过渡经济学实际上是中国市场化道路的理论反映。对降低改革成本的追

---

① 樊纲：《渐进改革的政治经济学分析》，上海：上海远东出版社1996年版，第144—145页。

② 盛洪主编：《中国的过渡经济学》，上海：格致出版社、上海三联书店、上海人民出版社2009年版，第3—15页。

③ 胡汝银：《中国改革的政治经济学》，见盛洪主编：《中国的过渡经济学》，上海：格致出版社、上海三联书店、上海人民出版社2009年版，第65—91页。

求是"中国特色"的点睛之处。①

(二) 基于"需求—供给"角度分析中国的制度变迁方式

除了将利益、权力因素纳入新制度主义分析框架外，还有一些学者基于新制度主义的"需求—供给"角度来分析中国的制度变迁过程，并在制度变迁模式上有所突破与创新。林毅夫基于"需求—供给"角度把制度变迁方式划分为诱致性变迁与强制性变迁两种，前者指的是由个人或一群（个）人，在响应获利机会时自发倡导、组织和实行的自发性变迁；后者指的是由政府命令和法律引起的制度变迁。② 诱致性制度变迁必须由某种在原有制度安排下无法得到的获利机会所引起，它具有营利性、自发性和渐进性的特征。而强制性制度变迁则不需要，只要政府预期收益高于费用时，政府就愿意进行制度变迁，它具有强制性和利益双重性的特征。但事实上由于受到多种因素的影响，如统治者的偏好、有限理性、意识形态刚性、官僚政治、集团利益冲突以及社会科学知识的局限性等，政府不一定能够建立起最有效的制度安排。因此两种制度变迁方式应并存互补。③ 这种划分为研究者分析体制转型以来中国的制度变迁提供了很好的理论分析框架，被学者们普遍采用，一些学者又在此基础上进行了创新，提出了制度变迁的新假说或新模式，代表人物有杨瑞龙、黄少安、金祥荣、周业安等。

杨瑞龙提出"制度变迁三阶段论"。他认为中国在向市场经济过渡中制度变迁方式将依次经过供给主导型、中间扩散型和需求诱致型制度变迁三个阶段。在这三个阶段中，中央治国者、地方政府官员和微观主体扮演的角色不同，他们之间的博弈使制度变迁呈现阶梯式渐进过渡特征。其中，地方政府在制度变迁中起着不可替代的作用，它不仅在中央政府和微观主体之间起联结和沟通作用，而且还成为积极的制度创新主体。④

---

① 盛洪：《中国的过渡经济学》，上海：格致出版社、上海三联书店、上海人民出版社2009年版，第11页。
② 林毅夫：《诱致性制度变迁与强制性制度变迁》，见盛洪主编：《现代制度经济学》，北京：北京大学出版社2003年版，第260页。
③ 盛洪：《中国的过渡经济学》，上海：格致出版社、上海三联书店、上海人民出版社2009年版，第268—270页。
④ 杨瑞龙：《我国制度变迁方式转换的三阶段论——兼论地方政府的制度创新行为》，《经济研究》1998年第1期，第3—10页；杨瑞龙、杨其静：《阶梯式的渐进制度变迁模型再论地方政府在我国制度变迁中的作用》，《经济研究》2000年第3期，第24—31页。

黄少安提出"制度变迁主体角色转换说"。他认为中国制度变迁的过程不存在所谓的"三阶段论",更不存在所谓的"中间扩散型制度变迁"模式。制度的设定和变迁不可能发生在单一主体的社会里,在制度变迁的任何一个阶段中,社会中不同利益主体(包括中央政府、地方政府、民众及其他主体)都会参与制度变迁,只不过这些主体在不同方面的改革以及改革的不同阶段中其角色会发生变化与转换。①

金祥荣提出"多种制度变迁方式并存和渐进转换假说",主张在中国应走供给主导型、准需求诱致型和需求诱致型等多种制度变迁方式并存和渐进转换的改革道路。他认为供给主导型制度变迁会出现很大的"改革泡沫",由于带有强制性,微观主体的退出成本极高,以至于不能退出,而后两种制度变迁方式由于是微观主体的自愿安排,退出成本很低。适时地进行制度变迁方式的转换能使"诺斯悖论"尽快消除或降到最小范围。他认为杨瑞龙提出的"中间扩散型的制度变迁"并不能化解"诺斯悖论",因为地方政府与中央政府没有实质区别,均有租金最大化与社会产出最大化之间的矛盾,只不过这两种相互矛盾的效用函数的权重及结构不同而已。金祥荣通过温州模式的发展轨迹分析了其从准需求诱致型制度变迁向需求诱致型制度变迁演化过程,尤其重要的是提出了"解放思想的摩擦成本"或"政治成本"这一概念,并将其作为区分准需求诱致型制度变迁与需求诱致型制度变迁的一个标准,可以说是对樊纲基于利益冲突发生的摩擦成本的一种补充。②

周业安认为利用强制性制度变迁与诱致性制度变迁这一分析框架无法

---

① 黄少安:《制度变迁主体角色转换假说及其对中国制度变革的解释》,《经济研究》1999年第1期,第14—22页。

② 金祥荣认为,在中国这样一个长期受计划经济意识形态统治的制度环境下,进行经济体制的渐进式改革有必要将摩擦成本进一步分为政治成本与调整成本。政治成本即解放思想的成本,是指改革主体推进市场化改革必须突破计划经济意识形态的羁绊,冒着犯"政治错误"的风险;调整成本是指改革的"非帕累托"特征要求对改革的"受害者"进行补偿,从而减少改革阻力,使市场化改革得以继续。政治成本大于零的制度变迁被称为准需求诱致型制度变迁,等于零的是需求诱致型制度变迁。温州模式的变迁就是从准需求诱致型制度变迁向需求诱致型制度变迁过渡的过程。见:金祥荣、柯荣住等:《转型农村经济制度的演化与创新——以沿海省份为例的研究》,杭州:浙江大学出版社2005年版,第223页;金祥荣:《多种制度变迁方式并存和渐进转换的改革道路——"温州模式"及浙江改革经验》,《浙江大学学报》2000年第4期,第138—145页。

完全揭示制度变迁的全貌，它要么忽视了政府可能有的积极作用，要么忽略了社会成员的自发制度创新行为，而且，制度供求分析无法摆脱新古典范式的种种弊端。周业安主张用制度演进论来弥补制度供求分析方法的不足。他认为中国的改革过程交织着政府选择外部规则和社会成员选择内部规则的双重秩序演化路径，这两种规则之间的冲突与协调始终贯穿着整个制度变迁过程，在这个过程中，中央政府更多地起法官裁决作用，而地方政府更多地从事制度企业家活动。总体而言，改革经历了政府逐步退出直接的制度创新领域及外部规则逐步缩减作用范围的过程，也就是内部规则的逐步发育和强大的过程，这是中国市场化的本质。①

三 对已有研究的简要评述

国内学者用新制度主义制度变迁理论解读中国的体制转型过程，并结合实践提出颇具创新意义的理论。林毅夫的诱致性—强制性制度变迁理论、樊纲的改革成本与改革受益理论、杨瑞龙、黄少安等人关于制度变迁方式的假说等，已经成为转型研究中的重要概念和理论。总体来说，国内对制度变迁理论的应用和研究结合了中国改革实践，在批判借鉴西方经典理论的基础上进行理论创新。而且，相对于西方学者关注制度变迁中的微观个体作用而言，中国学者更加强调国家和政府的作用，这切合了中国的政治经济体制改革的实际。此外，与西方学者过度关注效率不同，中国学者更关注对经济利益的分配，认为制度变迁过程不仅仅涉及资源设置经济效率的变化，而且还导致经济利益的重新划分。这使得中国学者在用新制度主义分析中国具体问题时更关注公共选择问题。② 已有研究无疑为我们深入认识中国体制转型中的各种问题提供了理论积淀，在肯定学者们突出贡献的同时，我们同样也要认识到已有研究中存在的不足。

第一，新制度主义理论本身存在的问题。制度变迁理论虽然有很好的解释力，但也存在一些问题。新制度主义虽然分析了制度变迁是有规律的，但却没有对这种阶段性规律进行更一般性的证明；他们仅仅认识到制

---

① 周业安：《中国制度变迁的演进论解释》，《经济研究》2000年第5期，第3—11页。
② 李艳、罗小川：《中国关于制度变迁的理论性研究及其评价》，《云南社会科学》2009年第4期，第71页。

第二章 文献综述

度是从均衡到不均衡的演进过程，但是对其演进的阶段性特点并未深入分析。新制度主义对制度变迁行为主体的分析也是大而化之，没有区分个人、团体和政府各自发挥作用的机理，也没有对政府进行分层，将其作为一个整体来分析，显得粗糙且不符合现实。此外，新制度主义忽视制度环境对制度安排的制约作用。制度变迁仅仅涉及制度安排，而不涉及制度环境的变迁，制度环境被当作是外生的和既定的。对于转型国家而言，制度环境决定着制度变迁的轨迹和范围，其本身也不断随着客观政治经济发展状况的变化而变化，因此，也是需要被解释的内生变量。此外，新制度主义强调私人产权制度对制度创新的决定性影响，推崇自下而上的制度创新决策过程，其对法制健全与产权制度的要求，削弱了该理论对转型国家的制度供给问题的解释力。

第二，新制度主义理论在中国应用中存在的问题。首先，那种将制度变迁明确区分为需求主导型与供给主导型的观点[①]值得商榷。新制度主义将制度看作是一种稀缺资源，对其分析要借助于"需求—供给"的新古典分析框架，对于一项制度的形成与演进，需求和供给缺一不可。由于制度的外部性和公共性，很难截然区分某项制度的供给者和需求者。最简便的方法就是从成本收益的角度去衡量，即一项制度需求者只能是那些认为能够从该制度的实施中获得净收益的人，而一项制度的供给者也将从该项制度的实施中获得净收益，因此也同时是该制度的需求者。但是一项制度的需求者与供给者从该项制度的实施中所获净收益往往不同。需求者仅能从制度实施中获益，而供给者不仅从实施中获益而且还能从制度的创设与维持中获益[②]，并且在整个制度系统演进过程的不同阶段，供给者和需求者的角色经常会发生变化，即黄少安教授提出的"制度变迁主体角色转换假说"，认为利益格局的变化导致了不同角色的换位[③]。

其次，把制度变迁分为诱致性和强制性的局限。林毅夫对制度变迁方式的划分具有普遍意义，对于解释制度变迁的路径极具说服力，也是对诺斯等新制度主义制度变迁理论的一种补充，诺斯等人对诱致性制度变迁阐

---

① 杨瑞龙：《论制度供给》，《经济研究》1993年第8期，第45—52页。
② 张旭昆：《制度演化分析导论》，杭州：浙江大学出版社2006年版，第158页。
③ 黄少安：《制度变迁主体角色转换假说及其对中国制度变革的解释》，《经济研究》1999年第1期，第14—22页。

述较多，但是对由国家强制实施的制度变迁论及较少。但是林毅夫的模型也有一些欠缺。首先是该模型的划分标准不清晰，是以主体为标准？还是以动机及制度变迁运行机制为标准？还是从制度的本质属性和实施机制为标准？不同的标准解释不同，如果以主体为标准划分，那么诱致性制度变迁的主体只能是个人或团体，强制性制度变迁主体只能是国家。但是国家也可能出于潜在收益且收益大于成本的情况下，去发动制度变迁，国家也可能成为诱致性制度变迁的主体。如果从动机来看，诱致性和强制性的区分并不严格，正如前面所说，诱致性制度变迁是由个人或团体在外部潜在利润的诱致下发起的，其运行机制经历五个阶段，同样强制性制度变迁也是在存在制度不均衡从而存在外部利润的情况下，在统治者预期收益高于预期成本的情况下才能发生，这与诱致性变迁是一致的。只不过诱致性制度变迁主体集合的形成主要依据共同利益和经济原则，国家却会把政治利益、纯粹的收入再分配等也纳入其发起制度变迁的效用目标函数。

从制度的本质属性看无论诱致性制度变迁还是强制性制度变迁都是对社会利益的再分配或利益调整，也就是说制度即是一种博弈规则，对行为构成一种约束，可以降低交易成本，提供激励机制，使外部利益内部化，促进人类合作并提供各种经济功能和社会功能。同时制度还是一种博弈的均衡，是利益集团博弈的结果，没有相关利益集团的相互斗争与妥协，任何形式的制度变迁都是不可能实现的。博弈的结果需要国家的确认并加以推行或推广，诱致性制度变迁也不例外，如我国农村承包制的发生与推广离不开国家。国家的强制多体现在对利益集团所达成的制度规则予以法律意义上的认可，并采用国家的合法暴力形式予以强制性实施或推行。因此从制度变迁的实施方式看，诱致性制度变迁终究要从自发诱致开始发展到国家认可并加以推广，推广过程中也将出现强制，而强制性制度变迁对于那些强制执行主体及其代表的利益集团而言并非强制而是自愿的，对于那些持反对意见的集团或个人而言是强制的。可见现实中区分强制性与诱致性很难，做这种区分不过是一种理论上的抽象和便于分析而已。

林毅夫的制度变迁理论对主体的划分仍沿用了诺斯的说法，即把制度变迁主体划分成三种，即个人、自愿组成的团体以及政府，这种分析可以适用于对制度变迁主体的一般理论性分析，但不完全适用于分析中国的具体改革实践，因为，在中国独特的政治集权和财政分权体制下，将政府分为中央政府与地方政府两个不同层次分别作为制度变迁主体更符合中国的国情。其后学者在用该理论分析中国制度变迁时基本都注意到了这个问题。

最后，其他中国式制度变迁理论的不足。黄少安的"制度变迁主体角色转换说"对于解释中国转型期制度变迁具有较强的说服力，将新制度主义制度变迁理论与中国实践较好地结合，同时也较好地借鉴了其他学者的观点，将利益、权力等因素纳入了新制度主义分析框架内，但是不足之处在于该理论关注的重点是行为主体的角色转换问题，而未能将其理论视野扩展到对整个制度变迁主体特征的归结上，并且该假说也没有模型化。周业安的制度演化论是对中国制度变迁分析视角的一种拓展，而且也在一定程度上抓到了制度变迁的本质，即制度变迁是人为设计与自发演化的结合，而前者又必须以后者为依据。但是该理论仅是一种概述或一般性的描述，分析框架也较为粗略，应有更多经验证实以及理论的细化。樊纲、盛洪等人将利益、权力等要素与新制度主义结合来分析中国的改革实践，其理论贡献和现实指导意义都是巨大的，较为客观地把握了中国改革的内在逻辑。但是该理论更具宏观性，而对具体制度变迁过程的分析、变迁主体的不同层次、动力机制、制度变迁绩效评价等具体问题分析较少。由于制度是各种规则的集合，在制度集合中不同制度位于不同层级，不同层级制度变迁具有不同特点，而这些理论均未能较好地解释和模拟各层次制度变迁的演化轨迹，也未能较好地解释在制度变迁中各行为主体博弈行为的发展演化。[①]

对于金祥荣提出的"多种制度变迁方式并存和渐进转换假说"，我们认同前半部分，不认同后半部分，原因同上。而且我们也不同意金祥荣关于"准需求诱致型制度变迁"的提法，认为将"解放思想成本"作为划分准需求诱致型制度变迁与需求诱致型制度变迁的标准仅具有相对性，不具普遍性。因为任何制度变迁必然都会涉及行为主体观念或意识形态的转变，围绕新的制度又会形成新的认知模式和意识形态偏好，随着时间推移

[①] 靳涛：《双层次互动进化博弈制度变迁模型——对中国经济制度渐进式变迁的解释》，《经济评论》2003年第3期，第47页。

和环境变化，原来为"新"的制度和观念必然变"旧"，再次面临变迁与"解放"，而这些观念与意识形态也必然成为朝着更新制度变迁的阻力，从而演变为一种"成本"。因此从一般意义上而言，只要发生制度变迁，"解放思想的成本"便会永恒普遍存在，并非仅指中国特定阶段的意识形态放松。而且有关"制度变迁的阶段转换论"从制度起源角度还隐含着制度从"人为设计"向"自发演化"的必然演变，前者是一种新制度主义观，后者是一种演化制度主义观，现实中既不存在纯粹的人为设计也不存在完全的自发演化，而是二者的结合。

第三节 新制度主义产权理论在中国应用的文献综述

一 国外学者对新制度主义产权理论的研究

科斯最早提出界定产权的重要性，但是他却并没给产权下过明确的定义。他认为，当人们面对甲损害乙这类问题时，不是简单地要求甲向乙赔偿损失或向他征税或干脆停止他的工作，而是应该明确甲是否有权损害乙，或乙是否有权向甲要求赔偿，界定权力归属的依据关键在于避免较严重的损害。从科斯的论述中可以推出，产权是指产权主体拥有的"实施一定行为的权力"，强调产权的行为性含义。德姆塞茨从产权功能角度定义产权，他认为："产权是一种社会工具，其重要性就在于事实上它们能帮助一个人形成他与其他人进行交易时的合理预期。""产权的所有者拥有他的同事同意他以特定的方式行事的权利……要注意的很重要的一点是，产权包括一个人受益或受损的权利……产权是界定人们如何受益及如何受损，因而谁必须向谁提供补偿以使他修正人们所采取的行动。"[①] 阿尔钦从产权的形成机制上来定义产权，认为"产权是一个社会所强制实施的选择一种经济品的使用的权利。私人产权则是将这种权利分配给一个特定的人，它可以同附着在其他物品上的类似权利相交换。私有产权的强度是由实施它的可能性与成本来衡量，这些又依赖于政府、非正规的社会行动

---

① ［美］H. 德姆塞茨：《关于产权的理论》，见［美］R. 科斯、A. 阿尔钦、D. 诺斯：《财产权利与制度变迁——产权学派与新制度学派译文集》，刘守英等译，上海：上海三联书店、上海人民出版社1994年版，第97页。

以及通行的伦理和道德规范。"①也有学者认为现实中的产权还应包括各种社会准则，是一些社会制度。

在新制度经济学看来，产权制度的不同安排直接影响了交易费用的大小，进而影响制度效率。科斯定理对产权制度安排、交易费用高低、资源配置效率之间的关系作了概括。科斯定理由三组定理构成，其核心内容是交易费用高低是评价产权制度效率的主要标准。社会的经济运转、资源配置过程就是一个以交易费用最低为原则，不断重新安排权利、调整权利结构的过程。用交易费用高低来评价制度效率其实就是对制度成本与制度收益的比较。科斯并没有制度偏好，既不偏好私有产权，也不偏好公有产权，而是在确定资源配置效率的帕累托最优标准的前提下，以交易费用高低为依据来选择制度，因而科斯定理可以说是一个中性定理。但是，其后的一些经济学家在对科斯定理进行解释时却加入了私有化偏好，认为在私有产权、共有产权与国有产权三种产权形式中，私有产权制度由于产权明晰度高，使外部性内在化的成本降低，因此比共有产权与国有产权效率更高。

无论是科斯或诺斯，还是其他新制度主义者对制度效率的评价都集中在制度的经济效率，即由于制度节约交易费用而使得行为主体付出较小成本而获得较大收益。新制度主义关注的是社会总体剩余的提高，即生产率的提高或国民收入的提高，甚至更简化为人均收入的提高。可见，新制度主义对制度绩效的看法是一种以经济增长为核心的功利主义绩效观。

二 国内学者对新制度产权理论的研究与应用②

产权理论被引入中国是在20世纪80年代后期，1988年，科斯教授的著名论文"企业的性质"被翻译成中文，首次在《中国：发展与改革》杂志上发表。1990年，上海三联书店出版了科斯的《企业、市场与法律》。20世纪90年代以来，尤其是进入21世纪以来，有关新制度主义产

---

① [美] A. 阿尔钦：《产权：一个经典注释》，[美] R. 科斯、A. 阿尔钦、D. 诺斯：《财产权利与制度变迁——产权学派与新制度学派译文集》，刘守英等译，上海：上海三联书店、上海人民出版社1994年版，第166页。

② 李艳：《学界对中国国有企业效率认识分歧》，《山西财经大学学报》（财经理论与实务研究）2012年第3期，第146页。

权理论的经典著作陆续被翻译成中文,包括科斯、阿尔钦、德姆塞茨、巴泽尔等人的产权理论著述。

20世纪80年代末期是新制度经济学理论被大规模引进、介绍的时期,不过这个时期的研究主要用于经济学界的理论探讨,应用这一理论方法具体分析中国的实际经济问题,是在1992年确立了社会主义市场经济体制的改革目标以后。这使得经济理论的研究和应用所受到的政治和意识形态的制约逐渐放松,对社会主义市场经济理论的研究中心也逐渐从理论转移到应用和操作层面。20世纪90年代,产权、交易费用、企业制度、契约等新名词被广泛使用,新制度经济学的交易费用理论、产权理论和制度变迁理论能够很好地解释中国的制度变革。这个时期出现了以制度经济学为主要分析方法的专著,如盛洪的《分工与交易》(1992)和张宇燕的《经济发展与制度变革》(1992),以及针对过渡经济进行研究很多专著或专集,如林毅夫等人的《中国的奇迹》(1994)、张军的《中国过渡经济导论》(1996)等。在整个20世纪90年代后半期,在产权理论方面,马克思主义产权理论与产权理论的比较研究也成为一时的热点。关于这方面的论述在刘伟的两本书《产权通论》(1997)、《经济改革与发展的产权制度解释》(2000)以及程恩富的著作《西方产权理论评析——兼论中国国有企业改革》(1997)中有较全面的阐述。

进入21世纪,中国对产权理论的研究和应用又进入了一个新阶段,涌现出大量著作和文章,很多学者围绕"企业与产权"的命题提出自己的解释模型,如刘世锦的《中国国有企业的性质与改革逻辑》(1995)、张春霖的《国有企业改革与国家融资》(1997)、张军和冯曲的《集体所有制乡镇企业改制的一个分析框架》(2000)、姚洋和支兆华的《政府角色定位与企业改制的成败》(2000)、邹东涛和席涛的《制度变迁中个人、企业和政府行为主体的经济分析》(2002);结合西方产权理论,中国学者结合中国改革实践提出了一些创新性产权理论,较好地解释了中国改革中的特有现象,如樊纲的《灰市场理论》(1988)、李稻葵的《转型经济中的模糊产权理论》(1995)、田国强的《一个关于转型经济中最优所有权安排的理论》(2001)、黄少安的《从潜产权到产权:一种产权起源假说》(2003)、王金柱的《双产权》(2003)、刘长庚的《联合产权论——产权制度与经济增长》(2003),等等。更多的学者把焦点集中在对不同类型的企业产权的研究，包括国有企业、乡镇企业、家族企业等，重点在国有企业改革。

国有企业改革涉及很多内容，包括国有企业改革目标模式、国有企业改革路径、所有权结构调整，等等，由此引发对国有企业是否有效率以及影响国有企业效率的制度因素等问题的思考，而对这些问题的解答又直接导出了对国有企业改革的不同路径和模式的争论。

国内外学者对国有企业效率的认识有三种观点。一是国有企业有效率。其代表为 Dic Lo 的《Reappraising the performance of China's state-owned industrial enterprises》（1999）、Jefferson. G. 的《Potential source of productivity growth within Chinese industry》（1989）、Jefferson. G., Bawski, T. and Zheng 的《Chinese industry productivity: trends, measurement issues, and recent developments》（1996）、郑玉歆的《中国工业生产率变动趋势的估计及其可靠性分析》（1996）、邢俊玲的《中国大中型工业企业在1995—1997年宏观经济结构调整中的表现》（1999）、江小涓的《体制转轨与产业发展：相关性、合意性以及对转轨理论的意义——对若干行业的实证研究》（1999）、张军的《需求、规模效应与中国国有工业的亏损：一个产业组织的方法》（1998）、卢荻和郑毓盛的《中国工业企业债务业绩恶化趋势的现实及理论解释》（2000）等。他们认为仅仅根据财务指标判断国有企业非效率过于简单，如果考虑宏观经济环境变化对企业效率的影响，国有企业并非无效率。如 Dic Lo 和 Jefferson. G. 认为改革以来中国全要素生产率一直呈正增长，因此国有经济也是富有效率的。转型过程中宏观经济状况的相对恶化是生产结构转型的必然产物，而中国宏观经济状况之所以优于苏联和东欧，原因之一在于国有企业富有效率。

二是国有企业非效率或低效率。如 Sachs, J. and Woo, W. 的《Reform in China and Russia》（1994）、Woo, W., Parker, S. and Sachs, J. 的《Economics in Transition: Comparative Asian and Eastern Europe》（1997）和樊纲的《企业间债务与宏观经济波动》（1996）等文认为，从国有企业财务指标、国有企业产值占 GDP 的比重、全要素生产率、国有企业的亏损以及相应的宏观经济影响等方面来看，中国的国有企业是低效率的。

学者们对于国有企业低效率形成原因与解决途径却存在分歧。第一，产权论。认为企业的经营绩效取决于企业的产权结构，国有企业低效率主要在于产权结构单一，国有产权比重越高，企业绩效越差。国有企业产权结构中经营者由于不享有剩余索取权，因此没有动力提高企业的经营绩效，而且还会与职工合谋侵蚀国家利益。因此解决国有企业低效率主要途径是尽快推进产权结构的多元化和非国有化，真正实现企业剩余控制权与剩余索取权的最大限度的对应，解决国有企业内在激励问题。如张维迎，从多个角度分析了国有企业产权制度的低效率是导致国有企业效率低下的主要原因。① 厉以宁认为企业必须是产权清晰、政企分开、自主经营、自负盈亏的企业。没有这种市场主体，市场经济体制是不可能建立起来的。市场经济的建立，必须有相应的微观经济基础。厉以宁虽然主张对国营企业产权进行股份制改革，但是并不赞成国营企业私有化，而大力倡导"新公有制企业"。②

一些学者还从实证的角度验证了国有企业通过产权改革提高了经济效率。刘小玄③、李国荣④指出，国有企业适度的股权多元化对提高企业效率和绩效具有积极的影响。李寿喜的研究发现，在代理成本的比较上，国有产权企业普遍高于混合产权企业。他认为，产权多元化的改革有利于促进企业代理成本的降低和代理效率的提高。⑤ 赵世勇和陈其广的实证研究认为，国有企业只有将公有企业的产权转移到私人企业家手中，才能产生

---

① 张维迎：《公有制经济中的委托人—代理人关系：理论分析和政策含义》，《经济研究》1995年第4期，第10—20页；张维迎：《控制权损失的不可补偿性与国有企业兼并中的产权障碍》，《经济研究》1998年第7期，第3—14页。

② 经济学家厉以宁指出，中国在由计划经济体制转轨到市场经济体制的过程中，国有资产重组是必不可少的一个环节，它的含义是把传统的公有制改造成新公有制，而非一般意义上的私有化。厉以宁指出，当前中国并非实行私有化，而是正在进行"新公有化"。新公有制企业包括四种形式，即经过改制的新的国家所有制、由国家参股建立的股份制企业、没有国家投资的公众持股企业和公益性基金所办的企业。在从计划经济体制转入市场经济体制后，传统公有制企业应当转变为同市场经济体制相适应的新公有制企业。基于此，他认为，民营经济是一个模糊的概念，各种不同所有制的企业都包括在内。参考厉以宁：《加快所有制改革中国进行"新公有化"》，人民网，2003年9月22日，http：//www.people.com.cn/GB/jingji/1045/2100969.html。

③ 刘小玄：《民营化改制对中国产业效率的效果分析——2001年全国普查工业数据的分析》，《经济研究》2004年第8期，第16—26页。

④ 李国荣：《大型国有企业产权多元化改革问题研究》，博士学位论文，武汉：华中科技大学，2007年。

⑤ 李寿喜：《产权、代理成本和代理效率》，《经济研究》2007年第1期，第102—112页。

明显的效率提升。①

第二，非产权论或超产权论。另一些学者认为国有企业的问题不在于产权，而在于"责任制创新"，完善委托代理关系，加强监督管理，培育市场竞争环境等。如左大培指出，"在现代的市场经济中，中等以上特别是大型企业的经营效率，根本就不是靠个人对自己财产的关心，而是靠建立有效率的委托人—代理人关系。这就是近20年西方的经济学理论特别注意研究委托人—代理人关系的原因。"② 林毅夫认为，国有企业问题产生的真正原因不在于产权制度，而在于缺乏充分竞争的外部环境。因此，改革应从解除企业目前面临的各种政策性负担入手，以此硬化其预算约束，进入到竞争性的市场，使企业的利润率能够真正成为反映其经营绩效的充分信息指标。国家作为国有企业的所有者，通过掌握这种充分信息就足以对经营行为进行监督。③ 林毅夫指出，"国有企业难题是由政策性负担造成的……只要这种情形存在，不管什么样的公司治理，不管什么样的改革都不会有效……我觉得，对大型国有企业来讲，实际上产权就不那么重要了。更重要的是市场竞争，如果没有市场竞争，就是在美国这样的国家，垄断企业的经营效率都很差。"④ 这种竞争市场包括产品市场、要素市场、经理人市场和资本市场等。

郎咸平认为，国有企业效率低下不是因为产权制度，而是缺少职业经理人市场，缺少竞争淘汰机制；⑤ 刘芍佳、李骥等"超产权论"者进一步阐明由产权改革产生的激励效应只有在竞争条件下才能发挥作用，因此，国有企业仅仅进行产权改革是不够的，还需要推进企业目标利润化、激励机制市场化、经理选聘竞争化与资产管理商业化等方面改革。⑥

---

① 赵世勇、陈其广：《产权改革模式与企业技术效率——基于中国制造业改制企业数据的实证研究》，《经济研究》2007年第11期，第71—81页。

② 左大培：《混乱的经济学》，北京：石油工业出版社2002年版，第266页。

③ 林毅夫、蔡昉、李周：《现代企业制度的内涵与国有企业改革方向》，《经济研究》1997年第3期，第3—10页。

④ 张问敏：《中国经济大论战》，北京：经济科学出版社2005年版，第110页。

⑤ 郎咸平：《质疑主导中国产权改革的新自由主义学派》，《中国工业报》2004年8月31日；或见郎咸平：《在"国退民进"盛宴中狂欢的格林柯》，http://finance.sina.com.cn/t/20040816/1202951523.shtml，2004。

⑥ 刘芍佳、李骥：《超产权论与企业绩效》，《经济研究》1998年第8期，第3—12页。

三是国有企业效率悖论。这种观点的代表有：World Blank 的《the Chinese Economy: Fighting Inflation, Deepening Reform》(1996)、李培林和张翼的《国有企业社会成本分析》(1999)、Yoshio Wada 的《Incentives and Property Rights in China's State – Owned Enterprise Reform OECF》(1998)、刘元春的《国有企业的"效率悖论"及其深层次的解释》(2001)等。世界银行指出，1993 年中国国有企业亏损占 GDP 的 3%，而全要素生产率的年增长率达到 2.4%—4.0%，因此得出中国属于"改革业绩不一致的国家"结论（World Blank 1995）。[①] 李培林、张翼将这种效率悖论称为有增长无发展，认为是国有企业承担过多的社会成本导致其财务状况恶化，即国有企业在固定资产投入、人员使用、福利保险等方面的社会负担侵蚀其财务业绩，导致其财务效率与生产效率背离。[②] 刘元春认为，国有企业的效率悖论体现在：从微观财务角度看国有企业情况不断恶化，是非效率的，但从全要素生产率看，却一直处于正增长，是有效率的；从微观竞争和经济比重的变化看是没效率的，但从宏观经济影响看是有效率的；从生存竞争指标看是无效率的，但从宏观社会经济资源配置看却是有效率的。形成效率悖论的主要原因在于，国有企业同时成为后赶超时代技术公共产品的提供者、过渡时期国家控制制度变迁进程的工具和社会福利的提供者、转型时期宏观经济的稳定者及克服系统性市场失灵和政府性失灵的协调器。[③]

Yoshio Wada 则认为"管理成本和融资成本的过高侵蚀了国有企业的营利能力，从而导致了国有企业的生产效率与财务效率的背离。"[④] 杨瑞龙认为，单从财务指标上看，国有企业非效率论是可靠的；但是从企业亏损数据看，1996 年以来，国有企业亏损的绝对数较大，但是从亏损企业

---

① 转引杨瑞龙主编：《国有企业治理结构的创新的经济学分析》，北京：中国人民大学出版社 2001 年版，第 27 页。

② 李培林、张翼：《国有企业社会成本分析》，《中国社会科学》1999 年第 6 期，第 41—56 页。

③ 刘元春：《国有企业的"效率悖论"及其深层次的解释》，《中国工业经济》2001 年第 7 期，第 31—39 页。

④ Yoshio Wada, Incentives and Property Rights in China's State – Owned Enterprise Reform OECF, Journal of Development Assistance Vol. 4, No. 1, 1998. 或见刘元春：《国有企业的"效率悖论"及其深层次的解释》，《中国工业经济》2001 年第 7 期，第 31 页。

数的增速看，私营经济、股份制经济和外商投资经济远高于国有经济，分别达到134%、85.9%和14.4%；从亏损面增长速度看，央企基本低于其他经济成分，其中私企和股份制经济远高于其他经济成分，高达71.7%、15.2%。可见其亏损并非国有企业所特有现象，与所有制无关，而是与宏观经济状况和经济结构调整相关。①

三 对已有研究的简要评述②

中国学者在分析国有企业效率时多数接受了新制度主义的功利主义绩效观，认为制度绩效就在于能够节约交易费用并能提高经济效益，并由此得出明晰产权是制度高效的保障，而且将国有企业看作是与一般性企业一样只追求利润最大化。问题在于这些推断并不能从历史与现实中得到验证，尤其是在解释国有企业改革中出现的问题时更凸显其理论局限性。

第一，从"经济人"假设出发对国有企业性质和功能定位不准确。仅仅将国有企业定位为营利性的一般经济组织，否定其社会性和政治性，既不符合国有企业在各国经济体系中的一般定位，更不符合中国社会主义市场经济目标体制的特殊定位。国有企业的社会功能决定了它要在提供公共产品和服务、稳定宏观经济、产业政策导向、提供就业等方面发挥作用；国有企业的政治功能决定了它要保障国家经济安全、军事安全、政治安全等方面发挥作用，同时在建设社会主义市场经济体制过程中，国有企业还要担负起实施国家收入再分配的调整政策，以更好体现社会公平和推动共同富裕，彰显市场经济发展中的社会主义性质。因此，从新制度主义功利主义绩效观推导出国有企业的目标是利润最大化的结论显然不能完全适用于解释中国国有企业的性质与功能，也不能很好地解释国有企业改革路径的选择。

第二，多数学者在探讨国有企业效率及其改革路径中忽视了制度环境的影响。国内学者在对制度绩效的分析中继承了新制度主义的静态绩效观，而忽视了制度绩效的动态性特点。其结果之一是对制度绩效评价的绝

---

① 杨瑞龙：《国有企业治理结构创新的经济学分析》，北京：中国人民大学出版社2001年版，第33页。

② 李艳、罗小川：《新制度产权理论在中国的研究与应用状况分析》，《廊坊师范学院学报》2012年第5期，第80—82页。

对化。如一些学者主张产权改革是国有企业改革的灵丹妙药，而事实上通过单一的产权改革并未达到预期效果。还有一些学者则主张完善企业的治理机制，包括通过企业控制权和剩余索取权的适当配置来完善内部治理结构，使得股东大会、董事会、监事会、经营层形成相互制衡的机制，激发各相关利益主体的积极性，或者通过完善外部竞争环境来提高经营效率。

事实上，无论是产权观还是治理机制论或者市场竞争说，它们均忽视与这些制度变迁密切相关并起着决定性作用的制度环境因素的影响，包括政治经济法律等正式制度环境与观念、意识形态等非正式制度环境。新制度主义研究的是制度环境既定条件下具体制度安排的变迁过程，但是对于转型时期的中国而言，这些制度环境本身也处于不断变化过程中，因此，在研究中国制度变迁过程中绝不能忽视制度环境变化对具体制度安排的影响。

产权制度的效率是相对的、而非绝对的，是动态的、而非静态的。不仅不同时期产权制度效率体现不同，而且就是同一时期，由于不同区域经济发展状况、市场发育程度乃至领导者意识形态开放程度不同，以及不同行业或产业的不同特点，也会导致产权效率在具体的既定约束条件下有所不同。可见，国有企业的改革路径要分阶段、分区域、分行业，总之就是要分类进行，这些都是西方产权学说所不能涵盖的，需要我们去摸索和总结。

第三，对制度绩效实质内涵的评价标准过于单一。国内学者仅关注制度的经济绩效，而忽视了其公平绩效或政治与社会绩效。这主要体现为一些学者对国有企业效率的评价主要关注其经济指标，如企业的负债、利润、上交税收、资产总额等变量，而没有考虑到其他社会绩效与政治绩效。比如，没有考虑到较多的对员工的福利保障、就业保障以及社会管理等职能，以及给职工带来的安全感和满足感。同样，在评价国有企业改制后状况时，人们普遍认为企业效率提高了、职工收入增加了，但是没有考虑到这些效益，往往是以裁减员工、减少职工的社会性福利、使用派遣工、农民工等方式降低了企业自身的劳动力成本。但这些降低的部分在很大程度上甩给了社会，要花费社会资源消化掉这些代价。

可见，从整个社会系统角度看，产权变革不一定是国有企业的最好出路。因为产权改革在提高企业的经济绩效的同时，可能会损害其社会绩效，或者在带来本企业收益增加的同时可能会使本企业外部的政府（国家）和其他成员承担更大的成本，因此导致社会福利损失。尤其是一些大型国有垄断企业在改制后效率上升很快，内部经营层和职工收入剧增，成为引起社会不公的诱发因素。对这些企业的评价仅靠经济指标显然有失公允，作为国有企业中的"巨无霸"，更应看其社会责任，用社会指标评价其社会绩效。从这个角度看，当前我们研究国有企业改革或制度变迁过程仅靠新制度经济学或经济学理论远远不够。无论历史还是现实，国有企业都不仅仅只是获取利润最大化的经济组织，而同时承担了重要的社会功能以及国家经济安全功能。尽管在向市场经济转轨过程中，国有企业将会剥离一些过多的社会或政治负担，但是在政府职能未能调整到位以及社会组织发育不完善的情况下，强行将一切社会职能从企业剥离也必将造成许多社会负效应，而且若如此，国有企业也就没有存在的必要了。

总之，上述这些问题的产生主要源于国内多数学者对新制度主义功利主义绩效观未加批判地借鉴，忽略了其存在的问题与缺陷，这种缺陷体现在对国有企业改革问题的分析上，具体表现为：一是没有考虑国有企业宏观经济效率；二是在分析我国经济发展规律和国有企业性质时，没有考虑中国社会经济转型和后赶超战略实施的国情和现状；三是将国有企业作为一般市场经济的主体，并与西方国有企业等同，没有将社会主义市场经济体系这种新的制度安排在新的社会经济环境中的合理性加以充分考虑。总之，这种新制度主义功利主义绩效观没有将经济结构转变、体制改革和技术赶超等因素纳入分析之中，也没有考虑到微观效率与宏观效率的不一致以及宏观效率的首要性等问题。

第四节 新制度主义国家理论在中国应用的文献综述

一 国外学者对新制度主义国家理论的研究

新制度主义对政府行为的研究主要体现在其国家理论中。自20世纪80年代以来，诺斯等经济学家们开始将国家作为影响经济绩效和制度变迁的内生变量纳入分析框架，并运用经济理论进行研究和探讨，从而形成其独特的国家理论。诺斯在其代表作《经济史中的结构与变迁》一书中详细分析国家的起源、特征与目的，国家与产权制度的关系以及国家在制度变迁中的作用等问题。

新制度主义倡导国家起源的"暴力潜能"分配论，认为关于国家既不源于契约，也不源于掠夺，而是源于"暴力潜能"的分配。① 若"暴力潜能"在公民之间进行平等分配，便产生契约性国家；若这样的分配是不平等的，便产生掠夺性国家。国家是一种在暴力方面具有比较有优势的组织，它和企业一样，其行为也要受制于成本—收益的比较，因此，也是一个具有福利或效用最大化行为的"经济人"，它为选民提供保护和公正以换取选民的税收来维持自身的正常运转，并且国家为了自身收入最大化，作为一个"带有歧视性的垄断者"，将选民分为各个集团，并为其设计产权。②

新制度主义还认为，国家有两个基本目的：一是界定形成产权结构的竞争与合作的基本规则，即规定要素和产品市场上的所有权结构，以使统治者的租金（收入）最大化。二是在第一个目的的框架中减少交易费用以使社会产出最大，从而增加国家的税收。这两个目的经常并不统一，有时甚至是冲突的。在许多情况下，国家必须在二者之间作出选择。从历史上看，使得统治者租金最大化的所有权结构与减少交易费用和促进经济增长的有效率体制之间，一直存在着持久的冲突，这是社会经济不能持续增长的根源。③ 因此，国家的存在既是经济增长的关键，又是人为经济衰退的根源，这就是所谓的"诺斯悖论"。④

国家作为在暴力方面具有比较优势的组织，对制度变迁的需求与供给产生影响。国家可以通过改变产品和要素的相对价格比例、引进或集中开发新技术、修改宪法、扩大市场规模等手段来满足制度变迁的需求。国家还可以通过改变宪法秩序、加强知识存量的积累、利用其强制性和规模经济的优势降低制度变迁的供给成本、以国家干预等方式影响制度变迁的供

---

① ［美］道格拉斯·C. 诺斯：《经济史上的结构和变革》，厉以平译，北京：商务印书馆1992年版，第27页。
② 同上书，第29页。
③ 同上书，第29—30页。
④ 对于"诺斯悖论"，诺斯曾说："我自己都不知道有一个'诺斯悖论'。这个问题三言两语说不清。总的来说是这样一个观点：没有国家办不成事，有了国家又有很多麻烦，也就是说，如果给国家权力，让它强制执行合同或其他规章，它就会用自己的权力强制施加影响，造成经济效率不高的现象……"见：《经济学消息报》1995年4月8日第4版。

给。总之，新制度主义将国家作为影响经济绩效和制度演进的内生变量纳入分析框架，并运用经济理论进行研究和探讨，进而建立其独特的国家理论。在现实政治实践中，国家的功能与职责往往要靠具体的政府来承担，因此，新制度主义的国家理论也可被部分地看作其政府理论。

二 国内学者对新制度主义国家理论的研究与应用

中国的制度变迁是政府主导的制度变迁，中国的改革方向、速度、形式、广度、深度和时间路径在很大程度上取决于政府的利益目标及其效用偏好。政府设置了制度变迁的基本方向、基本架构和坚持的原则。因此，分析中国体制转型过程不能不分析政府行为，根据政府层级又分为中央政府行为与地方政府行为。作为推动和主导体制转型进展的重要主体，中央政府行为主要体现在其放权行为上，可以说，中国的市场化改革本身就是一个放权（deregulation）的过程，其中，分权是放权的一个手段。中央政府的放权之路是由诸多分权改革作铺垫的，包括行政性分权、经济性分权、财政性分权乃至政治上分权，这些改革导致了中央与地方之间关系的巨大变化，使得地方政府由中央政府的依附者变为在政治、经济、社会等领域具有相对独立自主权的主体，并最终使得地方政府成为体制转型的重要推动者和制度创新者。分析政府分权行为以及地方政府行为模式成为转型时期学者们普遍关心的热点问题。

学者们对政府行为的分析是多元视角的，因此构建了多元分析框架，比如，"地方法团主义""政府厂商论""市场化地方政府论""政府间竞争模式"，等等，除了这些分析框架外，从新制度主义视角分析政府行为也是近年来学界比较关注的问题。国内学者对新制度主义政府行为理论的研究与应用主要体现在：一是对新制度主义国家理论的解释与补充；二是分析地方政府在制度创新中的作用。

（一）对新制度主义国家理论的解释与补充

林毅夫首次区分了在诱致性制度变迁与强制性制度变迁中国家作用的区别，在诱致性制度变迁中，国家的作用主要是以法律、命令等形式承认由个人或一群（个）人响应获利机会而创立的新制度。但是由于"搭便车"的存在，常导致诱致性制度变迁无法发生，一个社会中的制度安排的供给将少于最优。国家可以采用强制性制度变迁作为补充。在强制性制度变迁中，国家凭借自己垄断的强制力快速推进制度变迁，并通过国家强制性规则、意识形态、税收等手段减少或抑制"搭便车"现象。国家还凭借"暴力潜能"和规模经济的优势，降低制度变迁的组织成本和实施成本。强制性制度变迁除了受经济因素影响外，还会受非经济因素影响，如统治者偏好与有限理性、意识形态刚性、官僚政治、集团利益冲突和社会科学知识的局限性、国家的生存危机等。[1] 聂智琪对林毅夫关于政府强制性制度变迁是为了弥补诱致性制度变迁不足的观点提出异议，他通过分析苏南模式的形成原因得出结论，政府更多是为了自身对潜在利益的追求而非为了当地民众利益而选择一种制度模式，因此，苏南模式的发展伴随着政府对乡村非集体企业的强行限制，农民在一定程度上被压制。聂智琪因此认为苏南模式在制度选择集中只是相对高效率的制度安排，而非最优，苏南模式只是部分符合了社会需要，林毅夫对制度变迁部分符合社会需要的情况并未作深入分析。[2]

张德荣对诺斯国家理论进行了补充，认为除了竞争约束和交易费用约束会导致无效产权外，一国的资源约束即贫乏的物质资源环境也会导致无效产权。因此，制度设计时，一定要看到制度背后的约束条件。[3] 周冰和商晨认为，新制度经济学国家理论是多元主义的国家理论和新保守主义的国家理论的融合，掠夺论是一种新保守主义国家论，而契约论则是一种多元主义国家论，诺斯的"暴力潜能"分配论将二者统一起来。诺斯国家理论比较适合分析转型国家问题，但是诺斯国家模型所分析的对象与转型期国家有很大不同，所以需要对诺斯的国家理论进行修改。诺斯国家理论中的垄断租金最大化和社会产出最大化的双重目标在转型国家不适用，转型国家的目标是：提高经济增长速度和增加社会制度公正，这两个目标在一定时期是存在矛盾的，但在一定时期又是相统一的，这决定了国家在不同时期的行为也存在着差异。在转型初期，国家更像新保守主义国家，会更重

---

[1] 林毅夫：《诱致性制度变迁与强制性制度变迁》，盛洪主编：《现代制度经济学》，北京：北京大学出版社2003年版，第260—272页。

[2] 聂智琪：《制度变迁中的政府行为分析：苏南模式的启示》，《开放时代》2003年第2期，第39—50页。

[3] 张德荣：《资源约束下的制度与制度变迁——对诺斯国家理论的补充》，《中南财经政法大学学报》2005年第5期，第54—60页。

视经济增长速度的提高，甚至会以牺牲一定程度的制度公正和秩序稳定来实现这一目标；而随着转型的继续，国家更像多元主义国家，会更多地为社会公共利益服务，设法提高社会公正，减轻社会矛盾的激化程度。①

（二）分析地方政府在制度创新中的作用

放权改革给地方政府极大的自主权，同时由于中央政府自身的制度知识限制与信息局限性以及规避风险的意识，中央政府将部分制度创新权也给予地方政府，地方政府也乐于借此大显身手，积极参与到制度创新热潮中。学者们对此现象进行了研究与分析。

杨瑞龙认为，中国的制度变迁将经历"供给主导型""中间扩散型""需求诱导型"三个阶段。② 中央治国者、地方政府官员和微观主体在这三个阶段中，分别扮演不同角色。地方政府是连接中央治国者的制度供给意愿和微观主体制度需求的重要中介，也正由于他们的参与给制度变迁带来了重大影响。③ 洪银兴与曹勇认为中国在转型过程中地方政府衔接了不完全计划与不完全市场，因此地方政府在创建市场经济体制中具有核心作用。④

李军杰与钟君借鉴西方"铁三角"模型，构建了中国市场化改革的"铁三角"模型，即地方政府、上级政府、微观主体（企业）之间的互动关系。分析指出，中国地方政府为辖区微观主体服务的内在动力不是来自纳税人和公共产品受益人的监督，而是来自于自上而下的政绩考核指标，这导致了地方政府把改善投资环境和公共服务质量的努力转移到促进辖区经济的高速发展，进而转化为政绩显示的经济指标。由于信息不对称，上级政府只能通过某些量化的考核指标来考核下级政府并决定对其职务升降，这使得地方政府极易采取短期行为和机会主义策略。⑤ 周振华依据政

---

① 周冰、商晨：《转型期的"国家理论"模型》，《江苏社会科学》2005年第1期，第1—6页。

② 杨瑞龙：《我国制度变迁方式转换的三阶段论——兼论地方政府的制度创新行为》，《经济研究》1998年第1期，第3—10页。

③ 杨瑞龙、杨其静：《阶梯式的渐进制度变迁模型——再论地方政府在我国制度变迁中的作用》，《经济研究》2000年第3期，第24—31页。

④ 洪银兴、曹勇：《经济体制转轨时期的地方政府功能》，《经济研究》1996年第5期，第22—28页。

⑤ 李军杰、钟君：《中国地方政府经济行为分析——基于公共选择视角》，《中国工业经济》2004年第4期，第27—34页。

府参与经济活动及配置资源的目标及其手段的取舍考察了转型期地方政府行为逻辑，并依据政府选择的约束条件及可能性空间、政府选择的目标函数、政府选择的收益与成本、政府选择的有效性等几个关键性因素，建立了一个地方政府行为选择的初步分析框架。①

郭小聪运用制度分析方法，从宪法秩序、权力结构、意识形态环境变化等方面，分析了地方政府制度创新主体地位的确立与演化过程，并分析了地方政府在推动制度创新方面的优势。② 陈天祥认为地方政府在制度创新中扮演三种角色：即作为"第一行动集团"，在自己的固有职权范围内主动进行制度创新；作为"代理者"，在中央政府的制度准入条件下进行制度创新试验；作为"第二行动集团"，鼓励和扶持微观制度创新主体的制度创新活动，使制度创新得以实现。③

放权改革使得地方政府由中央集权体制下中央政府的派出机构和代理机构转变为相对独立的行为主体，地方政府因此获得了越来越大的行政权限，并具有相对独立的利益诉求。同时，地方政府并不满足于中央下放的权限，而总是试图突破中央政策底线和超越中央的放权限度，致使地方政府行为自主性不断扩张，从而导致一系列后果，包括积极方面如促进地方经济发展与地方政府制度创新；地方政府自主性也会导致许多变异行为，而且使得上下级地方政府之间以及地方政府与特殊利益集团之间的"合谋"更可能发生，最终结果还会导致国家权威的碎片化。

地方自主性的增强除了促进地方积极发展经济和进行制度创新实验外，还会诱发地方政府上下级之间以及地方政府与强势集团之间的"合谋"行为。此外，地方政府自主性的扩张还会导致许多变异或悖论行为，对地方政府行为悖论的认识多数学者都是以新制度经济学中的"诺斯悖论"来具体分析中国政府行为，但得出的结论却不尽相同。如杨瑞龙认为，地方政府追求可支配财政收入最大化目标和政府的垄断租金最大化目标的实现均与本地的经济

---

① 周振华：《经济发展中的政府选择》，《上海经济研究》2004 年第 7 期，第 5—12 页。

② 郭小聪：《中国地方政府制度创新的理论：作用与地位》，《政治学研究》2000 年第 2 期，第 67—73 页。

③ 陈天祥：《中国地方政府制度创新的角色及方式》，《中山大学学报》2002 年第 3 期，第 111—118 页。

发展水平密切相关，这可使垄断租金最大化与社会产出最大化得以统一，因此地方政府行为不存在悖论。① 黄少安则认为根本不存在"诺斯悖论"。他认为，诺斯揭示的社会产出最大化和垄断租金最大化之间的矛盾这一现象是客观存在的事实。但是诺斯"所指"却不是"悖论"而是一种"持久的冲突"，这就意味着二者的矛盾经常存在，需要不断调整或权衡。② 杨光斌认为，在中国"政府悖论"是存在的。在我国经济转型过程中，国家一方面大力推动市场经济的制度创新并保护有效产权；另一方面也在努力保护无效率的产权组织并因此而抵消了某些市场化努力。③ 杨龙认为，悖论仅存在于地方政府或部门中，地方政府或部门为追求政绩或地方和部门利益而与人民利益发生冲突，导致悖论出现。至于国家层次上，由于中国政治制度的设计中没有为西方式的利益集团或在野党留下空间，再加上中国共产党执政为民的理念，因此在国家层次上不会出现悖论。④

还有许多学者在分析具体发展模式如苏南模式、温州模式时还着重分析了地方政府的角色与作用的变化，如洪银兴、史晋川、金祥荣、赵伟、罗卫东等⑤。此外，胡伟在《制度变迁中的县级政府行为——对A县个案的分析和研究》一书中将嵌入性理论与新制度主义相结合应用于分析地方政府行为，并得出地方政府行为随内外环境变化而演变的历史轨迹，对本书具有很大的启发意义。⑥

---

① 杨瑞龙：《我国制度变迁方式转换的三阶段论——兼论地方政府的制度创新行为》，《经济研究》1998年第1期，第5页。

② 黄少安：《制度变迁主体角色转换假说及其对中国制度变革的解释》，《经济研究》1999年第1期，第72页。

③ 杨光斌：《中国经济转型时期国家经济行为的政治学分析》，《中国人民大学学报》2004年第4期，第103—109页；杨光斌：《我国经济转型时期国家权力结构的制度分析》，《学海》2006年第1期，第92—102页。

④ 杨龙：《新制度主义在中国的局限性分析》，《学习与探索》2005年第6期，第59—60页。

⑤ 史晋川、金祥荣、赵伟、罗卫东：《制度变迁与经济发展：温州模式研究》，杭州：浙江大学出版社2004年版；洪银兴：《苏南模式的新发展和地方政府的转型》，《经济研究参考》2005年第1期。

⑥ 胡伟：《制度变迁中的县级政府行为——对A县个案的分析和研究》，北京：中国社会科学出版社2007年版。

三 对已有研究的简要评述

学者们采取多元视角并带着"问题意识"对政府行为进行了分析，在一定程度上抓住了体制转型中国中央政府行为与地方政府行为的演化特征，其理论贡献与实践意义都是巨大的。同时，多元视角和多元分析模型拓展了人们的认识视野，也加深了对政府行为的认识，在承认学者们的重大贡献的同时，我们也发现了一些不足：

第一，很多学者在研究政府行为时采用的主要方法是，用新制度主义相关理论构建一个理论分析框架，然后再用这个框架解释中国地方政府行为，并用一些特殊的案例加以验证。这种研究路径存在较大的缺陷，即缺少对地方政府运作机制及其制度环境的应有关注。多数研究成果都将体制转型以来中国的制度变迁界定为"强制性制度变迁"，并将地方政府视为"第一行动集团"，这显然忽视了中国制度变迁方式的多样性与动态调整性，也忽视了地方政府角色的变化性。而且，很多学者把中央政府以下的各级地方政府不加区分均统称为地方政府，忽视了地方政府体系内部各个政府层级所面对的制度环境，以及由此产生的角色模式的巨大差异。

第二，学者的研究多数缺少对政府行为动态演化轨迹加以分析，没有认识到不仅中央政府放权行为而且地方政府行为调整，都是针对内外政治经济环境而进行的适应性调整。中央政府的放权改革是与我国各个阶段的经济制度相适应的，其放权进程也受制于市场化进程以及当时宏观经济制度框架和官方意识形态约束。比如，1979年前的行政性放权适应于计划经济体制下的政经高度一体化的社会结构；1979年至1992年行政性放权与经济性放权并存适应于经济体制的"双轨制"；1992年以后的放权改革适应于社会主义市场经济体制的确立与完善。地方政府行为模式也随制度环境的不断变迁，每一个模式都对应于特定的制度环境，每一种模式的变迁也都是针对制度环境所进行的适应性调整。

第三，对中国政府行为悖论的分析尚缺全面与客观。学者们分析政府行为悖论多是套用"诺斯悖论"。"诺斯悖论"对于分析转型时期的中国改革实践的确颇具说服力，能够很好地解释很多现实问题，但是，"诺斯悖论"中的国家模型与当今民主国家有很大不同，在应用该理论分析当代国家包括转型国家时必须对其理论有所修正，才能更好地被用来解释现

第二章 文献综述

实。比如"诺斯悖论"忽视了国家构成中的核心要素——权力；其存在前提很难完全适用于当代民主国家；"诺斯悖论"忽视了政府层级划分，以政府"经济人"为前提，是在既有制度结构下国家（中央政府）基于不同目标对不同具体制度安排的选择困境。中国的政府行为要远比诺斯笔下的政府行为复杂得多，"政府悖论"的原因既有"诺斯悖论"中主体行为"经济人"的利益驱动使然，更有体制上与意识形态上的原因，因此是一种"制度性悖论"。

第五节 新制度主义意识形态理论在中国应用的文献综述

一 国外学者对新制度主义意识形态理论的研究

新制度主义将意识形态引入制度分析，影响最大的首推道格拉斯·诺斯。诺斯的新制度主义意识形态理论散见于其代表著作中，包括《经济史中的结构与变迁》（1992）、《西方世界的兴起——新经济史》（1989）、《制度变革的经验研究》（2003）、《制度、制度变迁与经济绩效》（2008）、《理解经济变迁过程》（2008）等文献。

在诺斯看来，意识形态是关于世界的一套信念，它们倾向于从道德上判定劳动分工、收入分配和社会现行制度结构。意识形态通过提供给人们一种世界观、价值观，并内化为人的行为准则、行为习惯而对人们的行为产生深刻的制约作用。不同的意识形态起源于地理位置和职业的专门化。人群在地理位置上的分隔使人们的经验各异，这种各异的经验逐渐结合成语言、习惯、禁忌、神话和宗教，最终形成与其他人群相异的意识形态。职业的专门化和劳动分工也导致对于现实的相异的经验和不同乃至对立的观点（即相互冲突的意识形态）。

诺斯探讨了意识形态的内涵及其制度性功能、成功意识形态的特征、在维持国家稳定中的作用以及意识形态与经济发展之间的关系等。从长期历史发展来看，诺斯认为意识形态具有决定作用，"它在解释许多长期变革方面也是很重要的。新古典经济学可以很好说明某一时期的成就，或借助于统计资料比较经济在一个时期的成就，但是它不能说明变革的动力。""长期的经济变革之所以发生，不仅因为新古典模型所强调的相对价格的变化，而且由于意识形态观点的演进，使个人和集团关于其地位公平合理的看法大相径庭，结果他们各行其是。"① 意识形态是减少提供其他制度安排的服务费用的最重要的制度安排，意识形态的制度性功能可以概括为：（1）它是一种节省的方法，个人用它来与外界协调，并靠它提供一种世界观，使决策过程简单化。（2）它与人们关于世界公平的道德伦理判断交织在一起，有助于缩减人们在相互对立的理性中间非此即彼的选择所耗费的时间和成本。（3）当人们的经验与意识形态不一致时，他们就会改变自己的思想观念，并试图发展一套更"适合"于其经验的合理解释②。

新制度主义还研究了意识形态与经济发展之间的关系。意识形态对经济发展所起的作用主要体现在：节约交易费用、克服"搭便车"、进行资源的非市场配置、降低社会经济运转的费用等。诺斯认为，意识形态是制度变迁的一个重要决定因素。当国家权力主体面对众多公共选择时，"意识形态便成为决定性因素"。而当个人深信一个制度是非正义的时候，为试图改变这种制度结构，他们有可能忽视这种对个人利益的斤斤计较。当个人深信习俗、规则和法律是正当的时候，他们也会服从它们。

二　国内学者对新制度主义意识形态理论的研究与应用

国内学界非常重视对意识形态的研究，尤其是改革开放以来马克思主义意识形态面临着更为复杂的国际国内环境和局势，其主导地位和话语权受到冲击，更引发了学界对意识形态问题的关注。学界对意识形态的研究主要包括对意识形态基本理论问题的研究；对意识形态实践变迁主要研究苏联解体和东欧剧变的原因；对中国意识形态的研究，等等。随着新制度经济学在国内的盛行，学者们对新制度主义意识形态理论也日益关注，出现了很多研究著述，其内容主要涉及三个方面：

一是对新制度主义意识形态理论的解读与评介，涉及意识形态与理性选择的关系、意识形态功能实现的内在机制及功能限度、意识形态与人力

---

① ［美］道格拉斯·C.诺斯：《经济史中的结构与变迁》，厉以平译，北京：商务印书馆1992年版，第68页。
② 同上书，第57—58页。

资本的关系等。如杨雪冬的《意识形态与经济增长》(1996)、腾祥志的《诺斯的意识形态理论》(1999)、罗必良的《意识形态与经济发展》(1999)、黄新华的《意识形态的新制度经济学分析》(2000)、马宝成的《新制度经济学中的意识形态理论》(2001)、杨俊一的《新制度经济学意识形态理论的哲学阐释——兼论马克思主义意识形态理论的新视角》(2001)、陈捷的《意识形态的经济分析——新制度经济学的意识形态理论及其启示》(2004)、林浩的《意识形态的起源、成本和功能失灵——关于诺斯意识形态理论及一些评论的评论》(2004)、汪立鑫的《意识形态的经济学分析：一个初步的框架》(2005)、陈书静的《意识形态的经济功能——诺斯的意识形态理论探析》(2006)、刘和旺的《论诺斯意识形态理论的演变》(2009)，等等。

二是比较新制度主义意识形态与其他相关理论，如曹正汉的《将社会价值观整合到制度变迁理论之中的三种方法——凡勃伦、哈耶克、诺斯的理论之比较研究》(2001)、孙凤仪的《两种制度经济学范式中的意识形态理论：分歧与根源》(2006)。

三是新制度主义意识形态理论在中国的具体适用。孙凤仪的《新制度经济学视阈中的当代中国意识形态建构》(2007)以新制度经济学的视阈分析了主流意识形态在理论和现实的挑战与冲突中趋于弱化的事实；姚洋的《意识形态演变和制度变迁：以中国国有企业改制为例》(2008)以国有企业改制为例，强调中国改革体现了有限理性、意识形态的动态调整和民营化的多重均衡的博弈；邓宏图的《理性、偏好、意识形态与社会演化：转型期中国制度变迁的经济史解释》(2008)也与前一文有类似的分析。其他还有一些论文也涉及新制度主义意识形态的理论适用问题。[①]

可见，国内外有关意识形态的研究成果颇丰，其中许多不乏思维创新和内容创新，相比之下，国外的研究在理论体系上比较成熟值得我们学习和借鉴，但是他们的观点中存在许多对中国改革开放和社会主义意识形态的误解和否定，对此要有清醒的认识。国内研究虽然更贴近中国现实社会

[①] 柳新元：《一致性意识形态与当代中国制度变迁的动力学》，《武汉大学学报》2006年第3期，第389—394页；章奇、刘明兴：《意识形态与政府干预》，《经济学》2005年第2期，第335—357页；李羚：《制度主义与意识形态的与时俱进》，《经济体制改革》2003年第3期，第34—37页。

转型实践，但是或多或少也出现了两种极端倾向，或者过于囿于规范或官方化，或者又过于西化，偏重于西方资本主义思潮。这里值得关注的是以新制度主义视角来分析中国转型期意识形态问题。新制度主义为人们分析社会问题提供新视角，其理论方法对转型国家非常实用，因此被许多中国学者所青睐。意识形态作为新制度主义理论中的重要组成部分，由于强调意识形态的经济功能，弥补了我国学者分析意识形态问题的传统思维路径中重视其政治功能与社会功能而忽视其管理功能与经济功能的缺陷，可以用其来分析中国很多的现实问题，为我们理解当代中国制度变迁提供新的视角。事实上，新制度意识形态理论可以被用来解释中国体制转型中的很多现实问题，比如，中国体制转型的展开与推进与1978年真理标准大讨论和1992年社会主义市场经济理论形成直接相关。再如，中国选择渐进式改革路径以及地区间发展模式的差异等现象都可以用新制度意识形态理论去加以分析。可以说，在某种意义上，意识形态的演变是中国改革进程的核心。目前，我们对新制度意识形态内容作理论探讨的较多，但用它深入分析中国现实问题的却很少。而且，学术界至今还缺少从某个视角上对转型时期意识形态如何根据制度环境变化进行适应性调整的整体性研究，本书为弥补此缺陷，从新制度主义视角对此问题进行了较为深入的分析。

第三章　制度、行为与意识形态

第一节　制度与制度变迁

一　制度

"制度重要"已成为共识，制度可以对人们的行为形成稳定预期，减少不确定性。诺斯等人通过对长期经济史的考察认为，人类社会的进步并非纯粹是技术和分工的进步以及资本的结果，而是更大程度上依赖于市场交易制度的逐步演化。他得出结论，对经济增长的历史研究就是对制度创新的研究。这种制度创新能减少交换活动的交易成本，从而实现日益复杂的交易活动。[①] 制度重要所以首先需要解释制度是什么，制度的内涵与类型决定了制度变迁的方式和运行机制的取向，而现实中对制度的解释又是如此之多，以至于无法达成一个统一的定义。

凡勃伦认为制度实质上就是个人或社会对有关的某些关系或某些作用的一般思想习惯。[②] 康芒斯认为，制度是集体行动控制个人行动。新制度主义者诺斯、舒尔茨、拉坦、柯武刚、史漫飞等从一般意义上给制度下过定义。诺斯给制度下的定义最多。在《经济史中的结构与变迁》中诺斯说："制度提供了人类在其中相互影响的框架，使协作和竞争的关系得以确定，从而构成一个社会特别是构成一种经济秩序。""制度是为了约束在谋求财富或本人效用最大化中个人行为而制定的一组规章、依据程序和伦

[①] [美]道格拉斯·C. 诺斯、托马斯：《西方世界的兴起——新经济史》，厉以平、蔡拓译，北京：华夏出版社1989年版，第5—13页。

[②] [美]凡勃伦：《有闲阶级论：关于制度的经济研究》，蔡受百译，北京：商务印书馆1964年版，第139页。

理道德行为准则。"① 在《制度、制度变迁与经济绩效》中，诺斯说："制度是社会的游戏规则，更规范地说，它们是决定人们的相互关系的系列约束。"② 这些说法只是表述不同，意思却相通，即制度就是规范人们行为的一种规则。舒尔茨指出制度所规范的行为涉及社会、政治及经济等方面。拉坦则认为制度是一套被用于支配特定行为模式与相互关系的行为准则。柯武刚和史漫飞指出："制度是人类相互交往的规则。它抑制着可能出现的、机会主义的和乖僻的个人行为，使人们的行为更可预见并由此促进着劳动分工和财富创造。"③

哈耶克认为制度是指抽象规则的具体化。规则就是一种社会成员自发创造的并自愿遵守的共同知识的集合。规则就是减少因知识分散化而引致的风险机制。纳尔逊和温特把制度定义为"日常惯例"，认为"日常惯例"就是经济变迁中的基因，起到与基因在生物演化中同样的作用。这是一种重复的行为方式、一种文化的演化过程，它们控制、复制和模仿着经济演化的路径和范围。众多的演化制度分析学家 Ken Binmore，Geoffrey Hodgson 等都采用了这个定义，并在演化博弈的框架下，致力于发展一个认知能力和学习模型支持的制度演化理论。人类社会的制度非常庞杂，很难用一个明确的定义将这么庞杂的现象完全概括。从斯密开始，就有人已经把经济过程比作一个博弈过程。

新制度主义和演化制度主义都从博弈论的视角对制度作了分析。用博弈论分析制度形成了三种制度观：即把一种制度当作是类似于博弈局中的参与人、博弈规则和博弈过程中参与人的均衡策略。新制度主义代表人物诺斯、奥斯特罗姆和赫尔维茨将制度视为博弈规则，以区别于它的参与人。诺斯指出，制度是社会的博弈规则，或者更严格地说，是人类设计的制约人们相互行为的约束条件。赫尔维茨强调博弈规则的实施问题。根据他的观点，博弈规则可以由参与人能够选择的行动（决策集）以及参与

---

① [美] 道格拉斯·C. 诺斯：《经济史中的结构与变迁》，厉以平译，北京：商务印书馆1992年版，第227—228页。
② [美] 道格拉斯·C. 诺斯：《制度、制度变迁与经济绩效》，杭行译，上海：格致出版社、上海三联书店、上海人民出版社2008年版，第3页。
③ [德] 柯武刚、史漫飞：《制度经济学——经济秩序与公共政策》，韩朝华译，北京：商务印书馆2000年版，第35页。

人决策的每个行动组合所对应的物质结果（后果函数）来描述。

演化博弈论者如肖特、萨格登、扬、青木昌彦、鲍尔斯等对制度的认识持博弈均衡观。在肖特看来，制度就是界定、规约并维系着作为一种社会事态、一种情形的习俗和惯例的规则系统。肖特的制度不是指正式规则和约束，而是把它视为一种"均衡行为"和"惯例"。① 青木昌彦认为，制度作为共有信念的自我维系系统，其实质是对博弈均衡的概要表征，既是博弈规则，也是博弈均衡，可描述为"博弈的内生规则"。他基于共有信念和均衡的概要表征的观点对制度下定义，"制度是关于博弈如何进行的共有信念的一个自我维系系统。制度的本质是对均衡博弈路径显著和固定特征的一种浓缩性表征，该表征被相关域几乎所有参与人所感知，认为是与他们策略决策相关的。这样，制度就以一种自我实施的方式制约着参与人的策略互动，并反过来又被他们在连续不断变化的环境下的实际决策不断再生出来。"②

制度是由各种具体制度组成的"制度结构"整体。从不同的划分标准来看，制度结构内部又由不同的制度安排组成。不同的分类只是基于不同的标准和尺度而已，本质上并不存在制度本体论上的分歧。新制度主义者文森特·奥斯特罗姆将制度分为三个层次，即宪法层次、集体行动层次、操作层次和选择层次；奥克森具体说明了三类规则，用以控制集团内部进行集体选择的条件的规则、用以调节公用财产使用的操作规则以及对外安排，包括统辖该集团同其他各集团和政府当局的关系的规则。诺斯将制度分为正式制度与非正式制度。正式制度是指人们有意识建立的并以正式方式加以确定的各种制度安排，包括政治规则、经济规则和契约，以及由这一系列的规则构成的一种等级结构，从宪法到成文法和不成文法，到特殊的细则，最后到个别契约等，它们共同约束着人们的行为。③ 正式制度具有强制性特征，他们是人们自己制定或集体选择的结果，明确以奖赏

---

① ［美］安德鲁·肖特：《社会制度的经济理论》，陆铭、陈钊译，上海：上海财经大学出版社 2003 年版，第 13 页。

② ［日］青木昌彦：《比较制度分析》，周黎安译，上海：上海远东出版社 2001 年版，第 28 页。

③ ［美］道格拉斯·C. 诺斯：《制度、制度变迁与经济绩效》，杭行译，上海：格致出版社、上海三联书店、上海人民出版社 2008 年版，第 65 页。

和惩罚的形式规定其作为。非正式制度是指人们在长期的社会生活中逐步形成的习惯习俗、伦理道德、文化传统、价值观念及意识形态等对人们行为产生非正式约束的规则，是那些对人的行为的不成文的限制。与法律等正式制度相对的概念。非正式制度十分重要，即使在最发达的经济体系中，正式制度也只是决定行为规则的总体约束中的一小部分，人们行为选择的大部分行为空间是由非正式制度来约束的。非正式约束的出现是为了协调重复进行的人类互动，它们是：（1）正式制度的延伸、阐释和修正，（2）由社会制裁约束的行为规范（Socially sanctioned norms of behavior），以及（3）内部实施的行动标准。[①] 在非正式制度中，意识形态处于核心地位，它不仅蕴涵着价值观念、伦理规范、道德观念和风俗习性，而且还可以在形式上构成某种正式制度安排的"先验模式"。

以上的制度定义与分类分别从特定层面上揭示了制度的特征，说明了制度本身的丰富内涵和复杂性，也表明人们在制度的认识上存在的混乱和分歧。新制度主义一般是从功能角度去描述制度，认为制度是人类行为的规范或约束规则的总和，它包括正式制度和非正式制度两个部分，由于新制度主义更关注于正式制度的变迁，因此，它更强调制度的人为设计性；而演化制度主义更关注于更多地从制度形成过程去描述，认为制度是个人行动的社会结果，它多是个人无意识的结果，是对环境变化的自动反应或能动反应，演化制度主义分析对象更多侧重于非正式约束，强调其形成的自我演化性和自我实施性。事实上，无论是新制度主义还是演化制度主义对制度的认识都不全面，制度最初可能是个人无意识行动的社会后果，但是一旦制度功能被辨识以后，制度就将成为一种协调人际关系的有力手段和工具，而且制度的进一步发展和完善往往又是精英人物的理性设计及努力实施的结果。

本书从学者们对制度的分歧认识中，提炼出一些关于制度的共性认知：一是制度指行为主体（个人、团体组织、政府等）在行为中所共同遵守的行为规则与社会规范。行为主体通过制度确定其他主体行为的合理预期，并以此决定自己的行动策略。制度赋予主体以权利也使其承担相应

[①] ［美］道格拉斯·C.诺斯：《制度、制度变迁与经济绩效》，杭行译，上海：格致出版社、上海三联书店、上海人民出版社2008年版，第56页。

义务，划定其行为边界；二是制度涵盖广泛，既包括成文的、可辨识的、强制的和第三方执行的正式制度，也包括不成文的、默会的和自我实施的非正式制度。这两种制度中还可以细化出多种制度类型，不同制度形成与变迁方式不同；三是"观念"与"意识形态"是非正式制度中的重要组成部分，它们是制度的灵魂，既可以成为制度变迁的先导，也可以成为制度变迁的桎梏。

正是由于制度含义及其类别的复杂性与多层次性，因此我们要了解中国体制转型的全貌，绝不能仅仅分析单一或几个制度安排的变迁情况，而是要将制度作为一个总体性结构概念去分析，既要分析具体制度安排的变迁，也要分析作为整体制度结构包括具体制度安排、制度环境乃至行为主体的行为、观念等方面的变迁。

二 制度变迁

（一）制度需求与供给

所谓制度变迁，就是制度的变更、交易与更替，是用一种制度安排替代另一种制度安排的过程。制度变迁的动因是由于对规模经济、外部成本和收益、风险、市场等外部条件的变化引起的新的潜在利益的追求。制度是一种稀缺资源，可以借助于"需求—供给"新古典分析框架对其进行分析，任何一种具体制度的形成和维持，都是对这种制度的供求相互作用的结果。

对制度的需求源于制度能给人们提供便利，可以降低决策成本、外部性内部化、预防风险、减少不确定性、经济上的功能以及稳定和提供秩序的功能。仅有这些制度功能还远远不够，制度变迁的前提条件是存在着在现有制度安排和结构下无法获取的潜在利益，从而使行为者产生了对新的制度安排的现实需求。这也是制度变迁的内部动力，即对新制度的需求主要源于主体追求利益最大化的动机，如果现有制度安排和结构下无法获取潜在利益，从而使得行为者产生了对新的制度安排的需求。"如果预期的净收益（即潜在利润）超过预期的成本，一项制度安排就会被创新"[①]。

---

① ［美］L. E. 戴维斯、D. C. 诺斯：《制度变迁的理论：概念与原因》，见［美］R. 科斯、A. 阿尔钦、D. 诺斯等《财产权利与制度变迁——产权学派与新制度学派译文集》，刘守英等译，上海：上海三联书店、上海人民出版社1994年版，第274页。

由于制度种类的多样性和制度结构的复杂性，引致制度需求的因素是多方面的。舒尔茨认为人的经济价值的提高产生了对制度的新的需求；拉坦认为制度变迁是由与经济增长相联系的更为有效的制度绩效所引致的；诺斯则认为经济增长、技术变化、市场规模扩大、相对产品要素价格变化等要求确立与之相适应的相关制度。政治上的变化还对社会政治权力的分配制度、财富分配制度、政治参与制度等均提出新要求。此外，制度需求还受到主观因素的影响，即取决于价值观念和知识素质，也就是说与人们通常所说的文化、传统、意识形态、宗教观念、社会科学知识等制约价值观念和知识素质的诸因素密切相关。① 所有这些引发制度需求的因素相对于主体内在趋利动机而言则是制度变迁的外部动力。在分析中国体制转型过程中，这些外部动力包括外部客观环境如生产力发展水平、技术条件等，还包括诸如宪法秩序、市场化进程、法律制度、意识形态等制度环境因素。

需求诱致是制度变迁的必要条件但并非充分条件，有需求还要保证足够的供给才行。制度供给即制度的生产，它是对制度需求的回应。正式制度的供给取决于政治秩序提供新的制度安排的能力和意愿。由于"搭便车"、不完全信息、不完全市场存在，正式制度的供给更多的是公共选择的结果，是多个行为主体多次博弈的结果，而且由于制度是公共物品，制度供给往往不会达到社会最佳供给水平，常要借助于国家的强制性供给。非正式制度中的意识形态尤其是官方意识形态往往是政府通过宣传、动员甚至强制灌输来供给的，而传统文化观念则是个人行为扩散的结果，也是一种自我实施的行为准则。影响制度供给主要因素有：宪法秩序、制度创新成本、现有知识积累及其社会科学知识的进步、实施新制度安排的预期成本、现存制度安排、规范性行为准则、上层决策者的净利益等。②

（二）制度均衡与非均衡

诺斯把制度变迁看作一种制度"均衡—非均衡—均衡"的过程。所谓制度均衡是指制度供给满足制度需要的均衡点，处于制度供需均衡的制度就称为均衡制度。但是这种均衡是暂时的，非均衡迟早都会发生。导致

---

① 张旭昆：《制度演化分析导论》，杭州：浙江大学出版社2006年版，第165页。
② 卢现祥：《新制度经济学》，武汉：武汉大学出版社2004年版，第156—157页。

非均衡的主要原因是：新技术应用及规模经济、外部经济内部化、克服风险、交易费用转移与降低等带来的潜在收入；新的制度安排的成本降低、制度环境变化使得某些集团实现一种再分配或获得现存的外部利润机会成为可能。这些因素导致原有的制度均衡被打破，潜在收益的出现导致新的制度需求，一旦需求积累到一定程度，条件和时机成熟，制度变迁就将发生。制度均衡是制度变迁过程中的偶然现象和暂时现象，"不均衡—均衡—不均衡"反复循环构成制度变迁的过程。

制度非均衡是制度变迁或变革的必要前提和条件。制度非均衡包含三层含义：[①]（1）制度供给不足。制度供给的"时滞"、制度变迁中的"外部性"和"搭便车"、统治者理性与偏好以及体制性问题等导致的制度供给不足；（2）制度供给过剩。在政府主导型制度变迁和政府管制过程中出现的相对于社会制度需求的制度供给过剩；（3）制度供求的结构性失衡。即由于制度的供给与需求之间存在的偏差造成的制度安排的低效率。制度供给不足与制度供给过剩是制度非均衡的两种基本形式。制度的供给不足，将无法实现潜在利润或外部利益内在化；而制度供给过剩又会导致人们在社会经济活动过程中的交易费用增大。由制度供给不足和制度供给过剩造成制度非均衡的典型例子是改革开放以来，在以经济建设为中心的指导思想以及GDP政绩观与自上而下干部人事任命制等制度体系的影响下，作为制度变迁最主要行为主体的地方政府热衷于经济建设，出台各种促进经济发展的政策和制度，为赢取政府间竞争的胜利，甚至不顾全国利益采取各种地方保护主义举措，导致重复建设、恶性竞争事件屡屡发生。相对于政府将更多资源包括经济资源和制度资源投入经济建设领域而导致的制度供给过剩而言，无论是中央政府还是地方政府都对公共产品和服务如各种社会保障制度的完善等投入不足，这方面的制度供给严重不足。这不仅影响了整体社会福利的提高，而且也延缓了改革进程。可见，制度非均衡的发生往往和政府行为相关，是政府职能错位导致了政府行为的变异，进而引发了制度非均衡。

制度变迁就是不断地从制度失衡到制度均衡再到失衡的动态变化与发

[①] 卢现祥：《新制度经济学》，武汉：武汉大学出版社2004年版，第158—160页；罗必良：《新制度经济学》，太原：山西经济出版社2005年版，第157页。

展过程。在制度变迁过程中还存在一个"时滞"问题,即制度创新滞后于潜在利润的出现,就是在潜在利润出现和使潜在利润内部化的制度创新之间存在一定的时间间隔。时滞包括认知和组织时滞、发明时滞、菜单选择时滞、启动时滞。①

（三）制度变迁主体、手段与方式

按照新制度主义理论,制度变迁主体可分为初级行动团体和次级行动团体。所谓初级行动团体,即"第一行动集团"。它们是制度创新的决策者、首创者和推动人,也是熊彼特意义上的政治或制度"企业家"。它们可能是单个人或由个人组成的团体,由于它们意识到存在一些只要改变制度安排的结构就可能增加收入,所以它们的决策在制度变迁进程中起着支配地位。所谓次级行动团休,即"第二行动集团"。它们也是一个决策单位,可以是政府机构,也可以是民间组织或个人,它们帮助"第一行动集团"进行一些为获取收入而展开的制度变迁。

制度变迁还需借助于一些方法与手段,也就是所谓的"制度装置",即行动集团所利用的文件或手段,当它们被用于新的制度安排时,行动集团就借助于它们获取外在于既有安排结构的收入。如果制度安排是一种政府形式,它将包括政府的鼓励机制与奖励机制。比如,地方政府如果鼓励招商引资,就会出台税收优惠或财政先征后返政策,还会设立相关机构,并树立典型,并在政绩考核中对是否完成此项任务的政府部门或官员实施"一票否决"制,所有这些举措都属于政府制度变迁的"制度装置"。

制度变迁方式主要是诱致性制度变迁与强制性制度变迁。所谓诱致性制度变迁指的是制度创新是由一个（群）人,在响应由制度不均衡引致的获利机会时,所自发倡导、组织和实行的制度变迁。这种不均衡是由于制度选择集合改变、技术改变、制度服务的需求改变、其他制度安排改变等原因造成。诱致性制度变迁具有营利性、自发性、渐进性等特征。诱致性制度变迁优点很多,可以利用传统组织资源,有效地控制改革的速度和路径；自下而上的变迁方式使得变迁体现真正的制度需求,并可随时根据

---

① ［美］L. E. 戴维斯、D. C. 诺斯：《制度创新的理论：描述、类推与说明》,见［美］R. 科斯、A. 阿尔钦、D. 诺斯等《财产权利与制度变迁——产权学派与新制度学派译文集》,刘守英等译,上海：上海三联书店、上海人民出版社 1994 年版,第 317—320 页。

需求作出调整，因此诱致性制度变迁具有动态弹性特点的内在优化演进机制和广泛的决策修整机制。这种变迁是在不触动既得利益集团的情况下进行的增量调整和边际改革，受益主体远远大于改革主体，改革受益的外溢性和改革主体的广泛收益性使得制度变迁具有不可逆性。虽然诱致性制度变迁优点很多，但是还是存在很多缺陷，改革因为涉及的多是边际的、增量的调整，而且改革主体主要自下而上，这意味着核心制度难以突破，改革的渐进性和改革成本后移，使得改革时间很长并且常使得需求与供给的滞期延长。改革的试错成本和时间成本以及后移成本的累积等导致改革总体成本加大。上述原因再加上存在着外部性和"搭便车"问题，导致正式制度的诱致性变迁动力不足，正式制度安排创新密度和频率将少于作为整体的社会最佳量。因此需要政府强制性制度变迁补充。

所谓强制性制度变迁则是由政府命令与法律引入和实行。强制性制度变迁的主体是国家或政府。国家供给制度不仅具有规模经济的优势，在制度实施及其组织成本方面也有优势。政府可以通过其强制力、意识形态等优势减少或遏制"搭便车"现象，降低制度变迁的成本。强制性制度变迁是国家（政府）在均衡租金最大化和产出最大化的双重目标下进行的。国家只有在强制推行一种新制度安排的预期收益大于预期成本时才会进行制度变迁，而纳入统治者效用函数的除了税收收入、政治支持以外，还有其他目标。不仅经济利益与政治利益之间的冲突会导致国家发起的强制性制度变迁会无效，而且，统治者的其他偏好和有界理性、意识形态刚性、官僚政治、集团利益冲突和社会科学知识的局限性，等等因素，均会促使统治者维持一种无效产权。[①]

强制性制度变迁具有政府主体性、自上而下、激进性、存量革命等特征，相对于诱致性制度变迁来说，强制性制度变迁推动力度大，制度出台时间短，制度安排的运作有保障，可以减少试错成本，对旧制度的更替作用巨大。但是强制性制度变迁也有许多缺陷，由于不完全来源于需求，强制性制度变迁可能沦为统治集团谋取自身利益的工具，导致供给的制度低效或无效，而且强制性制度变迁不像诱致性变迁有一个渐进的缓冲期，一

---

① 林毅夫：《诱致性制度变迁与强制性制度变迁》，见盛洪《现代制度经济学》，北京：北京大学出版社2003年版，第253—272页。

且实施,如果不符合实际需要将造成社会巨大震荡并且破坏性极强,风险很高。因此,对于强制性制度变迁的采用,决策者非常慎重。

在现实生活中,诱致性制度变迁和强制性制度变迁相互联系、相互补充,两者都是对制度不均衡的反映、都遵循成本—收益比较原则,但是二者还是有一定区别:诱致性制度变迁的主体是个人或群体或团体,而强制性制度变迁主体是国家或政府;诱致性制度变迁组织成本和强制成本较低,而强制性制度变迁中组织成本可能较低,但强制成本较高;诱致性制度变迁面临的主要是外部性和"搭便车"问题,而强制性制度变迁除了要面临政治目标与经济目标之间的冲突外,还面临着统治者偏好和有限理性、意识形态刚性、官僚政治、集团利益冲突和社会科学知识局限等问题的困扰。至于一项制度安排究竟选择哪种制度变迁方式,要看相关行为主体在利益格局与权力格局中的地位及其对收益成本的比较而定。

第二节 产权、企业产权制度与产权制度绩效

一 产权与产权形式

(一) 产权

科学阐明产权的含义无疑对产权理论的研究和对我国企业产权制度改革具有重要意义。虽然古今中外无数学者给其下过各种定义,但是至今却没有一个公认的、统一的定义。正如托马斯·格雷所说:"原来起源于物质所有权概念的法律上的'财产权'的含义,在法学和经济学的一般理论框架中并没有获得统一的概念。"[1]

从产权的内部关系来看,作为社会生产关系的法律表现的所有权或财产权,由于社会关系的复杂性,很难用一两句话加以概括。新制度产权经济学家主要从某一侧面、某一角度定义产权,比如,德姆塞茨从产权功能角度定义产权,他认为:"产权是一种社会工具,其重要性就在于事实上它们能帮助一个人形成他与其他人进行交易时的合理预期。""产权包括一个人受益或受损的权利……产权是界定人们如何受益及如何受损,因而谁

---

[1] 托马斯·格雷:《论财产权的解体》,《经济社会体制比较》1994 年第 5 期,第 23 页。

必须向谁提供补偿以使他修正人们所采取的行动。"① 归根到底，在德姆塞茨看来，产权就是获取利益或利益不受损害或损害别人利益的一种社会工具或手段。阿尔钦是从权利的可选择性和权利的"实施"或"实现"的角度定义产权。他认为："产权是一个社会所强制实施的选择一种经济品的使用的权利。"② 科斯等则从产权的社会属性角度来论述，他们指出："人们通常认为，商人得到和利用的是实物（一亩土地或一吨化肥），而不是行使一定行为的权利。但这是一个错误的概念。我们会说某人拥有土地，但土地所有者实际上拥有的是实施一定行为的权利。"科斯这段话中对产权的理解是，产权是指产权主体拥有的"实施一定行为的权利"，强调产权的行为性含义。只有对某种物品拥有实施一定社会行为的权利，才对某种物品拥有产权；只有实施一定的社会行为，产权才能成为现实的产权。菲吕博腾和配杰威齐在科斯定义的基础上进一步发展产权的社会属性这一含义，他们指出："产权不是指人与物之间的关系，而是指由物的存在及关于它们的使用所引起的人们之间相互认可的行为关系。产权安排确定了每个人相应于物的行为规范，都必须遵守他与其他人之间的关系，或承担不遵守这种关系的成本。因此，对共同体中通行的产权制度可以描述的，它是一系列用来确定每个人相对于稀缺资源使用时的地位的经济和社会关系。"③

虽然产权经济学家们没有得出关于产权的一致性定义，但是在产权的理解上还是存在一些共识：产权不是物，不是人对物的关系，而是人们对物的使用所引起的相互关系，即一种人与人之间的基本关系。产权不仅是一种权利约束，而且确定了人们的行为规范，是一些社会制度。作为一种规范和制度，产权具有激励和约束、外部性内在化、资源配置等功能。产

---

① [美] H. 德姆塞茨：《关于产权的理论》，见 [美] R. 科斯、A. 阿尔钦、D. 诺斯等《财产权利与制度变迁——产权学派与新制度学派译文集》，刘守英等译，上海：上海三联书店、上海人民出版社1994年版，第97页。

② [美] A. 阿尔钦：《产权：一个经典注释》，见 [美] R. 科斯、A. 阿尔钦、D. 诺斯等《财产权利与制度变迁——产权学派与新制度学派译文集》，刘守英等译，上海：上海三联书店、上海人民出版社1994年版，第166页。

③ [美] E.G. 菲吕博腾、S. 配杰威齐：《产权与经济理论：近期文献的一个综述》，见 [美] R. 科斯、A. 阿尔钦、D. 诺斯等《财产权利与制度变迁——产权学派与新制度学派译文集》，刘守英等译，上海：上海三联书店、上海人民出版社1994年版，第204页。

权并非自然范畴,而是一个历史范畴,是伴随着资源稀缺而出现的。产权经历了从无到有、从模糊到清晰的发展过程,因此产权是一个动态概念,产权的各项权能最初是统一的。作为一种权利束,产权主要有四种权利组成:所有权、使用权、用益权和让渡权。根据财产关系的变化,每一种权利还可以进行更细致的分解,产权分解的过程也就是权利界定的过程。产权具有相对意义,也就是说,产权只有在多个权利主体之间进行权利界定时才存在意义。在现代社会中,产权更多地表现为一组可以分离的权能束,例如,土地的所有权和经营权的分离,资本的所有权和使用权的分离等。

产权具有排他性、可分割性、可交易性和行为性等特点。产权的排他性是指两个人不能同时拥有控制同一事物的某种相同权利,特定的权利主体只能是一个。产权的可分割性是指对特定财产的各项产权可以分属于不同主体,包括权能的可分割性和利益的可分割性,前者指产权的不同权能可由不同主体分工行使;后者指相应的权利以分属于不同的权能行使者。产权分割的过程也是权利界定的过程,随着生产社会化程度的提高,产权由合一到分解是社会分工的发展在产权权能行使方面的具体表现。产权的可交易性是指产权在不同主体之间的转手和让渡。产权的排他性是产权交易的前提条件,只有界定清晰、排他的产权才具有交易性。同时产权具有经济价值才能促使产权交易。产权的行为性是指产权是一种行为权利,是界定人们行为关系的一种规则。产权规定人们该做什么不该做什么,如果做了不该做的事情如何赔偿等,产权的行为性实质上是指产权规定了交易主体间的权责利关系。

(二) 产权形式

产权的形式主要有三种,即私有产权、共有产权和国有产权。我国经济学界习惯将共有产权和国有产权合称为公有产权。私有产权主要是指界定给个人的产权,其特点是主体单一,意志统一,私人权利的所有者有权排除他人行使这种权利。而且对所有权行使的决策及其所承担的后果完全是私人做出的。私有产权虽然具有交易费用小的特点,但是它无法解决公共资源的外部性效应和"搭便车"问题,因此对于这种情况不宜采用私有产权。共有产权又称社团产权,是共同体成员都有权享有的产权,但是却排除了共同体之外的成员对该产权的享有。共有产权的一个重要特点是，共同体内部共有产权在个人之间是完全不可分的，是完全重合的。每个人都可以使用某一资源为自己服务，但是每个人都不能声称该资源是属于他的财产，由于在共同体内部共有产权不具有排他性，常给资源利用带来很大的外部性。并且由于不管是否使用资源都要交费，导致无人节约地去使用资源，出现"公地悲剧"现象。国有产权是把产权界定给了国家，国家按可接受的政治程序来决定谁能使用或不能使用这些权利。国家是一个集合概念，缺少人格化的代表。因此，国有产权的权利往往是通过代理人来行使。由于行使产权的代理人对资源的使用与转让，以及最后成果的分配都不享有充分的权能，使得他对经济绩效和其他成员的监督和激励没有动力，而国家对这些代理人的监督成本也极高，再加上负责选择代理人的政府官员往往过多关注其政治利益而偏离利润最大化原则，因此选择代理人时也更多从政治利益考虑而非经济利益，可见，国有产权下的外部效应很大。

二 产权制度与企业产权制度

（一）产权制度

产权制度是关于产权关系的一系列规则、规范。具体而言，产权制度就是指关于产权的界定、划分、组合以及使用、保护等一系列规则、规范。[①] 产权制度的内容包括产权界定制度、产权分割制度、产权使用及受益制度、产权处置（转让、流动）制度等，其中最基础的是产权界定制度。产权界定制度就是确定各种权利归谁所有的制度，其界定方式可以是通过国家制定的政策和制度、法律法规等正式制度，也可以是习俗和文化传统等非正式制度。

产权制度的建立经历了一个从无到有的漫长的历史过程。从根本上讲，产权制度建立的原因是收益大于成本。产权制度形成受多种因素影响，如技术、人口与资源稀缺程度、要素和产品相对价格的变动，以及其他政治与社会因素等。产权制度可以减少不确定性，降低交易费用，优化社会资源和减少外部性，从而提高经济活动的效率。

产权制度的发展与演变是与生产力发展水平相适应的。在商品经济欠

---

① 陈国恒：《国有产权制度改革研究》，北京：中国社会科学出版社2004年版，第90页。

发达时期，产权等同于所有权；当商品经济进入发达时期，产权形式开始分解，经营使用权与所有权分离，经营使用权开始独立，所有权受到限制。时至今日，产权又开始步入社会化，诸如股权分散化、持股团体化、产权合作化等均是其表现形式。

（二）企业产权制度

企业产权制度的核心是指企业的财产制度，它决定了企业财产的组织形式和经营机制。西方企业产权制度的发展经历业主制产权制度到合伙制产权制度、再到公司制产权制度三个发展阶段。

业主制产权制度是最早出现的企业产权制度形态。在早期市场经济条件下，生产社会化程度不高，资本所有者的资本数量有限，适宜小规模经营，因此普遍建立了单个资本家雇工经营的业主制企业。在这种企业中，资本所有者统一行使全部产权权能并获得全部企业利润，个人承担全部风险和责任，是一种产权不分解的自然人的产权制度。业主制企业的所有者即是经营者、所有权与经营权相统一。这种产权制度与当时的经济条件相适应，同时由于经济规模较小和市场有限，业主们也有能力去行使全部产权权能。虽然业主制企业产权制度产权明晰，但个人的投资能力有限，而且投资者还要承担无限责任，风险较大，这些都不利于企业扩大经营规模，也影响了业主获得规模经济效益。为获得规模经济效益，同时避免较大的经营风险，业主们必然扩大生产规模集，集多个业主的财产和经营管理才能于一体，创办合伙制企业。随着资本家的资本积累的增加和生产社会化程度的提高，企业规模扩大，业主们已不能再全面行使全部权能，也很难监督生产全过程，业主们不得不雇用经理人员或监工协助经营管理，并分解出一部分经营权和剩余价值索取权，开始了资本产权的局部分解。虽然这仍是一种自然人产权制度，但是有别于以前的统一产权即集权型的自然人产权制度，而是一种分权型的自然人产权制度。随着市场的扩展，生产社会化程度提高以及技术的进步，企业资金投入越来越多，企业也迫切需要通过扩大规模来提高经济效益，单个资本家无力提供数量巨大的资金，也缺乏大规模经营的能力，于是，公司制企业应运而生，企业可以借此向社会公众或其他法人发行股票筹集资本。特别是有限责任公司和股份有限公司这两种公司制形式，由于法人财产制度规范，筹资能力强，经营风险分散，管理机构较为完善，目前成为普遍采用的公司制形式。公司制的确立使得业主制企业的自然人产权制度转变为公司制企业的法人产权制度。在法人产权制度下，资本所有者从广义所有权中分解出法人财产权和相应的部分剩余价值索取权给企业经营者，自己则只保留了狭义所有权和部分剩余价值索取权。

从业主制产权制度到合伙制产权制度、再到公司制产权制度的演化是客观经济条件的变化导致原来有效的产权制度变得低效或无效，不得不重新创新产权制度。可见，产权制度效率总是相对的，并处于不断变化中。

由于制度环境和意识形态约束，中国的产权制度变迁远比西方企业产权制度变迁复杂得多，尤其是国有企业，1978—1993年期间实施的国企改革是围绕着"放权让利"基本思路展开的，无论是经营责任制、利改税，还是承包制都属于"放权让利"范畴，其实质就是在产权关系不变的前提下，中央政府将经营决策权下放企业，并对政府与企业间的利益分配比例进行相应调整。而1994年后的国企改革则属于产权制度改革，无论是股份制改造还是国有经济战略性重组都涉及产权制度的微观与宏观创新。

（三）产权结构

产权结构是产权制度的核心内容，产权结构往往对应着相应的产权制度。产权结构包括微观结构和宏观结构。产权的微观结构包括权利结构，即某种财产的权利构成及其组合，可分为单一结构和复式结构。前者是指产权不能分解，是统一的，如个体产权、业主制和合伙制企业的产权；后者是指可以将统一财产的权利进行分解并分属于各产权主体，如公司制企业中的产权。产权的微观结构还包括所有制结构，即某种产权单位中财产所有权的构成，可分为一元结构和多元结构。前者是指一个产权单位中的投资主体只有一个，如业主制企业中的唯一投资主体是业主。国有独资企业中的投资主体只有国家。多元产权结构是指在一个产权单位中有两个或两个以上的投资者。我国目前提出的产权多元化即指这种情况。根据投资主体投资比例不同，多元产权结构又呈现出多样性，包括一股独大型、几个大股东起主导作用的大股主导型、众多股东分散持股的分散型以及由一定数量的所有权主体平均持股的合股型。这些产权结构类型孰优孰劣不能简单地一概而论，各有其适应的条件，因此在不同条件下各有其适应性。对国有企业产权改革而言，主要任务是在从一元单一产权结构向多元产权结构转变过程中如何选择适合中国制度环境和客观经济条件的多元产权结构。

产权的宏观结构是指在整个社会或国家中各种产权的构成比例及其相互关系。主要是指私有产权与公有产权在一个国家中的构成比例。宏观产权结构实际上是所有制结构，决定了一个国家的性质，不同性质的社会，这两者的比例不同，而且在同一性质的社会中，在不同的发展阶段，两者的比例也不同。在资本主义社会，私人资本产权居于主体和主导地位，并决定了资本主义国家性质。我国作为社会主义国家的产权结构则是国有产权居于主导地位，公有产权居于主体地位，各种私人产权并存的结构，包括国有产权在内的公有产权决定了社会主义国家性质。因此，我国的经济体制改革特别是通过产权制度改革最终要形成一个什么样的宏观产权结构，将直接决定着我国的国家性质，对此问题必须审慎待之。

三 产权制度绩效

（一）新制度主义产权制度绩效标准

新制度主义认为产权制度的不同安排直接影响了交易费用的大小，进而影响制度效率。科斯定理对产权制度安排、交易费用高低、资源配置效率之间的关系作了概括。一般认为科斯定理是由三组定理组成，科斯第一定理是：当交易费用为零时，只要允许自由交易，不管产权初始界定如何，最终都能达到资源的最优配置，实现社会总产值的最大化，即帕累托最优状态。科斯第二定理是：在交易费用大于零时，不同的权利界定会对资源的配置产生不同的影响。产权的初始界定对经济效率产生影响，而产权应该界定给社会福利最大化或损失最小化的一方。科斯第三定理是：在交易费用为正的条件下，产权的清晰界定将有助于降低人们在交易过程中的成本，改进效率。[①] 也就是说，产权制度的供给是人们进行交易、优化资源配置的前提。但是由于制度本身的生产不是无代价的，因此，生产及选择什么样的制度将导致不同的经济效率。产权制度的生产也就是对产权制度的设计、制定、实施和变革，包括对产权的划分、界定等。这些活动

---

① 张念宾、张殿镇：《科斯定理影响下的我国国有企业产权制度改革》，《中国海洋大学学报》2008 年第 2 期，第 92 页。

均需要耗费资源，也就是产权制度的成本。因此产权制度的选择要从产权自身的内在成本与外在成本综合考虑。

科斯定理明确了交易费用高低是评价产权制度效率的主要标准。在市场、企业、政府三种组织形式中究竟采取哪种制度形式并不确定，要以各自的交易费用为标准。在科斯看来，任何一种制度安排都需要费用，市场有市场交易费用，企业内部组织交易代替市场会产生管理费用，政府用行政和命令代替市场交易会产生行政管理费用，现实中不存在某一种安排方式在任何领域费用都最低的情况。社会的经济运转、资源配置过程就是一个以交易费用最低为原则，不断重新安排权利、调整权利结构的过程。用交易费用高低来评价制度效率其实就是对制度成本与制度收益的比较。

科斯定理具有一般意义，是揭示产权制度安排、交易费用高低与资源配置效率高低之间关系的定理，其主要目的是告诉人们如何选择制度。科斯并没有制度偏好，既不偏好私有产权，也不偏好公有产权；既不偏好企业内部机制，也不偏好市场机制，而是在确定资源配置效率的帕累托最优标准的前提下，以交易费用高低为依据来选择制度，因而可以说是一个中性定理[①]。但是其后的一些经济学家在对科斯定理进行解释时加入了自己对制度的私有化偏好，很多产权学者认为在私有、共有与国有三种产权形式中，由于私有产权明晰度高，可以降低外部性内在化的成本，有效利用资源，因此是比共有产权和国有产权效率更高的制度安排。

产权制度成本主要包括制度变革过程中的界定、设计、组织等成本和产权制度运行过程中的组织、维护、实施等费用；产权制度收益则指制度通过降低交易成本、减少外部性和不确定性等给"经济人"提供激励与约束的程度。科斯认为，在产权制度效用既定的情况下，制度成本就成为评价制度效率的主要标准。诺斯认为制度效率是指在既定约束机制下参与者的最大化行为将导致产出的增加。无论是科斯或诺斯，还是其他新制度主义者对制度效率的评价集中在制度的经济效率，即由于制度节约交易费用而使得行为主体付出较小成本而获得较大收益。诺斯明确指出："我把经济史的任务理解成解释经济在整个时期的结构和绩效。所谓'绩效'，我指的是经济学家所关心的、有代表性的事物，如生产多少，成本和收益

---

① 黄少安：《产权经济学导论》，北京：经济科学出版社2004年版，第286—287页。

的分配或生产的稳定性。""有效率的制度,指的是资源配置较为合理、浪费较少、经济增长率较高、人民生活水平和'满足程度'提高加快;相反,'无效率'的制度,指的是资源配置不当、浪费或资源闲置严重、生产增长缓慢、人民生活水平提高不快的制度。"① 新制度主义关注的是社会总体剩余的提高,即生产率的提高或国民收入的提高,而不关心分配情况,如诺斯和托马斯在定义制度绩效时说:"谈到经济增长,我们指的是人均收入的长期提高。"②

新制度主义关于产权制度的功利主义绩效观可能导致三个潜在的不利后果。第一,它的直接应用会导致对人的某些基本权利的侵害;第二,对国民收入的过分重视可能使我们忽视那些能够带来经济长期增长,但短期内却会降低或迟滞国民收入增长的社会分配;第三,对国民收入的过分重视还将使我们忽视我们生活质量的其他因素,如健康、环境、和谐等。③

此外,由于这种制度绩效观是以交易成本的高低作为评价制度效率标准,将会遇到交易费用范畴外延不确定且难以计量的困难。还由于新制度主义将公平作为研究资源配置效率的既有的假设前提,导致了对制度的收入分配效应及公平问题的忽视。事实上,产权安排实质上是财产权利的分配,一种安排代表一种分配格局,不同安排代表不同的分配格局,因此无论交易费用为零还是为正,产权初始安排不同,都会导致财富分配格局不同。同时由于不同的人有着不同的效用函数,不同的财富分配产生不同的社会需求格局,从而也会带来不同的资源配置。④ 这些又必然影响着分配的公平状况。

新制度主义将制度功能化的同时也为制度评价定下了基调,即只有那些增加整体社会福利的制度才是"好"的或者"有效"的制度,在诺斯那里,制度绩效标准则简化为能否增加社会的人均产出。虽然他的思想和

---

① 樊纲:《渐进之路:对经济改革的经济学分析》,北京:社会科学文献出版社1993年版,第20页。

② North, Douglass and Robert Thomas, *The Rise of the Western World*, Cambridge [England]: University Press, 1973. 1.

③ 姚洋:《制度与效率》,成都:四川人民出版社2002年版,第61—62页。

④ 盛洪:《〈社会成本问题〉的问题》,见盛洪《现代制度经济学》(下卷),北京:北京大学出版社2003年版,第13页。

方法前后变化很大，但是对这一标准的坚持却没有变。但是事实上，衡量制度绩效的指标是多重的，经济增长只是其中之一，诸如平等、人的健康与教育、自由、社会发展、稳定、和谐等，都是衡量制度绩效的指标。这些指标本身就包含了人类所追求的价值。我们无法否定制度的目的和功能是多样化的。

（二）产权制度绩效标准的多维性

新制度主义普遍认为制度具有降低交易成本、为实现合作创造条件、提供人们关于行动的信息、为个人选择提供激励系统、约束主体的机会主义行为、减少外部性等功能。这些功能在新制度主义的论述中更多地体现的是制度的经济功能。但事实上制度的功能远不止经济功能，对于制度的非经济功能，布坎南的"一致性原则"、罗尔斯的"正义论"、森的"以能力为核心的全面自由发展观"、康芒斯的"合理性标准"等均给出了解释。正如康芒斯所言，制度就是集体行动对个体行动的控制。① 他不仅强调了制度是一种集体行动，而且认为制度不仅是对个人行动的控制，而且还是对个人行动的解放和扩展。这意味着，制度不仅仅是对个人行动的限制，而是对权利与义务、优先权与无权利的分配。制度的功能也不仅是降低不确定性等经济功能，它的"暴力潜能"可以被人用来谋取个人或小团体的利益。从这个角度认识制度及其功能，将会得出一个结论，即制度不仅对效率产生影响，而且会对社会成员的分配关系产生影响，一种新的制度必然会对社会的分配格局进行调整，因此制度变迁的动机虽然仍然可以沿着成本收益框架去分析，但是实际的制度变迁进路及结果却只能是不同利益集团之间博弈的结果，尤其在现代民主社会中更是如此。尽管成本收益分析对每个参与者还是适用的，但是对于这些参与者的加总却是无效的，因为他们的利益之间存在冲突，无法进行简单加总。说到底，制度变迁是一个集体选择过程。②

集体选择意味着制度不是由单个人或组织所决定的，而是众多利益不同的个人和组织相互妥协的结果，不同个人和组织偏好不同，集体选择不

---

① ［美］康芒斯：《制度经济学》（上册），于树生译，北京：商务印书馆1962年版，第87页。

② 姚洋：《制度与效率——与诺斯对话》，成都：四川人民出版社2002年版，第127页。

仅接受个人的福利偏好，还要接受个人的非福利偏好，比如，公平和平等就是人类在福利之外所追求的两个重要目标。前者指的是机会平等和过程平等；后者指结果平等。制度绩效的多样性体现的是参与者利益和意识形态的多样性。罗伯特·福格尔和森都认为，美国奴隶制的消亡并非是因为它的经济效率低下，而是因为它践踏了奴隶的基本人权，因此废奴运动不是基于经济原因而发起而是基于公平考量。这里还涉及对制度绩效评价主体，如果是由人民当评价主体，那么经济效率不可能成为评价制度绩效的唯一指标。政府存在的理由是响应公民通过公共选择所提出的要求，而非单纯的经济效率。可见，衡量制度绩效的指标是多重的，经济增长只是其中之一。布罗姆利认为，以单一的经济指标评判制度的问题在于，"一个非经济问题被置于一个经济真理原则之下，以考察它是否符合理性，并对这个非经济问题进行处理。"① 布罗姆利强调公共政策的社会选择意义。这说明制度的非经济绩效观更有其存在的客观依据。总体而言，从规范意义而言，制度绩效评价标准包括两部分内容：一是制度的形式绩效标准；二是制度的实质绩效标准。

制度的形式绩效标准赋予了制度普遍性的特征，也是对制度是否有效在形式上的一般规定。制度的形式绩效具有静态与动态相结合的特征。从静态意义上，制度安排要具有形式合理性，这要求制度安排要具有普适性。而制度结构中的各种制度要相互耦合与互补。从动态意义上，制度安排与制度结构要具有"适应性效率"，即具有随内外制度环境变化进行弹性调整的能力。

制度的实质绩效标准是指制度追求的目标价值，即如何使得制度建设能够体现反映了现实生产力水平以及经济政治文化条件并被社会广泛接受的"效率与公平"协调发展的社会价值观念。制度的实质绩效包括两个内容：一是制度的经济绩效，是指制度能否通过某种激励和约束机制来提高生产效率和优化资源配置，以达到经济增长和财富增加的目标。二是制度的公平绩效（政治与社会绩效），是指制度能否在促进经济绩效的同时提供规则公平、程序公平，并使得大多数人能够享受到效率提高所带来的

---

① Bromley, Daniel, Sufficient Reason: Institutipons and Economic Change, manuscript. 2000: 6. 或见姚洋：《制度与效率——与诺斯对话》，成都：四川人民出版社 2002 年版，第 299 页。

更多的福利。因此制度的实质效率就是指制度能否在"效率(经济绩效)与公平(政治绩效与社会计息)"之间权衡,使得社会福利最大化。

批判地借鉴新制度主义制度绩效观,再结合中国制度变迁的历史与现实经验与实践,构建一个多维性制度绩效标准,将有助于解释中国改革的制度变迁过程并对未来制度变迁路径的探索提供新的视角。它是对新制度主义制度绩效标准的一种修正。这种多维性制度绩效标准是指评价一种制度安排是否有效不仅取决于制度的经济绩效,还要看它的政治绩效与社会绩效,而且不仅要对其与其他制度安排进行静态绩效比较,而且更要看其动态绩效变化,也就是看其是否具有根据外部环境变化而进行适应性调整的能力,即适应性效率。制度绩效的多维性特点主要取决于三方面因素:一是是否具有外适应力,即与政治经济发展状况以及外部制度环境相适应;二是是否具有内适应力,即与其他制度安排相耦合与互补;三是是否具有实质性效率,即兼顾了效率与公平。

第三节 行为者及其利益

制度变迁的主体有个人、自愿性团体与政府,这三种主体发起制度变迁的内在动力均源于主体收益成本比较。任何行为主体(包括个体、企业、政府)在行动时都要在对其他行为主体的行为策略的理性预期的基础上再决定自己的行为策略,只有在其预期收益大于成本时,行为主体才会选择行动并进行制度创新。

关于成本,主要是制度变迁的预期成本,主要包括:一是设计成本,即用于研究探索、设计、选择、谈判和缔约形成新制度的初始成本。二是实施成本,是指包括改革过程开始之后一切由体制决定的"信息不完全"、"知识"不完全、制度预期不稳定所造成的效率损失。三是摩擦成本,是指由改革的社会阻力所造成的时间和物质(甚至生命)的耗费,是因社会上某些利益集团对改革的抵触和反对所引起的经济损失。[①] 摩擦成本进一步分为政治成本与调整成本。政治成本即解放思想的成本或者是意识形态成本,是指改革主体推进市场化改革必须突破计划经济意识形态

---

① 樊纲:《两种改革成本与两种改革方式》,《经济研究》1993年第1期,第3—15页。

的羁绊，冒着犯"政治错误"的风险；调整成本是指改革的"非帕累托"特征要求对改革的"受害者"进行补偿，从而减少改革阻力，使市场化改革得以继续。① 四是随机成本，即制度变迁过程中不可预料的不确定性因素或机会主义行为所带来的成本。这是因为，制度变迁作为一种复杂的社会活动，从事这种活动的成本具有不确定性；同时，由于存在着制度的免费移植和制度内成员"搭便车"的机会主义行为与"道德风险"，从而影响人们的创新积极性并增加制度创新成本。这四个方面构成了制度变迁的总的预期社会成本。

关于收益，不同行为主体利益目标或效用目标不同，其对收益的理解也不同。尤其在体制转型中，行为主体的利益目标是影响主体行为的重要因素，不同类型的行为主体其利益目标或效用目标不同，因此对新的制度安排的关注点也不同。

一 企业行为及其利益目标

对于个人和企业而言，其利益目标和效用函数比较简单，个人的利益目标除了增加经济收入外，还有诸如声誉、职务上的升迁、成就感、影响力，等等，目标内容和效用偏好与个人在社会中的角色相关。

一般而言，企业的利益目标主要是既定约束条件下利润最大化，但是对于社会主义国家的国有企业而言，还要分类看待，不同类别的企业被赋予不同的利益诉求，对于未承担特殊职能的国有企业其利益目标和效用函数以经济利益最大化为主，追求经济效率。而对于那些承担着特殊职能的国有企业则不能仅以效率为主，还要更侧重于发挥其维护国家经济和军事安全、稳定宏观经济秩序、提供社会公共产品和服务等作用，因此，其主要利益目标体现了更多的公共性或公平性。国有企业效率目标与公平目标的矛盾反映了所有权主体的非人格化特征与企业以营利为目的经营国有资产之间的冲突，特别是当政府作为所有权主体时，其关注的不仅仅是经济效益，还要承担各种社会责任，这与市场经济中要求企业以利润最大化为目标的行为方式相矛盾。

---

① 金祥荣、柯荣住等：《转型农村经济制度的演化与创新——以沿海省份为例的研究》，杭州：浙江大学出版社 2005 年版，第 223 页。

对于国有企业的经营者而言也需区别对待。由于国有企业产权制度先天不足，引发预算软约束、监督不充分等问题，国有企业的经理人与完全市场化了的企业经理人行为机制不同，因此称为"准企业家"，分为政治型准企业家和经济型准企业家。从行为目标看，前者目标是政府或党内系统的晋升，其实质与主管部门领导相似；后者的目标不以政治升迁为主，而是从经济人出发，将权衡劳动与闲暇，以实现个人效用最大化。因此，"准企业家"付出的劳动并非总是为了提高企业绩效，其中一部分是投机性劳动，是一种寻租行为，属于非生产性劳动，预算软约束、政企不分、监督不充分等都为这种投机行为创造了条件。

二 中央政府行为及其利益目标

从理论上讲，政府作为公共利益的代理人，不应有自身的效用目标，但是在现实中，政府行为总是由许多具有独立利益的个体官员来完成的，政府官员的自利性必然会给政府行为带来深刻影响。如果对政府官员行为的价值取向和效用目标进行排序的话，排在第一位的往往不是公共利益而是他个人的利益，然后才是作为特殊利益群体的政府官员的利益，最后才是公共利益。

所谓政府的自利性是指政府偏离公共效用最大化的目标而追求自身效用最大化的行为属性。这里值得注意的是，"效用最大化"是指政府追求的不单纯是经济利益最大化，而是能给政府行为的各类主体包括政府工作人员、政府内部各机构以及政府自身带来需求满足的各种价值，如对地方政府行政长官而言，经济利益只是其效用目标的一个要件，其他诸如职务升迁的机会、政治声望、行政成就感、在地方公共事务上的影响力，等等，均被包含在效用函数中。

总体而言，政府的利益目标与效用函数包括：经济利益，即财政收入最大化（也要依靠社会稳定和政治稳定）；社会利益，即社会稳定（减少失业、社会保障提供等）；政治利益，即政权稳定（政府权威的获得或政权合法性，包括财政汲取能力和政策能力，要借助于前两个方面的实现）。除了这三个效用函数外，还有意识形态因素（外在约束），以及政府官员个人利益诉求（个体内在约束）。由于资产的各级所有以及财政的"分灶吃饭"，中央政府与地方政府特别是基层政府，其行政的过程、行为目的都有很大不同。

中央政府行为更多是由最高决策者或决策者集团代理的,因此中央政府的利益目标和效用偏好也更多地体现的是最高决策者的意图。最高决策者是指在国家中拥有最高政治权力并且实际进行决策的个人、机构或团体。主要包括中央或具有人格化的政治家或统治者。最高决策层的利益目标主要有两个:一是政治利益,即政权稳定;二是经济利益,即财政收入最大化。任何政治家都会以政权稳定为最终目标和最高目标,但是政权稳定要借助于其他辅助目标或手段来实现,如通过对有利于政权稳定的传统意识形态灌输与固化、发展经济、提高就业率、稳定社会秩序,等等。在维持政权稳定这一根本利益目标上最高决策者是一致的,但是对于其他辅助目标在不同时期由于决策者的实践经验、自身信念及相关知识存量的不同,以及国家在不同时期所面临的客观约束条件的变化等原因则会产生不同的效用偏好。比如,作为社会主义政权的建立者,第一代执政者会把自身政治理念的实现程度和纯洁水平作为其效用的主要组成部分。同时,在新中国成立初期面临国内外敌对势力严重威胁的情况下,为巩固新生政权,他们也更注重政权的意识形态合法性基础。而且,即便因其意识形态偏好过强而忽视了经济建设导致民众利益受损,他们也能凭借其较高的个人权威水平维护其政权的稳定,并达到其自身效用的最大化。由于较强的意识形态偏好使得中国的第一代执政者提出了"以阶级斗争为纲"的指导思想,并将大部分资源用于进行政治斗争,结果导致了"文革"十年的动乱,以及经济建设被忽视,国民经济陷入困境。

第二代执政者及其后来者的意识形态偏好远低于第一代执政者。以第二代执政者为例,他们虽参加过建立政权的斗争,但并不处于核心地位,也不是革命意识形态的首倡者,而且他们很多人曾经是以往政治斗争的受害者,因此,其意识形态偏好要弱于第一代执政者。再加上长期的政治斗争导致经济发展受阻,民众生活水平极低。为维护政权稳定,第二代执政者必然会将利益目标和效用偏好转向经济发展。这种利益目标和效用偏好的变化最直接的体现是中国共产党十一届三中全会果断停止了"以阶级斗争为纲"的口号,并将党的工作重心转移到经济建设上来。新的执政者的利益目标偏好显然已从通过纯洁意识形态来维护政权稳定,转向了通过发展经济、提高民众的生活水平来巩固其政权合法性基础。

再如，国家对国有企业的改革在20世纪90年代一直在放权让利这一范围内打转，没有涉及根本制度的改革，其主要原因在于最高决策层囿于传统意识形态的约束，从政权合法性角度出发，认为国有企业是社会主义制度组织载体并承担着大量的社会责任，也是维持政权合法性的微观经济基础。由于决策者开始时并不了解制度与行为人关系的全部信息，不清楚采用何种制度才能更好地激励国企的经理人员使其付出更多生产性劳动，基于成本最小化的考虑，决策者一般不会一开始就采取产权改革或股份制、民营化的做法。因为那样是对传统计划经济的一种否定，会引起意识形态的损失，导致摩擦成本增大，同时还可能会导致隐性失业显性化。这些都会不利于决策者作为政权巩固前提的政治利益，而所得的经济利益是否能够弥补政治利益的损失对于统治者而言也不可知，因此不作产权改革仅是经营机制上的改革或者边际上、增量上的改革将是决策者成本最小化的理性选择。当采取放权让利、经济责任制、利改税、承包经营责任制这些非产权方式的改革均告失败以后，同时增量上的改革如农村家庭承包制、非国有经济等取得的巨大成功，一方面他们创造的经济剩余将会给改革受损者提供"补偿"或"赎买"资金，减少国企改革的成本；另一方面给国企改革提供了更多的制度知识。此外，随着国有企业境况日益恶化，尤其是进入90年代中后期，国有企业大面积亏损，银行坏账、呆账巨大，效率极其低下，冗员沉积等等问题困扰着整个国家，而且在企业承包经营责任制期间，还出现了经营者与职工合谋的内部人控制现象，使得国有资产流失严重。国有企业的困境不仅影响了国家财政收入，而且也影响了社会稳定，并威胁到政权合法性，在多重目标压力和增量改革提供的物质基础与示范效应影响下，国家最终决定对国有企业进行产权改革，其中国有企业民营化即是产权改革中最彻底的一种。同时，在改革进行过程中，传统意识形态不断受到冲击，新的意识形态开始形成。最初一种新的意识形态不会被接受，但是随着接受者因观念改变而接受新制度并从中受益，将会使得其他人模仿追随，随着受益人增多，新的意识形态将逐渐成为主流，旧意识形态退出。就像人们对产权改革从排斥到接受的过程一样。因此，实践经验的积累、不断试错性尝试、外部环境变化等都使得决策层不断调整决策，产权改革得以推行，推行的结果产生了良好的效果，表明决策者的判断正确，决策者将继续推行并深入，直到该项制度知识被完全掌握或者改革的成本超过最高决策者的承受力为止。

中国转型期改革实践表明，中央政府也会因为政治利益而忽略经济利益，因此，也会出现"诺斯悖论"，但是，这一悖论产生的主要原因并非是决策者出于经济人的自利性考虑，而更多地受制于决策者对所处的国内外客观环境的认识局限、相关制度知识限制和意识形态约束等因素。因此，构成中央政府行为选择的目标约束体系内容包括：政治稳定、经济增长、决策层的意识形态偏好。其中，意识形态偏好在中国转型过程中具有特殊约束作用，在某种情况下会成为压倒其他因素的重要因素。

三 地方政府行为及其利益目标

地方政府由政府官员、各机构和部门组成，因此其行为的自利性更为复杂。首先，地方政府作为相对独立的行为主体，要追求地方利益最大化和本级政府利益最大化。这时政府的自利性表现在为本地利益和本级政府利益而与上级政府以及其他地方政府展开纵横双向竞争，以获取更多的稀缺资源和政策优惠。如地方政府为了实现政府目标而为本地企业争利。在压力型体制和政治承包制下，地方官员为了保证本地区的经济发展速度，采用各种方式对本地企业积极扶持，有的对其进行工作指导，有的由官员进企业挂职。一旦遇到本地企业与外地企业竞争，地方政府官员常以政府名义进行行政干预，以确保本地利益不受损害，同时也实现地方政府的自利。有的地方政府为了招商引资，开出各种优惠条件，甚至不惜违背法律法规。这种行为显然满足了地方政府的自利，但是破坏了"经济全国化"。除此之外，地方政府作为地方共同利益的代表者，为了从中央政策中获得特殊待遇，以获得比其他地区更多的政策优势更好地促进经济发展和政绩提高，地方政府还采用各种方式与中央争利。

其次，政府机构和职能部门的自利性。政府机构控制着众多社会资源的配置，各个机构和职能部门往往利用其资源控制权为本机构和部门谋福利，这就导致了政府职能部门"执法产业化"现象的出现，即政府职能部门把行政执法作为谋取本部门利益和经济收入的工具，执法所得的收入绝大多数收归执法部门或执法群体所有，甚至执法个人还可从中"提成"，只有少量交给国家。① 这种"执法产业化"现象其实也是职能部门的部门利益化，各部门为了获得更多利益，不惜采取各种违规越界手段如私设审批事项、乱罚款、以罚代管等。也导致政府职能部门与地方政府政治上争权、经济上争利。我国的政府管理体制的条块分割状态使得政府职能部门大多实行双重从属制，既要服从上级职能部门的业务指导，又要服从地方政府的领导，这就为职能部门争利创造了条件。一些职能部门借口由上级职能部门直接指导，绕过地方政府，独自发文、擅自执法，出现行政越位现象。这种与地方政府争权的做法常常会使行政相对方在地方政府和地方职能部门之间无所适从。在与地方政府争利的同时，职能部门为了推卸责任和节约行政经费，还会将那些理应由它承担的责任推给地方政府。不仅和同级政府争权争利，职能部门为了增加部门收入和扩大管辖范围，还与下一级政府争夺管辖下一级部门或单位的权力，甚至还与同级别的部门争夺资源管辖权。职能部门在寻利动机下的争权争利行为无疑加大了地方政府的协调和管理难度。此外，在政治承包制下，为获取更多的承包后剩余，职能部门及其下属单位还会利用职权去市场逐利。

最后，政府官员的自利性。作为政府组成人员的政府官员既有普通人所具有的物质利益诉求，也有非物质利益诉求，如精神嘉奖、荣誉称号、政治晋升等。而政府组织成员的自利主要通过组织的自利得到满足。在政府官员体系中，行政长官作为对地方公共事务有着最大影响力的行为主体，其自利性突出表现在追求个人政绩最大化的短期行为。

政府的自利性在特定的范围内具有一定的合理性，它会起到激励政府及其官员努力追求公共效用目标的作用。如在市场化改革过程中，各级地方政府甘愿冒着一定的政治风险，对民间自下而上的创新实践保持默认态度，甚至于暗中保护和支持，为他们进行政治辩护，对上级政府传递改革绩效信息，以缓解来自上级的政治压力，地方政府这些行为举措是与这种改革创新为地方政府带来实际利益密切相关的，是政府及其官员自利性的一种表现。但是政府的自利性一旦超过某种限度失去制约就会导致行为变异，它将使政府把自身利益作为高于公共利益的效用目标，政府利益或官员利益的最大化就可能成为政府行为选择的首要依据。因此对自利性要予

---

① 金太军、张劲松：《政府的自利性及其控制》，《江海学刊》2002年第2期，第107页。

以一定的限制，以避免因政府自利性而损害其他利益群体的利益。

第四节　意识形态与传统文化观念

诺斯的制度变迁其实是沿着两条路径展开的，一是理性选择路径，即制度变迁的源泉是相对价格变化导致潜在收益出现，行为人在追求自身利益最大化的动机下发起制度变迁；二是对理性选择模型进行补充的传统文化观念与意识形态的主观模型，也就是说，除了利益动机外，人的精神需要的动机即传统文化观念与意识形态的变化也会导致制度变迁。

在演化制度主义中凡勃伦和哈耶克非常重视观念的分析。凡勃伦将"思想习惯"置于制度系统的基础地位，社会共同的思想习惯构成制度系统的基本原则，而"思想习惯"本身就包含了价值观和思维方式的含义，"思想习惯"的变化是由于环境的变化（主要指技术革新）以及由此带来的生活方式的变化而引起，同时，"思想习惯"一旦形成就会对人的行为具有指导作用，即具有了某种制度功能。在一个社会中往往新旧思想习惯并存，因此对制度的依赖与制度创新并存。观念与人们遵循的行为规则会发生冲突，在这种情况下，哈耶克认为，观念对行为的引导将居于优先地位，观念将引导人们去改造与其观念不符的行为规则。

诺斯将制度分为正式制度与非正式制度，其中，非正式制度是由意识形态、价值观念、伦理规范、风俗习惯等因素组成。非正式制度往往是一种历史积淀与文化演进的结果，由于处于文化的最深层次，因而变化缓慢。相对于正式制度而言，非正式制度由于其内在的传统根性和历史积淀，其可移植性就要差得多，它主要取决于文化遗产对移植对象的相容程度。在非正式制度中，意识形态处于核心地位，它常会在形式上构成某种正式制度安排的"先验模式"，甚至对于一个勇于创新的国家来说，意识形态还有可能以指导思想的形式构成正式制度安排的"理论基础"和最高准则。价值观念和伦理道德也是非正式制度中的重要内容。价值观念规定着制度，各种因素造成的发展情势反映到人们的价值观念中，人们再依据观念建构制度。

第三章 制度、行为与意识形态

一 意识形态

意识形态是关于世界的一套信念,它们倾向于从道德上判定劳动分工、收入分配和社会现行制度结构。意识形态对长期历史发展具有决定作用,"它在解释许多长期变革方面也是很重要的。新古典经济学可以很好说明某一时期的成就,或借助于统计资料比较经济在一个时期的成就,但是它不能说明变革的动力。""长期的经济变革之所以发生,不仅因为新古典模型所强调的相对价格的变化,而且由于意识形态观点的演进,使个人和集团关于其地位公平合理的看法大相径庭,结果他们各行其是。"①在社会经济发展过程中,意识形态具有以下作用:节省交易费用;克服"搭便车";进行资源的非市场配置;降低社会经济运转的费用。此外,意识形态还能够直接促进或阻碍经济发展。当一种意识形态及其变革与现实中的经济变革相一致时,它就会促进经济发展,它能促使人们有效发现和识别潜在利润,并就制度变革迅速达成一致意见,减少谈判费用;也会推动集体行动,并降低组织费用;还会促进对新制度的认同从而降低其运行成本。但是,当意识形态与现实经济变革不相容,意识形态变革滞后,就会沦为一种保守力量,它会增加社会交易费用,阻碍经济发展;或者在异质性社会中,不同利益集团意识形态对立性过大,导致相互损伤,则会增加社会动荡及交易费用,影响经济发展的绩效。

成功的意识形态不仅具有上述作用,还必须能够解释历史,对现有产权结构和交换条件作出说明,而且能够得到大多数人的信服,并因此对现有法律、公民权利、政府和统治者的权威保持尊重。每个国家都会有自己主流的意识形态,在这种意识形态中产权偏好及产权制度都占有相当大比重。如我国宪法以及相关法律体系中,均体现了坚持和完善公有制为主体、多种所有制经济共同发展的基本经济制度,这也是我国所选择的产权结构形式。不同的价值观念或意识形态也会产生不同的制度安排。当社会中存在着多种意识形态时,变迁主体将根据它们对变迁的作用来选择他们需要的意识形态,其中渗透着成本收益的比较。当新的制度安排如果采用

---

① [美] 道格拉斯·C. 诺斯:《经济史上的结构和变革》,厉以平译,北京:商务印书馆 1992 年版,第 68 页。

它本来的面目与主流意识形态相冲突时，变迁的发生必须"假借"该主流意识形态的"外壳"，并从薄弱之处进行渐进式的突破，否则变迁将被扼杀，如私营企业在 20 世纪 80 年代采用的"挂户经营"以及其后的股份合作制等，即是囿于意识形态约束为躲避政治风险而采取的权宜之计。

二 传统文化观念

除了官方意识形态对中国体制转型中的制度变迁产生较大影响外，观念、习俗、文化传统等非正式制度或非官方意识形态也对制度变迁中的主体行为产生深远影响。比如，儒家的"中庸""贵和"思想影响了中国对渐进式改革的偏爱；中国传统的实践理性或经验理性使得"摸着石头过河"这一改革推进方式较易被国人所接受；传统的家族伦理观念在乡镇企业中发挥了重大作用；中国有些优秀的传统文化中如以人为本、自强不息、重群贵和、义利统一等观念对于稳定社会经济秩序，减少坑蒙拐骗等机会主义行为有着不可忽视的作用。但是，一些陈旧的传统观念也对改革具有阻碍作用，加大了改革成本，降低了改革的绩效。比如，传统的等级特权思想、重情轻法观念以及知足常乐、小富即安、平均主义等观念显然不能适应市场经济的建设与完善。这些观念带来的负面影响会导致有效制度无法完全发挥其功能，甚至失效。目前我们社会上出现的很多问题如法律制度疲软、假冒伪劣、偷税漏税、圈钱交易等均与这种消极的思想观念有关。

正式制度要想发挥其应有作用，必须与非正式制度相耦合与互补，而非正式制度变迁的滞后性导致许多看起来很好的正式制度达不到应有效果，这时需要借助于政府之手，积极推进经济改革步伐以促使市场主体的观念转变，同时，政府还需大力进行观念与意识形态的投资，进行非正式制度的建设，以加速其转变来更好地适应正式制度。可见，非正式制度对制度变迁的作用不可小视，中国的体制转型既是一个系统的制度变迁过程，也是一场观念与意识形态的适应性调整过程。

第四章 中国体制转型的基本特征与主要影响因素

第一节 中国体制转型的基本特征

体制转型中中国的制度变迁方式既非单一的强制性变迁或诱致性变迁所能概括的,也不能截然划分出供给主导型、中间扩散型以及需求诱致型三个变迁阶段,而是呈现出"相机抉择性"特征,即制度变迁主体角色、地位、作用与行为方式、制度变迁方式、意识形态等在行为主体趋利动机下随制度环境的变化不断进行着适应性调整,具体体现为:制度变迁主体角色适时转换;"诱致性"与"强制性"相伴而生的制度变迁方式;制度变迁路径的过渡性与适应性;意识形态的适应性调整。

一 制度变迁主体的适时转换

诺斯曾把制度变迁的主体分为"第一行动集团"和"第二行动集团",根据戴维斯和诺斯的分析,推动制度变迁的主体,可以是政府、团体或个人,这三个主体在本质上是一样的,都是为了从制度变迁或创新中获取自身利益的经济人。"第一行动集团"按照最大利益原则进行选择创新方案并发起创新,"第二行动集团"在制度创新过程中协助"第一行动集团"共同完成制度变迁。两个行动集团尽管对制度变迁的作用及付出的努力不同,但基本的利益目标是一致的,因此,会共同推动制度变迁。这两种集团可称为"创新集团"。在实际中的制度变迁中,存在的不仅仅是这两个集团,推动并完成一个制度变迁或创新,往往它需要若干主体共同参与、互相协作才得以成功。而且,在一个制度变迁中不仅有支持、推动的主体,还有不支持并反对与阻碍的主体,可称之为"逆向行动集团"。此外，还有一些既不支持也不反对的主体，可称其为"搭便车"集团①。

这些集团在一定时期内并不固定，随着时间、地点及其他条件的变化，其态度、行为、地位、作用都会发生变化，甚至会发生角色互逆。比如，农村经济制度变迁中，其发起者是基层干部和农民，他们在改革初期是制度创新的"第一行动集团"，少数具有远见卓识的政治家是改革的支持者。但是家庭承包制在全国迅速扩散推广则主要依靠中央政府，这个时期，中央政府成为"第一行动集团"。再如，国有企业改革最初是以1978年10月，中共四川省委选择重庆钢铁公司等6个企业进行"扩大企业自主权"试点开始的，可见，这场改革的"第一行动集团"是作为地方政府的四川省，主要参与者和支持者是国有企业及其领导和职工。1975年5月，国家经委、财政部等6部门在京津沪三地选择首钢公司等8家企业进行扩权试点，其实是对四川制度创新经验的推广和扩散，这时，制度变迁的"第一行动集团"又变成了中央政府，以后的国有企业改革基本上都是由中央政府主导，各地政府积极支持。

在中央许可的范围内地方政府有选择地进行制度创新，还包括地方政府对中央发起的制度创新或政策创新的态度转换。地方政府由于本地民众和中央政府的双重代理身份，其利益目标和效用偏好与中央政府既有一致性也有矛盾和冲突。当中央政府的制度或政策有利于地方政府时，它将会积极配合并推动，成为"第二行动集团"甚至在中央授权范围内充当"第一行动集团"角色；但是当中央政府为社会整体利益和长期利益而进行的制度创新或政策创新，会对地方短期内造成不良影响或影响地方官员自身利益时，地方政府将变为反对者或阻碍者，即"逆向行动集团"，从事一些背离中央精神的活动，典型的如对待中央放权改革，在行政性放权期间，中央政府是"第一行动集团"，由于通过放权地方政府可以获得更多的经济管理权和经济决策权，增加地方政府的权力与利益，因此地方政府积极支持，是"第二行动集团"。但是在继续经济性放权时，由于涉及从地方政府手中"夺权"，伴随权力的下放还有许多利益的流失，地方政

---

① 陆建新：《中国制度创新中的地方政府行为悖论研究》，博士学位论文，北京：中国人民大学，1997年，第14页。

府出于自身利益考虑，从改革的积极推动者角色转为消极被动甚至阻碍的角色。随着改革深化和市场化进展加快，民营经济高速发展带来的竞争效应与示范效应、市场竞争加剧，国有企业大面积亏损、冗员沉积、银行坏账呆账不断攀升，地方政府不堪重负，原来通过控制国有企业获得的"控制权收益"① 已变成了沉重包袱，为"甩包袱"，地方政府开始主动对国企进行产权改革，推动其民营化（中小企业），其身份又转为"第一行动集团"。

二 诱致性与强制性相伴的制度变迁方式

纵观新中国成立以来的制度变迁过程，既不是纯粹的强制性制度变迁或诱致性制度变迁，也不明显存在所谓的"三阶段"，更多地体现为"相机抉择性"特点，即不同时期、不同领域、不同地区的制度变迁方式并不确定，常常是诱致性制度变迁与强制性制度变迁相伴而生、交错并行。

学界普遍认为，改革开放以来，中国的农村经济制度变迁是诱致性制度变迁，而国有企业制度变迁则是强制性制度变迁，其实不然。1978年以后的家庭承包经营制度是循着诱致性制度变迁轨迹运行的。在这一过程中，农民自身和政府都在制度变迁过程中扮演了重要的角色。在家庭联产承包责任制这一制度创新过程中，农民扮演了至关重要的制度变迁主体角色，其动力来源于所谓的"生存理性"②。而在这一制度创新得以推广全国的过程中，政府则成了最重要的制度变迁主体。从1982年到1986年，中共中央"每年搞一个战略性文件"，总结和吸收亿万农民群众在实践中创造出来的改革经验，然后把它转化成为党在农村的基本政策，以此推动我国农村改革向纵深不断发展。系列"战略性文件"的连续出台，正是政府主导制度变迁逻辑的生动体现。

国企改革的制度变迁也不是单一的强制性制度变迁，而是以强制性制度变迁为主，同时辅以诱致性制度变迁方式。

国有企业制度变迁以强制性变迁方式为主。由于国有企业属于体制内

---

① 张维迎：《控制权损失的不可补偿性与国有企业兼并中的产权障碍》，《经济研究》1998年第7期，第3—14页。

② 文军：《从生存理性选择到社会理性选择：当代中国农民外出就业动因的社会学分析》，《社会学研究》2001年第6期。

与计划经济联系最密切的一块,而且长期被作为社会主义制度的组织载体,意识形态约束最强,其本身在计划经济时期又是政府行政权力的延伸,对其改革最难,因此,需要借助政府力量推动。在1978年改革开放以后,开始对企业进行经济性放权,从放权让利到实行承包制、又到产权制度创新的股份制、再到国有企业的战略性调整等阶段的制度变迁,国有企业日益成为具有自我经营、自负盈亏的独立的经济实体,开始有了自身的利益诉求,成为影响制度变迁的重要变量。从变迁方式上看,虽然博弈的三个主体是中央政府、地方政府、国有企业,三个主体在制度变迁的不同阶段中发挥的作用不同,但总体而言都是中央政府主导下的强制性制度变迁,采取行政指令的方式强制企业和职工接受。这是由于中央政府在政治力量的对比及资源配置权上均处于优势地位,它的制度供给能力和意愿支配着具体的制度安排。

中央政府在特定政治约束条件下为增加财政收入主导了国有企业制度变迁过程,在每个阶段都是由中央政府设定变迁方向、目标、步骤等,并通过法律、法规、政策等手段实施制度供给。先是由政府提出改革目标与模式,再经过政府选定企业或地区作为试点,试验成功后再用行政力量推进,具有鲜明的强制性特点。在几乎每次国有企业重大改革的制度变迁过程中,中央政府(或委托地方政府)都是主要参与者、设计者、推动者,企业往往只能被动地去执行政府的"改革"计划。显然,国有企业制度创新是一个自上而下、政府推进的强制性制度变迁过程。政府作为社会权力中心来提供新的制度安排,并在一个金字塔式的行政系统内自上而下地强制推动实施各种改革方案,监控制度创新。

强制性制度变迁只是国有企业改革特点中的一方面。如果认真回顾国有企业改革过程,我们将会发现,国有企业改革还有自下而上的诱致性的一面。如最初的放权让利政策的实施是在四川省6家国有企业的请求下并由省政府批准试点开始的,试点成功后才得到上层肯定,并在全国范围内加以推广。同样地,承包制也是从乡镇企业那里借鉴学习而来,最早实行承包制的国有企业是首都钢铁公司。正式的产权改革最初也是发生在基层,早在20世纪80年代中期,就有一些小型商业服务业国有企业开始尝试所有权"降格",也就是将国有制转为集体所有制,或将少数国有制和集体所有制企业转为私人企业。

1984年年底全国放开的全民所有制小型商业企业达到55892个，占全部国有小型商业企业的55.2%，其中转为国家所有、集体经营的44300多个，转为集体所有制的5500多个，租赁给个人经营的5800多个。少量国有企业还采取了股份制形式，如1984年北京天桥商场改建为股份制企业，股份制改造之后的天桥商场国家股占50.0%，银行股占25.9%，企业股占19.7%，职工股占4.4%。① 同年，上海飞乐电声总厂的股份制改造还首次向社会公开发行股票。1993年的诸城改制促动了国家"抓大放小"战略的形成。可见，国企改革的基础是基层，改革的基础推动力来自基层政府和内部人，前者为了"甩包袱"；后者为了提高收入或得到更多股份。当基层改革出现，由于受制于意识形态约束，一开始只局限在一定范围内，而随着创新收益的示范效应以及外部竞争环境激增等，基层改革就会引起理论界争论和上层关注，其卓著的成效促使那些支持改革的主张被上层接受，再结合改革实践进行总结，最后以会议文件、政策法规等形式加以规范化，用以指导更广范围的经济改革实践。因此，以全面的观点来看国企改革，应该是诱致性制度变迁与强制性制度变迁相伴而生。

不同地区的制度变迁方式之间的区别以苏南模式的强制性制度变迁与温州模式的诱致性制度变迁最为典型。

无论是苏南模式还是温州模式，其出发点一开始都是解决农村剩余劳动力和生存吃饭问题，选择的都是农村工业化发展路径，但是由于二者的工业化原始积累来源、历史初始条件不同，选择了不同的路径。苏南选择以发展社区共有制的乡镇集体工业，而温州则是个体农民在本地或外地从事工商业的个私经济为主的发展模式。

苏南模式的核心是乡镇企业。苏南乡镇企业的前身是社队企业，而从人民公社退出建立社队企业这一过程是由农民为解决生产问题而自发演化的，不属于强制性制度变迁。苏南模式中的强制性制度变迁是从1978年以后社队企业向乡镇企业转变过程中形成的演化路径。1978年的十一届三中全会后，农村经济体制改革正式拉开序幕，放开了农民的手脚，促成乡镇企业的迅猛发展。由于苏南地区集体经济基础雄厚，苏南地方政府根

---

① 张文魁：《国有企业改革30年的中国范式及其挑战》，《改革》2008年第10期，第9页。

据这一特点对当地企业尤其是对乡镇企业进行了强力介入和支持，有时甚至亲自上阵操刀，推动苏南乡镇企业迅速发展，并形成了颇具特色的所谓"三为主，两协调，一共同"的"苏南模式"[①]。

随着中国市场化进程的深入，苏南模式的"模糊产权"越来越不适应市场经济的发展和变化了的经济环境，也使乡镇企业发展中的种种问题日益凸显，苏南地区再次进入制度僵滞期，被迫进行第二次制度创新，包括20世纪90年代以来的两次产权改制和外向型经济与园区经济发展。以产权制度为核心的第二次制度创新使苏南地区基本上适应了市场化的要求，并取得了显著成效。此次制度创新，依然是依靠地方政府的动员和大力推动。在苏南模式中，从乡镇企业的形成，到后来的承包制、租赁制，再到股份合作制，最后走向私有化的整个制度变迁过程中，地方政府的主导作用贯穿始终，是变迁的"第一行动集团"，其属于典型的强制性制度变迁。从其发展早期帮助乡镇企业在严重不足的市场环境中组织原材料、信贷资金、土地和劳动力，努力解决乡镇企业自身问题的同时，积极争取乡镇企业合法的存在地位，给乡镇企业支撑起一顶保护伞，到中后期乡镇企业改制中各项改革方案的酝酿、出台、实施，到科技创新、外资引进等方面，政府都起到了积极推动作用。

从制度变迁方式而言，传统的温州模式属于典型的需求诱致性制度变迁。温州地区人多地少，交通不便，历史上就有永嘉学派"功利与仁义并存"的价值观念的影响，再加上改革开放前处于国防前沿，国家投资少，因此不可能产生政府主导供给型的制度变迁。温州模式制度变迁的主体力量是我国的个体、私营企业等市场力量，源于这些市场主体对制度创新收益大于成本的预期。一旦国家政策出现松动，出现了"潜在利润"，就会吸引微观经济主体主动进行改革以获取收益。

驱利或利益预期是民营企业制度创新的动力，竞争机制是"助产婆"。因此，温州模式制度变迁具有自下而上、自发性、渐进性的特点。温州改革是典型的诱致性制度变迁模式，自始至终都是由群众自发倡

---

① 传统苏南模式的内涵和本质特征是："三为主，两协调，一共同"。三为主：一是集体（社区）所有制为主；二是乡镇企业为主，包括村办企业；三是企业的创办以基层政府行政推动为主，经济运行机制以市场导向为主。两协调：一是城乡协调；二是经济与社会协调。一共同：以先富带后富，实现共同富裕。

导、组织和实行的。产权制度变迁从"家庭经营"到"挂户经营"、再到"股份合作制"、最后完全的"股份制",都不是由政府发布命令制定法律引起的,而是民众出于自身利益的驱动针对制度环境的变迁而不断进行适应性调整的结果,在这一过程中形成了温州模式的类市民社会构造,在很大程度上对温州政府的行为选择和政策制定构成决定性的影响。①

温州模式的这种诱致性制度变迁优点很多,可以利用传统组织资源,有效地控制改革的速度和路径;还具有动态弹性特点的内在优化演进机制和广泛的决策修整机制,能真正体现制度需求,并可随时根据需求作出调整。而在传统温州模式中,政府则主要是以"次级行动集团"或"第二行动集团"的角色出现。虽然没有主动创新制度,但它们却紧随民众之后。由于温州制度变迁给中央和地方都带来了经济实惠,因此,中央政府对其一直较为宽容,地方政府保持"理性的无为"态度,但是在其面临意识形态障碍和政治风险时,积极帮助微观主体化解意识形态阻力与反对者的改革阻力。因此,地方政府充当了这场制度变迁的积极"解说员",每年招待数以万计的来自中央和其他地方政府的视察组、考察团,从积极立场解释介绍温州模式,以消除人们的偏见和误解。

综上所述,对不同领域、不同地区或不同阶段的制度变迁方式的划分只是一种便于理论分析的简化,但是现实中这两种制度变迁方式往往是相伴而生、交错并行的,不能截然分开。诱致性制度变迁和强制性制度变迁类似于哈耶克的社会秩序二元观,强制性制度变迁是政府选择外部规则,它是组织内部通过命令—服从方式贯彻某种特定目的人为制定的,也可称其为"政府主持的制度演化"。诱致性制度变迁是社会成员选择内部规则,它是由分散的个体追求自身利益最大化时相互作用自发演化而成,也可称其为"民间自发的制度演化"②。中国的改革过程中始终交织着这双重秩序演化路径。③ 纯粹的民间自发的制度演化和纯粹的政府主持的制度

---

① 马津龙:《温州经济改革的历史、现状和前景》,《技术经济与管理研究》1996年第3期,第17页。

② 张旭昆:《民间自发的制度演化与政府主持的制度演化》,《财经论丛》2004年第4期,第58—64页。

③ 周业安:《中国制度变迁的演进论解释》,《经济研究》2000年第5期,第3—11页。

演化在中国改革实践中很少存在，更多存在的是由政府和民间合力推进的制度演化，如农村经济体制的改革、联产承包制的推行、乡镇企业的兴起，很难把它们完全归于民间自发的，也很难把它单纯归于政府主持的，实际上它是政府和民间合力推进的。没有中央政府"以经济建设为中心"的目标取向与改革农业生产经营体制的意愿，农民自发的承包就不会得到政府的认可并加以推广。

在20世纪五六十年代，同样是农民自发的三次土地承包的制度创新，都因为当时的意识形态约束而大受挞伐最终夭折。理论上讲，可能会出现由于交易费用高、"搭便车"、制度的非帕累托改变等原因导致有些制度必须由政府设计并强制推行的情况。但现实中，这一类完全由政府主持的制度演化也往往离不开民间非政府主体的主动配合。如对国有企业的改革主要由政府推动，进展缓慢，一直在体制内打转，直到私营经济高速发展带来了示范效应，而且也有能力参与到改革中来了，政府开始将部分制度创新权交给民间（主要是中小国企），国有企业的改革才取得了突破性进展。

与自发演化的内部规则完全背离的外部规则在政府强制推行下只能达到暂时的非常不稳定的均衡，一旦内外环境变化，则极易被自下而上的演化浪潮冲掉。政府即便为了自身长期利益考虑，也应该制定能够与内部规则兼容的制度，可以确定制度创新的大方向和基本原则，而把具体制度创新交给民众或其他非政府团体，然后再根据基层创新结果确定是否加以规范化并推广。因此，成功合作的秘诀"不在于政府积极地站在前面充当主角，制造市场，而在于紧紧追随个人的寻利行为，并沿着它的方向，根据它的需要，为其清障铺路，提供服务，给予保护，加以引导"。① 在社会成员有能力发起自下而上的制度创新时，政府应该给其留有机会，而不是通过行政手段强行占取这些机会，这不仅扼杀了民众的创新积极性，也会伤害制度创新本身。因此，在制度创新过程中更需要政府与民众双方的配合与互补。只有当政府和社会成员通过平等的交易来实现互惠性制度变迁时，才可能达到自身利益最大化与社会利益最大化的内在统一。②

---

① 转引周业安《中国制度变迁的演进论解释》，《经济研究》2000年第5期，第10页。
② 周业安：《中国制度变迁的演进论解释》，《经济研究》2000年第5期，第10页。

三 制度变迁路径的过渡性与适应性①

诺斯分析过制度环境对制度安排演变的约束导致的"时滞"问题，他指出："不管什么时候，现存法律限制着制度安排的演化范围。尽管法是可以变化的，但至少在短期里，它制约了安排的选择。"② 在中国体制转型过程中，法律只是诸多约束制度变迁因素中的一种，对制度变迁的约束还包括宪政秩序、意识形态、市场化进程以及一个社会中的利益结构与权力结构，这些共同构成制度创新的制度环境。由于受制于这些制度环境，使得制度创新往往无法达到最优，有时只能以一种"变形"的方式存在，也就是一种过渡性制度安排的形式存在。

中国的改革路径被称为"渐进式"改革，以区别于俄罗斯、东欧的"激进式"或"大爆炸式"改革。这种区分表面上是由改革"速度"快慢来划分的，实际并非如此，因为中国的很多改革在许多方面也是快速推进式的。例如在推行家庭承包制时，运行了几十年的人民公社体制迅速瓦解；还比如企业承包经营责任制的推行也是快速的，因此很难用速度来分析两种改革路径的区别。多数学者认为中国改革的渐进性主要反映在整个改革过程中的"先易后难""先增量后存量""先体制内后体制外""先非国有部门后国有部门"的改革次序和改革重点的渐进安排的战略上。其实这样来理解改革的渐进性并不全面。其实，改革的主要对象是传统的计划经济体制和在传统体制内发展出来的经济成分，也就是说，要改革传统的计划经济体制使其向市场经济体制转变，并使依赖传统体制生存的"体制内"的经济主体转变为适应市场经济机制的经济主体。从改革重点来说，在改革过程中的不同时期所确定的重点改革对象基本上都属于

---

① 周冰、靳涛：《经济体制转型方式及其决定》，《中国社会科学》2005年第1期，第71—82页；周冰、黄卫华、商晨：《论过渡性制度安排》，《南开经济研究》2008年第2期，第64—78页；周冰、李美嵩：《策略型过渡性制度安排——中国财政大包干体制研究》，《浙江大学学报》2006年第6期，第59—66页；周冰、谭庆刚：《社区性组织与过渡性制度安排——中国乡镇企业的制度属性探讨》，《南开经济研究》2006年第6期，第60—69页；钱颖一：《第三种视角看企业的政府所有制——一种过渡性制度安排》，《经济导刊》2002年第5期，第1—7页。

② [美]戴维斯、诺斯：《制度创新的理论：描述、类推与说明》，R. 科斯、A. 阿尔钦、D. 诺斯《财产权利与制度变迁——产权学派与新制度学派译文集》，刘守英等译，上海：上海三联书店、上海人民出版社1994年版，第303页。

"体制内"的内容,例如价格体制改革,外汇、外贸体制的改革,投融资体制的改革,财税体制改革,社会保障体制的改革,等等。企业体制改革其实也未区分非国有部门和国有部门的先后次序,在《关于经济体制改革的决定》中就宣称了国有企业改革是整个经济体制改革的中心环节。国企改革的滞后性并非改革顺序引起的,而是国企改革成效的滞后性影响了整个改革进程。①

中国"渐进式"改革不仅体现在速度、改革选择内容的先后顺序,更重要的特点是几乎每一项改革都有中间的"过渡环节",因此具有鲜明的演进性特征,即改革不是采取一步到位,而是分步采取一步一步地过渡环节来进行的,这些环节的连续演进和渐进变化使得中国改革具有了渐进式特点,如农村土地制度改革,经过了包产到组、包产到户等环节,最后才定型为包干到户的家庭联产承包责任制;整个经济运行体制曾经历了计划调节与市场调节并存的双轨制;价格体制改革、外汇体制改革、粮食购销体制改革等也均经历了"双轨制";财政体制改革也是经历了"财政承包制"或"财政包干制",才在 1994 年确立了"分税制";国企改革在大范围公司制前经过承包制、资产经营责任制、租赁制等阶段。

中国制度变迁之所以采取过渡性制度安排形式的原因主要在于,改革初始阶段,改革目标并不明确,唯一明确的是中央提出了改革基本原则,即坚持四项基本原则,改革不能偏离社会主义方向。至于要改成什么样的经济体制,财税、银行、企业等采取哪种模式,都不清楚。总体经济改革目标经历了长期的探索,从 20 世纪 70 年代末 80 年代初的"计划经济为主,市场调节为辅",到 1984 年的"有计划的商品经济",到 1987 年的"国家调节市场,市场引导企业",再到 80 年代末治理整顿期间的"计划经济与市场调节相结合",直到 1992 年邓小平南方谈话以及 1993 年党的十四大召开,才最终将中国的改革目标确定为"建立社会主义市场经济体制"。

改革目标的变化是决策者根据微观经济主体的利益诱导,是社会选择或社会博弈妥协的结果。不同的改革目标具有特定的内涵,决定着未来经

---

① 黄桂田、张启春:《有限理性与制度变迁的渐进逻辑——对中国改革路径的一种理论认识》,《学习与探索》1999 年第 4 期,第 5 页。

济体制的具体运行方式，并决定着改革过程中的方针政策和具体改革措施的不同。由于总体改革目标不确定，改革思想也无法统一，每一阶段凡是涉及重大改革议题均会引起激烈争论，而最终的改革方案或被确定的阶段性制度安排往往是最适合阶段性改革目标的，如80年代中期关于价格改革问题展开了激烈争论，各种观点纷呈，有全面放开价格观、以"调"为主、"调、放结合"等，其中，有学者对价格"双轨制"提出尖锐批评，认为其实施必会引起两种定价制度相互冲突和经济秩序混乱。但是，最终决策层还是接受了价格"双轨制"，其原因在于当时中国的改革总目标已确定为实行"有计划的商品经济"，计划经济为主，市场调节为辅。完全放开价格与完全计划价格均不合时宜，而价格"双轨制"却与当时总体改革目标和经济体制的总体框架吻合。但是之后，随着市场化进程与其他各项制度改革加快，价格双轨逐渐向单轨转变，在当时被作为价格改革目标模式的价格"双轨制"其实从整个价格改革过程来看，仅仅是一种过渡性制度安排。

总之，中国体制改革的渐进性主要就体现在一系列过渡性制度安排的变迁，而这些过渡性制度安排并非事先设计好了的，而是根据当时外部约束条件（基本的政治、法律制度、意识形态、改革目标等）和内部主观条件（有限理性、信息与制度知识、利益诉求等）不断进行适应性调整的结果。在这个过程中体现了制度的人为设计与自发演化的结合。这里的"人为设计"主要体现在改革要受到宪法秩序的限制。这也是掌握最高决策权的核心领导层的偏好和利益所在，即保持改革的社会主义方向。在集权政治约束下，核心领导者是宪法秩序的维护者，制度变迁内容受其限制和影响。在向市场转化过程中，政府以制度创新来衔接不完全的市场和计划很有必要，因此渐进式改革中离不开政府的主导作用。

而中国改革的"自发演化"也不等同于哈耶克的"自发秩序"，是在一定限度内的"演化"，即自下而上的变迁要确保在原有宪法秩序不变的前提下进行，具体体现为不仅改革的目标要根据环境不断调整，并且实现目标的具体方式和手段也是灵活多样的，且出现许多过渡环节，具有渐进性和演化性，这样目标和方式一起在既定性质的前提下演化。制度变迁的演化理论强调信息不完全且分散的，人的认知也是有限的，不可能建构出完美的体制或制度；信息是连续的，认识事物要利用原有的信息积累和组织存量。基于上述认识，制度的变迁过程实质上就是一个不断试错、模仿、学习的过程。中国体制转型中无论是社会主义市场经济体制总体目标的确立还是各个过渡性制度安排都带有很强的演化特点。

四 意识形态的适应性调整

制度变迁沿着理性选择与观念引导两种路径展开。也就是说，除了利益动机外，人的精神需要的动机即观念与意识形态的变化也会导致制度变迁。意识形态发挥着节约交易费用、克服"搭便车"、为政权合法性提供辩护等作用，诺斯对意识形态在制度变迁中的作用非常重视。

意识形态作为非正式制度与正式制度联系紧密，一方面意识形态被作为一种广义的制度环境；同时，非正式制度也受到正式制度的影响，也要随着政治经济环境变化而致的正式制度变迁的集聚而发生演化。因此，对于意识形态而言，它具有"适应"与"被适应"的双重性。这一点在中国改革实践中体现得非常鲜明。经济体制改革目标的确立过程："有计划的商品经济"—"计划经济为主，市场调节为辅"—"国家调节市场，市场引导企业"—"建立社会主义市场经济体制"，这一过程体现了意识形态的调整。国有企业从放权让利到产权改革也始终伴随着意识形态争论，如"计划与市场""公有制理论""社会主义本质""所有制结构""公有制实现形式"，等等，而每一阶段改革的前行也是以解放思想为前提的。再如民营经济的合法化也经历了漫长的等待期，等待意识形态的调整。意识形态的演化从国家政策演变上体现出来。国家对于个体、私营等非公有制经济的政策，从最初的"准许"转变为鼓励，国家政策、法规和宪法中的提法，经历了从社会主义经济的"必要的补充"到"重要组成部分"、再到"毫不动摇"地发展的变化。

意识形态的变化遵循从实践中来、到实践中去的路径，也可以说是与时俱进。在现实中，它既有滞后于实践的一面，因而需要通过实践去突破其禁锢，通过实践使人们切实获利推动思想观念的转变，进而将人们从认知闭锁中解放出来。但是意识形态也有超前的一面，超前的意识形态往往会成为人们改革实践的先导和指南。中国改革一方面是局部改革实践先行，而整体推广则是意识形态与观念先行。在中国，官方意识形态或主流意识形态其实已成为正式制度的一个重要组成部分，常常以党纲、国家政策以及宪法与相关法律的形式出现，是主体行为选择以及国家制度变迁刚性约束条件，因此常被作为制度环境的重要构成部分。其对中国改革的作用远远超过诺斯所指，往往成为制度变迁方向的指南，而且还可以在形式上构成某种正式制度安排的"先验"模式。

中国的改革得益于中国共产党的两次意识形态大调整，1978年真理标准问题的大讨论成为改革的思想诱因，而1992年社会主义市场经济理论的形成，则引导了20世纪90年代以来的市场化改革。意识形态刚性和认知的路径依赖是中国选择渐进改革路径的观念因素，也是导致体制转型中制度上路径依赖的重要原因。意识形态甚至还会影响地区发展模式的选择，比如苏南地区和温州地区之所以选择不同的发展模式，一个很大原因在于意识形态的影响，苏南地区传统计划经济意识形态浓厚，而温州一直是传统意识形态的边缘区，其本地的"永嘉文化"的"功利主义"观念根深蒂固，因此二者选择了截然不同的初始发展道路，一个是以集体经济为主，一个是以个私经济著称。对一个国家和地区而言，意识形态是一把"双刃剑"，能够根据环境变化适时调整的意识形态对制度创新具有指南和引导作用；而无视环境变化故步自封的意识形态将会沦为一种强大的保守力量成为制度变迁的巨大障碍。

第二节　中国体制转型的主要影响因素

体制转型是一个制度、行为与观念针对制度环境变化而不断进行动态适应性调整的过程。在这一调整过程中，对体制转型产生重要影响的因素除了前面所述的行为主体的利益驱动外，还包括制度环境、利益集团与权力分配等因素。

一　制度环境

由于不同的制度在制度结构中的地位和作用大小不同，新制度主义又将制度结构分为制度环境和制度安排。制度安排是最接近通常使用的"制度"一词的含义。制度安排是在宪法秩序下界定交换条件的一系列具体的操作规则，"提供一种结构使其成员的合作获得一些在结构外不可能获得的追加收入,或提供一种能影响法律或产权变迁的机制,以改变个人(或团体)可以合法竞争的方式。"① 制度环境则是一系列用来建立生产、交换与分配基础的基本的政治、社会和法律基础规则。它为可供人们选择的制度安排的范围,设置了一个基本的界限。新制度主义通常把制度环境当作制度变迁模型恒定的外生变量,而只将某项具体的制度安排作为经济发展及经济绩效的内生变量,只专注于研究具体制度安排的起源、构成、变迁与创新以及制度供给与需求等,却忽略了对特定社会中产生这种制度的社会结构与环境的研究,或者这些只是作为既定背景。嵌入性理论恰恰弥补了新制度经济学的不足。

嵌入性理论认为任何社会行为主体的行为选择都是受制于特定的约束条件。主体行为总是嵌入其赖以生存的社会结构中,因此离不开其行为所处的社会经济的制度环境。卡尔·波兰尼指出:"人类经济嵌入并缠结于经济与非经济的制定之中。将非经济的制度包容在内是极其重要的。对经济结构和运行而言,宗教和政府可能像货币制度或减轻劳动强度的工具与机器的效力一样重要。"② 格兰诺威特认为,经济行为只是社会行为中的一种形式,经济行为从内容和方式上都会受到其行为所发生的那个社会环境及其社会结构的影响,特定的经济制度是那个社会的社会结构的一个重要组成部分。

可见,制度安排,不论是从原有制度调整而成还是自上而下强制性的,都始终嵌入在特定的制度环境和社会结构中。制度不仅具有一定程度的规定性,同时还是其环境的衍生物。尤其在分析中国转型期制度变迁过程中,任何制度安排不可能仅作为独立的制度设计而产生作用,单纯的制度分析是不够的。制度创新和变迁离不开现实的社会环境与制度资源所能提供的条件。从实质上讲,制度创新和变迁过程就是逐渐把这种创新的制度嵌入到其所依存的制度环境和社会结构中的过程。因此,无论是企业组织形式和产权制度变迁,还是政府行为变化或者政府机构的调整和职能转

---

① [美] L. E. 戴维斯、D. C. 诺斯:《制度变迁的理论:概念与原因》,见 [美] R. 科斯、A. 阿尔钦、D. 诺斯等《财产权利与制度变迁——产权学派与新制度学派译文集》,刘守英等译,上海:上海三联书店、上海人民出版社 1994 年版,第 271 页。

② K. Polanyi, "The Economy as Instituted Process", in: Granovetter and Swedberg (ed.), 1992. 34.

变，等等，都必须从这种制度变迁所嵌入的制度环境和社会结构中才能真正揭示变迁的实质，并对其效果作出较为客观的评价。同样，我们对中国体制转型过程中的各项制度安排的变化与政府行为的演化过程均要放到特定的制度环境背景下去认识。制度环境明确限定了制度创新的选择集，并限定了创新主体的行为边界和空间。只有在制度环境允许的范围内创新出的制度才能被承认，否则新制度将面临巨大的政治成本和实施成本，甚至会夭折。这也是温州模式在20世纪80年代出现许多"挂户经营"企业的最主要原因。

新制度主义对制度环境的界定过于笼统。制度是规则的集合，而制度环境则是制度的集合。本书认为制度环境是指创新制度以外并与创新制度形成与发展相关的其他制度的总和。对于中国的体制转型而言，制度环境主要包括以下一些内容：

(一) 宪法或者说宪法秩序

"宪法秩序"规定了国家最基本的经济制度、政治制度、社会和法律制度。它规定确立集体选择的条件的基本规则，并为一国的制度规定了总体性质和可能的发展空间，也决定了制度变迁可能的选择空间，对制度变迁的成本产生影响。宪法秩序作为根本性的制度环境，它从四个方面影响制度创新："第一，宪法秩序可能有助于自由的调查和社会实验，或者可能起根本性的压制作用。……第二，宪法秩序直接影响进入政治体系的成本和建立新制度的立法基础的难易度。第三，……宪法秩序影响到公共权力运用的方式因而影响到由公共政策引入经济的扭曲的类型。……第四，一种稳定而有活力的宪法秩序会给政治经济引入一种文明秩序的意识——一种关于解决冲突的基本价值和程序上的一致性，这种意识会大大降低创新的成本或风险。"[①]

(二) 意识形态

在中国特定的政治条件下，相比于宪法，意识形态可能对行为主体尤其是地方政府行为选择具有更大的约束力。这是因为，中国基础性的制度变革一般均由党的重要会议来决定，党的中央会议精神往往是最高的政治

---

① [美] V. 奥斯特罗姆、D. 菲尼、H. 皮希特编：《制度分析与发展的反思——问题与抉择》，王诚等译，北京：商务印书馆1996年版，第150页。

约束，而党纲所代表的官方意识形态构成了制度环境的核心。宪法的基本原则和核心内容也主要随官方意识形态的重大调整而进行调整。在实践中，地方政府的行为如若违背宪法精神在许多时候可能并不会招致惩罚，但是在任何情况下，地方政府主要官员对官方意识形态的公然对抗，都意味着政治生命的终结。① 因此，在中国体制转型过程中，官方意识形态其实已是正式制度的一部分，往往会体现在国家政策文件以及宪法与相关法律体系中，对个体和团体的行为选择和国家制度变迁具有刚性约束作用，因此常被作为制度环境的重要构成部分。

1978年真理标准问题的大讨论和1992年社会主义市场经济理论的形成是引导中国改革启动与深入的思想诱因。中国之所以选择渐进改革路径，除去其他原因外，还在于意识形态的刚性特征。无论选择强制性制度变迁方式还是诱致性制度变迁方式，中国的制度变迁始终离不开对旧的意识形态的瓦解及新的一致性意识形态的培育，一旦社会达成了意识形态共识将会极大地节约变迁成本；此外，对于中国地区间发展差异，除了资源禀赋原因以外，还需要考虑意识形态因素。相对开放而先进的能够适应新制度安排的意识形态将会更好地推动该地区的经济发展；相反，如果当地的官员和公民的意识形态僵化，制度变迁则很难发生或者代价巨大，这对我国地区差异的原因作出新的解释。②

在意识形态因素中对当前中国体制转型影响最大的是：关于计划与市场关系、所有制性质以及公有制经济与非公有制经济的关系、分配领域的效率与公平的关系等的认识变迁。1992年邓小平南方谈话和党的十四大确立"社会主义市场经济"作为我国经济体制改革的目标是整个国家思想上的又一次大解放，也打消了人们姓"社"姓"资"的顾虑，推动各项改革大踏步前行。重新认识"公有制"概念，摒弃"一大二公"传统观念，在经历一个漫长思想演化期以后，1997年党的十五大在明确提出"以公有制为主体、多种所有制经济共同发展"作为我国社会主义初级阶段一项基本经济制度，极大地推动了非公有制经济的发展，进而促进了整

---

① 何显明：《市场化进程中的地方政府行为自主性研究》，博士学位论文，上海：复旦大学，2007年，第73—74页。

② 李艳：《中国关于新制度经济学意识形态的理论解读及其评价》，《学术交流》2010年第10期，第95页。

个国家的经济增长和社会发展。对"效率与公平"的认识直接影响了中国体制转型中政府行为和企业行为。长期以来,由于深受"一大二公"的平均主义导致的社会恶果的影响,改革开放以来整个国家自上而下形成了"以经济建设为中心"的共识,虽然,我们一再强调要"效率优先,兼顾公平",在社会贫富差距扩大、社会矛盾激化的情况下,中央决策层多次强调要"更加注重社会公平,使全体人民共享改革发展成果","初次分配和再分配都要处理好效率和公平的关系,再分配更加注重公平。"但是,对公平的偏好事实上体现的只是主流意识形态的导向以及对前期政策缺失的补漏,并非意味着主流意识形态抛弃了效率偏好,更不意味着经济主体和政治主体也会与主流意识形态保持一致。以往对效率偏好的强调又被以经济指标(GDP、财政收入等)的政绩指标所强化,在政治承包制、压力型体制以及政治晋升锦标赛等一系列制度推动下,导致地方政府行为在经济与社会发展中过度关注本地利益尤其是经济发展,而忽视了其他地区和国家的整体利益以及社会利益,也使得政府履行其职能时越位、错位和缺位现象并存。效率偏好的意识形态对微观行为主体的影响既有积极的一面,也有消极的一面。国家对效率的追求促使对非公有制在意识形态和经济政策上放松,给其提供进一步发展的更多空间。而公有制经济尤其是国有企业在非公有制经济的示范效应与竞争压力下,积极推进改革步伐,从放权让利进入产权改革阶段,通过改革提高了其经济效率,但是国有企业无论在产权改革还是在其生产经营过程中却丢掉了其"公平标杆"的旗帜,只关注微观经济绩效,而忽视了宏观公平绩效,忽视了其所应承担的社会责任。

(三)中央政府的放权改革所致的中央政府、地方政府与企业之间权力结构与利益结构的变化

在计划经济时期,地方政府和企业均无太多自主权,地方政府只是中央政府的行政执行机构,没有独立的利益诉求和实现利益的权力,企业更是依附于政府,没有独立的自主经营权,更不用说财产权。随着计划经济向市场经济转型,中央政府的行政性放权和经济性放权行为改变了政府间以及政府与企业间权力和利益结构,地方政府成为一个拥有相对独立的利益结构的行为主体,并拥有一定的权力来实现这些利益。同时,经济性分权也给予企业更大的自主权,以至于拥有独立的法人财产权。中央放权所

致的权力结构和利益结构的变迁成为形塑体制转型中许多制度创新和主体行为调整的重要约束，也使得制度创新实践中原来由中央政府一统天下的局面变为中央政府、地方政府、企业三者的利益博弈，这种变迁既促使了经济与社会的发展，也产生了许多消极影响，如地方政府的很多悖论行为即与此相关。

（四）市场化进程

在中国体制转型期间，市场化进程是影响制度变迁最大的制度环境。所谓的市场化是指我国从计划经济向市场经济过渡的体制改革，不是简单的一项规章制度的变化，而是一系列经济、社会、法律，乃至政治体制的变革。① 市场化进程本身是一个动态的过程，不同阶段遇到的问题和解决的问题都不同，其取得的进展对其他制度安排的变迁都会产生影响。决不能将市场化仅仅理解为是"市场机制在一个经济中对资源配置发挥的作用持续地增大""市场机制从逐步产生、发展到成熟的演变过程"。② 市场机制成为资源配置主要手段仅仅是市场化目标之一，远非全部。市场化的过程更在于市场经济基本制度结构的形成和运作以及市场主体的博弈行为和博弈过程上。经济市场化的过程，首先是个人经济自由权利的逐步确立、有效实施和切实保障的过程。因此，经济自由是市场和市场制度的精髓和灵魂。市场是天生的平等派。因此，市场化的过程就是消除一切特权和歧视，确立平等契约、平等参与、平等竞争的市场规则的过程。市场化就是交易规模日益扩大、合作范围不断拓展的过程。③ 所有这些都需要一系列的制度保障。衡量市场化进程的主要指标包括：政府与市场关系；非国有经济的发展；产品市场的发育程度；要素市场的发育程度；市场中介组织发育和法律制度环境，等等。这些既是衡量市场化进程的指标，其动态发展过程也构成了不同阶段其他制度安排变迁的重要制度环境。

市场化进程与市场体系的完善程度不仅影响了企业制度形式，也影响

---

① 樊纲、王小鲁、张立文、朱恒鹏：《中国各地区市场化相对进程报告》，《经济研究》2003年第3期，第9页。

② 陈宗胜：《中国经济体制市场化进程研究》，上海：上海人民出版社1999年版，第6页。

③ 张曙光、赵农：《市场化及其测度——兼评〈中国经济体制市场化进程研究〉》，《经济研究》2000年第10期，第74页。

了制度变迁的方式，并决定了政府的角色定位。体制转型的核心是从计划经济向市场经济转变，这是一个渐进的过程。目前，中国体制转轨阶段的市场发育还不成熟，各种要素市场发育不完善，金融市场、劳动力市场等还不规范，在这种不完备的市场上，资源显然不能完全由市场配置，非市场配置依然存在，因此，政府的资源配置权依然存在。也就是说，计划经济向市场经济转变客观要求中央政府放权，但是市场经济建设的渐进性和市场体系的不完备性，为了保持过渡时期经济和社会秩序的稳定，政府的职能还需要强化，同时也需要一些过渡性制度安排在转轨期填补不完全的计划和不完全的市场之间的体制空白。

市场化进程对企业制度形式的影响最为典型的例子就是苏南模式产权由模糊变清晰的过程。在体制转型早期，我国经济正处于短缺经济状态，资金、土地等市场资源和政策等非市场资源的短缺，由于市场不完备和信息的不完全，企业获得资源和寻找市场的费用都很大。同时计划体制的取消，市场竞争的引入自然会给社会、企业和个人带来更多的不确定性。刚刚进入市场的企业无法适应这种不确定的市场环境。在这种情况下，由地方政府收集并处理信息，成本要小得多。这时，由社区政府充当乡镇企业动员和组织资源的企业家角色，是一种最佳的理性选择。企业经营所必需的要素（如土地、劳动力、资本等）基本上都是由政府提供，而政府因此要参与企业的决策和索取剩余，也就形成了由社区政府和企业共同所有的模糊产权的制度形式。但是，随着改革进展的深入，进入20世纪90年代中期，随着意识形态的放松，个体、私营经济的发展以及国有企业改革推进，再加上卖方市场向买方市场的转变，使得苏南模式过去拥有的得天独厚的政策优势和发展空间受到限制，而面临更大的竞争环境。外部经济环境的变化导致乡镇企业的相对优势弱化，并出现"二国营"的现象。许多适应于短缺经济时代的低水平、小规模的乡镇企业，在市场竞争日趋激烈的情况下显得不相适应。这些因素导致了苏南乡镇企业增长动力的减弱。曾经适应转型初期市场化情况的模糊产权成为进一步发展的障碍，向产权制度明晰化的改革势在必行。

就中国转型实践而言，制度环境并非恒定不变的外生变量。在市场化的改革进程中，宪法秩序、意识形态、政治制度、经济制度、法律制度等制度环境一直在发生着深刻的变迁，行为主体角色转换以及各种制度创新本身在很大意义上就是制度环境演变的产物。

由于制度环境的变化,制度又具有相对惰性,因此制度的效率总是相对的,也就是说,制度安排会存在边际效益递减规律,[①] 一方面源于制度租金随该制度的广泛采用以及目标相同的不同制度之间的竞争,会很快消耗完毕。另一方面源于生产力水平以及技术进步等因素导致制度环境变化,原来适应制度环境的制度安排将变得不再适应,原来有效的制度安排也变得无效。这时就需要借助于内外压力推动制度创新,使得制度根据变化了的环境进行适应性调整,促使新的有效制度得以产生。可见,大多数制度变迁往往是针对制度环境的变化进行适应性调整的结果,只具有相对效率性,随着环境变迁新制度将变为旧制度,有效也将变为无效。

二 利益集团与权力分配

基于行为主体利益驱动的新古典的新制度主义分析框架在解释中国制度变迁过程时遇到困难。比如,国企效率很低,可是我们很长时间还是在增量部分打转,存量改革始终进展缓慢;政治体制改革滞后已严重影响了经济改革的进程,为何还是进展缓慢呢?改革开放以后我们为何没有选择激进式改革而是选择渐进式改革。这些问题仅仅从新制度主义的收益成本的理性选择观中是无法得出满意答案的,还需要将利益因素与权力因素纳入中国制度变迁的分析框架。虽然诺斯、拉坦和速水也都分析过制度变迁中的利益因素,诺斯还将其作为"路径依赖"的原因之一,但是其理论重心还是主要停留在个体行为的理性选择而非集体行动的公共选择上。

制度不仅对效率产生影响,而且会对社会成员的分配关系产生影响,一种新的制度必然会对社会的分配格局进行调整,因此制度变迁的动机虽然仍然可以沿着成本收益框架去分析,但是实际的制度变迁并非单个行为主体理性选择的结果,而是不同利益集团之间博弈的结果,尤其在现代民主社会中更是如此。尽管成本收益分析对每个参与者还是适用的,但是对于这些参与者的加总却是无效的,因为他们的利益之间存在冲突,无法进行简单加总。说到底,制度变迁是一个集体选择过程,即不同利益集团讨

---

① 黄少安:《关于制度变迁的三个假说及其验证》,《中国社会科学》2000 年第 4 期,第 37—39 页;袁庆明:《制度的效率及其决定》,《江苏社会科学》2002 年第 4 期,第 34—38 页。

价还价相互博弈的过程。中国的制度变迁无论价格改革、土地改革、产权改革等这些相当宏伟的制度变革工程都是在成本较低的情况下实现的，反映了经济当事人和改革设计者在改革的具体情境中，既要考虑改革目标，又要避免较大冲突的聪明智慧。不同地区和不同领域改革几乎都是"在尽量不损害别人的利益的情况下，实际推进改革。这种态度构成了中国市场化改革的某种共同文化，或曰'中国特色'"①。改革的成本主要来自于利益格局变动所引起的冲突，不同的改革方式会引起不同程度的利益冲突，从而决定改革的成本和改革的难易与成败。因此，制度以及制度变迁是由人们之间的利益冲突以及对冲突的解决过程和方式决定的。

从改革过程或制度演进的实质来看，体制改革本身并非市场过程，而是不同利益集团相互博弈后形成的公共选择过程。改革过程中存在着不同的利益集团，这些利益集团同时又是参与制度变迁的行为主体，它们从各自利益出发对改革成本和改革收益进行计算和预期，因此对改革具有不同偏好。整个改革过程是各利益主体多重博弈、重复博弈和合作博弈相互交错的结果。

仅有利益结构还不能完全说明社会的选择，还需要在利益结构的基础上加入权力结构的考量，才能知道各利益集团在制度选择上会起到一个怎样的作用。② 所谓社会的权力结构，指的是在一个社会中，各种利益集团在社会事务中所拥有的发言权大小或决策权大小。同样几个利益集团构成的利益格局，因发言权的大小不同，而会出现不同的权力结构。发言权的大小与集团大小不一定成正比。在奥尔森的《集体行动的逻辑》（1965）一书中得出一个惊人却颇有影响的结论：在集体选择过程中，在许多情况下，多数人未必能战胜少数人。奥尔森认为，不管小团体的还是大团体的成员，他们每时每刻都在理性地追求最大的个人利益。但是，在大团体中，团体成员追求最大个人利益的结果却不会促进公共利益。这是因为大集团利益中冲突往往大于利益的一致、更容易出现"搭便车"并且组织成本更高，而从集体物品中所获得的收益也就越小，因此相对于小集团来

---

① 盛洪：《中国的过渡经济学》，见盛洪主编：《中国的过渡经济学》，上海格致出版社、上海三联书店、上海人民出版社2009年版，第5页。

② 樊纲：《渐进改革的政治经济学分析》，上海：上海远东出版社1996年版，第136—137页。

说，大集团更不易采取集体行动。小集团能够采取集体行动是因为由于成员人数较少，每个成员都可以得到总收益的相当大一部分，这将激励成员自觉自愿参与集体行动，因为"如果在购买集体物品的任一水平上，集团收益超过总成本的量要大于超过任一个体收益量，那么就可以假设会提供集体物品，因为个体的收益超过了为集团提供集体物品的成本"。① 奥尔森论证集体行动的基本逻辑是，在其他条件相同时，集团中个体数量越多，个体所得收益就越小，所以集团中个体数量越大，离最优水平越远。因此，成员数目多的集团的效率一般要低于成员数目少的集团。杨光斌教授将奥尔森的集体行动的逻辑称为"集体行动的倒数规则"②。奥尔森的集团理论提供了国家演变的新视角，但是他理论中的缺陷也是很明显的，仅从人数、规模大小来区分利益集团，而没有看到利益集团组成的不同性质。一个集团的影响力不在于人数多寡和规模大小，而在于在政治权力结构中依据正式规则和非正式规则其所占据的位置的重要程度，如在独裁制下，一个人的选择就能决定国家命运，而另一个极端则是一人一票的绝对民主。在多元民主社会中，那些掌握较大的社会财富或较大的政治权力或具有较大的影响力的利益集团，拥有较大的发言权，并在社会选择中起到较大的作用，而不在于其人数多少。

  任何一种制度选择都不能仅取决于单个主体的意志，而是各种利益集团公共选择的结果。所谓的政府政策，只不过是执行这一公共选择结果的具体形式罢了。③ 制度变迁的矢量方向是由具有不同地位和权力、不同偏好和利益的利益集团在相互博弈和相互制衡中决定的。结合利益因素与权力结构因素，可以看出改革过程也是一个政治过程，所以，更需要结合政治市场结构或政治力量对比关系来分析制度安排供给者的行为及其对改革取向、形式和深度等方面的影响。中国的改革过程中任何行为主体都是基于自身效用或利益最大化去参与改革的，改革方向、形式、速度、时间路

---

① [美]曼瑟尔·奥尔森：《集体行动的逻辑》，上海：上海三联书店、上海人民出版社 1995 年版，第 28 页。

② 杨光斌：《奥尔森集体行动理论的贡献与误区——一种新制度主义的解读》，《教学与研究》2006 年第 1 期，第 65 页。

③ 樊纲：《渐进式改革的政治经济学分析》，上海：上海远东出版社 1996 年版，第 129—130 页。

径等均取决于有着利益诉求和效用偏好的行为主体之间的力量对比关系。由于核心领导层在中国的实际政治力量对比中处于明显优势地位，因此中国的制度变迁过程主要取决于拥有最高政治决策权的核心领导者的偏好及其效用最大化。也就是说，中国的改革过程中的社会利益的增进在很大程度上是以核心领导层能够获得更多的效用或满足为前提。① 而且，在改革过程中经常会发生行为主体的行为前后悖论的情况，即改革之初支持，中间又反对；支持这项改革却反对那项改革等，这种前后矛盾的情况恰恰反映了行为主体根据外部制度环境变化导致的利益目标和效用偏好的变化而适时调整自己行为的一种策略。

具体到中国体制转型而言，在渐进式改革成功的道路上，我们可以很清晰地辨识出利益因素与权力因素的积极影响作用。② 中国的渐进式改革以边际增量改革或体制外改革先行的方式展开，之所以取得成功在于不仅可以在改革中扩大资源总量从而提高可供各利益集团分配的份额，把改革成本和风险控制在尽可能小的范围内，而且还可以借此导入或引进一个有利于利益激励和利益竞争的市场体制，从而有利于经济增长。体制外的非公有制经济的发展及乡镇企业的发展不仅不会影响体制内的利益集团的绝对利益，而且还为国家提供更多的财政收入，并促进市场体系的发育，使乡镇企业、私营企业、外资企业与国有企业处于相互竞争的态势。

不仅渐进式改革的成功在于决策者关注了利益与权力的分配问题，同样，中国体制转型轨迹从"供给主导型"向"中间扩散型"、再向"需求诱致型"制度变迁的演化也需借助于中央的分权改革。分权改革导致中央与地方的权力结构变化，地方独立利益形成，进而影响地方政府行为和制度变迁过程。计划经济时期无论是经济体制还是政治体制都是中央高度集权，中央与地方之间的关系是一种命令与服从、指令与执行、控制与被控制的关系，地方政府并非一级公共事务的管理主体，它只是中央政府的执行机关，既没有独立利益诉求也没有太多的管理自主权，其根本职责就是贯彻落实中央的一切决议和命令并随时向中央政府请示和报告，地方政

---

① 胡汝银：《中国改革的政治经济学》，见盛洪主编《中国的过渡经济学》，上海：格致出版社、上海三联书店、上海人民出版社2009年版，第73页。

② 柳新元：《利益冲突与制度变迁》，武汉：武汉大学出版社2002年版，第72—75页。

府几乎没有独立行为能力和制度创新能力。即便在改革开放之前中央也曾对地方进行行政性放权，但是中央始终是放权改革的主导者，"收"与"放"都是以中央利益最大化为依据，对权力的收放循环使得中央与地方关系的非规范、非制度化特点更加凸显，也使得地方政府由于无法对中央政府行为形成合理预期而产生机会主义行为。改革开放以后，伴随着1982年宪法的颁布以及中央对地方放权力度的加大，尤其是新宪法赋予确认了地方政府作为一级公共事务管理主体的地位，并赋予地方政府以部分立法权，这就给地方政府行为选择的自主性提供了法理依据。同时，20世纪80年代以来的财政包干制与1994年的分税制改革，再加上下管一级的干部人事制度的确立，使得地方政府人事管理权和财政能力大幅提升，其独立的利益目标开始形成，并且在多元目标体系中为优先满足地方政府的效用偏好而与中央政府展开博弈。与此同时，经济性放权以及20世纪90年代以后的产权制度改革还使得企业也逐渐摆脱行政控制，成为独立的微观经济主体，也具有了自身独立的利益诉求，这样传统计划经济时期高度集权的权力结构和中央政府作为制度变迁唯一主导者的状况大为改观。在新的制度环境和新的权力结构框架下，大多数制度变迁往往是中央政府、地方政府与微观主体相互博弈的产物，它们在不同时期、不同领域的制度变迁中的地位和角色不同，发挥的作用也不同，而且其行为角色并不固定，而是随外部制度环境的变化而进行着相应调整。

总之，中国改革一方面要依据制度环境与外部环境；另一方面又服从于行为主体的利益诱导，体现为制度、行为、意识形态的适时调整，中国的决策层在这一调整过程中采取了较为务实的态度，体现了邓小平的"三个有利于"标准。这导致虽然中国没有一揽子改革总体方案，但在事实上，中国朝着一个为"市场经济"所诱导的社会福利增进目标的系列规则前进。也就是说，只要符合"三个有利于"标准的改革方案就可以推行和实施，这充分体现了中国改革的"相机抉择性"特点。

第五章 体制转型中产权制度的适应性调整

批判地借鉴新制度主义制度绩效观,再结合中国制度变迁的历史与现实经验与实践,构建一个多维性制度绩效标准,将有助于解释中国改革的制度变迁过程并对未来制度变迁路径的探索提供新的视角。它是对新制度主义制度绩效标准的一种修正。这种多维性制度绩效标准是指评价一种制度安排是否有效不仅取决于制度的经济绩效,还要看它的政治绩效与社会绩效;不仅要对其与其他制度安排进行静态绩效比较,而且更要看其动态绩效变化,也就是看其是否具有根据制度环境而进行适应性调整的能力。制度绩效的多维性特点主要取决于三方面因素:一是是否具有外适应力,即与制度环境相适应;二是是否具有内适应力,即与其他制度安排相耦合与互补;三是是否具有实质性效率,即兼顾了效率与公平。

根据多维绩效标准分析我国企业产权制度的适应性调整得出结论,一方面体制转型中我国企业产权制度的调整具有一定的外适应力,体现为国有企业与民营企业的产权制度改革中其绩效均具有相对性与适应性。但是另一方面体制转型中企业产权改革也存在许多不足,主要表现为:产权制度调整过程中内适应力不足以及产权制度实质性绩效中经济绩效与公平绩效不均衡。

第一节 产权制度的外适应力:制度效率的相对性与适应性

一 制度的外适应力的含义

制度的外适应力是指制度安排要与制度环境相适应。新制度主义认为制度环境是既定的外生变量,不被纳入其分析框架。本书认为制度环境是指创新制度以外并与创新制度形成和发展相关的其他制度的总和。对于中国的体制转型而言，制度环境主要包括以下一些内容：宪法秩序、意识形态、由中央放权导致的利益结构与权力结构变化、市场化进程，等等。制度环境决定了各种具体制度安排的产生和职能，而各种具体的制度安排又通过影响和作用于现实经济运行和利益分配反作用于制度环境，反馈信息促使其发生相应的变动。因此，体制转型中的制度环境也处于不断的变化与调整中。由于制度环境的变化，制度又具有相对惰性，因此制度的效率总是相对的。也就是说，制度安排会存在边际效益递减规律，一方面源于制度租金随该制度的广泛采用以及目标相同的不同制度之间的竞争，会很快消耗完毕。另一方面源于生产力水平以及技术进步等因素导致制度环境变化，原来适应制度环境的制度安排将变得不再适应，原来有效的制度安排也变得无效。这时就需要借助于内外压力推动制度创新，使得制度根据变化了的环境进行适应性调整，促使新的有效制度得以产生。可见，大多数制度变迁往往是针对既定制度环境约束下发生的，只具有相对效率性，而具有外适应力的制度安排必须具有能够根据环境变迁不断进行适应性调整的能力。

二 国有企业产权制度适应性调整

国有企业产权制度变迁轨迹可以充分体现出产权制度效率的相对性与动态适应性的特点。国有企业改革经历了扩大企业自主权与企业经营责任制、利改税、承包经营责任制、股份制、国有经济战略性重组等几个阶段。总体而言，1978—1993 年期间实施的国企改革是围绕着"放权让利"基本思路展开的，无论是经营责任制、利改税，还是承包制都属于"放权让利"范畴，其实质就是在产权关系不变的前提下，中央政府将经营决策权下放企业，并对政府与企业间的利益分配比例进行相应调整。而1994 年后的国企改革则属于产权制度改革，无论是股份制改造还是国有经济战略性重组都涉及产权制度的微观与宏观创新。

（一）国有企业改革初期的产权制度调整

1978—1993 年国有企业采取的一直是放权让利式改革，虽然具体的改革举措不尽相同，但是总体上都是在扩大企业权利这个圈子里打转，而不顾内外环境是否已发生巨大变化。总体而言，这个时期的创新制度在每一阶段最初都会起到一定的激励作用,对企业效率的提高和国家收入增加起到积极作用。但是,由于制度并未建立在对企业根本问题以及内外环境客观的认识基础上,因此,制度效率边际递减规律体现得非常明显。如1978年国家开始对企业放权"松绑",实现经济性分权,放权的经济绩效很快显示出来,企业的工业总产值、利润增长、上缴利润等明显增加。由于这一时期的放权使得企业具有了独立的利益诉求,但是,相应的制度环境却没有提供能够约束企业行为的市场竞争机制,因此,企业的经营状况无法真实反映出来,企业利用信息优势想方设法与国家讨价还价、压低计划指标,企业侵占国家利润的状况日益严重,甚至导致从1979年到1981年连续三年国家财政总收入下降,1979年和1980年国家财政赤字竟然高达300亿元。[①] 显然,扩大企业自主权的制度效率仅仅两年就出现了边际效率递减的趋向,表明其制度容量较小,也表明该制度并未能反映当时生产力的发展和适应当时的环境。

为解决企业多占多分、财政赤字增加等问题,国家采用了放权同时再加上责任约束,使其在盈利时能够兼顾国家利益,于是1981年开始实行工业经济责任制,要求在实行责任制时进一步扩大企业自主权。经济责任制在一定程度上硬化了企业和国家的分配关系,使得国家的财政状况有所好转。但是,从总体上看,1978—1982年间的放权让利带有很强的行政色彩,国家与企业间权利分配格局既不规范,也未理顺,在实行利润留成、盈亏包干办法时经常出现为争基数、吵比例等扯皮现象。这说明中国国有企业需要实施进一步的改革措施,用经济手段而非行政手段使得国家与企业的关系规范化,这成为利改税的追求起点。

1983年和1984年的两步利改税旨在规范国家与企业的分配关系,但是由于国家只注重国家财政收入,不注重国企的自身积累,导致税率过高、税负过重,再加上随后的"拨改贷",这些改革举措,加重了企业在财政和金融双方面的负担,为缓解压力,企业提出"税前还贷"的要求,把应上缴给财政的收入,以还贷付息的方式支付给银行,而银行收回的本息却并不能上缴财政,这加重了国家的财政困难。最终,利改税改革没有

---

① 王凤生:《中国国有企业改革之探索》,北京:社会科学文献出版社2001年版,第47页。

达到预期的目的。

　　1984年中共十二届三中全会通过《中共中央关于经济体制改革的决定》，明确指出要进行以增强企业特别是国有大中型企业活力为核心、以城市为重点的经济体制改革。围绕这个中心环节，主要解决好国家和全民所有制企业之间的关系与职工和企业之间的关系。改革的主要内容是对国有企业实行承包制。改革的主要形式从单一的扩权让利转到面向整个企业实行经营承包责任制。1985—1986年，国企开始在两权分离的原则下尝试承包经营责任制、租赁制、股份制、资产经营责任制等多种改革形式。1986年、1987年中央就承包经营责任制改革举措多次发文进行指导。从1987年开始，大中型企业普遍推行多种形式的承包经营责任制。与之前的放权让利改革相比，经营承包制使企业的多项自主权得到有效落实，减少了政府的随机干预，既保证了国家的财政收入，又使得企业获得了较高的利润留成率，从而改善了国家、企业和职工间的分配机制，较好地调动了经营者的积极性，提高了企业的经营效率和经济效益。但是，经营承包制并未从根本上弥补国有企业原有的缺陷，还出现了一些新的问题。因信息不对称造成的企业承包合同中责权利的严重不对称而导致企业承包者"内部人控制"，进而导致国有资产的流失。关键在于，经营承包制非但不能解决国有企业中存在的预算软约束问题，反而因经营权向经营者的转移而使问题更严重，企业行为短期化日益明显，企业负盈不负亏成为普遍现象。

　　上述这些放权让利式改革的制度收益很短暂，尤其对于主导改革的国家而言，其原因在于这些改革并未针对国有企业的根本问题来实施，即国有企业缺少人格化代表、缺少法人财产权，企业没有剩余索取权也没有剩余控制权，因此会出现企业的机会主义行为。国家主导的放权式改革一方面源于意识形态约束，认为国有企业作为社会主义的象征，不能对其基本制度进行改革；另一方面则是出于国家自身的利益，或者国家发起的改革本身就本着一种实用主义的思维路径而非战略主义思维路径，即只为了解决国家当期的财政困难，几乎上述每次改革举措的调整都是为了解决这一问题的，从其后的产权改革中仍然能找到这一路径，即国家对国有企业改革的目的是为了国家财政收入增加而非国企效率的提高。由于制度创新主体本身对制度的选择并未以企业效率为目标，那么由此产生的制度很难说是适应了经济发展的客观需求，因此很难说是具有最优效率的制度安排，但是，如果从成本角度考虑，在当时意识形态约束下，由政府主导的制度变迁会因为符合政治正确性而减少摩擦成本，因此可能是成本最小化的制度安排。从这一角度看，这种制度安排具有相对效率性，其中承包制最能体现制度效率的相对性与适应性特点。

（二）承包制与股份制之间的适时调整

在20世纪80年代末期国有企业改革开始产生一系列的强化经营权的企业改革试验，其中主要有租赁制、资产经营责任制、承包制和股份制。在这些试验中，承包制脱颖而出，成为1987—1993年期间主要的国有企业制度安排。企业承包经营责任制是一种典型的过渡性制度安排。在此期间，与承包经营制有竞争力的是股份制，但是却未成为主流，而是在1993年后才被广泛采用。

在20世纪80年代中后期，在意识形态上普遍接受了社会主义是有计划的商品经济，企业是相对独立的商品生产者和经营者，但是对市场经济的认识还远未深化。承包制改革的理论基础是两权分离，只是进行经营机制的改革，不涉及产权制度改革，因此不会触动国企的行政隶属关系，不会根本改变原有体制的组织结构和利益格局，而且与当时主流或官方意识形态相适应，因此来自中央与地方政府的阻力较小，意味着政治成本或清障成本较低；而股份制要引入其他非公有制经济成分并且要求把产权量化到个人，可以解决企业融资难的问题并能提高企业绩效，当时很多企业和理论界比较倾向于股份制，但是由于它的治理结构会使国企摆脱行政隶属关系，与官方意识形态有一定距离，为顾及政治经济稳定，中央决策层和地方企业主管部门强烈反对股份制。同时，农村家庭联产承包制的成功为城市经济体制改革提供了经验和制度知识，国企推进承包制的信息成本几乎为零。而股份制在改革开放前一直被作为资本主义的东西加以批判，对于股份制的制度知识相当贫乏，实施起来必定成本远高于承包制。基于成本最小化和规避风险的考虑，决策层最终选择了承包制而非股份制。显然，承包制并非最能反映当时生产力水平的高效率的制度安排，但却是最适应当时制度环境的具有相对效率的制度安排。

而到了90年代，随着市场形势发生变化，卖方市场转为买方市场，以及民营经济和外资企业快速发展等均使得国企面临更大的市场竞争压力,而承包制本身的内在缺陷日益凸显,这些内外环境的变化使得依靠行政隶属关系获得短缺要素和低成本资源的承包制逐渐从当初企业发展的有利因素变为障碍因素,并影响企业的经济效益,因此在 1990 年年底和 1991 年年初第一轮承包到期后,很多企业都不愿再承包,只是迫于中央的压力勉强签约。到 1993 年承包制终于在内外环境压力下终止了,股份制这时由于改革成本已随着体制改革深化和市场经济体制形成而大大降低得到实行并被广为接受。1992 年邓小平南方谈话结束了长期以来改革方向和一些重要举措姓"社"姓"资"的问题,"三个有利于"的判断政策的生产力标准,更是为股份制扫除了思想障碍。此外,1994 年分税制使得地方政府财政收入减少,国企成为地方政府的沉重负担。1993 年下半年到 1996 年,银行进行商业化改革,解除了地方政府干预银行业务的权利,同时为整顿金融秩序和治理通货膨胀调高了利率,使得国企又背上了沉重的借贷负担,在这种背景下,即地方政府的财政危机和国企资金紧缺使得股份制成为当时唯一的选择。20 世纪 80 年代选择承包制是因为在当时它是成本最低也是最适应当时制度环境的安排,但是在 90 年代,随着改革深化和体制环境的变化,股份制的成本下降而承包制成本上升,因此股份制逐渐成为占优势的制度安排。

可见,在体制转型过程中,具体的制度安排并非一步到位,亦非设计好的,而是"边走边看"或"摸着石头过河",其实就是针对变化的环境不断进行适应性调整的过程。人的有限理性和未来的不确定性等因素,再加上行为主体的机会主义动机等因素注定了再好或再长远打算的决策都有短视的一面,这就决定了转型注定是一种过渡性制度安排的逐次替代过程。每个时期有效的制度只是说明当期的有效,是适合当时情境或环境背景的制度,必将随内外环境的变化而变化。改革决策者有限理性、不确定性、机会主义等约束条件下,往往会采取风险规避的策略,即每次选择的都是能够适应当时体制环境和成本最小化的改革方案。因此,转型中的各种过渡性制度安排逐次替代是沿着成本最小化的路线发展演化的。

三 民营企业产权制度适应性调整

在我国,民营经济是指除国有国营以外的所有的所有制形式和经营方式的总称。民营不是一个所有制概念,不是从所有制的角度而是从经营方式和经营主体来界定的。民营是相对于国有国营来说的，也可以说相对于官营官办。因此，凡不属于国有国营的经济都是民营经济。民营经济主要包括：国有企业经过改制、改组、改造后实行了股份制（国家不控股的）、股份合作制、租赁制、委托经营等形式的企业；[①] 集体企业；混合所有制集团公司；私营企业、个体企业、民间中外合资企业；外商民间独资企业。可见，除国有国营之外的所有的所有制企业都属民营企业之列。

中国 30 多年的经济转轨过程中，民营经济一直被作为推动经济增长和市场化进程的重要支撑，并成为"中国奇迹"发生的重要原因。到目前为止，民营企业已占全国企业法人的 90% 以上，民营经济占全国非农就业的 85% 以上，民间的资本已占全国企业资本的 60% 以上；民间投资已占全国投资的 60% 以上，民营经济已占全国税收的 60% 以上。[②] 民营经济迅速发展的主要原因在于民营企业组织形式和产权制度的灵活性、适应性特点，使其能够不断针对制度环境和客观环境的变化进行适应性调整，以获取在既定约束条件下的利益最大化或成本最小化。苏南模式与温州模式中的产权制度演化过程最能体现民营经济产权制度的灵活性与适应性特点。

无论苏南模式还是温州模式，其出发点一开始都是解决农村剩余劳动力和生存吃饭问题，选择的都是农村工业化发展路径，但是由于特定的经济、政治、历史、文化等制度环境不同，二者选择了不同的路径，苏南选择以发展社区共有制的乡镇集体工业为主的发展模式，而温州则是个体农民在本地或外地从事工商业的个私经济为主的发展模式。

（一）苏南模式产权制度变迁轨迹

所谓"苏南模式"主要是指江苏南部苏州、无锡、常州所辖的 12 个县市，由于得天独厚的区位环境和发展实业的传统，逐渐形成了发展乡镇企业并以集体经济为主的非农化发展的方式。对苏南模式的归结有多种说法，本书认为苏南模式是一个动态概念，从传统的苏南模式发展到当前的新苏南模式，无论对苏南地方政府还是对当地企业而言都是一个适应性调整过程。从苏南模式到新苏南模式的发展过程实质上就是一个工业化、城

[①] 国家对这些民营化了的企业不再直接经营管理，只是凭借所有者身份享有所有者权益。
[②] 陈永杰：《我国民营经济所占比重不断上升》，《腾讯财经》2012 年 5 月 18 日。

市化、市场化、国际化、信息化的过程。从产权角度分析，这一演化过程伴随着产权制度从乡镇企业集体所有制的"模糊产权"到后来的承包制、租赁制，再到股份合作制，最后走向私有化的制度变迁过程。

20世纪70年代末到80年代中期是传统苏南模式的形成阶段，以集体所有制企业为主，产权制度具有"模糊产权"特点，即社区政府与乡镇企业经理共同享有企业控制权。这一时期我国经济正处于短缺经济状态，资金、土地等市场资源和政策等非市场资源的短缺，严重制约着乡镇企业的发展。这个时期的社区政府即乡镇政府，一方面有必要帮助乡镇企业在严重不足的市场环境中组织原材料、信贷资金、土地和劳动力。另一方面在努力解决乡镇企业自身问题的同时，积极争取乡镇企业合法的存在地位，给乡镇企业支撑起一顶保护伞。可见，苏南乡镇企业实际上是在社区政府的庇护下发展和壮大起来的，离开政府的保护和支持，乡镇企业将无法生存和发展。社区政府的积极介入使得这一时期的乡镇企业产权呈现出"模糊"状态。这些企业并没有明确的所有者，很多集体企业在法律上属于乡镇或居委会等政治或社区组织。这种模糊不清的产权制度带来了20世纪80年代中国经济的持续高速增长。

20世纪80年代后期到90年代中后期是苏南模式创新和发展阶段，包括乡镇企业的第一次改制。苏南地方政府在80年代初开始着手改革，为提高生产效率进行了以经营权为核心的乡镇企业改革。1983年年初苏南乡镇企业进行了"一包三改"，其目的是以经营承包责任制为突破口，通过两权分离，探索政企分开，扩大企业自主权。但是由于承包制下作为委托人的社区政府对作为代理人的企业经营者无法掌握其生产经营的全部信息，监督成本较高，经营者利益信息优势从事机会主义行为，导致企业行为短期化和企业的财产流失。同时，到80年代后期和90年代初，随着乡镇企业规模的日益扩大和个体私营企业发展壮大导致竞争日益激烈，乡镇企业获取发展资金和资本积累变得日益困难。面对这些困难，社区政府被迫对乡镇企业产权进行改革，股份合作制应运而生。1987年前后，苏南地区开始大力发展城乡横向联合并进行了股份合作制的改革探索，改革单一的投资主体，推动多元化投资主体的发展。到了20世纪90年代中期，由于外部制度环境和经济环境的变化，随着资源约束、需求约束和体制约束等环境条件的变化，传统苏南模式显出它的局限性。计划经济向市场经济转变，卖方市场转为买方市场，国有企业开始搞活，个私企业与外资企业日益壮大，市场竞争日益激烈。在短缺经济下不愁销路的乡镇企业不得不面对产能过剩、产品积压、效益滑坡的严峻形势。在经济环境明显改变的情况下，苏南企业中的"模糊产权"制度缺陷逐渐暴露，企业产权不明、政企不分，从而难以形成对企业经营者必要的激励与约束机制。产权制度改革开始向纵深发展，早在1993年就尝试租赁和转让集体资产，但大规模的产权制度改革是在1997年后开始。经过改制，乡镇企业的产权主体由原来的乡镇政府和村集体转变为作为产权所有者的职工代表和私营企业主，以多元化产权主体为特征的混合所有制在苏南乡镇企业中得到了普遍推行。

20世纪末以来苏南地区又进行了乡镇企业第二次产权改革。第一次改制并未建立起企业内部治理规范化的现代企业制度，股份合作制企业产权结构存在很多缺陷，很难适应社会化大生产和市场经济发展要求，也严重制约了企业自身的发展。由于有限理性、环境约束以及路径依赖等原因，第一次改制存在很多不彻底和不规范的地方，比如很多乡镇企业在改制中仍保留集体股份，全员入股较普遍，房产、土地等仍属于集体所有，这影响了改制的效果。2000年开始，苏南地区再次进行"二次改制"其目标直指产权私人化，把集体股份全部清理出企业，打破地方政府的地方产权制度，使地方政府将直接支配权撤出企业，确立私人作为独立产权主体的地位，让苏南的市场内生力量发挥作用。以常州为例，2000年10月常州乡镇企业采取了以"一退二转三买断"为主要内容的二次改制，集体股退出，股份合作制企业向公司制或个体私营企业转化，买断职工工龄、厂房、土地使用权。通过"二次改制"，乡镇企业的集体产权制度逐步被私人所有的产权制度所替代，解决了政企不分问题，也促进个私经济发展，调整了苏南地区的所有制结构，推动了民营经济深入发展。

(二) 温州模式产权制度变迁轨迹

温州模式是一种以个体私营经济为主体，以家庭工业为起点的发展非农产业的模式。温州模式中企业产权制度的发展经历了家庭经营制、挂户经营、股份合作制、现代公司制几个阶段。

温州民营企业的发展是从农村家庭企业起步的。80年代中期以前，家庭企业的发展是温州民营企业的典型形式。家庭企业是以生产资料的家庭（个人）占有为基础，依靠家庭自身的劳动力辅之以少量帮工，利用住宅为生产场地开展加工工业，且多是利用当地出产的原材料加工日用品。这类生产技术含量低、资金规模小，适合一家一户生产。至1985年，全市经工商登记的个体工商户即达130437户，家庭企业的工业总产值占全市农村工业总产值的60%左右。家庭企业的产品通过专业市场（当时闻名遐迩的专业市场有10个）和10万农民购销员销往全国各地。"以家庭企业为基础，以专业市场为依托，以购销员为纽带"，曾经被人们说成是温州转型初期经济模式的基本特征。

当家庭企业规模壮大，而体制和主流意识形态限制却没有松动的情况下，家庭企业的形式就要作出适时调整。家庭工厂在改革开放初期没有政治合法性，不能获得上级行政部门和政策的认可。家庭企业表现出生产经营的独立性与企业不具有法人地位的矛盾，极大地影响了家庭企业经营者的资信和商誉，带来了极高的交易费用，也影响其进一步发展。为解决合法性问题，家庭企业采用了"挂户经营"的形式，就是各种不具备独立的生产经营地位的家庭或个人及其联合体，将其生产经营活动挂靠在具有法人资格的公有制企业（或者政府）名下以便开展其业务的一种经营方式。"挂户经营"是一种全新的产权分割模式和企业经营模式，在温州一度成为极重要的生产组织形式。

20世纪80年代中期以后，市场竞争日趋激烈，而个体、私营企业仅靠自身的积累已很难适应市场发展的客观要求，因而需要逐步采取集资、合作、股份的联合方式组织企业生产经营活动，这就促成了股份合作制的兴起。股份合作制被认为是中国农民继家庭联产承包责任制、乡镇企业之后的第三项伟大的创举。股份合作制企业一时成为温州民营企业的最典型的组织形式。至1992年，全市已有股份合作企业24153家，其中工业企业17800多家，工业总产值88.6亿元，占全市工业总产值的48.4%。[①]股份合作制企业是合资合劳的经济组织形态。但是温州股份合作制企业与典型的股份合作制企业不同，其股份的色彩浓厚，而合作的色彩淡薄，实际上还是一种变相的私营企业。股份合作制既是对当时要素市场发育滞后的一种回应，也是对挂户经营下家族企业制度的提升和扩展。这种企业本

---

① 马津龙：《温州股份合作制发展研究》，《浙江学刊》1994年第2期，第28页。

质上是一种合伙企业，只是为了避免歧视才注册为股份合作制企业的。

20 世纪 90 年代初，股份合作企业越来越呈现出股份制的特征，股份构成日趋个人化，股权结构也日益集中化，到 1993 年，少数人持股的股份合作企业就已占了 95.16%。股份合作制开始向公司制转变。90 年代中期开始，尤其在邓小平南方谈话以后，股份合作制企业的数量逐渐减少，温州一些规模较大的股份合作制企业陆续改组为有限责任公司或股份有限公司。2000 年，全市股份合作制下降至 24373 家，有限责任公司达到 20812 家，股份有限公司有 52 家，而规模最大的民营企业又大都以资本和品牌为纽带组建成企业集团。

温州模式具有一种动态演化的特点，不同时期随着外部制度环境和内在动力机制的变化而变化，这种变化主要体现在由传统温州模式向新温州模式的变迁。每一种模式在最初形成时期由于适应了当时的制度环境因此具有相对效率性，但是随着制度环境的变化导致其收益成本也发生变化，原来有效的制度会变得无效，最终将会发生适应新环境的制度变迁。比如，从 1978 年改革开放到 1998 年的 20 年中，温州的 GDP 增长速度在浙江省 11 个地级市中一直名列前茅。进入 21 世纪后，却陷入了前所未有的发展困境，1998 年之后，温州经济增速便开始落后于浙江其他地区，2002 年排名第七位，2003 年上半年各项主要经济指标排在全省倒数第二，随后的 7 月、8 月两个月排名全省倒数第一。[①] 这表明，传统温州模式的"优势"和"势能"在其发展后期已成强弩之末，进行新的制度创新成为必然。

（三）苏南模式与温州模式产权制度调整中的适应性与相对性

由于特定的经济、政治、历史、文化等制度环境不同，在农村工业化和剩余劳动力转移的压力下，苏南和温州农村形成了两种不同的产权制度。但是自 20 世纪 90 年代以来，二者在产权制度上出现了趋同现象。90 年代以来，苏南地区掀起一场以明晰产权为核心的乡镇企业改制浪潮，许多集体企业改为私有企业或私人资本控股的"股份制企业"，开始向温州模式看齐。[②] 而当前，无论是以集体经济为主起始的苏南模式，还是以私

---

① 游晓鹏、尹海涛：《温州模式再次走到十字路口的反思》，浙商网，http://biz zjol com.cn /05 biz /sys tem /2005 /09 /21 /006310621.shtml。

② 常征：《放弃苏南模式——苏南乡镇企业民营化改制纪实》，《经济观察报》2001 年 5 月 7 日。

人经济为主起始的温州模式,现在都在转向股份制公司形式的现代企业制度。明晰的产权和规范的竞争行为,将成为各地共同遵循的游戏规则;混合所有制、统一市场、产业升级和城市化将成为近期各地经济发展的主要走向。从企业组织制度和产权制度来看,虽然两种模式的起点不同,一个以集体社队企业为起点,另一个以家庭工业为起点,但是在发展演化中却共同经历了股份合作制后,再向股份制并向规模化的企业集团形式演化。苏南模式如此,温州模式亦如此。

两种模式产权制度变迁共性轨迹不仅体现在当前产权制度的趋同,还主要体现在两种模式的产权制度演化轨迹均反映了制度效率的相对性与适应性特点。两种模式都是适应了当时当地条件并取得较好的经济绩效。从区位特征、传统文化、基础设施条件、资金来源等各个方面考虑,温州地区适于发展个体、私营经济,苏南地区适于发展乡镇企业,因此这两种模式都顺应了区域经济发展的趋势,促进了区域经济迅速发展。更重要的是,这两种模式都不是静态的停止不动的,而始终处于动态演化中,随着环境变化进行适应性调整。两种模式都能充分利用各自优势取长补短,抓住外在环境变化导致的获利机会的出现,进行一系列制度创新,并且不约而同地针对自身历史初始条件、环境特点与约束条件选择了成本最小化的改革路径。

1. 苏南模式乡镇企业的"模糊产权"

苏南模式乡镇企业的"模糊产权"制度的形成,主要源于外部客观环境与制度环境以及行为主体(地方政府与企业)的逐利动机。20世纪80年代初期,我国经济正处于短缺经济状态,资金、土地等市场资源和政策等非市场资源的短缺,成为制约乡镇企业生成和发展的主要障碍。这时仅靠企业自身无法获得正常生产与经营的资源,社区政府充当乡镇企业动员和组织资源的企业家角色,是一种最佳的理性选择。政府组织资源的相对价格远低于市场组织资源的价格,这时,企业迫切需要政府提供其生产必需资源,政府也乐于参与其中,在市场严重不足的情况下,政府帮助乡镇企业组织原材料、信贷资金、土地和劳动力,而政府因此要参与企业的决策和索取剩余。同时,虽然当时的制度环境对乡镇集体企业非常有利,国家出台相关文件支持乡镇企业的发展。但是,它毕竟不同于传统计划经济体制下的国有企业,有人称之为"在夹缝中求生存",也就是何梦德教授讲的"隙缝经济"①。它要在计划经济体制"缝隙"中获得生产要素和生产空间，往往又被人说成是与国有企业争市场、争原料，挖国有企业的墙脚。这时乡镇企业也需要地方政府为其撑起一顶保护伞，努力为乡镇企业的合法生存创造条件。可见，苏南乡镇企业是在地方政府的精心庇护下形成和发展起来的。

在客观政治经济环境和意识形态约束下，企业需借助于地方政府获得更多资源和保护，这符合其理性人的逐利本性。同样，地方政府积极介入乡镇企业也是其"经济人"本性使然。以行政放权和财政包干为特点的分权式改革，造就了各级地方政府新的利益主体及其竞争意识。地方政府除了追求一般利益，同时还追求特殊利益，这种利益既包括通过税收而获得的经济利益，也包括更多的政治支持。这些利益诉求无法通过计划经济体制得以满足，政府只有通过创新出新的制度安排才能获得潜在收益。这时，地方政府认识到乡镇企业的发展能够为地方政府履行社会职能如解决农村就业、社会福利以及村镇建设等提供资金，能够增加财政留成和预算外收入，因此在自身利益驱动下，县乡政府利用自己在组织体制内的特殊地位，对上积极争取权限和优惠政策，以支持和保护正在形成中的乡镇企业。例如1974—1977年间，无锡县委为了增加发展乡镇企业的资源调配能力，连续多次向其上级苏州地委打报告，要求调减粮食计划种植面积和粮食国家征购任务。1978年无锡县委向省、地委打报告要求对社队企业进行税收照顾；1980年又向地委打报告，提出社队工业减免税收的6条意见等。县乡地方政府利用社会组织动员能力，组织和调配农村土地、劳动力和社队企业发展所需要的厂房、仓库等社会资源。从苏南模式的形成和发展历史中看出，地方政府始终扮演重要的角色，是地方利益的重要保护者，也是推动制度变迁的组织决策者，即"第一行动集团"。

苏南乡镇企业的"模糊产权"适应了当时的政治经济环境，在当时是一种富有效率的组织形式。但是随着市场经济体制的深化，原来促进经济发展的经济组织机制如果不进行主动的制度创新必将成为生产力进一步发展的桎梏，这就是在20世纪90年代中期苏南模式陷入困境的主要原

---

① 叶勤良：《制度变迁中的政府行为分析——以苏南模式为研究对象》，博士学位论文，上海：复旦大学，2005年，第42页。

因。自20世纪中期以来,苏南乡镇企业呈现连续下滑趋势,1998年、1999年苏南乡镇企业营业收入退至全国第四位,总产值和增加值均居第三位。苏南进行制度创新势在必行。原来苏南乡镇企业以"模糊产权"为主要特征,即乡镇政府和乡镇企业共享产权,在一定阶段推动乡镇企业发展的同时也成为其进一步发展的障碍。因此苏南模式的改制重点是企业产权制度改革。政府产权如何退出乡镇企业,建立起"产权清晰、权责明确、政企分开、管理科学"的现代乡镇企业制度。通过两次改制,以多元化产权主体为特征的混合所有制在苏南乡镇企业中得到了普遍的推行。

乡镇企业的改制是由外部环境变化和乡镇企业自身内部缺陷共同引致的结果。乡镇企业改制的外部环境因素主要是指由于宏观经济体制由计划经济转向市场经济,制度环境和经济环境发生变化,导致要素相对价格的变化和内部人控制的出现,这些变化使得原有的"模糊产权"越来越不适应经济发展需要,改制成为必然。党的十四大提出从计划经济向社会主义市场经济过渡,党的十五大提出要发展实现公有制的多种形式,放宽了对个体、私营企业发展的政策限制,再加上大中型国有企业进行市场化改革,使得苏南模式过去拥有的得天独厚的政策优势和发展空间受到限制,面临更大的竞争环境。到20世纪90年代中期,我国也从商品供不应求的卖方市场转向供过于求的买方市场,使得市场上各种所有制类型的企业竞争日益激烈。同时,随着世界科技发展的突飞猛进,世界各国综合国力竞争的核心就是知识创新、技术创新和高新技术产业化。高新技术产业的发展无疑成为赢取竞争胜利的关键,原先单一的产品竞争已发展为技术、人才、市场等各个方面全方位的竞争。所有这些变化使得要素相对价格发生巨大变化,同样影响了掌握不同要素产权主体的地位和权重。随着银行商业化的加快,地方政府通过对银行和信用社进行行政干预来为企业获取信贷资金的体制基础大大削弱,地方政府供给资金的能力逐渐减弱,而企业和企业家个人信誉对获得贷款所起的作用却越来越大,这使得社区政府组织要素的价格与企业内部经营者组织要素的价格之比发生很多变化,对于企业而言,企业家变得越来越重要,其价值越来越高,而地方政府的功能重要性却持续降低。这种变化显然是由制度环境和经济环境的变化引起的。

总之，外部经济环境的变化导致乡镇企业的相对优势弱化，乡镇企业"船小好调头"的相对灵活的机制优势在市场规模扩大、市场竞争日益激烈的情况下逐渐丧失，在传统计划经济时期的政策优势如减免税待遇等也逐渐取消。随着银行改革与市场深化，导致资本形势恶化，出现了"前门（银行贷款）关小、国门（利用外资）提高、后门（横向拆借和集资）堵住"的局面。在优势渐失的情况下劣势却更凸显，由于产权不清导致"二国营"现象的出现，如干部"负盈不负亏"、职工"能进不能出"、分配"能高不能低"以及各种损公肥私问题非常严重，再加上乡镇企业的技术、管理手段与理念落后，初级产品和劳动密集型为主导的产品及产业结构、固有的农民意识和乡镇企业文化，等等。苏南乡镇企业这些自身存在的问题与客观环境的变化叠加在一起共同导致了其发展动力的减弱。苏南模式所有问题中最关键的问题是苏南乡镇企业的所有制问题和产权问题，所有制结构单一，非公有制经济没有得到应有的发展；社区政府与乡镇集体共有产权导致产权模糊不清，所有这些成为阻碍苏南模式前行的障碍，苏南地区所有制结构调整和产权改革势在必行。

2. 温州模式产权制度中的"挂户经营"与"股份合作制"[①]

（1）"挂户经营"企业

所谓"挂户经营"企业，亦称"红帽子"企业，是指那些兴起于20世纪80年代中期、虽然名义上是以集体或全民所有制形式存在，但企业的实际控制权、经营管理权机制以及剩余分配权却由个体或私营以及合伙性质所掌握的企业。从表面上看，这些企业是社会主义公有制，但其实质上却是私有制企业。可见，"红帽子"企业的产权其实也具有"模糊性"特点。"红帽子"企业是中国经济体制转型过程中出现的一种过渡性企业产权。

企业之所以在私有制之上戴上"公有制"的红帽子主要出于当时意识形态和政治约束条件下收益成本比较的考量。虽然中央早在1984年10月的中共十二届三中全会发布的《中共中央关于经济体制改革的决定》

---

① 周冰：《过渡性制度安排与平滑转型》，北京：社会科学文献出版社2007年版，第233—242页；周冰：《"红帽子"企业产权现象的理论命题》，《中国流通经济》2005年第1期，第36—39页。

中就已提出"坚持发展多种经济形式和多种经营方式"，各种非公有制经济随后大量涌现。但是，当时的政策环境更强调在"以公有制为主体"的前提下，发展多种经济形式。在法律规定的范围内发展起来的城乡劳动者个体经济只是公有制经济的"有益补充"。在实践中，政府政策鼓励和扶持的重点则是集体经济，对私营经济则采取了一种观望态度，即允许发展但不鼓励和提倡。乡镇集体经济作为社会主义集体经济的重要组成部分，被赋予了政治合法性和正当性。但是在体制和政策上对作为纯粹民营经济个私经济还存在着排斥和歧视。虽然同期国务院也发布了关于个体工商业的生产经营的有关规定，对贩运农副产品和统购统销任务等均有一些放松，并允许其采用灵活多样的经营方式，等等。但是整个社会的意识形态并未从根本上改变，农民对国家政策的稳定性和真实意图不能确定，导致人们对个体工商业发展前途作出消极判断。这一时期，虽然国家对农村个体经济的政策限制出现松动，但是实际的政策氛围和下级执行层的行动不配套，使得农村家庭企业仍然无法享受到与乡镇企业同等的权利。如个体经营者申请贷款常常受阻，而且雇工人数受限制，等等，这些妨碍了家庭企业扩大规模。同时家庭经营企业数量不断增多，而相应的基层管理却跟不上。上述种种约束下，利用国家对乡镇集体企业的重视，与乡镇集体企业进行"挂户经营"、戴上"公有制"的红帽子就成为一个理性经济人的自然选择。

"挂户经营"模式实质上就是一种由政府管制造成的乡镇企业与家庭工业的合作性博弈模式，在短期内和局部范围内是双赢的策略选择。被挂者向挂户者提供"三借""四代"等服务，获得挂户单位上缴的管理费用，并能通过对挂户单位"吃、拿、卡、要"和对企业事务与人事安排等的各种干预，获得利益最大化；而挂靠单位通过上述成本支出，使得私营企业获得合法经营的"护身符"，还能享受到收减免等为集体经济设定的政策优惠；也能较易获得银行贷款；此外，还能为企业带来声誉上的好处等。同时"挂户经营"还迎合了当时人们普遍偏好公营产品质量的价值判断，促进产品的销售。在企业的财务运行、日常监督、经济纠纷处理等方面都可以委托给法人企业统一管理，专业经营的农户就可以将主要精力用于开拓市场和组织生产，这节省了大量的费用。"挂户经营"作为一种过渡性制度安排和制度创新，化解了当时一些不利于民间经济发展的约束条件，相对于挂户经营得到的其他好处而言，"制度赎买"功能则是其最本质的功能，即通过专业经营的私人企业和农户付出一定的管理费用，从而避免了姓"社"姓"资"的意识形态政治风险，获得更广的生存和发展空间。"红帽子"企业的产生显然与20世纪80年代的制度环境和意识形态约束相关，是相关主体在既定约束条件下收益成本比较的结果。

由于"红帽子"的产权模糊性导致产权纠纷案件和税收流失等问题频发，中央和地方政府曾多次下文进行清理，但都收效甚微。直到20世纪90年代后期，随着市场化进程的深入和国有企业产权制度的改革进程的加快，官方意识形态进一步放松对非公有制经济的约束，中共十五大报告明确提出，"非公有制经济是我国社会主义市场经济的重要组成部分"，公有制为主体、多种所有制经济共同发展是中国社会主义初级阶段的一项"基本经济制度"。由于意识形态和制度环境变化，对非公有制经济尤其是私营经济的政治约束大为减少，其发展环境也大为改善，原来的"红帽子"企业纷纷"摘帽"，恢复其本来的私营、合伙或个体性质的面目，"红帽子"企业作为一种经济现象开始消退。

（2）股份合作制

股份合作企业是一种兼具股份制与合作制特点的企业组织形式。理想的股份合作制应该兼具合作制与股份制的优点。一方面，它实行劳动联合与资本联合相结合、职工持股并设立公积金等，这些举措使其具有了传统社会主义的内涵，因此被看作是集体经济，在意识形态远未放松的情况下，易于得到政府的倡导与支持。另一方面，它又具有股份制的一些特点，如产权相对清晰、权益直接、风险共担、机制灵活等特点，相比于纯粹的公有制经济和个私经济而言，可以吸纳更多的社会资源，扩大企业规模，节约交易费用，提高生产效率，适应了生产力发展和市场竞争的要求。因此，在20世纪90年代初，股份合作企业发展较快。成为温州民营企业的主要组织形式。1993年温州市股份合作企业达到317万家，占全市工业总产值的56%。①

"挂户经营"的信用危机是股份合作制产生的动因之一，而股份合作

---

① 施端宁：《温州模式：转型时期的制度创新》，《社会科学战线》2003年第2期，第51页。

制异军突起的更主要原因还在于，股份合作制既适应经济取向的要求，又符合政治取向的标准，从而成为最受企业和政府欢迎的"公共选择"的产物。从经济利益角度看，对于企业而言，利润最大化是其主要目标函数，在收益既定的情况下就是成本最小化，不仅是生产成本还包括交易成本最小化。随着温州企业社会化程度提高，以及市场空间日益扩大和商业环境的复杂化，原来那种家庭企业的交易费用越来越高，而由家庭企业合并而来的"联户"企业的产生将会降低交易费用，这些联户企业就是股份合作制的雏形。同时，无论是节约成本还是扩大产出，技术进步都是必不可少的，相应的一定程度的资本积累也是必要的。尤其是在激烈的竞争压力下，温州农村工业化过程要在短短几年完成产业革命历史上需要几十年乃至几百年才能完成的技术进步过程。显然只靠家庭企业自身的积累不可能适应如此迅速的技术进步历程，通过兼并以实现资本的集中，在现实条件下也往往受到种种限制，而股份合作制则比较有利于融合和集中分散的资本。因此，股份合作制企业使多个业主的资本集中起来，既有利于引进先进的设备和技术，又可以通过扩大企业规模而达到规模经营和节约交易费用的目的。不仅如此，股份合作制企业可以使多种知识结构和能力结构的人才在资本联合的基础上合理组合起来，从而为企业效益提高奠定人力基础。

如果仅考虑经济利益，更有效率的产权制度应是私有企业或股份制，但是从意识形态与政治环境来看，股份合作制中"合作"成分使其成为集体经济的组成部分，从而在法律上处于社会主义公有制的主体地位，它的发展受到保护和鼓励。而私营经济在当时只是作为"补充"的一种经济形式，无论是宏观还是微观，从法律上说都不存在无限发展的可能性。人们往往会根据当时的意识形态约束给出一个所有制比重的大致限度。比如，在温州，一般而言，至少在市一级的范围内，非公有制达到50%以上甚至超过30%，即已被认为越过了社会主义所有制性质的阈值。而且，人们在观念上形成了"合作制=公有制=社会主义"的思维定式。因此，正是企业出于对这种政治取向约束性限制的反应，股份合作制就成为比私营经济更现实的选择。

对于政府而言，在政治任命制以及政绩冲动下，政府的目标函数中更偏好本地经济发展，而经济发展在缺少国有企业或大型集体企业的温州地区则更多地依赖于民营经济的发展，这种现状导致温州政府选择企业形式时更注重经济利益取向。但是，在社会主义大环境下，温州政府当然在关注经济取向时不能抛弃政治取向，尤其温州由于处于改革前沿一直在意识形态姓"社"与姓"资"的争论中，政治方向的把握无论对执政者还是温州改革的长期发展都至关重要，兼顾经济利益和政治利益目标使得政府主动选择股份合作制这种具有混合特点的产权制度。

3. 启示意义

通过对苏南模式和温州模式产权制度演化轨迹分析，我们从中得出一些启示：首先，无论是苏南模式产权制度的强制性制度变迁还是温州模式产权制度的需求诱致性制度变迁，行为主体都是基于收益成本计算或利益考量而发起制度变迁的。如前所述，苏南模式中的地方政府是因为乡镇企业能够提供其解决农村就业、社会福利、村镇建设的重要资金，能够增加财政留成和预算外收入，因此才会积极介入乡镇企业的发展，并创造出"模糊产权"这样的过渡性制度安排。同样，温州模式中的民营企业"戴帽"与"摘帽"也都是基于收益成本比较而进行的。在20世纪80年代计划经济占支配地位时，私营企业为了克服意识形态约束和不利政策环境障碍，戴上了"红帽子"，这时"戴帽"收益大于成本；但到了90年代末，社会主义市场经济体制已经基本形成，意识形态约束放松，制度与政策环境等也开始向私营经济倾斜，同时随着企业扩大和内部组织结构复杂化，由于产权不清带来的摩擦成本日益增大，这时"摘帽"就变得更划算了。也就是说，企业作为理性的经济人，无论是"戴帽"还是"摘帽"，都是出于成本收益的比较。当"红帽子"的净收益还为正时，国家和地方政府想要清理也清理不掉；但是当"红帽子"的净收益为负时，企业就会主动去"摘帽子"。

其次，无论是地方政府还是民营企业在进行制度创新中，不仅要考虑经济维度，更要考虑政治维度，尤其是意识形态的约束，而且意识形态约束也可被纳入收益成本分析框架中。在计划经济向市场经济转型过程中，行为主体所面临的种种意识形态约束往往会成为其进行制度创新的政治成本，即制度创新者在既定意识形态约束下要冒着突破计划经济思想和思维的羁绊所存在的犯"政治错误"的风险。正是出于对意识形态的考虑，传统苏南乡镇企业最初采用的是"模糊产权"形式的集体所有制，而随后一次改制中采用的是更符合传统意识形态的"股份合作制"。也是因为意识形态约束，温州民营企业在家庭企业规模不断扩大的情况下没有直接采用股份制而是采用"挂户经营"和"股份合作制"。温州模式从制度变迁方式看体现了更多的自下而上的诱致性制度变迁特点，但是不同于典型的需求诱致性制度变迁，关键在于其微观经济主体在长期受计划经济思想和思维支配的制度环境中推进制度变迁以寻求获利机会，必须"解放思想"，以突破计划经济思想和思维惯性带来的政治成本障碍。这使得温州模式在探索"解放思想"的摩擦成本（即政治成本）最小化的改革路径方面独辟蹊径，其中，"挂户经营"与"股份合作制"等都是在这方面具有代表性的制度创新，也是当时既定约束条件下成本最小化的制度安排。

最后，产权制度安排效率的相对性与适应性。任何一种产权制度的效率都要受到其制度环境的约束，这种制度环境既包括正式制度，也包括意识形态等非正式制度。由于制度环境是动态变化的，因此，具体制度安排的效率也就不会是绝对的，而是相对的。各种不同产权制度安排的效率取决于它与整个体制环境的适应性程度，最适应的产权制度安排具有最高的经济效率，随着制度环境的变化，各种产权制度安排的相对效率的排序也会发生相应的变化。"挂户经营"企业正如苏南模式中"社区政府共有"的集体乡镇企业一样，其产权也是模糊的，它主要盛行于20世纪80年代中期到90年代中期的市场经济不发达时期，这一时期正是计划经济体制转向市场经济体制的改革初期，在中国形成了一种"计划"与"市场"并存的"双轨"经济体制。在这种制度环境下，"挂户经营"这种企业组织形式也恰恰内涵着这"双轨"，契合了当时特定的制度环境，是当时最有效率的产权制度安排，因此得以迅速发展。而到了90年代后期，社会主义市场经济体制在中国已经基本建立，市场机制已经在资源配置中发挥基础性作用，"双轨"并为"单轨"，这时，"挂户经营"企业形式不再是最适应新的体制环境的产权制度安排，其弊端开始凸显为一种相对劣势，"挂户经营"企业纷纷开始进行产权制度改革。可见，产权制度要与制度环境相适应，主要与当时的经济自由化与市场化程度相适应。当经济自由化与市场化程度很低时，国家所有权安排或许会优于私人与集体所有权安排；当经济自由化与市场化程度为中间阶段时，集体所有权安排或许会优于私人与国家所有权安排；当制度环境接近于正常时（高度的经济自由与分权、相对成熟与完善的市场体系），私人所有权是最优的所有权安排。这也是田国强的"内生所有权安排理论"的核心内容，这一理论同样也揭示了制度效率的相对性与适应性特征，揭示了制度环境与外部环境的变迁是具体制度安排变迁的前提，也就是说制度安排的变迁要随着制度环境与外部环境的变迁不断进行动态适应性调整。

第二节 产权制度的内适应力不足：制度的非耦合与非协调

就制度而言，完整意义的适应性调整不仅意味着制度要具有外适应力，即随制度环境与外部环境进行适时调整，同时还要求制度结构内部各项制度要相互耦合与互补，即具有内适应力。同时，还要求制度在实质绩效上能实现"效率"与"公平"的均衡发展。通过分析我们发现，虽然体制转型中中国的企业产权制度具有一定的外适应力，但是在内适应力和实质绩效方面却存在很多问题。

任何一项制度安排都无法单独发挥作用，而是要和同一时空节点上的其他制度共同构成制度结构一起发挥作用，制度结构都是由众多的相互依存与相互关联的制度安排耦合而成的复杂的制度系统，制度效率不仅体现在动态上随外部环境进行适应性调整，更依赖于与同一时空节点上制度结构中其他制度的耦合情况。所谓制度耦合是指制度结构内的各项制度安排既无结构性矛盾，也不存在相互冲突和抵触，而是有机地契合在一起共同实现其核心功能并对主体行为形成激励与约束。[1] 制度耦合既包括正式制度之间的耦合，也包括正式制度与非正式制度之间的耦合。在我国国有企业改革中由于配套制度缺失，导致制度间无法耦合与互补，致使制度创新失败的例子很多，如1983年、1984年两步利改税的失败很大原因在于体制改革不配套，包括微观机制改革不到位、预算软约束等问题存在，单纯的税制改革的作用均难以完全发挥出来。1992年，全国范围内的国有企业开展了以"破三铁"为中心的企业劳动、分配和人事制度改革活动。但是，"破三铁"改革因没有相应的社会福利保障可能诱发社会动荡而在

---

[1] 袁庆明：《论制度的效率及其决定》，《江苏社会科学》2002年第4期，第36页。

刚开始不久就戛然而止。

我国企业产权制度调整中的内适应力不足主要体现在产权制度与外部竞争机制以及内部治理机制的非耦合；制度供求不协调，相关制度安排配套改革不到位。

一 产权改革、外部竞争机制、内部治理机制三者之间的非耦合

（一）三者之间的关系

国内学界对国有企业改革路径的争论非常激烈。产权论者认为企业的经营绩效取决于企业的产权结构，解决国有企业低效率主要途径是尽快推进产权结构的多元化和非国有化。非产权论或超产权论则主张完善企业内部治理结构和外部竞争机制。改革至今，决策层与理论界普遍认为产权改革是国有企业改革的重点，包括宏观层面的国家所有制结构调整和微观层面的企业产权结构改革。事实上，单纯的产权改革如果缺乏其他配套制度的改革，不仅无法达到预期目标，而且还会适得其反。

这三者之间不是矛盾和对立关系，而是补充和促进关系。虽然不同领域不同时期改革的侧重点有所不同，但是在任何时期任何领域要想使企业绩效提高以及三种机制有效运行，都离不开相互间的配合与协调发展。

产权改革有利于竞争机制的形成与完善。只有在企业内部产权结构合理、产权界定清晰以后，外部竞争市场的作用才能得以发挥。只有产权充分界定了，内部矛盾解决了，才有利用市场竞争的可能性。尤其在当今国际化、全球化的形势下，我国国有企业只有先练好内功，进行一系列制度改造，才能有效地迎接挑战。如果产权不明晰、主体不明确、内部治理混乱，参与市场竞争也会败下阵来。同时，市场竞争也需要独立的市场经济主体，而这又需要借助于产权制度的改革完善企业的产权结构安排，形成一套比较有效的激励约束机制，并使企业成为市场竞争的主体。

产权改革有利于企业内部治理机制的完善。企业内部治理结构是通过一套制度安排来支配和协调企业中投资者、经营者和职工之间的关系。它包括配置和行使控制权、监督和评价董事会、经理人员和职工、设计和实施激励机制。内部治理结构是以产权制度为基础的，国有企业产权归国家所有，名义上归全体人民所有，但实际上企业产权却缺少人格化代表，剩余索取权属于国家或代表国家的政府，企业经营者只享有控制权而无剩余

索取权,这种剩余索取权与控制权不对应导致经营者总是试图最大利用控制权获取实际的收益,甚至是非法收益,再加上治理结构本身缺陷如监督机制不健全,使得"内部人控制"非常严重,经营者侵蚀国家利益的情况时有发生。可见治理结构的改善进而国有效率的提高必须以产权结构的改革尤其是产权主体多元化改革为前提。

产权改革也离不开外部竞争机制的完善。没有完善的市场交易和竞争机制,即便是进行了产权变革,解决了经营者的内在激励问题,企业也不会取得好的经营业绩。竞争可以让经营者的能力和努力程度通过市场比较成为公开的和易识别的信息,以便更有效地监督和激励经营者。竞争也起到优胜劣汰的作用,迫使企业努力提高经济效益。同时,产权改革也离不开科学合理的企业治理结构。国有企业的低效率不仅在于其产权主体模糊与非人格化代表等因素,还在于其内部产权结构不合理,剩余索取权与剩余控制权不对应,导致政府、投资者、经营者、企业职工责权益不对等,内部人控制严重,这些归根到底是企业内部治理结构不完善引起的。可见,国有企业改革既需要借助于产权改革使得剩余索取权与剩余控制权对应,同时这也涉及对企业的内部治理问题,需要借助于股东会、董事会、监事会、经理层之间相互制衡的法人治理结构才能实现现代企业制度的这一目标。

总之,协调好产权改革、外部竞争机制、内部治理机制三者之间的关系,使其共同发展、相互促进是国有企业改革成功的保障。刘小玄指出:"没有真正的市场竞争,任何产权改革都无法获得成功……对于那些并非技术效率和产品创新而形成的垄断……加强公平竞争则是当务之急,是解决垄断市场上企业发展问题的关键所在。""没有产权改革,市场竞争无法在这些产业内有效地发挥作用,市场资源也无法做到合理化。在竞争性市场上,产权问题已成为发展的'瓶颈'和制约。所以,在这里,产权改革是最关键的。"[1] 杨瑞龙认为,要把国有企业变成真正意义上的市场竞争主体的话,首要任务是产权明晰化,要实现政企分离,还应该构建有效的治理机制来有效地约束经理人的行为,完善监控制度。[2]

---

[1] 刘小玄:《中国转轨过程中的产权和市场——关于市场、产权和行为、行为和绩效的分析》,上海:上海人民出版社、上海三联书店2003年版,第12—13页。

[2] 杨瑞龙:《企业产权制度的变革与公司治理结构的创新》,《唯实》2000年第3期,第11—17页。

（二）体制转型中三者之间的非耦合

体制转型中产权改革尤其是国有企业产权改革取得很大进展，通过分类改革战略，中小国有企业产权明晰进展较为顺利，但是，从战略角度或国家经济安全、政治稳定、意识形态角度考虑而对大型国有企业的改革，尤其是对大型国有垄断行业的改革进展较慢，这对构建公平竞争的市场体系带来不利影响。一些由国有企业改制重组建立的股份有限公司，在资产、人员、机构、财务等方面并未真正独立于控股公司。同时，我国上市公司股权结构向国家股严重倾斜，形成"一股独大"格局，它们和法人股一起在股权结构中处于绝对控股地位，体现了政府对股市的垄断。这种有悖于市场经济原则的做法给公司治理带来不良影响，一方面行政上的强控制导致政府对企业干预过多，使其无法按照市场规则运行；另一方面产权上的弱控制，如所有者缺位问题没有得到真正解决，对经理层的约束不到位，导致内部人控制严重且极具中国特色，即公司经理层既可作为国家股代表置小股东的利益于不顾，也可作为内部人不理会国家这个大股东的利益，从而造成既损害小股东利益又损害国家利益的行为事实。

我国上市公司的内部治理结构是股东大会、董事会、监事会对企业管理者进行内部直接监控的机制，它们各负其责，协调运转，相互制衡，是公司治理的主体。但是，在实际运行中，部分股东大会只是流于形式；董事会责任淡化，独立董事缺乏独立；监事会也形同虚设，其成员主要由公司职工或股东代表组成，在行政关系上受制于董事会或兼任公司管理层的董事；经理层缺乏有效的激励—约束机制，国有上市公司中的经理层大多是通过上级主管任命产生，而非通过经理人市场竞争胜出，即使是由董事会聘任的，也主要由国有大股东操纵。因此，我国许多国有企业中缺乏合格的企业家，存在着代理人缺位的问题。由于经理层掌握着筹资权、投资权、人事权等，并具有信息优势，对其也缺乏必要的制约机制，在产权改革过程中产生了严重的"内部人控制"。

我国外部竞争市场包括资本市场、产品市场与要素市场、经理人市场等发育不成熟，不利于垄断行业国企产权改革，也不利于内部治理。公司的有效运转，除了需借助于产权改革与内部治理外，还需要借助于外部治理机制。公司外部治理主要是基于市场竞争理论，通过公司外部市场体系提供充分的公司经营信息和对公司及经营者行为进行客观的评价与约束，从而形成一种竞争的市场环境和交易成本低廉的优胜劣汰机制，以达到对公司经营者进行有效激励和监督的目的。内部治理机制是以产权为主线，而外部治理则是以竞争为主线，对于企业的生存与发展而言，两者相互依赖，相辅相成。但是，目前在我国这三大市场均有待完善，如资本市场包括产权交易市场，目前其规模较小以及运行状态不规范等都难以支撑大型国有企业的产权交易和产权优化重组；产品和要素市场对国有企业的控制也难以发挥作用；我国的职业经理人市场目前也未建成，难以满足大型国有企业对职业经营者的需求。

资本市场包括产权交易市场，目前其规模较小以及运行状态不规范等都难以支撑大型国有企业的产权交易和产权优化重组。产权交易市场是对公司高级管理层进行约束和有效控制"内部人控制"问题的重要方式。在完善的资本市场上，当公司经营状况下滑、业绩不佳导致公司股票大幅下降时，一些股东可以通过购买公司股票、发动代理权竞争或敌意收购得到公司控制权，更换不合格的公司董事、经理。可见，公司控制权争夺则被视为一种制约经营者行为的有效手段，可以强制性纠正公司治理的低效率。但是我国的产权交易市场发展滞后，国有股一股独大，再加上大量的法人股存在，由于这两种股的剩余索取权与行使投票权的股东代表的个人利益没有直接联系，极易导致国有股的廉价投票权，即代表的投票权易于被收买，或代表并不认真地去行使其投票权，再加上流通股比例偏低与机构投资者不发达，使得许多上市公司在公司决策、信息披露等重大公司治理问题上出现不公开的隐匿行为，由于力量和规模较小，非流通股股东和机构投资者也不可能取得公司的控制权，也就无法避免"内部人控制"问题。此外，由于资本市场的不健全，上市公司和证券经营者内幕交易、操纵股价等违法违规行为大量存在，股价信号传递功能失灵，不能真实反映公司业绩，使投资者无法通过股价判断公司经营状况和评价经营者的能力和努力程度，因而也无法通过证券市场的收购接管机制来对经营者产生约束作用。

经理人市场是从外部监督公司的重要机制。一个完善的经理人市场可以通过经理人的"声誉"克服企业所有者与经理人之间因信息不对称而产生的"逆向选择"与"道德风险"问题，为企业所有者提供一个筛选与鉴别经理人能力和品质的制度。一个有效率的经理人市场主要通过公平竞争机制、信息传导机制和信誉机制发挥作用。① 由于经济体制深层次问题没有得到解决，我国国有企业远未成为市场经济的真正独立主体，职业经理人以其人力资本与企业所有者资本进行交换时其市场价值并不能真正体现。同时，国有企业经理人才选拔目前仍是非职业化的，经理人具有干部或准干部身份，而且其职位被竞争者替换的可能性很小，不完善的资本市场发育也直接制约了经理人市场的发展。

产品市场的充分竞争也可对经营者形成约束。企业绩效通过产品在市场中的竞争力强弱，如产品的市场份额、产品价格、利润等信息反映经营者的经营能力。产品市场的充分竞争促使经营者努力工作，改善治理机制，提高治理效率。目前，中国产品市场竞争非常不充分，不仅存在经济性垄断，而且还存在严重的行政性垄断。所谓的经济性垄断主要是指一些企业或企业集团，甚至个人，为维持垄断地位获得高额垄断利润而采取各种手段排斥与限制竞争的行为。我国的经济性垄断往往不是因规模经济和竞争自然生成，而是与规模不经济和市场集中度低相关，也就是说该集中的没集中，该竞争的没竞争。所谓的行政性垄断是指地方政府行政机关和国家经济管理部门凭借其经济管理权力，对经济活动进行排他性控制，排斥和限制竞争的行为。这种垄断主要依靠行政组织和行政手段的推动形成和运作，同时又融进了市场垄断的某些成分，是体制转轨过程中双重力量形成的特殊垄断。总体而言，由于竞争性市场不完备，我国转型期间，长期存在市场分割、地方保护主义、重复建设和各种进入壁垒。企业在资源配置的非市场导向以及市场垄断难以破除的情况下，缺乏竞争意识与竞争压力，不能迅速对市场需求作出反应，成本意识淡化，不能根据利润最大化原则作出决策，从而削弱了产品市场作为外部监控机制的作用。

二 制度供求不协调，相关制度安排配套改革不到位

从制度供需的角度看，目前我国转型时期制度供给过剩和制度供给不足并存，相关制度安排配套改革不到位。制度供给过剩是指相对于社会对制度的需求而言有些制度是多余的，或者一些过时制度以及无效制度仍然

---

① 张海生：《我国上市公司治理结构研究》，博士学位论文，武汉：华中科技大学，2008年。

在发挥作用。在中国，制度供给过剩的典型是行政审批制度。行政审批制度是计划经济体制的产物，为了完成国家赶超战略任务，保障各种资源流向国家扶持的重工业领域，国家的各项经济活动（如投融资、市场准入等）主要由政府主管部门运用行政机制进行审批、监管和处分。计划经济向市场经济转型期间，一些制度安排并未进行适应性调整，行政审批制度即是如此一项制度。

制度供给过剩与政府行为中的"创租"和"抽租"有关。"政府创租"是指政府官员利用行政干预的办法来增进私人企业的利润，人为创造租金，诱使私人企业向他们进贡作为得到这种租金的条件。"政府抽租"是指政府官员故意提出某些会使私人企业利益受损的政策作为威胁，迫使私人企业割舍一部分既得利益与政府官员分享。行政审批制度使得政府部门在履行管理职责时运用行政权力收取各种管理费用，以增加本部门的收入和个人利益，这客观上推动了行政机关及其公职人员将政府审批变为"寻租"工具。行政审批对我国企业产权改革的深入进行无疑起到了消极作用，是阻碍民营企业进入国有企业传统垄断行业的最重要的制度性壁垒之一。

近年来，国家进行战略性调整，虽然相对于计划经济时期放松了对民营企业的进入限制，但是国家对很多市场竞争程度较弱、有较大盈利空间的行业对民企并未开放，存在严重的进入壁垒。这导致民企被迫进入市场过度拥挤的行业。在我国，产业进入主要受计划经济及政策因素的制约，很多产业部门如石化、电信、航空、航运、电力、银行、证券等，主要由国有经济垄断，民营经济几乎无法涉足。主要在于制度限制，尤其是国家通过行政审批制或指令性授权等方式限制民营资本进入这些垄断性行业。具体而言，行政审批制度通过拖延时间、变相刁难、随意提高审批标准等手段，迫使那些试图进入市场的民营企业向政府审批部门行贿，这客观上提高了民营企业进入这些行业的"门槛"，产生了类似于土地私有制导致绝对地租的效应，使民营企业的产业准入受到限制。[1] 与其他经济形式相比，我国政府有关部门对民营企业投资资格认定、注册资本方式、用地指

---

[1] 杨天宇：《我国民营经济发展的制度性障碍研究》，《改革》2003 年第 6 期，第 29—33 页。

标落实、经营范围、投资项目等诸多环节设置更多的前置审批。据相关研究统计，在我国注册一个有限责任公司所费精力、时间、金钱等远远高于其他绝大多数国家，在东亚各国中，仅略低于越南。目前，虽然审批制将被核准制所取代，但核准制与审批制如出一辙。政府主管部门仍然可能在核准制下保留审批制的大部分行政权力。行政审批制度制约了民营企业的发展，也滞缓了整个企业产权改革的进程，助长了国有企业不思进取、只求获取国家"父爱主义"庇荫的依赖心理。

在制度供给过剩的同时，制度供给不足也普遍地存在。比如对国有企业产权改革的相关制度供给不足，虽然自20世纪80年代进行多方面改革，但是国有企业的产权结构仍然单一，占主导地位的产权主体仍是国家。即便是国有企业经过改制上市的股份有限公司，表面上是股权多元化了，但是实质上并非如此，上市公司的股权结构中分为国有股、法人股、个人股，其中前两者占股权总数的70%—80%，在股权比重上，国有股一股独大问题突出，可见，产权改革仍不到位。同时，由于政府改革不到位，政府职能转变缓慢，使得政府与企业关系一直没有理顺，政企难以分开，企业很难成为真正的市场主体。在国家重点监测的国有及国有控股的3117家企业中，国有绝对控股的就有2696家，占86.5%。而且，相当一部分股份制企业的董事长和总经理仍由上级党委政府组织人事部门任命和干预，因此他们只对政府和上级负责，不对企业盈亏负责。

再如，虽然国家对非公有制经济的意识形态已从最初的"夹缝中求生存"、到"作为公有制必要的、有益的补充"，发展到"作为社会主义市场经济的重要组成部分"，再发展到中共十六大报告中提出的"必须毫不动摇地鼓励、支持和引导非公有制经济发展"。但是，在实践中，非公有制经济在产业进入、市场准入、融资途径和条件等方面并没有与公有制经济享受同等的待遇。也就是说，打破所有制垄断与消除所有制歧视的制度环境（政策、政治制度、法律制度）并未确立起来，这不仅降低了意识形态解放的功效，而且也大大削弱了非公有制经济发展动力，进而影响社会整体福利的提高。比如，金融部门对民营经济的金融支持非常有限，民营企业贷款仅占银行贷款的32%，国有企业却获得了68%的银行信贷资金。证券市场的制度安排及严格的上市条件和审核程序使得民营企业很难到股市融资。同时，国家过分严格限制发展中小民营金融机构和民间金融获得，导致了民营企业融资渠道的狭窄和阻滞。随着民营经济的快速发展，融资难成为制约民营经济发展的瓶颈。

再比如，关于民营企业进入壁垒，除了行政审批制度供给过剩外，其他相关政策、法律、制度安排等改革不到位也是其形成原因。比如政府颁布政策法规禁止民营企业进入（如金融业）；或者政府实施严格的生产许可证，以排挤民营企业的生存空间（如汽车制造业）；或者规定民营企业的投资不得以营利为目的（如教育业），等等。这些制度壁垒成为限制民企进入垄断性行业的重要原因。与其他所有制企业相比，民企在产业准入上受到明显的不公平待遇。据调查，在国有企业准许进入的80多个领域中，外资企业可以进入的有60多个，占75%，民营企业却只可以进入40个领域，占不到50%[①]，而且只能局限在一些过度竞争的行业中。

此外，社会保障制度建设滞后，收入分配制度和政策严重缺位，户籍制度的障碍，信用制度的缺失，知识产权保护制度也没有建立健全，等等。这些制度供给不足，毫无疑问会给经济增长和社会发展造成延缓和障碍。

总之，制度供给过剩与不足意味着制度供给的不平衡，也意味着相关制度安排的配套改革没有跟上，这就需要针对具体情况对制度进行适应性调整，不足的补足、过剩的删除。制度供求不平衡要求更多的民众能够参与到制度制定过程中，建立完善的公共选择机制或民主化的利益表达机制，使得更多的制度需求被决策者所认知和接受。

第三节　产权制度的实质绩效不足：国企改革中的"效率与公平"目标失衡

制度绩效除了要具有形式绩效外，还需具备实质绩效，即制度本身内涵着对效率与公平的诉求，制度的实质效率就是指制度能否在经济绩效与公平绩效或政治与社会绩效之间均衡。适应性调整不仅意味着制度安排要

[①] 田纪云：《放手发展民营经济，走富国强民之路》，《理论动态》2002年5月30日。

具有动态适用性与静态耦合性，还意味着制度安排能够在适应内外环境与制度环境变化过程中还能很好地协调"效率"与"公平"之间的关系，以使社会福利最大化。然而，在体制转型过程中，国有企业却未能很好地处理二者关系，效率目标与公平目标的失衡表现得尤为明显。

一　国有企业的双重属性与双重目标

国有企业具有双重属性。一是营利性。即国有企业作为市场竞争主体通过向市场提供产品和服务以实现其利润最大化或成本最小化的经济利益目标。二是公共性。即国有企业为了社会公共利益而牺牲企业短期利益。如修正市场失灵、实现国家社会经济发展战略、改变经济结构失衡的状况、平抑经济周期波动、体现社会主义市场经济的特性等，这些体现了国有企业的社会目标或非经济目标。可见，国有企业的双重属性导致其具有双重目标，这双重目标可以简化为"效率"与"公平"目标。

国有企业的双重属性和双重目标使得一方面国有企业要承担自负盈亏、国有资产保值增值的责任；另一方面还要为宏观经济的整体运行提供良好的经济条件和环境。不同领域以及不同存在形式的国有企业对这两个目标侧重点不同，要区别对待。一般而言，对于那些政府不控股的分布在竞争领域中的国有企业，其主要目标相对单一，和一般性企业没太大差别，即以利润最大化为主要目标。而对于那些担负特殊职能的国有企业，亦即政府控股的分布在关系国家安全和国民经济命脉重要行业的国有企业，可能就会出现双重目标的冲突和矛盾。因为，这些领域的国有企业都是特殊的法人而非一般法人，应当具有特殊的权利和义务。这种企业不只具有经济目标，而是集经济、政治、社会、军事等多目标为一体的组织。当目标之间发生矛盾时，这类国有企业在人们的预期中往往应优先考虑政治、社会、军事等非经济目标，这是国有企业不同于一般企业的特殊性体现。这就会造成国有企业的特殊性与现代企业制度所要求的自负盈亏的原则之间的矛盾。

二　国有效率目标与公平目标的失衡

在现实中，国有企业的非经济目标与经济目标总是盘根错节地交织在一起。而且，在国有企业经营实践中还会出现目标错位，如从事经营性活动的国有企业不尽责地为国有股东牟利，出现企业"内部人控制"现象，企业经营者与职工"合谋"共同侵蚀股东利益；从事非经营性活动为主的国有企业因为追逐经济目标而背弃其非经济目标，如近年来发生的"中储棉"的巨额亏损事件、"中航油"的石油期货事件、"中国储"的铜期货事件、频频发生的国有煤矿的重大矿难事故等。

  国有企业的双重目标意味着国有企业必须接受双重绩效评价，它们又分属不同的层次。第一层次是市场评价和企业效率或竞争力评价，即要评价其作为一个企业的经营效率高低，是亏损还是盈利，是否具有市场竞争力等；第二层次是所有者利益评价，即国有企业作为特殊企业，必须评价其是否体现了国家意志和人民的整体利益要求。① 也可将这两个标准简化为效率标准和公平标准。一个高效的国有企业必须兼顾经济效率与社会公平或社会责任两方面，只有如此，该国有企业才真正具备了实质绩效。对于国有企业而言，第二层次更重要，也更能体现国有企业区别于一般企业的特殊性，也就是说，国有企业必然要承担国家和人民意志所赋予的责任，这是国有企业存在的根本理由。换句话说，如果否定上述第二层次的绩效评价要求，实质上就是否定国有企业存在的必要。虽然不能否认国有企业与非国有企业一样也要追求利润，但是却不能像后者一样以经济利益最大化为主要目标。对此，金碚曾言，"国有企业与非国有企业总是在形式相同的'躯壳'中，依附着实质不同的'灵魂'，因而其行为也必然各有不同的追求。"②

  依据双重绩效评价标准重新审视国有企业改革以来的成就，可以发现，总体而言，国有企业的经济绩效显著，经济效率明显提高，但是公平绩效实现得不够好，存在很大不足。从经济效率来看，国有企业改革经过了放权让利、承包制、产权制度改革一直到宏观层面的所有制结构调整等阶段，取得辉煌战果，解决了效率低下问题，提高了企业活力，保证国有资产的保值增值。国有企业的竞争力和实力大为增强，整体经济效益大幅度改善。企业数量减少但平均规模扩大，一些"新型国

---

① 金碚：《国企改革再定位》，《中国工业经济》2010 年第 4 期，第 35—36 页。
② 同上书，第 36 页。

有企业"①成为国内市场竞争中的"巨无霸",而且以令世界瞩目的姿态进入国际经济。国有工业企业数量从1978年8.37万个,最高到1995年11.8万个,下降到2003年的3.43万个。国有和国有控股工业企业的总产值却从1978年的3289.18亿元上升到2003年的53407.90亿元;固定资产净值从1978年的2225.7亿元增长到2003年的43667.3亿元,利税总额从1978年的79.7亿元增长到2003年的8451.7亿元,2003年国有企业户均利税是2464.1万元,是全国规模以上工业企业户均实现税金809.1万元的3倍。②可见,从国有企业总体规模、绩效和经济控制力等情况表明,我国国有企业改革的初步目标已经基本实现,经济效率非常显著。

但是,从公平绩效来看,却存在很大不足。重要的公共产品供给不足、改善市场运行秩序和产业组织结构方面发挥作用不够,以至于出现改制中国有资产流失与职工利益受损等问题,由行政性垄断获取高额垄断利润而诱发贫富差距加大,从而使其丢掉了"公平标杆"的职能,甚至还给社会带来负面效应,引起社会强烈不满。比如,有的国企高管与职工收入差距过大,呈现利益群体分化态势。据上市公司年报分析,208家国企高管与一线职工的收入差距,从2006年6.72倍扩至2008年17.95倍。调查显示,75.2%的职工认为当前收入分配不太公平。再如,垄断行业国有企业的工资和福利水平同一般竞争性行业差距巨大,成为中国收入分配差距扩大的诱因。2008年,石油、电力、电信、烟草等垄断行业的员工人数不到全国职工人数的8%,其收入却相当于全国职工工资总额的

---

① 新型国有企业包括两类,一类是产权改革滞后,但却建立了市场导向的管理体系的国企,这类企业大多是企业集团、控股公司,很多是处于战略性竞争产业中,其注册形式一般为国有企业、国有独资公司、集团公司或有限责任公司等,那些由于"拨改贷"以及戴"红帽子"而形成的国有企业大致也属于这类企业。现在,国资委直属的许多大型国有企业集团都可以归为这一类。另一类是形成了公司制的产权制度,但还没有真正形成市场导向的经营管理体系。这类企业也可以包括是竞争性行业中新成立、但经营管理体系建设滞后的股份有限公司、有限责任公司。而主要是处于自然垄断性产业或者部分战略性竞争产业,常常是整体上市的大型国有上市公司,由于占有资源的垄断性,没有竞争压力和动力来推进建立市场导向的经营管理体系,例如,我国通信、石化行业的上市公司,可以属于这类企业。关于"新型国有企业"的分析详见:金碚、黄群慧:《"新型国有企业"现象初步研究》,《中国工业经济》2005年第6期,第5—14页。

② 金碚、黄群慧:《"新型国有企业"现象初步研究》,《中国工业经济》2005年第6期,第13页。

60%。20 个行业收入差距为 4.77 倍，有的高达 10 倍。① 这样，尽管国有企业在承担社会责任方面总体上有较好的表现，但在担当"公平标杆"方面不仅未尽责，而且还产生负面效应。国有企业的这种行为受到广泛批评并引起中纪委的关注。温家宝总理在 2010 年的《政府工作报告》中明确提出，要"深化垄断行业收入分配制度改革。完善对垄断行业工资总额和工资水平的双重调控政策。严格规范国有企业、金融机构经营管理人员特别是高管的收入，完善监管办法"。

国有企业效率与公平绩效失衡的原因在于不平衡的制度约束，即行政垄断约束、财政资源紧张的约束、垄断性福利刚性约束。② 行政垄断是政府基于垄断租金最大化的利益诉求和机会主义而通过行政权力对不具备自然垄断特征的行业进行垄断经营，通过行政审批或管制等手段限制民营或社会资本进入，或利用权力搞地区封锁或强制交易。行政垄断导致企业效率低下，其经济目标无法实现；还导致政府失灵，政府行为越位、错位、缺位以及各种设租、寻租等腐败行为的发生，加剧了财富和收入分配不公，从而导致企业社会目标难以实现。

分税制以后，由于财权事权不对应导致地方财政困难，为解决这一问题，地方政府行为企业化，以积极发展经济为主，对自身及国有企业所应承担的社会责任尽可能回避。2005 年国有企业实现利润 9047 亿元，其中央企为 6413 亿元，占利润总额的 70% 以上，特别是利润排序前 10 名的央企利润占全部利润总额的 55%。③ 国有垄断利润增加了非垄断行业的成本，这也是对社会公众福利的侵蚀，并引发行业收入差距过大导致的社会不公。显然，垄断性行业作为一种"特殊利益集团"，已演化为奥尔森笔下的"分利集团"，它不是通过增加社会福利的总量而是通过占据已有总量中的更大份额来获得更大利益，其目标诉求既非单纯的市场化目标也非社会目标。除了垄断行业"特殊利益集团"外，国有企业的改革过程中还会造就其他利益集团，如企业外部的政府和银行，企业内部的管理层和普通员工层。各利益集团对国有企业双重目标侧重点不同：政府注重国企

---

① 金碚：《国企改革再定位》，《中国工业经济》2010 年第 4 期，第 40 页。
② 祝志勇：《国有企业的市场目标和社会目标相融性探析》，《财经问题研究》2007 年第 1 期，第 13—18 页。
③ 同上书，第 17 页。

在维护社会稳定、提供更多的就业岗位方面发挥重要作用，倾向于国有企业完成更多的社会目标；银行关注国企解决对银行的欠债问题，更倾向于国有企业更好地完成其市场目标；企业的管理层追求自身的利益最大化，行为短期化，出现了"设租""寻租""自买自卖""集中成批向非国有投资者转让国有产权"等现象，造成了大量的国有资产流失，企业的市场目标和社会目标在管理层这里常被其自身利益所替代。

上述约束条件说明，国有企业的社会目标没有实现，而其经济目标的实现更多地体现为一种"行政垄断利润"，而这种行政垄断利润又是以损害社会福利为代价。因此，国有企业双重目标的融合与实现依赖于政府行为转变和政府职能。通过政府体制改革使得政府的错位、越位、缺位得以纠正，用一个有限有效的功能型、服务型、责任型政府取代过去的管理型、权威型、全能型政府，政府逐渐退出对非关键、非特殊领域的国企的保护，其财政负担将会减少。

第六章　体制转型中政府行为的适应性调整

中国的体制转型具有明显的政府主导性特征。中国的改革方向、形式、路径以及改革时间表均取决于政府的利益目标及其效用偏好。政府在既定目标和约束条件下，规划体制改革，提供并实施制度供给。政府还通过行政命令、法律、法规等手段，设置制度进入壁垒，使制度创新活动被控制在政府所允许的范围内。虽然不可否认中国也存在着一定的由微观主体发起的制度变迁，但它要以政府有选择地放松制度准入条件为前提的，而且制度创新的范围取决于政府的效用与偏好。可见，不仅强制性制度变迁要通过政府强制实施，而且诱致性制度变迁也要通过政府放松约束才能得以实现。因此，分析中国体制转型过程不能不分析政府行为，我们既看到了政府主导制度变迁中的优势，如克服诱致性制度变迁的外部性和"搭便车"所引起的制度供给不足，减少摩擦成本，有利于社会稳定。同时也看到，由于统治者的偏好和有界理性、意识形态、官僚政治、集团利益冲突和社会科学知识的局限性等因素，政府主导性制度变迁也存在很多缺陷，比如过多介入企业和市场而导致的政府行为越位、缺位、错位；权力过大导致寻租和腐败发生，如行政性垄断、各种摊派等问题。

政府主导性制度变迁一直伴随着中央政府的放权改革，放权改革主要包括对地方政府的行政性放权、对企业的经济性放权、财政分权以及政治上的放权。中央政府的放权行为其实就是中央政府针对外部环境变化主要是市场化进程而基于自身利益目标和效用偏好进行的适应性调整过程。中央政府在具体选择行为策略时其目标函数具有综合性，包括经济增长、社会稳定、意识形态等内容。其中，意识形态在中国转型过程中具有特殊的约束作用，在某种情况下会成为压倒其他因素的重要因素。

由于中央的放权改革客观上造成地方政府权力增加和利益独立，使其从中央政府的行政隶属地位变成具有自身利益目标和效用函数的相对独立的行为主体，进而在制度变迁中开始分享中央的制度创新权，在逐利动机驱动下与中央政府在各个方面展开利益博弈。地方政府针对环境变化而进行的适应性调整的过程可以从苏南模式和温州模式的政府行为变迁轨迹中得以体现，由此我们得出了地方政府行为变迁轨迹的一般性规律，即"直接介入"——"间接推动"——"外围提供服务"的三个阶段。

在体制转型中，无论是中央政府行为还是地方政府行为都出现了既有促进经济和社会发展的正面效果，又有不利于经济和社会发展的负面影响，这就产生了诺斯所说的"国家悖论"。但是，这种中国式国家悖论不完全等同于"诺斯悖论"，后者在分析国家（或政府）悖论时没有对政府进行层级划分，只是针对中央政府而言，而且，它是立基于"经济人"假设，而对政府行为背后的制度因素较少关注。中国的转型实践揭示了政府"经济人"的假设固然具有说服力，但是，中国的政府行为悖论更多的是由于行为背后的"制度"所引发的，因此，我们又将其称为"制度性悖论"。"制度性悖论"的出现体现了在体制转型过程中政府行为由于制度约束没能针对制度环境的变化进行适应性调整，制度的无效导致了行为的无效。

第一节　体制转型中中央政府行为的适应性调整

30多年来中国经济体制改革取得的巨大成就都离不开中央政府的主导作用。体制转型或制度变迁本身意味着主体行为模式的变化。整个中国30多年来的改革过程一直贯穿的是中央的放权思路，虽然这其中也存在收放循环，但是仍以放为主线，放不是目标，而是手段，是一种策略；中央政府通过放权来消除计划经济时期集权带来的灾难性后果，也是中央对内外环境变化进行适应性调整的一种方式，其最终目标是在中国建立起社会主义市场经济体制。中央政府的放权行为自始至终都是围绕着外部政治经济环境的变化进行的，其放权的路径与方向在1978年改革开放以前，主要受制于计划经济体制的传统意识形态和政治经济模式影响，而改革开放后，则受制于市场化进程和中央在政治利益目标与经济利益目标间的均衡策略。无论改革开放之前还是之后，中央最高决策层关键人物的意识形态偏好对中央政府行为的影响作用不可低估。

放权改革是中央政府主动适应外部环境（包括经济发展状况、市场化进程等）而进行的，由中央政府作为"第一行动集团"而发起的一系列制度变迁本身就涉及放权改革，而放权的结果同时又构成了由中央政府、地方政府和非政府主体进行其他制度变迁的制度环境和约束条件。通过放权改革还改变了权力结构和利益结构，并重构了中央政府与地方政府之间的关系，催生了地方政府独立利益主体地位的形成，使其成为制度变迁中的主要发动者，并在自身逐利动机下和通过放权而形成的特定的制度环境下不断扩张地方自主性行为，最终导致既促进又阻碍本地经济社会发展的地方政府行为悖论，即地方政府的"制度性悖论"。

一　中央政府放权行为的主要内容

中央放权行为从经济角度看，主要包括行政性分权、经济性分权、财政分权三部分内容。行政性分权涉及中央把计划管理权和经济决策权下放到地方；经济性分权涉及中央政府将这些权力直接或通过地方政府下放到企业；财政分权包括中央政府主导的财税制度改革，主要有两步利改税、财政大包干、分税制等内容。中央放权行为从政治角度看，还包括立法权、干部任命权、地方自治权等的下放。

（一）行政性分权

在计划经济体制下，国家几乎包揽了一切，"一五"期间，中央集权的计划管理、资源再分配、利益分配等体制开始形成。国家不仅直接管理国有企业，还包揽了计划管理、干部管理、物资管理、工资分配、福利设施等各种权力。中央政府在财政体制上实行"统收统支"制度，所有财权都集中在中央手里。在"一五"计划时期，中央财政收入占总收入的80%，中央财政支出占总支出的75%。[1] 这种高度集中的计划经济管理体制导致"统得过多、管得过死"，使得地方经济活动的自主权及财权过小，造成企业效率低下；中央认为只有权力下放才能使现状得以改善，随

---

[1] 金太军、赵晖：《中央与地方政府关系建构与调谐》，广州：广东人民出版社2004年版，第165页。

后展开了行政性分权。

所谓行政性分权,是指在排斥其他社会集团政治参与的前提下,为了调动积极性和提高行政效率,在行政系统内部所实施的封闭的分权过程,即将权力下放给下级行政单位。① 行政性放权最主要的是20世纪50年代中后期到70年代的两次收放循环。

早在1956年,毛泽东在《论十大关系》中提出了向企业和地方放权让利的思想。1957年底,中央在毛泽东的倡议下决定以发动"大跃进"的行动来推动放权改革,但是,政治事态的变化使得向企业和职工放权让利最终变成权力下放给了各级政府。中央直接管理的大部分轻工业企业和重工业企业中的中小企业,下放给省级政府管理。同时还扩大了省级政府在物资分配方面的权限,在保证各企业完成国家计划的前提下,省政府有权在各企业间对企业物资进行数量、品种和使用时间方面的调剂;给予地方政府以企业部分利润分享权、外汇分成以及统购、统配以外的工农业产品价格管理权;下放企业的干部管理权,等等。

国家除了下放大批企事业单位外,还大规模下放计划决策权、基建审批权、物资分配权,不再强调中央与地方的"双轨制",而是要求建立"块块为主,条块结合"的计划体制,实行以地区综合平衡为基础,专业部门和地区相结合的计划管理体制。各地区在保证完成国家规定的生产建设和财政收入任务以及重要物资调拨计划的条件下,享有较大的计划、工业、基本建设等方面的管理权限。据统计,中央各部属企业、事业从1957年的9300多个减少到1958年的1200多个,下放了88%,中央直属企业的工业产值占整个工业产值的比重由39.7%降为13.8%。② 与此同时,1958—1960年开始展开工业生产建设的"大跃进",地方办起了许多"小、土、群"企业,以至于1957—1960年间,我国的全民所有制企业由49600个增加到96000个;集体所有制企业由119900个增加到158000个,其中社办企业为

---

① 李晟:《当代中国国家转型中的中央与地方分权》,《公共管理评论》2007年第1期,第126页。

② 赵德馨主编:《中华人民共和国经济史(1949—1966)》,郑州:河南人民出版社1989年版,第532页。

117000个。三年中增加的企业主要是地方工业企业。①

放权固然促成了一批重要的工业项目,工业物质技术基础有所加强,但由于放权速度过快,对中国经济建设造成严重危害。分权的同时并未引进市场机制,也未放弃宏观政策环境,在当时不合理的价格体系下,发展轻工业和农业的收益较低,地方政府选择了牺牲农业和轻工业以求发展重工业,结果导致轻重工业结构失衡、农业和工业结构失衡。分权不仅造成地区分割和各地区范围内的短缺经济,还使得中央综合平衡各地区、各产业和企业之间分工协作的机制受到极大损害,正是由于缺少相关配套制度的互补,才出现了1958—1961年分权后的混乱局面。

为消除分权带来的消极后果,随后的三年里中央开始对国民经济进行调整,重新强调集权。1961年中共八届三中全会正式批准了"调整、巩固、充实、提高"的调整国民经济的八字方针,并颁布《关于调整管理体制的若干暂行规定》,将管理权限集中到中央、中央政治局和省(直辖市、自治区)委三级组织。中央对下放的企业进行收回,并加强了计划、基本建设、财政、信贷、劳动工资、工业品生产资料流通的集中统一管理,执行"全国一盘棋,上下一本账"的方针。通过调整与集中统一管理,控制了经济下滑,使混乱的经济关系和经济秩序得到暂时调整。

但是集中又面临着信息和监督的问题,因此,在困难度过后,中央又开始进行分权改革。1969年"九大"之后,由于错估世界形势,中央要求各地建立独立的工业体系、建立"工业省","条条专政"转为"块块专政"。在1970年6—9月之间,把包括鞍钢、大庆等超大型企业在内的2400多家中央直属的企事业单位下放到地方,并对中央政府机构和人员进行大规模撤并、裁减;同时,扩大地方计划权、物资分配权和供应权、基本建设管理权等。这些举措虽然调动了地方的积极性,但也造成了地区分割与管理混乱。"文革"结束后两年,中央又开始收权,把重点企业收归中央管理,上收了部分财政、税收、物资管理权。

纵观新中国成立到1978年改革开放前的这段历史,中央政府的行为

---

① 李风圣:《中国制度变迁的博弈分析(1956—1989)》,博士学位论文,北京:中国社会科学院,2000年,第45页。

调适是在集权与放权的过程中演进的。一方面，集权有利于集中使用资源，统一指挥，提高资源使用率，但是由于信息不对称，管理人员低水平，理性有限导致计划编制的科学性和可行性受到质疑，导致地方和企业积极性缺乏；另一方面，放权可以激励地方政府的积极性，但是也促使其采取地方保护主义、排斥公平竞争，导致区域性经济发展的不平衡与中央财政收支的不平衡。两难困境导致对经济管理权进行"收"、"放"循环，以此来暂时维持中央与地方、企业与经济发展的相对平衡关系。

这个时期中央向地方的放权是中央政府与地方政府之间的"行政性分权"。中央政府对无数企业都亲自管理，由于信息不对称，对企业的控制成本、监督成本和协调成本远超出其能力所及；基于成本收益比较的"经济人"考量，中央政府发展一个委托代理链条并将其所辖企业交给代理人即各专业部门和地方政府去管理，前者为"条条"管理；后者为"块块"管理。行政性分权使得地方政府获得很多权力，如企业管辖权、计划管理权、固定资产投资权、物资分配权、财政税收管理权、信贷管理权等，但是企业的权利并没得到多少，地方政府得到权力后按照各自利益使用人力、物力和财力，各个地方工业自成体系，盲目建厂，原有的跨地区协调关系被打乱；由于改革破坏了计划体制的逻辑，相应配套措施又跟不上，国民经济综合平衡被打破，国家的宏观经济稳定遭到破坏，中央不得不收权。由此1978年前的两次行政性分权均出现"一收就死，一死就放，一放就乱，一乱再收"的体制怪圈。

从总体来看，"权力的扩散事实上是一种恩惠，而不是权利"。[①] 由于没有政治参与，权力的边界也未划清，中央政府根据自己的需要决定放权与收权，中央政府主要靠人事任免、组织纪律等手段来控制地方政府。一旦放权以后这种控制权减弱，地方政府就会与地方权势集团或地方精英合谋对抗中央政策。而一旦中央收回权力，地方则会丧失积极性，中央也将不堪重负。

这一时期的中央政府的放权与收权行为总是受到政治运动的影响，没

---

① ［美］丹尼尔·J. 伊拉扎：《联邦主义探索》，彭利平译，上海：上海三联书店 2004 年版，第 41 页。

有章法，并与实际经济运行状况严重脱节。同时，中央与地方经济关系的基本模式没有发生根本变化：从权力下放领域看，一般下放的多是经济管理的具体事权，而非经济计划和资源分配；中央财政管理体制虽几经修改，但中央高度集权的"统收统支"格局始终未变。究其原因，在重工业优先发展战略没有改变的情况下，中央需要集中有限的资源加速国民经济主导产业的建设，高度集中的计划经济体制就不可能根本改变；而且中央一直强调以阶级斗争为纲，没有把经济建设作为中心任务，这就使得中央政府的行为调整始终离不开政治运动中的高度集权和政治动员，而地方政府的切身压力也来源于中央的政治压力而非来自本身社会经济生活的压力。

（二）经济性分权

行政性分权以后，地方政府的自主权加大，地方具有自己独立的利益。但是作为市场主体的国有企业仍然处于计划控制下，自身不拥有剩余索取权和剩余控制权，依附于地方政府和各级主管部门，因此仍旧没有积极性。同时，行政性分权只是减少了中央政府直接经营管理的微观单位的数量，减小横向的管理幅度，借助地方政府实现对微观单位的监督，地方政府与企业间仍然存在着信息不对称和责任不对等的问题，二者之间仍然存在委托代理问题。

解决地方政府与企业间的问题需要引入市场机制。计划经济下的分权改革虽没有完全解决公共经济管理中的信息和监督问题，但是却为市场机制的引入提供条件。分权使得地方政府成为相对独立的利益主体，又在一定程度上造成结构性的短缺经济，使得各地区在客观上需要互通有无，为追求自身利益，各地区相互之间逐渐形成等价交换的市场关系；同时，分权还赋予地方发展经济的积极性，为解决本地经济效率低下、企业亏损严重等问题以及加快本地经济发展，当地政府将积极引入市场机制。在1978年改革开放前，中国经济管理体制既历经了中央高度集权的部门"条条"管理为主阶段，也经历过地方政府"块块"管理为主的阶段，还尝试过不同程度的"条条"与"块块"相结合的管理体制，都未达到预期效果。随着20世纪70年代末国家把重心转移到经济建设上来，中央政府的放权行为也开始侧重向企业放权，以放权让利为核心的国有企业改革拉开序幕。王绍光总结，毛泽东的分权是为了替代苏联模式的中央计划体制，而邓小平的分权则是从统制经济过渡到市场经济的必由之路。①

新中国成立以后到改革开放之前，国有企业是一种集权式的产权结构，产权国家所有，国家对企业的决策权、监督权和剩余索取权高度集中于行政实体。改革之初，囿于理性认识的不足，只将国有企业存在的问题归咎为企业自主权不足和激励不足，因此，最初改革的主要思路是放权让利，就是指企业在保证完成国家下达的各项经济计划的前提下，实行企业利润的留成。

20世纪70年代末，扩大企业经营自主权成为经济性放权的开端。1979年5月，中央选择8家企业实行企业利润留成试点，截至1980年6月，全国已有6600个企业成为扩权试点，试点企业约占全国预算内工业企业总数的16%、产值的60%、利润的70%；② 同时，企业责任也增加了，如国有企业实行流动资金全额信贷管理，以前由财政负担的资金供应责任开始下放给企业。允许企业在完成国家计划的前提下自主进行产供销活动，这为市场机制的发育提供可能。

企业权利的扩大有助于提高决策效率和企业经营效率，但也使得政府和企业间的信息和监督问题加剧，造成企业权责不对等，并给政府财政造成巨大压力。1979年、1980年、1981年连续三年国家财政逐年下降，占国民生产总值的比重分别为27.6%、24.3%和22.8%。③ 放权让利改革没有形成对称的权责关系，政府权力缩减但却还要对企业负无限责任。为解决权责不对等问题，1980年，一些国营企业实行经济责任制，1981年在全国推广。所谓的经济责任制就是要求在国家与企业的关系上强调责权利相结合，企业把对国家的经济责任放在首位。经济责任制虽然带来了国家财政收入的明显上升，但却又导致了全国经济秩序的混乱并形成物价飞涨的局面。

为规范政府与企业间的利益分配关系，国家于1983年、1984年进行"利改税"。"利改税"的目的是在稳定国家财政收入的前提下扩大企业自主权，但在实行过程中出现了一些企业截留国家收入、滥用国家资金等情

---

① 王绍光：《分权的底限》，北京：中国计划出版社1997年版，第40页。
② 金太军、赵晖：《中央与地方关系建构与调谐》，广州：广东人民出版社2005年版，第194页。
③ 国家统计局编：《中国统计年鉴》，北京：中国统计出版社1992年版，第21页。

况。1985年又实行了"拨改贷"改革，企业需要承担税收和还贷双重任务，不仅加重企业负担也使国家财政面临不利处境。

1986年，依据所有权与经营权分离的理论，国家对国有企业实行承包制改革，到1987年底，全国国营企业承包面达到78%，大中型企业达到80%。[①] 承包制的基本原则是"包死基数，确保上交，超收分成，欠收自补"。

承包制使企业的多项自主权得到有效落实，减少了政府的随机干预，既保证了国家的财政收入，又使得企业获得了较高的利润留成率，从而改善了国家、企业和职工间的分配机制，较好地调动了经营者的积极性，提高了企业的经营效率和经济效益。但是，经营承包制并未从根本上弥补国有企业原有的缺陷，还出现了一些新的问题。例如，因信息不对称造成的企业承包合同中责权利的严重不对称而导致企业由承包者"内部人控制"，进而导致国有资产的流失。关键在于，经营承包制非但不能解决国有企业中原本存在的预算软约束问题，反而因经营权向经营者转移而使问题更严重，企业行为短期化日益明显，企业负盈不负亏成为普遍现象。

由于中央政府的这些放权行为并未解决国有企业的根本问题，自1992年起，国有企业的改革进入一个历史新阶段，即由偏重于放权让利的政策调整为着力于企业制度创新，进入逐步建立适应社会主义市场经济需要的现代企业制度的新阶段。

1992年10月，党的十四大把建立社会主义市场经济体制确定为我国经济体制改革的目标。1993年11月，中共十四届三中全会通过《关于建立社会主义市场经济体制若干问题的决定》正式提出，国有企业要"着力进行企业制度的创新"，并把建立符合"产权清晰、权责明确、政企分开、管理科学"的现代企业制度作为我国国有企业改革的方向。1997年9月，中共十五大进一步肯定了现代企业制度的方向、公有制实现形式多样化、"抓大放小"等内容。1999年9月，中共十五届四中全会通过《中共中央关于国有企业改革和发展若干重大问题的决定》指出，从战略上调整国有经济布局，推进国有企业的战略性改组。这些举措其实都是政府经

[①] 谢庆奎等著：《中国地方政府体制概论》，北京：中国广播电视出版社1998年版，第68页。

济性放权行为，而且与之前的放权有质的区别，它从产权角度界定了政府与企业的关系，在政治与行政逻辑之外建立了独立的现代市场主体，显然不同于前期的放权改革。

（三）财政分权

所谓财政分权主要是指财政收入和财政支出在中央政府和地方政府之间的权限划分。作为我国财政体制改革的一项重要内容，财政分权的内容并不只是财政收支的划分，还包括事权与财权的划分以及上下级政府间的决策机制等内容。

新中国成立以来，我国的财政税收体制大致经历了1978年之前的"统收统支制"、1978—1993年的"财政包干体制"和1994年后的"分税制"三个阶段。

1978年前，我国实行高度集中的计划经济体制，中央与地方的经济利益关系在很大程度上体现为"条条"与"块块"的关系。与这种高度集中的计划经济体制相配套的财政体制被称为"统收统支"体制，所有的财政收入和支出都由中央政府控制，各级地方政府没有自己的财政预算，这一体制被延伸到国有企业和集体企业。统收统支是一种单向依赖的财政体制，地方对中央高度依赖，地方政府既没有收入权，也没有自主支出决策权，在新中国成立初期虽然这种体制对于调动全国资源起到了较大作用，但是其弊病随后开始凸显。地方政府由于上缴与所得差距过大丧失了积极性，中央政府由于信息劣势导致其供给不能反映地方居民的偏好，资源误配的机会增加，也增加了制度成本。

1978年中央开始进行财税体制改革。财政体制改革成为整个经济体制改革的突破口。财税体制改革以放权让利为突破口，在改革初期以"利改税"和财政管理体制改革为主要内容，以规范国家与企业、中央与地方的分配关系为目标，旨在调动企业和地方建设社会主义市场经济的积极性。

20世纪80年代，财政管理体制改革先后经历了"分级包干"、"分税包干"和"中央地方大包干"财政管理体制三个阶段。1980年的财政管理体制是"划分收支，分级包干"，由中央单独的"一灶吃饭"改为中央与地方的"分灶吃饭"，主要依据经济体制和企业隶属关系，划分中央和地方财政的收支范围。1985年实行"划分税种、核定收支、分级包干"的"分税包干制",即以税种划分收入为依据,重新划分中央和地方财政收入,将国家财政收入分为中央财政固定收入、地方财政固定收入、中央和地方共享收入三类。分税包干制的缺陷是"鞭打快牛"。于是,在1988年实行"中央地方大包干"财政管理体制,即中央对不同地区采取了"收入递增包干"、"总额分成"、"总额分成加增长分成"、"上解额递增包干"、"定额上解"、"定额补助"等办法。[①] 这一改革一方面打破了财政统收统支的格局,另一方面提高了地方财政在国家财政中的比例但致使中央财政权限受到削弱,中央政府行为能力与调控能力明显下降,1993年,中央政府的财政收入只占全国财政收入的22%,比1980年放权让利时还低2.5个百分点[②]。

国家财政汲取能力的显著下降促成1994年的分税制改革。分税制的本质在于分权、分税、分设机构。其主要内容包括:按照中央与地方的"基本事权",划分各级财政的支出范围;根据事权和财权统一原则,合理划分中央与地方收入,合理划分税种,把税种划分为中央税、地方税、中央与地方共享税;建立中央与地方两套税务机构分别征税,国税局负责征税中央固定收入和共享收入,地税局负责征税地方固定收入;税收返还承认现状,根据1993年中央从地方净上划的收入数额确定税收返还数额。

分税制的实行是在税制改革的基础上进行的,1994年,税制改革以"统一税法,公平税负,简化税制,合理分权"为指导思想,构建以流转税和所得税为主体,辅之以若干辅助税种的较为规范完整的符合社会主义市场经济要求的复合制税收体系。基本实现了财政收入的法制化和规范化,建立起以税收收入为主体、辅之以必要的非税收收入的财政收入制度。

与此同时,国家还以公共财政为导向,大力调整财政支出结构。在传

[①] 收入递增包干是指以1987年决算收入和地方应得的支出财力为基数,参照各地此前年份的收入增长情况,确定地方收入递增率和留成、上解比例;总额分成是指根据之前两年的财政收支情况,确定收支基数,以地方支出占总收入的比重,确定地方留成和上解中央比例;总额分成加增长分成是指在总额分成办法的基础上,收入比上年增长的部分,另加分成比例;上解额递增包干是指以1987年上解中央的收入为基数,每年按一定比例递增上缴;定额上解是指按原来核实收支基数,收大于支的部分,确定固定的上解数额。定额补助是指按原来核定的收支基数,支大于收的部分,实行固定数额补助。魏礼群主编:《中国经济体制改革30年回顾与展望》,北京:人民出版社2008年版,第137页。

[②] 国家统计局编:《中国统计年鉴》,北京:中国统计出版社1999年版,第267页。

统体制下，财政支出"缺位"、"越位"并存，其弊端日益显现，一方面，财政供给范围过大、包揽过多，过多流向了竞争性生产建设领域，远远超出了政府职能范围；另一方面，在政府理应承担的领域支出不足，如一些社会公共产品和服务以及国家重点支出项目，包括三农发展、公共教育、医疗卫生、社会保障、基础设施建设、环境治理与保护等。1998年以来，公共财政不断调整和优化支出结构，减少并逐步退出对一般竞争性、经营性领域的财政投入，重点保证公共产品和公共服务领域的支出需求，推动财政支出重点向困难地区、行业和群众倾斜。[①]

（四）政治上的放权

从政治角度而言，中央的放权包括立法权、干部任命权、地方自治权等的下放。这些权力的下放涉及中央政府与地方政府间政治关系的变化，同时，由于经济性放权，政府开始逐渐从微观经济领域撤出，政府职能发生变化，政府机构也随之调整。

经济基础决定上层建筑，传统的计划经济体制也必然决定了政治权力向中央集中。高度集权的计划经济体制通过部门管理和指令性计划，实行中央对经济的全面管理和直接控制，企业管理权限过分集中于政府，地方行政权限过分集中于中央，最终形成了中央高度集权的政治管理体制。

政治管理体制的集权性主要体现在：在行政管理权限上，中央与地方是控制与被控制的关系。中央行政机关对地方行政机关拥有广泛的行政领导权，而地方政府对地方事务缺乏行政管理自主权；在干部人事管理上，实行党管干部和下管两级制度；在立法权限上，地方没有立法权，只有民族自治地方有权制定自治条例、单行条例；在党政关系上，权力过分集中于各级党委；在国家与社会、政府与企业关系上，权力过分集中于国家或政府手中。总体而言，在高度集权的政治体制下，中央与地方之间的委托代理关系基本上是一种命令与服从、指令与执行、控制与被控制的关系，中央政府对地方政府的干部有委任和调动的全权，对地方政府的管理活动有强制命令的决定权，对地方政府行为有随时制止和纠正的行政干预权；地方政府只是中央政府的执行机关，并非真正意义上的一级公共事务的管

[①] 魏礼群主编：《中国经济体制改革30年回顾与展望》，北京：人民出版社2008年版，第141—143页。

理主体。

中央集权体制在新中国成立初期，显示出较强的资源配置和动员能力，对于巩固新政权和开展大规模经济建设起到了积极作用。但是，随着新政权的巩固和政治经济形势的变化，中央与地方的政治关系并未针对变化了的外部环境进行适应性调整。由于地方缺乏行为自主权，在贯彻中央精神过程中，难免出现生搬硬套和教条主义倾向。由于对上层负责，导致决策缺少针对性和可行性，失误较多。中央高度集权还造成个人专断、官僚主义、机构臃肿、层次重叠、人浮于事、工作效率低下等弊端，并不断滋生各种腐败和特权现象、不正之风等。[①] 十一届三中全会后经济体制改革也推动政治体制改革。除了精简机构外，1982年《宪法》在多处涉及中央与地方政治关系的调整，主要还是中央放权。

首先，在中央与地方关系上，规定了中央与地方国家机构职权划分的总原则，扩大了地方政府的某些职权。《宪法》规定："中央和地方的国家机构职权划分，遵循在中央的统一领导下，充分发挥地方的主动性、积极性的原则"，这就为放权改革的实施提供了重要的法理依据。《宪法》还用列举式规定了国家行政机关（国务院）以及中央和省、自治区、直辖市的国家行政机关职权的原则划分。新修订的《中华人民共和国地方各级人民代表大会和地方各级人民政府组织法》也通过采取列举的方式，规定了地方各级政府的职权范围，这实际上确认了地方政府具有相对独立的公共事务管理职能，这些规定扩大了地方政府的某些职权。其次，对中央一级立法体制进行改革，确立了"全国人大/国务院/省级人大和政府/省级政府所在地的市和国务院批准的较大的市的人大和政府"的四级立法体制，扩大了地方立法权。最后，在干部人事方面，中央下放和扩大地方政府的干部管理权限，将中央的干部管理权限由过去的下管两级改为下管一级。此外，还扩大了民族自治地方的自治权；对于历史遗留的港、澳、台问题，为实现国家的和平统一，中央还提出"一国两制"构想。

政治上的放权使中央政府与地方政府的权力结构发生了重大的变化，使得传统单一的中央高度集权模式，被多元化的、中央集权与地方分权并

[①] 金太军、赵晖：《中央与地方关系建构与调谐》，广州：广东人民出版社2005年版，第181页。

存的新格局所取代。原有体制下中央高度集权、管得过死的状况，以及地方政府权力与职责长期背离的状况有所改观。但从总体上看，80年代以来的放权主要是体制内分权，中央与地方政治关系的整体框架并未触动，仍然表现为中央对地方实行严格的政治控制，如中央政府控制着对地方政府的干部任命权、行政权和立法权；这样，中央与地方的关系中，中央将微观经济管理权下放给地方政府，而绝大部分行政管理权仍由中央政府控制。

通过行政、经济、财政以及政治上的放权行为，在国内政治经济权力格局上形成了经济上分权与政治上集权的混搭模式，这成为20世纪80年代以来中国体制转型的最重要的外部制度环境。它不仅影响着地方政府行为和企业行为，而且成为其他制度变迁的重要约束条件。一方面，行政性分权和经济性分权可以充分调动地方政府和企业的积极性，在一定程度上解决了委托代理问题。同时，政治上的权力集中可以有效控制经济体制改革过程中因利益调整而发生的利益冲突和矛盾，从而保持转型时期的社会稳定。但另一方面，经济分权与政治集权也可能引起地方行为自主性非合理扩张并诱致许多社会经济问题，如城乡收入扩大和地区间差距扩大、公共品供给不足以及地方保护主义、市场分割、重复建设、上下级政府对事权的推诿、政府行政的商业化和机会主义倾向以及地方政府预算约束的软化等问题。[①]

二 中央放权行为中的适应性调整

制度是一种约束与规范人类行为的主观与客观相结合的产物。制度变迁缘于外部环境变化导致制度不均衡与潜在获利机会的出现，制度变迁能否真正发生在于变迁主体的潜在收益与成本比较孰大孰小。制度变迁往往是在既定制度环境下进行的，但是，一旦既定的制度环境本身已成为主体获得潜在利益的阻力，那么在既定制度环境下的制度变迁效果将会大打折扣，这时就需要能够主导局势的行动者高瞻远瞩果断打破原有的制度环境，给其他制度变迁提供新的环境保障。中央放权改革本身构成其他制度

[①] 姚洋、杨雷：《制度供给失衡和中国财政分权的后果》，《战略与管理》2003年第3期，第27—33页。

变迁的外部环境，同时它本身也受到所处阶段的政治经济制度及客观经济现实的约束。

总体而言，中央政府的放权改革是与我国各个阶段的经济制度相适应的，其放权进程也受制于当时宏观经济制度框架和官方意识形态。中国的经济改革一开始并没有明确的目标模式，而是随主客观情况的变化而不断修正和调适，大致经历了以下几个阶段：1978年以前是完全的计划经济时期；1978—1979年是计划经济为主导，利用商品交换价值规律时期；1979—1984年是计划经济为主，市场经济为辅时期；1984—1987年是有计划的商品经济时期；1987—1989年是国家调节市场，市场调节企业时期；1989—1991年是计划经济与市场调节有机结合时期；1992年至今是社会主义市场经济时期。中央政府的放权改革基本上是对应上述经济体制的阶段性而调整的。行政性分权对应的是1979年前的计划经济时期；行政性分权与经济性分权（主要是对企业的放权让利改革）对应的是1979—1991年的计划经济与市场经济并行的经济"双轨制"时期；较彻底的经济性分权（主要指国有企业产权改革）对应的是1992年至今的社会主义市场经济时期。① 总体而言，中央政府的放权行为呈现出中央政府主导下的市场导向性特征。② 放权的方向是市场化，但其进程由是中央政府主导，其目标是发挥中央、地方、企业三方积极性，最终形成一种政治上相对集中和经济上相对自主相结合的政治经济结构。

（一）1979年以前的行政性放权适应于计划经济体制下政经高度一体化的社会结构

1979年前的放权改革之所以出现"死乱循环"，在于这一时期的计划经济体制形成了政经高度一体化的社会结构。计划经济就是由中央政府运用行政手段将全国资源集中于中央，再由中央制订全国统一的指令性计划来决定资源的配置，然后按照计划指标进行分解并用指令方式层层下达到基层，由基层单位负责执行。在计划经济下，地方政府并不具备独立利益主体的地位，缺乏经济管理权力和资源配置功能，它只承担着计划维护的

---

① 金太军、赵晖：《中央与地方关系建构与调谐》，广州：广东人民出版社2005年版，第304页。

② 刘承礼：《理解当代中国的中央与地方关系》，《当代经济科学》2008年第5期，第31—32页。

职能，其最基本的职能就是管理和经营所属的企事业单位，完成国家计划。地方政府的政绩也只表现在对中央计划的执行程度上。地方政府行政管辖范围内的经济，只不过是中央计划经济的一种空间分布形态，与地方政府无直接的利害关系。① 在计划经济体制下，政府通过"无所不包"的计划指令，对企业实行财务"统收统支"，产品实行统购统销，劳动力和物质技术统一分配，并直接决定企业的投入和产出。

这种政经高度一体化的组织形式和社会结构使得中央政府在放权过程中成为调整中央与地方关系的唯一变量，地方、企业均无博弈权，中央与地方之间的关系是单向度的命令与服从的关系。放权改革完全由中央政府推动，由于没有第三方的约束与制衡，集权还是分权由中央自己说了算，主要是根据经济情况和主要决策层的利益偏好和意识形态偏好来决定。如果集权导致僵化，中央就会放权；反之，则集权。毛泽东在谈论治国之道时曾说："我没有什么经验，就是中央集权多了，我就下放一点，地方分权多了，我就收上来一点。"② 在"收放"循环中，地方政府实际上并未得到太多权力：从1949—1976年，地方政府在税收征集和财富分配等方面都没有自主权；把企业下放给地方时，基本上都没有把这些企业的收入下放给地方，而仍是由中央保留对这些企业绝大多数的收益索取权，即便在最盲目的"大跃进"时期，中央仍然控制着下放企业利润的80%。③

显然，在经济权力和政治权力高度一体化以及意识形态未解封之时，中央的放权改革无法改变地方政府对中央政府的隶属关系，这时的放权改革只是计划经济的内部调整，其根本原因在于分权改革目标仅限于行政性分权而不是市场为目标的经济性分权，集权或分权的结果只能导致"条条"专政与"块块"专政间的循环，企业或者面对中央政府或者面对地方政府，无法成为具有独立市场意志的微观经济主体；因此，这时中央的

---

① 周振华：《制度变革与经济增长——中国经验与范式分析》，上海：上海三联书店、上海人民出版社1999年版，第140—141页。
② 金太军、赵晖：《中央与地方关系建构与调谐》，广州：广东人民出版社2005年版，第255页。
③ 张军、漫长：《中央——地方关系：一个演进的理论》，《学习与探索》1996年第3期，第5页。

放权改革仅仅是一种"内因型行政关系权力调整",① 即这种调整是由于行政机构因行政体系内部主体或客体发生变化而进行的局部调整,不涉及党与政府、企业、群众团体等之间如何进行职权划分的问题。由于缺乏必要的社会政治经济条件,结果极易陷入"放乱收死"的恶性循环。可见,改革开放前的中央放权行为受制于当时的计划经济体制环境和意识形态约束,未能有效突破。这时急需政权力量或关键人物能够打破既有环境约束,给进一步的制度创新提供空间和契机。

(二) 1979—1992 年行政性放权与经济性放权并存适应于经济体制的"双轨制"

党的十一届三中全会后,我国的制度环境发生很大变化,经济体制由以计划为主市场为辅逐步转向以市场为主计划为辅,市场化改革成为推动中央政府放权的动力,而市场化进程则成为约束放权进度的重要制度环境。

1978—1992 年,中国处于计划向市场转型时期,也是不完全的市场经济时期,此时的经济体制"双轨制"影响了中央的放权思维和行为,由单纯的中央向地方政府进行的行政性分权转向分别向地方政府和企业放权,即行政性放权与经济性放权并举。一方面,国家向国有、集体企业放权,进一步明确了企业在生产计划、产品购销、定价、资金使用、工资分配、横向经济联合等十项权力,扩大企业的经营自主权,同时逐步弱化"条条"专政,放开大部分经济活动,大幅度削减指令性计划。逐步放开价格,到 1992 年政府定价仅有 5%,中央直管企业到 1985 年仅占企业总数的 1%。另一方面,中央在赋予企业自主经营权同时还继续向地方政府放权,使得地方获得前所未有的财权、计划权、基建投资审批权。

这一时期的放权改革较前期步伐大得多,但是放权效果却好坏兼有。中央持续的行政性放权和"分灶吃饭"财政体制使得地方政府权力大增,拥有了投资决策权、物资调配权、金融控制权和财政管理等大权,已不再是被动贯彻中央政府行政命令的附属组织,兼具了区域经济调控主体和经济利益主体的双重角色。中央与地方关系也由单纯的命令服从关系转向利

---

① 时和兴:《论当代中国行政改革中的权力调整》,《社会科学战线》1994 年第 5 期,第 91 页。

益博弈关系。地方政府积极介入地方经济发展过程，充当起转型期间制度创新的"第一行动集团"角色，推动地方经济高速发展和市场化进程不断前进。但是，由于此次放权改革的宏观制度环境背景是不完全的市场经济或"双轨制"经济，在这种经济体制下，企业无法从市场上获得全部资源，需要借助于地方政府通过制度创新与权力中心进行博弈以扩大区域市场空间，因此，企业离不开政府；同时，地方政府出于地方经济收入最大化、本人的政治晋升与收入最大化的考量，也不愿意放弃国有企业，这就导致中央的经济性放权在地方政府手里被截留，地方政府由此而变为地区内公有经济的真正所有者，分权把企业从原来中央政府的附属物变为地方政府的附属物，计划经济时期高度统一的政经一体化也被分解为若干分散的政经一体化。地方政府的双重角色和政企难以分开的制度环境使得地方政府在积极推动制度创新追逐地方利益时常常会侵蚀国家整体利益与其他地区利益，导致市场分割、重复建设、恶性竞争、对中央政策采取机会主义策略等问题产生。

　　经济体制决定着特定历史条件下社会利益结构及政府间利益分配制度，而财政制度变迁实质上是财政活动中各利益主体共同参与的新的游戏规则下的利益重新整合，最终建立新的规则的过程。计划经济体制下的"统收统支"单向依赖的财政制度导致资源配置的低效率，随着制度环境的变化，财政体制由计划经济时期的"统收统支"体制转向"双轨制"经济时期的"分灶吃饭"，最终过渡到与市场经济体制相适应的"分税制"。"分灶吃饭"与计划和市场两种资源分配方式的混合状态——"双轨制"相适应。与"双轨制"经济相适应，中央政府通过财政体制的"分灶吃饭"和其他分权举措将经济的剩余分享权和控制权分配给地方，这种财权、事权的分工是以承认地方利益为前提，这就使中央与地方的关系从单纯的上下级关系逐渐接近于对等的契约主体，这种变化是符合计划经济向市场经济转型大方向的。"分灶吃饭"是中央政府为调动地方积极性而采取的主动改革，尽管在一定程度上推动了计划经济向市场经济的过渡，但其存在的经济基础是"双轨制"的经济体制；而且"分灶吃饭"由于相关配套制度不健全以及地方政府的机会主义行为最终导致中央财政收入在整个财政收入中所占比例逐渐下降。随着社会主义市场经济体制的推进，"分灶吃饭"必将被新的制度所代替，这就是"分税制"。

总之，改革开放以来至1992年前中央的放权改革是针对经济体制的"双轨制"而进行的适应性调整，由于计划经济与市场经济并存以及传统意识形态的影响，中央的放权仍局限于放权让利式的改革，尤其是对国有企业的改革，从放权让利、经营责任制、利改税到承包经营制，都只是涉及如何改善企业经营，如何更好地在国家与企业间进行利润分配，而没有涉及国有企业低效的根本原因——产权制度。同样，"分灶吃饭"的财政体制也是局限于中央与地方如何划分收支，并且不规范不稳定。由于没有相应的制度约束最终导致地方政府大量短期行为的出现，使国家财政受损和宏观调控力下降，进而损害到国家的权威。

经济"双轨制"下的放权改革，尽管经济管理体制由传统的"条条"为主转为后来的"块块"为主，财政体制由中央"统收统支"转为中央与地方"分灶吃饭"；干部人事管理由各级下管两级变为下管一级，中央与地方仍未建立起平衡稳定的关系。改革前是压抑了地方的积极性，改革后是削弱了中央的宏观调控力。究其原因在于，中央放权改革所依赖的制度环境本身并未客观合理的反映中央政府、地方政府、企业三者之间关系界定。也就是说，中央的放权改革是针对当时"双轨制"经济和集权式政治结构进行的适应性调整，具有相对效率性，因为给予地方政府和企业一定程度的自主权，激发了它们的积极性，从而带动了经济发展并推动了市场化进程；但是，随着市场经济的纵深发展，"双轨制"的经济制度和集权式政治结构本身已经成为阻碍经济发展的障碍，成为需要变革的对象，尤其是市场经济的发展要求市场经济主体的独立地位，能够自主经营自负盈亏，只有具有人格化的财产所有权的企业才能立足于市场，而政企不分、政经一体化的经济结构改革势在必行。无论是政企分开还是中央与地方关系的协调关键还是在于政府职能的界定。前者涉及要将政府社会管理者身份与国家资产所有者身份分开，而后者则涉及政府职能在不同级别的政府间如何进行划分问题，这些显然都是一个政治制度环境问题。一旦政治制度和经济制度发生突破，中央政府的放权行为必将随着环境变化而变化。

（三）1992年以后的放权改革适应于社会主义市场经济体制的确立与完善

1992年邓小平南方谈话明确了社会主义市场经济体制的改革目标，

中央政府的放权改革也随之进入一个新阶段。市场经济是一种契约经济，产权明晰是市场经济有效运行的重要前提条件。中央放权改革一直受阻或未能达到预期效果的最大原因在于没有实现国企产权与公共行政权的分离，亦即政企不分。政府行使着国有资产所有者和社会经济管理者双重职能，政府是国有企业的所有者和实际支配者，国有企业没有独立支配国有资产的权利。因此，中央放权的根本在于转变政府职能，理顺政府与企业的关系，同时理顺中央政府与地方政府的职能划分或事权划分。这一时期国有企业的产权改革、财政体制的分税制、基于政府职能转变的机构改革等都是适应这一宏观制度环境来进行的。之所以说分税制是符合市场经济发展的，在于其与市场内在逻辑相适应。市场需要独立的经济主体，但也需要政府，它要求中央集权与地方分权相结合，既要保证全国经济的统一性和市场的开放性，促进生产要素的自由流动；又要在中央统筹规划和宏观政策指导下，发挥地方积极性，促进各地因地制宜、合理布局、优势互补、共同发展。分税制在财政体制上保证了中央与地方对市场经济要求的满足。一方面，分税制提高了税收占 GDP 的比重和中央财政收入占全部财政收入的比重，满足了中央政府正常合理的集权需求，有助于其履行宏观调控、收入分配等职能；另一方面，分税制使中央与地方的事权范围和税收体系得以明确和规范。地方政府的财政收入虽然在量上受到了限制，但是在质上却获得了法定性和稳定性，并具备了较大的财政自由支配权。分税制改革不同于前期的行政性分权，而是基于地方自身的发展，它赋予了地方更大自主性和自治性。通过分税制使计划经济时期的中央与地方之间单向依赖财政关系转向了双向依赖财政关系。中央政府依赖地方的制度创新以及提高政府可供提取的社会资源总量；地方财政也依赖于中央政府各种财政拨款和财政援助，这也可以使中央借助于财政转移支付制度协调和规范地方的发展。

  随着社会主义市场经济体制改革深入，政经一体化格局逐渐分离，现代企业制度开始建立，这为中央放权改革以及中央与地方关系的调整提供了社会资源基础。制度环境的改进促使中央/地方政府间分权转向中央/地方/产权三元互动，其分权逻辑次序体现为：先是政府向社会、企业分权，实现产权与公共行政权分离，即政府国有资产所有者代表职能与公共管理职能分开；再是明确中央与地方两者的事权，在此基础上建立中央与地方相互依赖均权体制；最后是将中央与地方关系纳入宪政框架，实现法律保障下中央适度集权与地方自治间的均衡。①

总体而言，改革开放以后中央政府的放权行为是适应市场经济体制改革的，它打破了传统计划经济时期高度集中的计划管理体制，使地方政府具有独立的利益目标，并获得了独立行动的行政能力和财政能力。无论是对国有企业的改革，还是财政体制改革，或者政府机构改革，都是中央政府针对市场化进程而进行的一种适应性调整，虽然也时有反弹，但由于中央政府总能适应环境变化及时调整改革策略，使得它避免了改革开放前的"死乱循环"局面。在适应市场化的同时，中央政府还牢牢掌握着放权的主导性。每次遇到放权不符合其预定目标时中央政府都有能力改变策略、及时逆转不利局势，比如财政上的"分灶吃饭"原本是中央为了在提高地方积极性的基础上增加中央财政收入，但由于相关配套制度不健全和地方政府的机会主义行为使得中央财政受损，中央政府就通过"分税制"来止损。同样，在国有企业改革以及政府职能转变与机构调整等改革中，中央政府都起着主导作用。

通过中央政府对改革的主导和对市场化的适应，中国形成了一种政治上的相对集中与经济上的相对自主的独特的政治经济结构。它既是对政治单一制的继承，也是适应市场化改革要求的制度创新，它为改革、发展与稳定提供了制度条件。② 在市场化改革过程中，政治上相对集中不同于传统计划经济时期的中央高度集权，而是指在经济与政治体制改革过程中，中央政府通过对立法权和人事任免权的控制来把握地方政府的发展方向，同时通过财力的相对集中对各级地方政府进行全局性调控。政治上的相对集中肯定了中国共产党和中央政府的权威地位不可改变，这是我国体制转型必须坚守的基本原则；经济上的相对自主也不再是传统计划经济时期那样、在不改变政府与企业隶属关系的情况下将经济管理权限下放给地方政府，其结果仍是政企不分，政府与市场错位。在市场经济条件下，经济上的相对自主体现在分权改革和市场化改革增强了地方政府的经济独立性，

---

① 金太军、赵晖：《中央与地方政府关系建构与调谐》，广州：广东人民出版社 2005 年版，第 315—316 页。

② 刘承礼：《理解当代中国的中央与地方关系》，《当代经济科学》2008 年第 5 期，第 32—33 页。

使其具有独立的利益目标并有财力和权力来实现目标，经济上的相对自主保证了地方政府履行地方利益代表的职责，也使地方政府将职能定位于为微观经济主体提供公共服务。经济上的相对自主也意味着通过放权让利等改革，企业摆脱了对政府的隶属关系，成为适应市场经济的微观经济主体，中央政府则成为宏观调控主体。

第二节 体制转型中地方政府行为的适应性调整：以苏南模式与温州模式为例

改革开放以来，以苏南、温州为代表的东部沿海地区成为中国经济发展最快和最活跃的地区，其各具特色的发展路径分别被概括为苏南模式和温州模式。国内经济界对这两种模式的比较和争论一直没有停止过。评价模式的优劣其实就是评价制度绩效的优劣，有学者认为不应夹入政治标准，而应以生产力为唯一标准。① 但是生产力的发展往往是受制于特定政治环境的，因此在评价模式优劣时必然涉及的是一个多维的综合标准，而非单一尺度，既要考虑经济效率，还要考虑政治与社会条件。任何发展模式都是特定约束条件下发展路径和机制的抽象概括，条件的可变性决定模式内涵的可变性，因此评价模式优劣一定要结合当时当地的约束条件、脱离约束条件的比较是毫无意义的。可见，模式不可照搬，因为不同地区条件不同，在此处为好的模式搬到别处不一定产生同样效果，正所谓"淮南为桔淮北枳"，而且模式不是永恒的，要随着发展环境的变化而变化。

一 苏南模式强制性制度变迁中的政府行为

传统苏南模式的主要特征是：农民依靠自己的力量发展乡镇企业，社区政府（乡镇政府）主导乡镇企业的发展，乡镇企业的所有制结构以集体经济为主。② 苏南模式在20世纪整个80年代最为典型，但90年代以后发生了重要变化，尤其是20世纪90年代末21世纪初，在经济国际化和

---

① 洪银兴、陈宝敏：《苏南模式的新发展——兼与温州模式比较》，《改革》2001年第4期，第53页。

② 同上书，第54页。

世界经济一体化过程中，苏南重新确立了发展目标和发展路径，从而形成"新苏南模式"。从苏南模式到新苏南模式的发展过程实质上就是一个工业化、城市化、市场化、国际化、信息化的过程。

从产权制度变迁看，苏南模式早期产权是以社区政府和企业共有的"模糊产权"为主，20世纪90年代以来，苏南地区一直进行着乡镇企业的改制工作，在1997年以前，其重点是转换企业经营机制，而针对产权制度的改革力度不大。1997年后则转向以产权制度为重点的改革，从过去提倡股份合作制、租赁承包、兼并联合、拍卖等多种形式发展为拍卖转私一种形式。20世纪末乡镇企业进行第二次产权改革，"二次改制"彻底瓦解了乡镇企业的集体产权制度，逐步确立了私人所有的产权制度。在进行产权制度改革同时，苏南地区还大力发展外向型经济与园区经济，促进了"苏南模式"向"新苏南模式"的转变。随着高新技术产业迅速发展带动全球技术产业结构大调整和新一轮国际产业大分工，20世纪90年代末以来，苏南以新型工业化为目标，以"亲商、安商、富商"理念创建良好的投资环境，在招商引资和对外贸易方面创立了一系列全新的服务机制，使苏南成为目前国内投资环境最佳、人气最旺的外资集聚地。通过发展外向型经济与园区经济，加强城市圈建设与强化城市的现代功能，使苏南进入工业化、城市化、市场化、国际化、信息化互动并进的城乡一体化时期。

苏南模式的发展是一种自上而下的强制性制度变迁。所谓强制性制度变迁是由政府命令而法律引入和实行的制度变迁。强制性制度变迁是国家或政府凭借其垄断的强制力，快速推进制度变迁。政府凭借暴力潜能、规模经济等优势，降低制度变迁的组织和实施成本。从苏南模式的形成与发展、两次改制乃至新苏南模式的形成过程看，地方政府作为"强政府"始终扮演重要的角色，是推动制度变迁的"第一行动集团"，是制度创新的决策者、首创者和推动者，它们的决策在制度变迁进程中起着支配地位。地方政府在推动制度变迁过程中往往会借助于各种政策、文件、机构等"制度装置"来推进制度变迁。

苏南模式中的"强政府"行为模式的具体表现形式并非铁板一块、一成不变，而是随着外部制度环境的变化而不断变化，其具体演化轨迹围绕经济发展经历了"直接介入"到"间接推动"、再到"外围提供服务"

三个阶段。

（一）直接介入阶段

直接介入阶段主要体现在苏南模式形成与发展过程中，表现为"大包大揽"和很强的资源动员、支配能力，政府行为影响企业经济活动的全过程，并左右和主导企业的经济行为。地方政府扮演着"政府经济人"的角色，具有很强的动员和调度各方面资源的能力，地方政府直接和间接地经营所属的国有集体企业，而且在逐步走向市场化的制度环境中利用自身的优势和权力为企业获得资源。地方政府掌握本地资源，基于利益最大化，通过相关部门和乡镇政府，对直属企业以及乡镇企业实施政治上和经济上的控制。

苏南的乡镇企业大部分是由乡镇政府兴办的，或者利用原有的集体积累、或者利用其动员力量、或者由政府出面向银行贷款兴办。地方政府认识到乡镇企业的发展能够提供解决农村就业、社会福利、村镇建设的重要资金，能够增加财政留成和预算外收入；因此在自身利益驱动下，县乡政府对刚刚萌芽的乡镇企业采取了务实而灵活的支持和保护措施，尽可能向上争取权限和政策。例如1978年无锡县委向省、地委打报告，要求对社队企业进行税收照顾；1980年向地委打报告，提出社队工业减免税收的6条意见等。县乡地方政府利用社会组织动员能力，组织和调配农村土地、劳动力和社队企业发展所需的厂房、仓库等社会资源。

由于处在计划经济体制缝隙中，乡镇企业不仅不能通过正常渠道来取得必要的生产要素，而且旧的意识形态束缚使其面临着非议和指责，社区政府则帮助乡镇企业在严重不足的市场环境中组织原材料、信贷资金、土地和劳动力；在努力解决乡镇企业自身问题的同时，积极争取乡镇企业合法的存在地位，给乡镇企业支撑起一顶保护伞。因此，苏南乡镇企业实际上是在社区政府的庇护之下形成和发展起来的，离开政府的保护和支持，乡镇企业要存在和发展下去是不可想象的。乡镇政府作为社区组织，其利益与乡镇企业利益密切相关，其在发展乡镇企业方面的行为可以理解为是一种市场行为或企业家行为，它更多是作为乡镇企业的总代表行事。

（二）间接推动阶段

间接推动阶段主要体现在苏南乡镇企业的"二次改制"中。进入20世纪90年代以来，随着经济体制改革和政治体制改革的不断深化，地方政府尤其是基层政府原来"大包大揽"式行为模式的制度基础发生变化，政府开始从"直接介入者"向"间接推动者"角色转变。与"大包大揽""直接接入"阶段的政府不同，"间接推动"阶段的政府行为模式则采用"推出去"的方式，政府充当"企业经纪人"角色，即政府通过各种方式主动将企业推向市场。政府将企业的资产、产品、债权债务以及职工等要素"捆绑"在一起，采取股份合作制、公司制、拍卖和破产等形式，对企业资产进行重组、出售、拍卖等，以达到使企业走出困境，使政府甩掉包袱的目的。政府本身也开始改革，精简机构，转变职能，逐渐从对企业的具体经济管理角色中退出，政府的视野开始从企业主体转向地区经济发展，在区域经济发展中也承担"推动者"的作用。

在苏南乡镇企业"二次改制"中，苏南乡镇政府都充当了倡导和推动企业改制的"第一行动集团"，积极推动乡镇企业完成了从经营机制的完善到产权制度改革这一制度变迁。这一制度变迁过程，是由苏南乡镇政府借助于各种政策、文件、机构、制度安排等"制度装置"来完成的。

乡镇政府通过各种文件对乡镇企业改制措施进行具体规定和引导，举例说明，在改制期间，无锡党委、政府多次发文，如锡政办发〔1998〕27号《市政府办公室转发市工商局关于鼓励引导个体私营企业参与国有集体企业改制工作的意见的通知》、锡政发〔1999〕155号《无锡市人民政府关于推荐奥德臣实业股份有限公司列入国家重点高新技术企业公开发行A股预选企业的请示》、锡政办发〔2002〕20号《市政府办公室转发市乡镇企业管理局关于为无锡市梅达电工机械厂落实改制优惠政策的意见的通知》等等，不一而足。

乡镇政府还建立了与改制配套的相关机构与制度，积极推动企业改制。在改制初期实行所有权与经营权分离，做到政企分开，政府资产管理与行政管理权分离。针对社区集体所有的资产设立资产经营公司代表集体经济组织，实施资产管理；各镇建立农村集体资产管理委员会，代表农村集体经济组织行使集体资产所有权；组建镇投资有限责任公司，对镇集体资产及收益实行统一管理，并开展以参股、控股为主要形式的投资，变生产管理为资产管理。

正是在地方政府的积极推动下，苏南模式才得以从以集体经济和模糊产权为主的乡镇企业，发展到以个私经济、外资和股份制等多元产权制度、规模企业为主。同时,苏南政府还通过调整结构、技术改造、企业兼并、横向联合等方式,扶持和发展骨干企业,并以"强强联合"为依托,形成了以名优产品为龙头、以骨干企业为核心、以支柱产业为基础的专业企业集团和多元主体企业集团,从而发挥了规模经济效益。

(三) 外围提供服务阶段

外围提供服务阶段主要体现在"新苏南模式"形成时期。进入21世纪后,随着绝大多数国有企业通过改制转变为民营或股份制企业,政府与企业间关系由"政府经济人"、"企业经纪人"转为政府与企业间的互助或互惠关系。政府不再对企业直接管理和经营,而是在企业外围为其提供各种服务,如创造更好的市场环境、加强对企业的宏观指导、建立行政审批中心、实行"一条龙式服务"等,政府行为模式也转变为"服务型政府"模式。

苏南政府在20世纪90年代末期以后,政府主要职能虽然还未完全放弃经济建设职能,但政府已经由经济建设型政府向公共服务型政府转变。先是树立"亲商、安商、富商"服务意识,营造"服务是第一品牌"的氛围,以构建与市场经济相适应的服务导向型政府。苏南政府通过各种方式改善行政效能和质量,创造良好的投资环境,使苏南成为目前国内投资环境最佳、人气最旺的外资集聚地。其中,苏州2003年全年,合同引进外资124.96亿美元,实际引进外资65.05亿美元,均居全国首位,占全国引进外资额的1/10。为扩大招商引资,苏南将园区建设作为突破口,注重园区体制创新,从基础设施、优惠政策、高效服务、综合环境等各方面促进园区建设,充分发挥开发园区的产业集聚功能,使得苏南成为国际产业资本转移最主要的目的地之一。苏南一方面以高新技术为主导,以工业园区为载体,潜心打造国际制造业基地;另一方面在经济国际化背景下,大力加强城市圈建设,不断强化城市的现代功能,使苏南进入工业化、城市化、市场化、国际化、信息化互动并进的城乡一体化时期。苏南的经济和社会发展已经进入城乡一体、区域协调的新阶段,原来以概括乡镇集体企业和农村经济发展经验为核心的"苏南模式"已经难以容纳新内容,"新苏南发展模式"应运而生。

近年来,苏南"亲商、安商、富商"服务意识扩展为"亲民、安民、富民"的执政理念。例如,在2005年,昆山市10个镇建立了便民服务中心，184个村建立了便民服务室，并以"联人、联机、联业务"的方式，建成市行政审批中心、镇便民服务中心、村便民服务室三级便民服务网络，打造优质便民服务新机制。昆山制定并实施了《昆山市行政机关改进作风和提高效能的若干规定》，建立健全了岗位责任制、限时办结制、考勤制、服务承诺制及行政责任追究制，并引入了较为完善的行政效能制度体系。[①]

虽然由于政绩指标的经济化和自上而下的干部任命制度以及追求本地政府财政收入和经济发展等因素，苏南政府仍要关注地区引入资本的数量、人均GDP水平、财政收入等因素，仍要关注政绩经济指标，但是，随着科学发展观、和谐社会等的提出，苏南政府由主抓经济发展转向主抓社会发展。在保证经济发展和GDP增加的前提下，地方政府开始着手抓社会发展包括治理环境问题、农民问题、失业问题、贫富差距问题等，建立兼顾公平和保障社会稳定的社会机制。地方政府不只要提供公共产品，还要为社区民众提供福利，同时要为市场化改革提供必要的保障。江苏省委制定了全面小康社会建设的"四大类十八项指标"，其中除了GDP指标外，多数是社会发展和居民生活指标，涉及生活质量、环境质量、精神文明、政治文明、法制完备程度等内容。从2005年起，苏南地区各个市县将先后实现全面小康社会的各项建设指标。

综上所述，在苏南模式强制性制度变迁中的地方政府作为"强政府"，始终扮演重要的角色，是推动制度变迁的"第一行动集团"。乡镇企业改制后，苏南地区的"强政府"态势并未改变，只不过政府干预的领域发生变化，从直接介入企业中逐渐退出，让位于企业自身，企业产权制度也从主要为集体所有的模糊产权变为个私所有，这是向温州产权模式的一种趋同。但是在社会管理与经济的宏观管理上，地方政府并未退出，反而在加强。苏南地区在区域经济发展水平、市场化水平和全面小康社会指标等各项指标均处于全国前列，这还是要归功于苏南政府的推动。显然苏南"强政府"的态势没变，但是政府角色与职能范围和行为方式以及政府层次等发生了变化。在新的发展阶段，地方政府的重心已经由经济发

---

① 布成良：《地方政府在经济社会发展中的作用和制度创新——以"新苏南模式"为例》，《中共天津市委党校学报》2008年第2期，第46页。

展转为社会发展,经济发展完全交给市场去调节,政府开始着手打造"服务型政府"、"责任型政府"和"法治型政府"。苏南模式中地方政府行为阶段性演化过程展示了地方政府并不像教科书中的那种静态的政府组织,而是一种不断随外部经济发展和制度环境变化进行适应性调整的一种制度结构,其行为已不再仅具有作为行政机构的行政性特点,而具有某种政府行为的"市场性"特点。政府的这种适应性调整使得本来行政性的政府具有了一定程度上的主动适应市场、遵循市场发展规律的能力,从而在市场发育不足或企业缺乏竞争力的情况下,为企业发现市场、进入市场创造了条件;同时也针对市场的弱点,起到弥补市场不足的作用。[1]

二 温州模式诱致性制度变迁中的政府行为

温州模式是以个体私营经济为主体,以家庭工业为起点发展非农产业的模式。温州模式中,企业产权制度的发展经历了家庭经营制、挂户经营、股份合作制、现代公司制几个阶段。温州模式具有一种动态演化特点,不同时期随着外部制度环境和内在动力机制而变化,这种变化主要体现在由传统温州模式向新温州模式的变迁。每一种模式在最初形成时期由于适应了当时的制度环境具有相对高的效率性,但是随着制度环境的变化其收益成本也发生变化,原来有效的制度会变得无效,最终发生适应新环境的制度变迁。

温州模式具有自下而上、自发性、渐进性的特点,属于典型的诱致性制度变迁。所谓诱致性制度变迁是指制度创新是由一个(群)人,在响应由制度不均衡引发的获利机会时,自发倡导、组织和实行的制度变迁。制度变迁的主体是个体、私营企业等市场力量,缘于这些市场主体对制度创新收益大于成本的预期。政府则主要是以"次级行动集团"或"第二行动集团"的角色出现。虽然没有主动创新制度,但他们却紧随民众之后,扮演一个基本行为规范的保障者和民间认可合法权授予者角色,即允许民间在一定限度内有足够的自由进行制度创新,并且通过仿效、接受或拒绝的方式对其进行试验或加强。随着外部制度环境的变化,温州地方政

---

[1] 洪银兴:《苏南模式的新发展和地方政府的转型》,《经济研究参考》2005年第72期,第23—27页。

府行为也发生了较大变化，其角色也逐渐从"第二行动集团"转为"第一行动集团"，行为策略也从"积极无为"逐渐演变为"积极有为"。

（一）"第二行动集团"及其"积极无为"的行为策略

温州地方政府在市场化改革初期对民间制度创新实践采取"放任"和"无为"的行为取向，让民间力量充当"第一行动集团"，而自己则乐于扮演"第二行动集团"的角色，以默许、宽容的态度为民间制度创新实践创造相对宽松的政策环境。

温州政府的"无为"不是真的"无为"，而是一种"积极的无为"或"理性的无为"，是因"无为"而"有为"，是对民间市场制度创新实践的放任和支持，是为其发展创造宽松的制度环境来推动民间制度创新实践的行为。这种"无为"是温州政府在当时特定时期特定地域的自然资源禀赋、历史文化传统以及制度环境和意识形态约束条件下的理性选择，并产生了社会经济效益。温州政府的"积极无为"行为策略主要表现为对中央政策选择性执行，对民间制度创新采取默认、保护和支持的态度。

"无为"的政府在当时制度环境约束的条件下其实是一种开明的地方政府，或者因其超前的市场经济认知信念，或者基于地方利益及地方民众的利益诉求，在微观主体制度创新明显偏离既有制度安排限制、背离国家意识形态和中央政策要求时，地方政府并未对民营经济发展和民间市场制度创新采取压制性的行政干预措施，而是采取"理性无为"的态度，利用各种或明或暗的方式来最大限度地保护尚未取得合法地位的个体私营经济的发展。

理性"无为"的一个突出表现是地方政府在意识形态约束仍较强的情况下对本地出现的个私经济采取"放任自由"和"不管"的态度，这催生了早期的民间市场主体。在党的十三大召开前以及国务院出台《中华人民共和国私营企业暂行条例》之前，私营经济一直没有获得合法地位。1981年7月国务院出台了《关于城镇非农业个体经济若干政策性规定》，首次承认了个体经济的合法性，明确个体经济是国营经济和集体经济的必要补充。1983年，中央作出一些专门规定，明确私营企业雇工不许超过两人，对于雇工大户或私营企业"不宜提倡，不要公开宣布，也不要急于取缔"，等等。对于这些充满弹性的规定，地方政府既可以从严执行，也可以采取放任态度，温州政府采取了后一态度。从20世纪70年代末,温州的个体经济和家庭工业就迅速发展起来。

温州地方政府在市场化改革初期对民间制度创新实践采取的"放任"和"无为"的行为取向,是一种"积极的无为",自己甘愿充当"第二行动集团",积极配合"民间力量"这一"第一行动集团",以默许、宽容的态度为民间制度创新实践创造相对宽松的政策环境;通过各种政治辩护来缓解个私经济发展中面临的政治风险,暗中为其提供力所能及的支持、保护,这些实际上都是特定约束条件下的一种自主性理性选择行为。温州政府的理性"无为"如果从委托代理机制角度看,是一种行政失职行为,在一定程度上违反了国家既定的法律和政策;但从客观效果看,这种理性"无为"在僵化的意识形态主导的国家政策和法律阻碍市场经济发育的情况下,地方政府的理性"无为"却可以起到正面效果,即为地方经济发展和市场体系的建立创造更适宜的制度环境。

全国围绕温州模式姓"社"还是姓"资"的问题展开过几次大的争论,最激烈的是关于民间企业的性质问题。中央多次派调查组到温州,温州地方领导承受了极大的政治压力。多年来,除了少数几个时期,温州的主要领导对于温州民营企业的发展是关心、支持甚至是扶持的态度。早在1980年7月22日,温州市工商行政管理局就起草了《关于对个体工商户进行全面整顿、登记、发证工作的报告》,肯定了个体工商户的作用,认为个体工商户方便了群众生活,也解决了社会就业问题,并放松了对个体工商户申请登记的审批原则,准许部分夫妻店、父子店、兄弟姐妹店予以登记,等等,这些措施在当时是非常宽松的。温州市委也要求有关部门进一步解放思想,对于很多私营企业为防范政治风险而隐瞒企业私有性质的情况,政府也"睁一只眼闭一只眼",基本采取放任态度。

为打消人们对中央政策的顾虑,1982年温州市委展开了对农村专业户和重点户的广泛调查;召开全市"两户"代表大会,制定扶持其发展的十条具体政策措施,即五个允许和五个支持,并对"八大王"进行平反。在这些政策举措中,温州政府宣布承认承包专业户、自营专业户、重点户等民间经济组织属于社会主义性质,其合法经营和合法权益受国家法律的保护,对个体私营经济发展基本上采取了放任甚至鼓励、支持的政策。这些做法在温州个体私营经济发展史具有重要意义。

最能体现地方政府理性"无为"的行为特点以及地方政府与微观经

济主体互动合谋的，是20世纪80年代初在包括温州在内的浙江许多地方出现的"挂户经营"的企业组织形式的形成。"挂户经营"企业又被称为"红帽子"企业，这类企业虽然在法律形式或名义上是以集体或全民所有制形式存在，但在企业的实际控制权、经营管理权机制以及剩余分配权却由个体或私营以及合伙性质所掌握的企业。从表面上看，这些企业是社会主义公有制，但其实质上却是私有制企业。"挂户经营"的根本原因在于当时条件下的政治约束和意识形态约束下农户的理性选择。虽然改革开放已是宏观大背景，但是无论意识形态、政策以及制度上对纯粹的民营经济仍存在歧视和排斥。家庭企业的生产和经营受到多方面限制。与此同时乡镇企业则备受国家和地方政府的青睐，被作为社会主义集体经济的重要组成部分，并赋予政治上的合法性和正当性。这时利用国家对乡镇集体企业的重视，与乡镇集体企业进行挂户经营就是一个理性经济人的理性选择。"挂户经营"作为一种过渡性制度安排和制度创新，化解了当时一些不利于民间经济发展的约束条件。"挂户经营"实质上就是微观经济主体为其经济组织寻找政治庇护，以规避意识形态刚性带来的政治风险。对于"挂户经营"实质上的私营性质，无论是挂靠双方还是地方政府都心知肚明，它实际上是特定意识形态和政治约束条件下的一种变通形式。地方政府对此的默认甚至支持，有效地保护和推动了个体私营经济的发展。在温州农村非农产业的发展中，"挂户经营"一度成为普遍的一种经济组织形式。据统计，全市农村家庭工商业和供销员中，60%左右采取了"挂户经营"。1978年，温州全市乡办工业企业总共只有2000多个，总产值仅为1.2亿元。而到了1986年，通过发展"挂户经营"，温州的家庭工业企业发展14.65万户，从业人员33.86万人，产值17.7亿元。1984—1986年，"挂户经营"集中在温州当时的十大专业市场，约占这些地方家庭工业或联户办工业的62%，个别地方甚至达到90%以上。[①]

正是由于"挂户经营"可以规避意识形态刚性带来的政治风险，是掩护私营经济发展的有效制度形式，20世纪80年代中期温州市委和市政府陆续出台了《挂户经营税收管理暂行办法》、《温州市挂户经营管理暂

[①] 金祥荣：《多种制度变迁方式并存和渐进转换的改革道路——"温州模式"及浙江改革经验》，《浙江大学学报》2000年第4期，第141页。

行规定》，进一步明确了"挂户经营"的法律地位，明确了挂靠企业和挂户经营者双方的权利义务关系，为"挂户经营"提供了政策依据，有效地保护了私有产权。"挂户经营"使得家庭企业通过挂靠公有企业，戴上了"红帽子"，不仅减少了在旧体制下生存和发展的交易成本，而且还获得了在旧体制下所不能获得的潜在利润。

（二）"第一行动集团"及其"积极有为"行为策略

温州地方政府行为在20世纪90年代以来发生了巨大的变化，其角色从"第二行动集团"变为"第一行动集团"，行为策略也从"积极无为"转为"积极有为"。

相对于"苏南模式"中的"强政府"，温州模式中的政府显然是"弱政府"。尽管"弱政府"给予个私经济发展以较大空间，使民间制度创新得以顺利开展，为我国市场化进程起到了示范效应。但是"弱政府"引发的自由经济走向较为盲目，无序竞争严重，影响经济持续发展。政府对产业发展没有长远规划及其配套政策与制度，再加上政府汲取财力有限，公共财力捉襟见肘，使得社会事业与基础设施等建设停滞不前，不利于留住企业、吸引投资。"弱政府"的"无为"还导致社会诚信问题严重，"温州"一度几乎成了假冒伪劣的代名词。1990年，原轻工业部等六部委联合发出通知，将温州产皮鞋列为重点整治对象。国务院七部局和省市县三级政府曾组成大规模工作组和督察队进驻温州柳市镇整顿。工厂被查，店铺被封，产品被销毁，合同被作废，温州一时间成了欺诈失信的典型，市场份额急剧下降。

显然，政府"无为"导致了社会建设薄弱，社会管理严重不足，政府的行政权威受损。20世纪90年代，温州政府开始转变行为策略，由"积极无为"变"积极有为"。政府通过宏观调控，规范市场秩序，引导私营经济发展，注重社会公益事业及文明建设，局面大有改观。正如"苏南模式"产权制度向"温州模式"趋同，"温州模式"在政府治理上则开始向"苏南模式"趋同，强化政府在社会管理上的作用，其角色也从"第二行动集团"转变为"第一行动集团"。地方政府在整顿市场经济秩序、加强基础设施建设与改善投资环境、提供经济综合实力、培育专业市场、实现产业升级与空间集聚以及推进城市化进程等方面均发挥了重大作用。

第六章 体制转型中政府行为的适应性调整

邓小平南方谈话和党的十四大明确提出建立社会主义市场经济体制的经济目标使得地方政府行为选择的约束条件发生重大变迁。私营经济最终取得了政治上和法律上的合法性，制约地方政府支持市场化改革的政治风险基本消除了，地方政府可以从幕后走向前台，公开、大胆地支持私营经济的发展。这一时期浙江省委、省政府也出台了各种促进和扶持个私经济发展的政策，提出要大胆消除各类偏见和政策歧视，让个私企业经营者在"经济上有实惠，社会上有地位，政治上有荣誉，事业上有作为"，给个私经济的发展创造宽松的政策环境。同时，随着以发展为导向的意识形态转型的完成，以经济指标为核心的政绩考核成为干部考核的核心内容，政绩考核的功利化与官员政治晋升博弈模式相结合，在这种特殊激励结构的作用下，加快市场化、私营化的改革，为地方经济快速发展营造宽松的政策环境，以实现地方经济和财政收入增长的最大化进而实现政绩最大化就成为地方政府的共同行为选择。

"三大工程建设"是温州"弱政府"转化的重要标志。通过"3580质量系统工程"，积极整顿市场经济秩序，解决假冒伪劣问题。20世纪80年代，市场处于卖方市场，由于仅注重数量而忽视质量，导致温州假冒伪劣产品盛行，如乐清柳市假冒伪劣低压电器产品，鹿城等的劣质皮鞋，苍南县金乡非法印刷、倒卖的商标标牌等。由于当时产品大多数外销，对本地损害不大，再加上打假成本过高，当时温州政府对此并未重视，直到20世纪90年代以后，假冒伪劣的负面性由区域外流向区域内，媒体曝光、国家部委多次查处，导致整个温州产品乃至温州的声誉受损，进而影响了企业竞争力，这时温州政府才痛下决心主动担负起打假重任。

1990年6月21日，针对乐清柳市的伪劣低压电器，温州市委市政府发布《关于坚决贯彻落实国务院办公厅就查处乐清县生产销售无证、伪劣产品通知的意见》，并提出了以"质量立市、名牌兴业"的口号；1994年5月，市委市政府发布《关于加强产品质量管理，提高我市经济发展水平的决定》，并启动"3580质量系统工程"，即用3年时间使温州主要产品质量达到省内先进水平，用5年时间达到国内先进水平，用8年时间达到或接近国际水平；1994年10月，出台国内首部质量立市的地方性法规《温州市质量立市实施办法》。1990—1994年通过打假治劣，生产销售假冒伪劣产品的违法活动基本得以制止，全市产品质量总体水平明显提高：1995 年产品质量抽检合格率达 88.9%，超过全省水平 1.27 个百分点；出口商品商检合格率达 98.93%；1994 年国家技术监督局对 28 个省市制鞋业统一检验，温州皮鞋合格率高于全国平均水平；1995 年全市通过 ISO 9000 质量体系认证的有 13 家企业，分别占全省获得认证产品企业总数的 38.2% 和全国的 2.5%；2000 年底，全市有 155 个产品获得市级名牌，28 个产品获得省级名牌，4 个产品获得"全国驰名商标"称号。4 个单位和个人获得"全国质量管理先进"称号，上述名牌产品在 2000 年实现的销售收入达 146.8 亿元。①

通过"8280 基础设施工程"，改善投资环境。"8280 工程"的总体方案是建设十大工程，政府用 8 年时间完成 28 个项目，投资概算达 1000 亿元以上。温州政府为吸引外来资本，积极推进旧城改造，并多方位筹资并引入竞争机制，加强基础设施建设。在这一过程中，政府大胆突破计划经济壁垒，承认并吸收民间创新，在很大程度上充当了制度创新的"第一行动集团"角色。

20 世纪 90 年代以来，温州政府将工作重心由保护民营企业产权转向推动基础设施、提供公共产品上来。20 世纪 90 年代以来，温州地方政府全力推动城市与基础设施建设，修桥铺路、办电造城，取得巨大成就，改造旧城 16 条区街，拆除旧房 150 万平方米，新建房屋 1000 万平方米，城市居民人均居住面积由 1978 年的 3 平方米增至现今的 9 平方米。新建道路 220 万平方米，总长度 60 公里，总投资 25 亿元；新城开发 8.48 平方公里，已筹资金 21 亿元，投入基础设施建设 4.2 亿元，完成中心区 3 平方公里的"五通一平"；全市新建改建建制镇 139 个；建成金温铁路、机场以及大型跨江大桥 5 座、万吨级泊位 3 个，兴建国家级高速公路，完成 22 万伏输变电工程 3 座，引进 50 万门程控电话设备，增加城市自来水日供水能力 40 万吨，建成了具有现代化水平的体育馆 5000 座和体育场 20000 座，以及一批医院大楼、教学大楼等社会基础设施。② 在旧城改建

---

① 史晋川、金祥荣、赵伟、罗卫东：《制度变迁与经济发展：温州模式研究》，杭州：浙江大学出版社 2004 年版，第 296 页。

② 同上书，第 293 页。

和基础设施建设中,温州政府除了对旧城改建统一规划并出台相关政策外,其制度创新主要是将市场机制引入到城市建设中,采取了多元化筹资手段:一方面,运用行政手段即规划、土地等部门的行政职能手段和摊派、捐资等手段无偿获取资金。另一方面,则通过市场化方式筹资,如政府职能部门运用拍卖或有偿使用无形资产等方式获取资金、转让、征收公共设施费、收取城市基础设施配套费等方式来筹集基础设施建设资金,加速旧城改造。在全市形成了以筹资手段多元化、建设主体企业化、项目决策层次化、投资方式多样化和建设实施引入市场竞争机制为特征的新格局。

通过"23110经济综合实力工程",提高了经济综合实力。该工程目标是建造20个年成交额在10亿元以上的规模市场,30个年产值在10亿元以上的经济强镇,100家明星企业,100个年产值在亿元以上的小康示范村。通过这一工程的实施,综合经济实力大为加强。1997年,全市生产总值605亿元,工业总产值1240亿元,农业总产值90亿元,财政收入38亿元。农村经济全面发展,农村小城镇发展迅速,30个经济强镇总产值占全市的67%,财政收入占全市的65%。人民生活水平显著提高,城市居民人均生活费收入实际年均递增4.3%,1997年达到7848元,居全国大中城市第9位。农民人均纯收入3658元,全市两个国家级贫困县和一个省级贫困县先后摘掉贫困的帽子,有250万人口摆脱贫困,有7个县(市、区)、73个乡镇和1903个村提前实现小康目标。①

此外,温州地方政府在专业市场的培育与扩散和实现产业升级、促进产业的空间集聚的同时,还在积极规划建设各类工业园区和大规模推进城市化进程等领域发挥重大作用。比如1998年,浙江作出了"不失时机地加快城市化进程"的重大战略性决策,并在全国率先制定了《城市化发展纲要》,编制了《城镇体系规划》;2000年省政府还出台了《关于加快推进浙江城市化若干政策》,在户籍、土地、投融资等方面出台了一系列配套的政策,形成了有利于人口和产业向城市集聚的政策环境。在产业集聚机制和城市化相关配套政策的共同作用下,自20世纪90年代后期以

---

① 李丁富:《温州模式新阶段》,人民网,2002年11月5日,http:// ~ .people.com.cn/GB

来，浙江城市化进程迅猛发展。

综上所述，"温州模式"虽然一直被作为诱致性制度变迁的典范，主导制度变迁的"第一行动集团"是个体、私营企业，地方政府一直被作为"第二行动集团"，政府主要以法律、命令等形式承认由个人或群体响应获利机会而建立的新制度。但是，温州由民众制度变迁的先发优势只是体制外改革的优势，随着改革的深入以及外部制度环境与客观环境的变化，这种依靠底层力量推动自下而上的制度创新基本上已经完成，尤其是当改革深入到体制内时，由于巨大的制度变迁成本，使得诱致性制度变迁供给已无法满足制度需求，这就需要政府的强制性制度变迁加以补充。"温州模式"变迁至今，地方政府不再只是紧随微观经济主体身后的"第二行动集团"，而一跃而成为"第一行动集团"，其行为策略也从"无为"变"有为"，在促进个私经济发展、旧城改造与基础设施建设、整顿市场经济秩序以及推进城市化进程等方面都发挥了积极主动的作用。可见，无论是制度变迁方式还是政府行为模式都不是一成不变的，它们在内在趋利动机诱使下总是会随着外部环境变化而不断进行着适应性调整，我们对"温州模式"所做的"诱致性制度变迁"的界定只是"传统温州模式"的一种表述，也主要限于在产权制度变迁方面，在"新温州模式"形成与发展过程中以及在其他制度变迁领域中，"诱致性制度变迁"已远远不能概括其制度变迁方式。

三 地方政府行为调整的适应性特征

"苏南模式"和"温州模式"的政府行为轨迹有所不同。总体而言，"苏南模式"中的地方政府行为演化更具有中国地方政府行为演化的普遍性特征，这是因为"苏南模式"形成与发展的内外环境与中国大多数地区更为接近，即传统计划经济时期经济政治体制高度集中、国有企业和集体企业长期保持主导地位且与政府保持紧密联系、意识形态相对保守等，这些初始环境以及随后制度环境的变化使得中国大多数地方政府行为在制度变迁中沿着"直接介入"—"间接推动"—"外围提供服务"这样一个轨迹发展。而"温州模式"由于历史初始条件等因素影响，其政府在改革初始采取了与"苏南模式"以及中国大多数地区完全不同的"积极无为"态度，政府任由市场体系和私营工业化的自发生成。但是，随着环境变化和行为主体相对地位的变化,"苏南模式"与"温州模式"中的政府行为开始逐渐趋同,苏南政府从"超强干预"转向"适度干预",而温州政府则从"积极无为"转向"积极有为",进入 21 世纪,两种模式的政府都开始着手构建"服务型政府"。

地方政府行为模式的演变实质上就是地方政府根据内外环境所进行的适应性调整,因此,分析地方政府行为轨迹离不开对特定环境的分析。制度不仅具有一定程度的规定性,同时还是其环境的衍生物。制度创新和变迁离不开现实的社会环境与制度资源所能提供的条件。任何一种制度总是要嵌入到特定的社会结构和社会文化之中。[①] 因此,我们分析地方政府行为的变迁也离不开对其所在的特定环境(包括市场化进程、制度环境、政策环境、意识形态约束等)的分析。

地方政府行为模式从"直接介入型"演进到"间接推动型"再到现今的"外围提供服务",有其深刻的制度环境背景。"直接介入型"政府行为模式的形成背景是,中央政府的放权改革使得地方政府拥有了部分经济管理权,随着权力下放,利益也随之沉淀到地方,这激发了地方政府的积极性;20 世纪 80 年代的财政大包干制使得地方政府尤其是基层地方政府得到了切实的经济保障,使其成为相对独立的经济实体,并有能力扮演"政府经济人"的角色;与此同时,这一时期由于意识形态约束,除了温州等个别地区选择私人经济发展模式以外,绝大多数地区都选择了发展国有经济和集体经济,这就为这些地区形成政府主导型模式奠定企业组织基础。

此外,国家允许多种所有制共同发展以及允许一部分人部分地区先富起来的政策与逐渐放松的意识形态,使得民众的利益诉求呈刚性增长,民众实现其利益诉求需要借助于更多的制度创新,而那些仅靠自下而上的诱致型制度变迁不能满足其需求,因此需要借助于地方政府自上而下的主动供给。同时,官员在压力型体制和政绩评价标准经济化以及政治晋升博弈机制作用下,也积极投入到促进地方经济发展的洪流中。

以上这些外部环境和制度环境形成了对"直接介入型"政府行为模

[①] 胡伟:《制度变迁中的县级政府行为——对 A 县个案的分析和研究》,北京:中国社会科学出版社 2007 年版,第 81 页。

式的主要约束。在这种环境约束下，改革初期，地方政府作为国有企业的直接管理者，掌管着企业生产所需要的要素市场、产品市场和制度市场等的供给和配置，企业不过是政府的延伸。政府的作用在于为所属企业争取更多的资源配置，即充当所属企业"董事长"的角色，承担一个"经济人"所必须承担的经济责任和活动。

随着市场化进程的发展和外部制度环境的变迁，"直接介入型"政府模式的环境因素日渐消逝，"间接推动型"政府模式日渐形成。影响"间接推动型"政府行为模式形成的主要原因除了追求政府自身利益最大化外，还在于制度环境因素的变化。

20世纪90年代随着改革的深化和市场经济体制初步建立，与"直接介入型"政府模式相配套的宏观制度发生了很大变化，尤其是邓小平南方谈话以后，意识形态障碍消除了，人们不再沉迷于姓"社"还是姓"资"的无谓争论，1993年党的十四届三中全会将建立社会主义市场经济体制作为中国经济改革的目标，这些推动了中国经济的快速发展。但同时经济领域的结构性矛盾也日益突出，出现经济过热局面，具体表现为乱集资、乱拆借、乱设金融机构以及房地产热、开发区热；重复建设、投资规模扩张、货币投放量剧增、经济总量供给失衡；部分国有企业生产经营困难，经济效益较差；特别是通货膨胀加剧，市场零售商品和服务价格猛涨，使居民生活受到较大影响。

从1993年起，为解决经济过热问题，中央继续深入推进投资、财税和金融体制改革。这次宏观调控措施中对政府行为产生直接影响的首推"分税制"的财税体制改革和金融体制改革。在财政体制上，20世纪80年代的财政包干制导致地方财政权力过大而中央财权弱化，财政总收入增长放缓，税收调节功能弱化，影响了统一市场的形成和产业结构的优化。1994年分税制取代了财政包干制。分税制摆脱了多年来在财政包干制下中央与地方之间利益关系的"讨价还价"，形成了比较稳定和规范化的中央和地方、上级政府和下级政府间的财力分配关系；但是，分税制以及随后的取消企业税前还贷和以税还贷政策，使企业还贷能力下降，加大了企业负担。另外，分税制还使得地方政府与效益好的企业利益趋同，使得政府积极支持资产优良、效益好的企业发展，以更好地培育地方税源，增强了政府的服务意识；分税制也削弱了地方政府干预税收征管的权力。

与此同时,国家还进行了金融体制的改革,1993年12月国务院发布《关于金融体制改革的决定》。1995年《中国人民银行法》和《商业银行法》先后颁布实施,开始了以建立市场机制为目标的新一轮金融改革。这次金融改革着眼于转变人民银行职能,建立有效的中央银行宏观调控体系;建立政策性银行,实现政策性银行与商业银行的分离;推进专业银行商业化改革;进一步完善银行体系等。这些举措提高了金融系统的自主性和独立性,调整了金融机构与地方政府间的关系,逐步确立了与市场经济相配套的金融体系。

除了财税和金融制度变迁外,这一时期的其他制度变迁如计划权力下放等制度变迁也对地方政府权力产生重大影响。如从全国范围而言,截至1990年,国家计委纳入计划管理的产品已由1979年的120多种减少至58种,其占全国工业总产值的比重也由40%减少至16%。同期,由国家计委负责调拨的重要物资和商品分别由256种和65种减少至19种和20种,国家承揽的出口商品由900种减至27种,占出口商品总额的比重已下降至20%左右。[①] 与此同时,企业的基本建设、产品定价、原材料供应、年度生产计划等主要由企业自身解决;随着企业自主权扩大,政府劳动部门的职能也由过去以安排就业为主,转到社会保障和就业服务上来。这些宏观制度的变迁势必影响地方政府行为模式的变化。

与此同时,政府开始主动着手国有企业改制。国有企业一直活力不足、效率不高,尤其在分税制和金融制度改革后,国有企业融资受限,在1997年、1998年跌入低谷,全国国企大面积亏损、下岗职工剧增、隐性失业问题严重。在国有企业举步维艰之时,非国有企业却突飞猛进地发展,已经到"五分天下有其四"的程度,国家也已经开始承认非公有制经济是公有制经济的有益的、必要的补充。政治约束和意识形态的放松给非公有制经济发展创造了新的发展机遇,个体、私营、外资等非公有制经济均飞速发展,其经营机制、与政府关系、取得收益等都为国有企业改革起到一个良好的示范作用:非公有制企业产权明晰,组织结构简单,管理成本低廉、决策灵活,对市场经济有较强的适应性,而且由于处于激烈的

---

① 胡伟:《制度变迁中的县级政府行为——对A县个案的分析和研究》,北京:中国社会科学出版社2007年版,第81页。

竞争领域，注重吸纳优秀经营管理人才，从而使企业充满活力；在与政府关系方面较为简单，政企分离。非公有制企业需要政府投入较少但是回报却很多，如解决大量劳动就业问题、可观的财政收入、为国有企业改革提供经验并创造条件。非公有制企业的快速发展也使得国有企业的改制、破产有了"接盘"对象，因此加大了国企改制步伐。同时，在非公有经济发展促进方面表现突出的一些政府行为模式如"温州模式"也为其他政府行为范式的转变树立了榜样。"温州模式"中的政府行为一开始就表现出了"弱化政府主导经济"的特点，更多表现出"服务型政府行为"的特征：地方政府的经济功能主要是弥补市场不足，在保护民营企业产权、提供公共产品和公共服务、组织参与基础设施建设，解决外部性问题等方面发挥作用。此时的苏南政府也开始从主导型的"政府经济人"角色向牵线搭桥式的"政府经纪人"角色转变，而且成效明显。

  国有企业改制除了因为国有企业自身问题严重以及非国有经济的示范效应外，还在于中央高层与官方意识形态的转变。自改革以来，中央就着手进行经济性放权，给企业松绑放权，1984年党的十二届三中全会通过《中共中央关于经济体制改革的决定》明确提出，要"确立国家和全民所有制企业之间的正确关系，扩大企业自主权"、"要使企业真正成为相对独立的经济实体，成为自主经营、自负盈亏的社会主义商品生产者和经营者"。在此思想认识指导下，国有企业改革经历了管理权限从集中到分散的"去中心化"过程。①之后，对国有企业通过放权让利、两步利改税、企业承包制和以利润包干为主的企业经济责任制等的改革，使企业的经营自主权利逐步扩大，但是这些改革都未涉及产权制度，企业的许多关键环节如对人财物的管理、产品结构的调整、基本建设和技术改造等方面，仍需听命于政府，政企难以分离。1993年中共十四届三中全会提出要建立现代企业制度，1997年中共十五次全国代表大会提出了具体战略措施，即"把国有企业改革同改组、改造、加强管理结合起来，要着眼于整个国民经济，抓好大的，放活小的，对国有企业实行战略性改组"。在这一原则指导下，许多国有中小企业开始改制，有的采用承包、租赁等方式，

---

  ① 胡伟：《制度变迁中的县级政府行为——对A县个案的分析和研究》，北京：中国社会科学出版社2007年版，第100页。

但更多的国有中小企业走向民营化道路，到 2002 年大多数中小型国有企业都已改制，主要是转向了民营化的有限责任公司或股份有限公司。

显然，无论是分税制、金融制度的改革，还是非国有企业的发展以及国有企业的改制，乃至中央高层与官方意识形态转变，这些因素都是影响政企关系以及政府行为模式转变的制度环境。它们的变化势必影响后者的变化。从"直接介入型"政府演进到"间接推动型"政府正是由于这些制度环境变化所引发的。政府出于自身利益考量主动摆脱与所属经济实体事实上的隶属关系，逐渐放弃对所属企业组织上的控制；但是，政府与企业之间的服务关系仍然存在。政府由原来的"经济人"转为"经纪人"角色，从主导型政府转为推动型政府并非自愿而是迫于 90 年代宏观制度变迁、企业积重难返和自身利益驱动等多方面因素。为了使企业走出困境和政府自身甩掉包袱，政府充当了"经纪人"角色，采用各种方式对企业资产进行重组、出售和拍卖，将其推向市场；政府的服务职能还存在，只是不是原来那种普遍性的包揽型的服务，而只是在企业"需要"时有针对性的服务，并着眼于为企业创造良好的发展环境，既包括营造优越的社会环境、政策环境和法治环境等，又包括直接服务于企业，为企业树立良好的社会形象、扩大企业知名度和影响力而提供支持。国有企业民营化后，企业与政府之间不存在行政隶属关系，政府工作重心转移到地区整体的经济和社会发展上来，但地方政府在土地、电力、通信等行业仍处于绝对控制地位，因此政府与企业之间还无法成为单纯的"纳税—收税"的"服务"关系，在区域经济发展中还处于推动地位。

由"间接推动型"政府转向"外围提供服务型"政府也是伴随着一系列宏观制度环境与微观制度环境的变化而发生的。第一，宏观制度环境变化。首先，经济全球化以及 2001 年中国正式加入 WTO 使得市场机制对中国的影响加大。WTO 的各项原则和规则是经济全球化的制度保障和制度基础，旨在约束各成员方的行为。在 WTO 23 个协议中，多数是针对政府行为的，特别是政府的立法和决策行为。如 WTO 的五项基本原则，即非歧视性原则、不断扩大的市场准入原则、透明度和可预见原则、公平竞争原则、鼓励发展和经济改革原则，几乎都是以政府为行为主体提出的。如公平竞争原则要求以市场供求价格来规范国际竞争，要求各市场经济主体在一个统一、公平、公正的市场环境中竞争，反对政府进行有悖于公平竞争的干预，如政府干预企业的投资、贷款、担保等，以及目前仍存在的行政性垄断，包括地区封锁、行业垄断、行政壁垒等；透明度原则要求各国贸易政策以及政府的管理行为要透明，各国发生贸易纠纷时要以贸易政策为解决依据。加入WTO表面上是国家之间经贸水平的比较，实质上则是政府间管理能力和效率的较量。而目前我国行政管理体制由于历史原因，其公开性和透明性均有待强化，管理经济中重审批、轻监管、依赖内部红头文件，可预见性差等都与WTO规则不相适应，这需要我国在政府管理制度上进行变革。

其次，基于新公共管理理论与新公共服务理论的西方"政府再造运动"对中国政府行为模式的影响。20世纪80年代以来，西方发达国家为适应经济全球化的挑战和压力发起了大规模的"政府再造运动"，形成了以新公共管理理论为核心的"企业家政府"模式和以新公共服务理论为核心的"服务型政府"模式。新公共管理理论主张引用市场机制和企业家精神改造政府，以提高工作效率和管理水平；新公共服务提倡公共利益、公民权利、民主程序、公平和公正、回应性等理念，表达了一种对民主价值的全新关注。新公共管理是建立在诸如个人利益最大化之类经济观念之上的，而新公共服务是建立在公共利益的观念之上的，是建立在公共行政人员为公民服务并确立全心全意为他们服务之上的。从这个角度看，新公共服务为公共行政提供了一种全新的行为模式选择，它的"服务"理念或者"公共性"理念为当前"服务型政府"的构建提供了最直接的理论支撑。这些理论和政府行为模式的变革无疑对中国政府行为模式的转变趋向具有重大的借鉴意义。

最后，科学发展观和构建社会主义和谐社会对政府行为提出新要求。30多年来的改革开放使得经济得以快速发展，但是一些经济社会矛盾也日益凸显，出现了城乡之间、区域之间、社会阶层之间以及人与自然之间的发展不协调问题，引起了政府和人民群众的日益关注。这些问题的出现主要是社会二次分配出了问题，也是政府在关乎国计民生的领域投入不足或政府缺位造成的。这时中央提出了科学发展观以及构建和谐社会等主张，无疑对政府行为起了一个很好的导向作用。邓小平在1992年初的南方谈话中指出："社会主义的本质，是解放生产力，发展生产力，消灭剥削，消除两极分化，最终达到共同富裕"。之后，中央又提出了和谐社会与科学发展观。和谐社会是中国特色社会主义的本质属性,科学发展观是社会主义的本质要求。和谐社会思想与科学发展观成为中国未来改革的指导思想。和谐社会不仅要求人与自然的和谐,还要求社会和谐,这是中国特色社会主义的本质属性,也是强国富民的重要保证。科学发展观坚持将"协调发展"作为其基本原则,要求克服了传统社会主义片面追求速度和重工业优先发展的弊端,在发展中做到速度与结构,质量与效益的有机统一,促进发展的良性循环。"发展"不是单一的"经济"发展,而是社会各个方面(经济、政治、文化、社会)的全面发展和全面进步。科学发展观、构建和谐社会赋予政府更为重大的使命和责任,即政府必须坚持以人为本的发展思想,实现全面、协调、可持续的发展,促进经济社会和人的全面进步。这就要求转换政府职能,规范政府行为。同时,政府绩效考核标准不能仅限于对经济增长和社会发展各要素的考量,更要考察人类自身发展,考察人类生存环境、生活质量、人的能力发展、权利实现、人际和谐以及人与自然和谐发展等方面要素。总之,科学发展观和构建和谐社会对政府而言就是要求政府能够妥善处理与协调效率与公平之间的关系。

第二,微观制度环境的变化:政企间互惠型或互助型关系。[①] 国企改制后政府与企业间的关系由原来的隶属关系变为互助或互惠性关系,政府放弃了对企业的组织控制,企业在产供销、技术改造、劳动用工等方面完全采用了市场调节方式,不再是政府的附庸,也没有了主管部门,只接受法律法规约束与行业自律。这种关系的转变使得政府由以前的大包大揽、动用一切可用资源、对企业全面服务转为只针对企业需要提供针对性的服务,而不涉及企业日常的经营和决策。除此之外,政府还会为企业营造优越的政策环境、社会环境和法治环境等,并为企业树立良好形象、扩大知名度和影响力提供服务。企业对于政府提供服务的回报是积极搞好生产经营、赢得更多利润并上交更多税金,有时还会通过向政府捐款来表达回报社会的责任和营造良好的外部环境。即便是随着宏观制度环境的变化和国有企业的改制,政府行为呈现出服务性的特点、不再像当初一样大包大揽,在政企关系中政府仍处于主导地位,因为企业发展中仍有一部分短缺

---

① 胡伟:《制度变迁中的县级政府行为——对 A 县个案的分析和研究》,北京:中国社会科学出版社 2007 年版,第 132 页。

资源掌握在政府手中,而且在企业需要服务时,政府仍会表现出很高的热情。但是政府管理企业的方式已经从直接管理资源配置、管理生产经营,转变为企业服务,督促企业遵守国家法律;同时,政府也从随意型政府向依法行政型转变,从直接干预型向政府引导型转变,如通过产业政策引导企业发展、通过促进行业协会引导企业自我管理、通过在银企间进行搭桥来帮助企业融资,等等。

服务型政府要求更合理地界定政府、企业、市场之间的关系,更科学合理地界定政府职能。这就要求政府在很大程度上要回归社会职能,即通过再分配体系寻求最大资源并以此构建公平与效率并举的社会环境,从而使得社会利益最大化。现实中国的"服务型政府"行为模式仍然带有明显的"主导型"和"推动型"行为的痕迹,也就是说,政府行为模式仍然是以政府为主导的"管理型"政府的范畴,并非理想中的"服务型政府",而是在中国现实的制度环境和认知水平条件下,作为向"服务型政府"转变的量的积累,也可以说是已迈出向"服务型政府"转变的重要一步[①]。根据路径依赖理论,一种新的制度安排总会因既得利益集团阻碍、观念障碍、惯性作用以及体制不完善等因素影响而受阻,同样中国的"服务型政府"行为模式的建立也会受制于本国国情以及政治发展面临的国内外环境的影响。

第三节 政府行为调整中的"制度性悖论"

一 "诺斯悖论"及其适用性分析

(一)"诺斯悖论"含义

20世纪80年代,诺斯将国家作为影响经济绩效和制度变迁的内生变量纳入其制度变迁分析框架。诺斯认为,国家在制度变迁中的作用主要体现在界定产权、降低交易费用、提供保护和司法等方面。界定产权与降低交易费用是相互联系但并非始终一致的。产权的本质是一种排他性的权利,而在暴力方面具有比较优势的组织——国家处于界定和行使产权的垄

---

① 胡伟:《制度变迁中的县级政府行为——对A县个案的分析和研究》,北京:中国社会科学出版社2007年版,第151—152页。

断地位。因此，离开产权，人们很难对国家作出有效的分析。最终，国家要对造成经济增长、停滞和衰退的产权结构的效率负责。诺斯认为，国家有两个基本目的：一是界定形成产权结构的竞争与合作的基本规则，即在要素和产品市场上界定所有权结构，使统治者的租金（收入）最大化；二是在第一个目的的框架中降低交易费用以使社会产出最大，从而增加国家的税收。它们并不是统一的，有时甚至是冲突的。因而在许多情况下，国家必须在二者之间作出选择。从历史上看，在统治者（及其团体）最大限度增加其租金的所有制结构同减少交易费用和鼓励经济增长的有效率的制度之间，一直存在着紧张关系。这一基本矛盾是社会不能实现持久经济增长的根本原因。[①] 这就是著名的"诺斯悖论"。统治者要使租金最大化，必须以国家权力干预市场，限制生产要素供给以使其市场价格高于成本，使垄断者集团获得高额利润，其结果必然是降低社会总产出，减少税收。统治者要使社会产出最大化以增加税收，必须建立有效产权制度，放弃对生产要素供给量的限制以及对租金的追求。可见，建立有效率的产权制度有利于社会产出最大化，但可能不利于统治者租金的最大化。从自身利益出发，统治者往往可能维持或建立一套无效率的产权制度。巴里·温加斯特也认为，国家存在着"本质两难"（fundamental dilemma），即国家需要足够强大才具有足够的强制力去做它该做的事，即执行合同；但国家又不能过分强大，以至于它可以不受约束，滥用自己的强制力，任意侵犯公民的财产和权利。国家往往仅在那些统治者的福利最大化目标范围内促进和界定有效率的产权，历史上有效率的产权和无效率的产权都与国家有关，产权的出现是国家统治者的期望与交易双方为减少交易费用所作的努力之间紧张状态不断加剧的后果。[②]

诺斯认为，"国家悖论"主要是由于国家的"经济人"本质使然。国家可以理解为在暴力方面具有比较优势的组织，它和企业一样，也要实现自身利益最大化，它的行为也要受制于成本收益的比较。作为一个具有福利或效用最大化行为的"经济人"，除了具有通过提供保护与公正等服务

---

① ［美］道格拉斯·C. 诺斯：《经济史上的结构和变迁》，厉以平译，北京：商务印书馆1992年版，第30页。

② 同上书，第22页。

以换取税收收入的特征外，国家还是一个"带有歧视性的垄断者"，为使自身收入最大化，将选民分为各个集团，并为每个集团设计产权。同时，统治者面临竞争约束和交易费用约束，促使统治者选择无效产权。竞争约束是指其他国家或本国潜在统治者的竞争压力使得统治者害怕得罪有势力权势集团、威胁其政治地位而被迫放弃有效产权；交易费用约束是指当界定一套有效产权的费用高于所得收益时，统治者基于利益最大化也会放弃有效产权而选择无效产权。同时，由于统治者的有限理性和生命有界，统治者往往会倾向于短期利益而放弃长期利益。此外，产权有效性体现在能够促进国民财富的增长，但在统治者的效用值中，除了财富，还有威望、历史地位、国际影响等要素。随着财富增加，财富的边际效用在降低，而其他非财富的边际效用却在增加，这种情况使得统治者可能会界定一套不利于财富增长但是有利于非财富增长的产权制度。统治者的偏好和有限理性、意识形态刚性、官僚政治、集团利益冲突和社会科学知识的局限性、国家的生存危机等也会导致无效产权的存在与持续。①

公共选择理论没有单独的国家理论，而是将"国家"等同于"政府"，并将"经济人"范式引入政治领域，认为在政治市场中个人对不同的决策规则和集体制度的选择也是本着自利性进行的。公共选择的核心问题就是要阐明把个人偏好转化为社会决策的机制或程序的选择。在政治市场中，人们建立起契约交换关系，一切活动以个人的成本收益计算为基础。特殊利益集团、官僚、立法者出于私利的行为将会导致权利界定的无效，其表现：一是导致过多的公共物品供给（如过多的预算）；二是导致公共物品的实际成本过高，造成社会资源的浪费。这些均是政府失灵的表现。普通选民由于无力支付政治成本，出于成本收益计算考虑，往往不参加投票，保持"理性的无知"和"理性的冷漠"，由此导致普通选民对特殊利益集团的制约作用有限，因此，产权界定及其相关政策的制定更多地被特殊利益集团所操纵。

正是由于上述原因，新制度主义与公共选择理论均认为无效产权是一

---

① 林毅夫：《关于制度变迁的经济学理论：诱致性变迁与强制性变迁》，见［美］R. 科斯、A. 阿尔钦、D. 诺斯：《财产权利与制度变迁——产权学派与新制度学派译文集》，刘守英等译，上海：上海三联书店、上海人民出版社1994年版，第397页。

种常态。它们对国家作用的认识是基于国家是"掠夺之手"的假定①，这一假定对于理解不同国家现存的制度差异、解释这些制度构建的原因，以及研究它们对经济发展和增长的利弊等问题都有益处。"掠夺之手"准确地描述了政府在实际上的所作所为，如管制机构阻碍了产业进入，法院在解决纠纷时武断甚至缺乏诚实，政治家们利用政府的财产来讨好自己的支持者，而不是服务于大众。"掠夺之手"的假定意味着制度变革的成功就在于如何通过制度构建来限制国家权力，即限制其"掠夺之手"，从而建成一个"强化市场型政府"②（Market – Augmenting Government），即政府既能有足够的权力去创造和保护私有产权，又会受到约束不去剥夺或侵犯这些个人权利。因此，国家能否提供有效的产权结构和有效的产权保护主要取决于能否对政府的权力进行有效制约，包括个体权力对国家权力的制约、集体行动机制的制约、法治化的制约机制。③

（二）"诺斯悖论"适用性分析

"诺斯悖论"被广泛用来解释中国转型时期的政府行为。很多学者如杨瑞龙、黄少安、杨光斌、杨龙等结合中国改革实践对其作了剖析。本书认为，"诺斯悖论"对于分析转型时期的中国改革实践的确颇具说服力，能够很好地解释很多现实问题，但是，"诺斯悖论"中的国家模型与当今民主国家有很大不同，在应用该理论分析当代国家包括转型国家必须对其理论有所修正，才能更好地被用来解释现实。

1. "诺斯悖论"以"经济人"假设为前提来看待国家，忽视了国家构成中的核心要素——权力

诺斯将国家看作一个整体或者由统治者个人或统治者集团代表，其行为悖论的根源在于"经济人"的自利性动机。但是，事实上，无效产权的产生更离不开对权力因素的深入剖析，如果政治产权像经济权利一样可以自由转让或者统治者信守承诺，有效产权仍可产生，即权力并不必然会导致无效率产权或掠夺性政府。但是由于权力的不可转让性以及统治者的有限承诺或承诺不可信，同时又没有恰当的制度设计予以制衡才导致了统

---

① 国家的三种行为模式：无为之手、扶持之手、掠夺之手。
② [美]曼瑟尔·奥尔森：《权力与繁荣》，上海：上海世纪出版集团2004年版，第4页。
③ 朱巧玲：《国家行为与产权：一个新制度经济学的分析框架》，《改革与战略》2008年第1期，第1—5页。

治者的无效率掠夺。由于权力分配不均，拥有权力的人占据主导地位，在没有有效的约束机制的情况下，契约谈判的过程就会存在"武力的黑暗面"，谈判双方与其说是一种契约关系，不如说是权力优势方在面对特定约束条件下的个体最大化选择。① 交易双方并非自愿，就极有可能会导致无效率的结果。

可见，在解释国家起源和历史上长期存在的无效率制度问题上，除了肯定"经济人"这一假定外，还需要引进权力因素，并探讨权力和制度的相互作用及其对于制度变迁和经济绩效的影响。这就需要我们格外关注那些拥有权力的组织和个人。在制度变迁的过程中，这些人往往扮演着政治企业家的角色，发挥着关键行动者和"第一行动集团"的作用。他们有意愿并有能力进行制度创新，而且能够决定政治走向与进程。制度变迁是集体行动的结果，在集体选择的过程中，关键行动者和权威促成了集体行动和社会的变化。在中国经济转型时期，一些政治决策层的精英人物就是这种关键行动者，他们成为"第一行动集团"，积极推动了中国体制转型的进程。对于地方制度创新而言，一些政治企业家则是这种关键行动者。然而，政治企业家并不总是会产生积极的影响，也存在着滥用权力的可能，这就需要借助于良好的制度设计。这种制度不仅要为政治企业家的活动创造行动的机会和空间，又要有效约束政治企业家滥用权力和有限承诺的行为。

2. "诺斯悖论"的存在前提很难完全适用于当代民主国家

诺斯在其《西方世界的兴起》中分析了法兰西王国和西班牙王国，从而得出"诺斯悖论"，这两个国家共同的特点是专制性。在这种类型国家中，统治者对待税收仿佛是统治者自己的私人财产；没有任何制度制衡机制对统治者行为进行制约。② 而当代的民主国家恰恰是反个人独裁的。从规范性定义看，民主应当是一种有选择的多头统治。③ 在民主国家中，谁也不能自我僭取无条件的和不受限制的权力。④ 如果纯粹从制度层面来看，民主

---

① 杨瑞龙、邢华：《科斯定理与国家理论》，《学术月刊》2007年第1期，第84—90页。
② 沈友军：《"诺斯悖论"的存在条件》，《云南行政学院学报》2001年第2期，第6页。
③ [美]乔·萨托利：《民主新论》，冯克利、阎克文译，北京：东方出版社1997年版，第178页。
④ 同上书，第214页。

国家消除了"诺斯悖论"的前提条件。民主国家的权力来源于"人民"或选民，人民与当选的政治家的关系是委托代理关系。不同于专制国家中统治者与臣民之间的掠夺与被掠夺的关系，民主国家的政治家与选民的关系主要是"交换"关系，政治家提供服务，选民给他选票、年薪和荣誉之类利益；可见，在民主国家，没有人能将国家税收当成私家收入，能在租金最大化和税收最大化之间随便进行选择。民主国家的专门的监督机关、在野者、新闻界严密地注视着当权者，当权者不能自由地攫取租金。虽然现实中的民主政治正如公共选择理论所揭示的那样，政治家、官僚都是理性的"经济人"，前者追求选票最大化，后者追求预算最大化。① 但是，毕竟民选官员与独裁者在追求其目标的方式上有很大区别，政府官员在一系列制度约束下无法过分偏离公众偏好，否则民众将会通过"用脚投票"或"用手投票"来对在任官员进行惩戒。可见，民主国家中公民"理性的无知"是有一定限度的，一旦这种"无知"带来的成本大于收益，公民将会从"冷漠"中清醒，给政府重新锻造一些镣铐，以避免官员偏离公众利益太远。其实，对于当代民主国家而言，租金最大化与社会收入最大化往往一个是国家的政治利益与直接利益；另一个则是国家的经济利益与间接利益。虽然统治者常常放弃一个有效率的产权，追求垄断租金最大化，但他们"并非总是这样做，而且既然是新古典主义的国家，作为经济人在多数情况下总是必然在直接收益与间接收益之间寻求一种均衡，从而使垄断规模程度停留在某个边际上。"② 理性的统治者为了将两个目的持久冲突所招致的损害降至最低，总是不断地在两个目的之间进行调整或权衡。

3. "诺斯悖论"解释中国转型实践时也有失全面

"诺斯悖论"能够很好地解释中国的转型实践，包括放权让利改革、财政金融制度改革，以及中国的渐进式改革路径的选择，也能解释国家对微观经济主体不同阶段态度的变化，尤其是对低效率国有企业的保护与对高效率非国有企业既促进又歧视的行为，更能说明中国转型过程中特定利益集团对国家产权选择的影响以及"诺斯悖论"的存在。但是如果将诺斯的

---

① 转引［美］丹尼斯·C. 缪勒：《公共选择》，杨春学等译，北京：中国社会科学出版社1999年版，第222页。

② 黄少安：《制度变迁角色转换假说及其对中国制度变革的解释》，《经济研究》1999年第1期，第72页。

"国家悖论"原封不动地拿来分析中国的政府行为未免过于简单而片面。

"诺斯悖论"中的"政府"只有一级,即中央统治者或最高决策层,而在中国政府层级很多,而且每一层级由于权力、利益不完全相同,其各自行为特点也不同。"诺斯悖论"以政府"经济人"为前提,是在既有制度结构下国家(中央政府)基于不同目标对不同具体制度安排的选择困境,虽然分析的是国家,但是其分析的起点却是构成国家或集团的微观个体,从个体人及政府官僚的"经济人"本性为出发点的,因此是一种个人主义分析方法,这种悖论由于人的固有本性无法改变,因此无法消除,但是因为它是非结构性的悖论,因此可以通过多元利益主体之间的博弈和制约机制的进一步完善进行协调和缓解。而中国的政府行为要远比诺斯笔下的政府行为复杂得多,不仅包括中央政府,还包括地方政府,它们在制度变迁过程中无一例外均会出现行为"悖论","悖论"的原因既有"诺斯悖论"中主体行为"经济人"的利益驱动使然,更有体制上与意识形态上的原因。

比如,中央政府与中共执政党从理论意义或规范意义上讲是代表广大人民利益的,没有自利性只有公共性,但实践中,无论是政府还是政党都是由成员组成的,因此,在制度或政策制定中必然会包含"经济人"的利益驱动因素;即便不考虑此因素,我们理想化中的中央政府或执政党只服从集体利益而置个人利益于不顾,但由于有限理性、知识局限性、意识形态约束等原因,还是会造成中央政府的制度安排客观上可能不会是高效率的,也会背离公共利益。典型的例子是计划经济时期由于中央决策层选择重工业优先发展战略所形成的高度集中的计划经济体制及其内含的一系列宏观经济政策与微观运行机制等,显然是背离广大人民利益的。

诺斯在分析国家(或政府)悖论立基于国家(或政府)的"经济人"假设,而对其行为背后的制度因素较少关注。中国的转型实践揭示了"政府经济人"假设固然具有说服力,但是更应看到其后的制度因素。中央政府的一系列矛盾行为之所以可以归纳为由其经济利益与政治利益矛盾冲突所致,在于国家意识形态与政治经济现状之间欠缺协调,或者说是政权的经济组织基础与政治组织基础无法统一,[①] 而地方政府行为悖论则

---

① 杨光斌:《我国经济转型时期国家权力结构的制度分析》,《学海》2006年第1期,第92—102页。

与经济分权和政治集权的现行政治经济体制直接相关,所有这些显然是"诺斯悖论"所无法完全涵盖的,我们可以将中国转型时期的政府双重行为称为"制度性悖论",以突出政府行为悖论的制度因素,而非单纯的利益因素。

二 中央政府行为悖论及原因分析

作为执政党的中国共产党及其政权机关中央人民政府在规范意义上(从党纲、国家宪法及有关法律规定、相关政策乃至主流意识形态上)始终代表人民利益,因此由中央政府主导的制度变迁始终应该只是围绕社会收益最大化展开,而不会存在垄断租金最大化的。事实上在中国的改革实践中,中央政府也一直试图践行这一理念,但是改革的错综复杂性,尤其是当前体制转型是一系列制度变迁的总和,涉及方方面面的利益调整和权力结构的调整,中央政府不得不顾全改革的整体进程,因此,在体制转型中也会有自身的利益目标函数,对不同利益目标的偏好导致中央政府行为轨迹的演化,也会引发一些有悖于社会收益最大化的行为结果,因此分析中央政府的目标函数及其不同时期的偏好对改革进程的影响就变得非常重要了。

中国转型期改革实践表明,中央政府行为悖论的原因既有诺斯悖论所指向的原因,政府及官员出于"经济人"的自利性原因,为获得垄断租金最大化而置社会公共利益于不顾,同时也更多受制于国家的战略选择与意识形态约束,此外,还因为一些制度安排变迁没有随着内外制度环境的变化而进行适应性调整。中央政府要综合考虑各方面因素,在具体选择其行为策略时构成其目标函数的具体综合性,包括经济增长、社会稳定、意识形态三方面内容。其中,意识形态在中国转型过程中具有特殊约束作用,在某种情况下会成为压倒其他因素的重要因素。

体制转型中中央政府对国有企业和非国有企业的矛盾态度是体现中央政府悖论的典例。一方面,由于国有企业既是政治的经济基础,又是最有势力的群体,因此,国家努力维护、保护国有企业的利益;另一方面,为了实现税收的增长,国家有必要放弃部分垄断,允许更有效率的非国有产权组织的发展。这就意味着,经济转型中的国家权力正在实现两个相互矛盾的目标,即租金最大化和社会产出的最大化。

（一）对国有企业的过度保护

在对国有企业改革的问题上，中央政府行为取向往往是对经济增长、社会稳定、意识形态等综合因素考虑的结果。出于意识形态和社会稳定双重考虑，中央政府一直在扶持国有企业，即使其对国民经济总产出的贡献已从改革开放之初的70%—80%降到30%左右，政府仍没有放弃对国有经济的扶持。显然，中央的制度并未从经济利益去考虑，中央政府考虑更多的是社会稳定和意识形态因素。在中国，国有企业实际上是由政府部门所有，因此，为了本部门利益，任何一个政府部门都会极力使其企业维持下去。国有企业破产还会导致社会稳定及政治稳定问题；同时，一直以来，国有企业都被认为是中国政治权力的经济基础和组织基础。因此，不能仅从微观经济效率而是更要从宏观社会效益和政治效益上来评价国有企业的绩效，无论是中央政府还是地方政府都不想看到国有企业破产。为避免国有企业的不景气影响经济增长、危及国家安全和社会稳定，国有企业即使亏损仍能通过国家财政补贴和银行信贷，得到国家充足的资本供给，以维持其生存。为继续解决国企高负债与资金困难问题，国家又成立证券市场，用来为国企筹资并降低国有银行的信用风险，为确保这一目的的实现，政府沿用了计划经济的行政审批制度，先后通过证券配额制和审核制的形式，抑制民营企业上市，确保资金流向国有大中型上市公司。中央政府的类似的无效制度安排显然不能从经济利益上得到解释，这种所有制偏好只能从政治利益和意识形态视角才能很好地理解。国家出于政治目的对国有经济的刻意保护事实上在某种程度上就是在保护一种政治垄断，而政治垄断的经济后果是租金的消散。[①]

20世纪90年代后期，中央对国有企业改革开始进入宏观层面上，实行"抓大放小"战略，进而又提出国有经济战略性调整。这些战略表明中央对国有企业进行分类改革，那些承担着"特殊职能"的国有大型企业和部分重要的中型企业仍然控制国家命脉产业和关键行业，对这部分企业实际很少强调产权改革，而是提倡管理制度创新。也就是说，在对这部分企业的改革战略上，中央考虑更多的是社会稳定和意识形态利益目标。

---

① 杨光斌：《我国经济转型时期国家权力结构的制度分析》，《学海》2006年第1期，第100页。

而对于那些不承担"特殊职能"的国有企业,主要是一般中小企业,让其全部从竞争领域中退出,通过产权转让、出售、租赁、兼并、联合、改组和股份合作等方式"放开搞活",即实施"放小"战略,简言之就是令其改制或民营化。这涉及的是产权制度的根本改变,也是最彻底的一种变革方式。对这些企业的改革,中央考虑更多的是经济收益,因为这些企业规模和影响都小,其民营化不会带来太大的社会震荡,而通过改革后其经济效率提高还会给国家带来更多财政收入。在这里需要注意的是,国家之所以选择中小企业民营化举措,是为了增加政府财政收入而不是增进企业的效率。国企民营化通过三种途径增加政府收入:一是将国有企业民营化或令其破产清算会给政府带来直接的现金收入;二是民营化企业的效率提高会增加政府未来税收;三是对亏损企业进行民营化或者破产清算会减轻政府的财政负担。因此,企业是否民营化在中国往往取决于其财务状况。如果一个企业的财务状况没有陷入困境,它一般不会被民营化。抛开意识形态因素,在国企民营化中政府的目标函数包括企业的效率、税收贡献和政府控制企业的政治利益,例如政府可以借助对国有企业的控制权维护社会的稳定等。增加政府收入(包括减轻政府财务负担)是决定是否进行民营化或破产清算决策时一个重要因素。另外,在其他条件相同的情况下,企业冗员越多、政府控制企业得到的政治利益越大,国有企业被民营化或破产清算的可能性就越小。可见,推动政府积极主导国有企业民营化的动力在于增加政府财政收入或减轻其为补贴亏损企业而造成的财政负担;而阻止或延缓其民营化步伐的是为避免失业和失去控制国有企业的政治利益。民营化是政府经济利益与政治利益间的均衡,而非仅仅为了提高企业效率,除非这种效率提高能满足其经济利益和政治利益均衡最大化。因此,如果国有企业没有给政府带来负利益或者不是在财政上给政府带来超过其财政承受能力的"痛苦"时,民营化一般不会发生,这种民营化又被称为"消极的民营化",是指民营化改革通常发生在那些陷入困境中的国有企业。[①] 显然,中央在对国有企业的改革举措就是如何在其效用函数即经济增长、社会稳定、意识形态之间进行权衡,以选择使自身收益最

[①] 王红领、张永山:《国有企业产权改革之我见——来自中国800家国有工业企业的实证分析》,《现代经济探讨》2005年第2期,第5—8页。

大化或成本最小化的制度安排。

（二）对民营企业的矛盾态度

对国有企业的过度保护是与对民营企业的矛盾态度相呼应的，这是国家行为悖论的另一面。虽然国有企业是中国政权的组织基础，但是改革开放以来，其对国家经济的贡献一直在下降，而非国有企业的贡献却一直在上升，到2002年，规模以上非国有工业企业工业产值占总产值的67%。这使得国家权力面临"诺斯悖论"。一方面，国家努力保护作为权力组织基础的国有企业的利益；另一方面，国家为了实现税收的财政收入增长，又必须使得国有企业部分退出，而允许和鼓励更有效率的非国有产权组织的存在。这两个目标的冲突也是国家政治利益与经济利益的冲突。目前，我国对国有企业和民营企业的一系列区别性政策诸如财政补贴和企业上市指标的分配都充分证明这种两难处境。国有企业作为现行的国家权力的组织基础以及其所担负的维护社会稳定和政治稳定的职责使得国家对其关怀备至，极尽保护。国家对国有企业的过度"父爱主义"却导致国有企业的双重无效，一方面，导致国有企业的预算软约束，使得国有企业赖在国家身上长不大、扶不起，没有动力和压力去积极提高经济效率；另一方面，国有企业通过这种方式挤占了民营企业在资本市场上的份额，导致民营企业应有的效率无法更好地体现出来。据世界银行调查，2000年中国非国有企业创造的新价值已占GDP的2/3，其中私营企业创造了GDP的1/2，但非国有经济只运用了资本资源的1/3；而耗用了2/3最为稀缺的资本资源的国有经济对GDP的贡献只占1/3。①

国有企业的低效率使得国有企业自身的生存以及国家权力的维续需借助于国民经济的资源增长，为了获得更多的国民经济资源，国家又必须鼓励更具竞争力和效率的产权即非国有经济的发展，这就需要使非国有经济合法化，因此国家从1988年以来不断修宪。1993年、1997年和1999年的宪法修改，事实上是解决非国有经济的法律地位问题。修宪使民营经济基本上获得了正统地位。2002年11月，党的十六大报告提出了两个"必须毫不动摇"，即"必须毫不动摇地巩固和发展公有制经济"、"必须毫不动摇地鼓励、支持和引导非公有制经济发展"。2003年10月，党的十六

---

① 杨天宇：《我国民营经济发展的制度性障碍研究》，《改革》2003年第6期，第31页。

届三中全会通过《完善社会主义市场经济体制若干问题的决定》，明确提出："进一步巩固和发展公有制经济，鼓励、支持和引导非公有制经济发展"、"大力发展和积极引导非公有制经济。个体、私营等非公有制经济是促进我国社会生产力发展的重要力量。"并首次提出允许非公有资本进入法律法规未禁入的基础设施、公用事业及其他行业和领域，提出非公有制企业在投融资、税收、土地使用和对外贸易等方面，与其他企业享受同等待遇。民营企业发展的宏观制度创新再次取得了突破性进展。

在变化了的意识形态和国家政策环境下，民营经济迅速崛起，已经撑起了中国经济的半壁江山，据统计，从1978年到1994年，国有经济年平均增长速度为8%，而非国有经济的年平均增长率高达25%，非国有经济有力地推动了整个国民经济的发展。民营经济已成为就业的主要载体。到了2002年，非国有经济部门的就业比重开始超过国有经济部门。与此同时，非国有经济已成为主要纳税主体。1993—2005年，非国有企业缴纳税收的比重从36.4%上升到了75.2%，2006年和2007年，非国有企业缴纳税收的比重分别升至78.5%和80.7%。国民经济活动总量中，民营经济所占比重已经超过了60%。到2006年底，国有和国有控股企业的工业增加值占全国工业增加值的比重仅为35.78%，非国有工业企业创造的增加值已经接近65%。民营经济在国民经济总量比重上升，同时也成为中国经济持续增长的一个重要支撑。①

民营企业和其他非国有经济的迅猛发展大大增强了综合国力，增加了国家可供调配的资源，因而是国家所鼓励的。可是，民营经济自20世纪90年代以来却面临着越来越紧的发展约束，这些约束有来自市场进入方面的，也有治理结构和产权保护方面的，还有金融约束、民企自身存在的产权制度与治理结构问题等。比如民营企业融资难问题，民营企业贷款仅占银行贷款的32%，与此对比的是，仅创造了30%的新增工业产值的国有企业获得了68%的银行信贷资金。证券市场的制度安排及严格的上市条件和审核程序使得民营企业很难到股市融资。融资结构单一、融资渠道堵塞、融资成本偏高是民营企业面临的普遍问题。民营企业的融资困境究

---

① 刘迎秋、刘霞辉：《非国有经济改革与发展30年：回顾与展望》，《经济与管理研究》2009年第1期，第30页。

其制度性根源主要是国有金融机构资金供给上的"所有制歧视"而产生的"制度性壁垒"。国有商业银行受传统计划经济观念和行政干预的影响，信贷资金分配过度向国有大中型企业倾斜，民企的资金需求得不到满足。而且，在信贷管理上，对民营经济的贷款审批要比国有经济严格和复杂得多。在证券市场方面存在"行政化"以及债券融资的诸多限制导致民企融资渠道不畅。证券市场的行政化特征是指政府沿用计划经济行政审批制度，先后通过证券配额制和审核制的形式，使证券市场变成有计划的资本市场。这是因为证券市场最初是作为国企筹资的工具建立起来的。对上市公司的选择，地方政府或主管部门优先保证需要重点扶持的国有企业上市融资，其首要考虑的是国企的延续、社会安定等非经济因素，而非企业的绩效。这样，虽然政府没有明文限制民营企业的股票发行和上市，但却造成了对民营企业事实上的歧视，也造成证券市场的逆向选择，即"绩劣国有企业驱逐绩优民营企业"的恶果。

此外，国家对民营企业设置产业进入壁垒。国家进行所有制结构的战略性调整以后，民营企业却还是大量进入一些市场过度拥挤和过度竞争的行业，民企的这种表面上的"非理性"投资行为，实质上反映了国家对很多市场竞争程度较弱、有较大盈利空间的行业并未对民企开放，存在严重的进入壁垒。诸如石化、电信、汽车、航空、航运、电力、烟草、外贸、银行、证券、保险等产业部门，基本由国有经济垄断，民营企业要进入这些产业部门困难重重。导致民企产业进入困难除了客观原因外，更重要的因素是人为的体制因素。改革至今，在国企改革中政企仍未分开，政府仍在用各种行政手段如行政审批制、政策法律法规、实施生产许可证制度等手段对可能威胁到国有垄断性企业的民企设置进入壁垒，阻挠民企的进入。与其他所有制企业相比，民企在产业准入上受到明显的不公平待遇。

国家对民营企业的非效率性限制，一方面源于原有的为国有经济服务的政府主管部门传统思维惯性和行为惯性影响。引导人的行为的除了利益动机外，还有意识形态和观念因素。虽然外部环境变化了，官方意识形态作为正式制度的一部分也进行了调整，但是一些已内化为人内心深处的思想观念却具有惯性，认知观念的路径依赖势必影响在人的行为上，并引发制度路径依赖。因此，短期内很难完全调整其思维方式、法规政策、行为规则，形成"公开、公平、公正"的体制环境和政策环境，还尚需假以时日。另一方面与经济制度变迁速度相比，政治制度变革始终滞后。国家权力的经济基础越来越由国有企业让位于非国有企业，而非国有企业在国家权力结构中却找不到相应位置，在组织结构上，权力中心仍与国有企业紧密相关，而与非国有企业没有什么关联。正是由于国家权力的组织基础和经济基础的脱节，国家要在政治统治与经济基础之间加以平衡，要维持政治统治就要保证国有企业的主导地位；要增加财政收入就要促进民营企业的发展，但是又要对其限制以免威胁到前一个目标。这种政治与经济的脱离使得政治诺斯悖论更具中国特色，杨光斌教授称其为"中国式的国家权力的悖论"[①]。

可见，国家对民营经济进行的非效率性行为，主要源于意识形态以及相关制度没有及时针对变化的经济基础及制度环境进行适应性调整。国家所依赖的经济基础已发生变化，而建立其上的（经济）政治制度却未完全进行适应性调整，具有强烈的路径依赖性。不仅包括国家权力结构、行政管理体制等在内的政治制度调整滞后，还包括大量的经济制度安排也远未调整到位，如金融体制、财政制度、企业制度、社会保障制度，等等，需要调整的制度太多，不是单一某一种或几种制度安排的变迁，而是整个制度结构的变化。因此，"诺斯悖论"在转型时期的中央政府层次上更多地源于制度性因素，而非仅仅是经济人理性所能解释的，我们将这种悖论称为"制度性悖论"。

三 地方政府行为悖论及制度性因素

体制转型涉及大规模制度变迁，无论是中央政府还是地方政府在面临制度环境的变迁时，出于效用最大化动机都要对自己的行为进行适应性调整，但是其调整结果是否都能给社会整体发展带来积极影响却难以确定。地方政府在转型的不同阶段具有不同的行为表现、对市场化改革的作用也有差异。一般认为，20世纪90年代中期以前，又被称为"非正式转型

---

① 杨光斌教授指出："只要国家权力是基于不同性质的产权结构而不是有效的经济组织形式所形成的最佳的经济资源配置，国家权力的结构性缺陷就难以解决，诺斯教授所说的国家悖论就更加突显。反过来说，如果国家权力建立在有效的产权结构而导出的最佳的经济资源配置之上，国家权力结构又将如何调整？这是中国式的国家权力悖论。"杨光斌：《我国经济转型时期国家权力结构的制度分析》，《学海》2006年第1期，第96页。

期",改革正处于"摸着石头过河"的探索阶段,改革是局部展开的,以试验推广和体制外改革为特征。僵化的意识形态和旧体制严重束缚着市场化改革和区域经济发展,因此地方政府行为在相对超前的市场经济经验认知的支撑下,试图超越意识形态和旧体制的束缚。这一时期,地方政府积极争取中央的政策倾斜和财政支持、培育和完善市场、沟通地方的局部市场与地区全国乃至国外市场之间的联系、改善投资环境、吸引外资、打开市场和供销渠道,为地方经济的发展提供的公共物品和服务。这些举措极大地降低了市场的交易成本,并减少了计划与市场并存下的制度摩擦。比如在"苏南模式"和"温州模式"中的地方政府通过发展专业市场、保护非公有产权、提供公共产品等作为,降低了经济发展中的交易成本。[①]同时,在财政包干制下,地方政府与中央政府的财政博弈更倾向于"藏富于民"。这时期的政府间竞争也由于还未直接表现为地方经济增长速度上的竞争,而表现的相对平和。总体上看,这时期的地方政府行为与地方公共利益增长较为一致,地方政府行为可能会偏离整个国家的效用目标,但却仍然与地方公共利益最大化形成较大重合。

20世纪90年代中期以后进入"正式转型期",随着市场体制的基本建立,市场机制不断成熟。这时期由于一系列制度安排发生重大变化,中央政府财政税收政策、货币金融政策、劳动力市场政策等市场化经济制度改革全面推进,社会结构加剧分化,这就要求地方政府的功能相应地进行转变。但是由于多方面的原因,改革的难度递增,地方政府改革动力不足。由于中央的一系列放权改革使得地方政府逐渐成为具有独立利益结构和效用目标的行为主体,其作为地方利益代言人的角色日益浓厚,而作为中央政府与国家利益的代理人身份却日益淡化。在"以经济建设为中心"的指导原则与以经济指标为核心的政绩考核标准下,以及自上而下的干部任命制的政治机制约束下,地方政府充分利用因放权获得的权力和资源积极推动经济发展,甚至不惜牺牲其他地区利益和国家利益。在这一过程中,地方政府自主性行为得到极大扩张,并在扩张过程中与上级政府和同级政府为争夺权力和资源进行纵横两个方向的竞争博弈,为在竞争中取胜,地方政府采取了各种竞争举措甚至以

---

① 刘金石:《中国转型期地方政府双重行为的经济学分析》,博士学位论文,成都:西南财经大学,2007年,第121页。

违法的方式展开行动，地方政府行为悖论尽显。地方政府行为悖论也要透过其"经济人"理性的表面去寻找制度层面的因素，主要包括：中央与地方关系上职能纵向配置上的"职责同构"特征；压力型体制和中央与地方间委托代理关系中的"政治承包制"，"下管一级"的干部任命制以及以经济效率为核心的政绩评估制度等。可见，归根到底，与中央政府行为悖论一样，地方政府行为悖论也是由于约束其行为的制度未能及时针对变化了的政治经济环境进行适应性调整的产物，是制度改革滞后，尤其是政治制度改革滞后引起的，因此，也是一种"制度性悖论"。

（一）地方政府行为悖论的具体体现

1. 在培植市场主体方面，地方政府一方面大力扶持企业发展，促进市场主体的成长；另一方面，地方政府过度干预企业经营，延缓市场主体成熟。

民营企业是地方政府在我国市场化进程中培育市场主体最为突出的体现，被称为"地方政府制度创新"的典型。一大批乡镇企业、私营企业、个体企业和"三资"企业在地方政府的推动下应运而生，成为地方经济的增长点。地方政府通过直接指导或直接参与，或者首先发现并予以支持和帮助，促使企业突破壁垒获得潜在的制度收益，进而地方政府也分享这一收益，前者如"苏南模式"，后者如"温州模式"。同时，由于体制惯性，地方政府对于中央下放的企业实行权力截留，仍把国有企业作为政府机构的附属物，长期控制企业的资源调度权、经营决策权、人事权等。地方政府常常把自己的多元目标（经济增长和社会发展等）强加给企业，比如为了本地社会安定地方政府用行政手段干预企业裁员；强迫银行贷款给效益差的企业；出于本地整体利益和政绩考虑而进行"拉郎配"式的企业兼并，等等。地方政府这种过度干预企业和市场的行为不仅延缓了产权制度改革和市场主体的成熟，而且还助长了"寻租"现象的滋生。

2. 在统一市场的形成方面，地方政府一方面推动市场的区域化；另一方面则阻碍了全国统一市场的形成。

中国特殊的国情决定了在市场化进程中，选择一条渐进式道路，即先逐步培育起区域化市场，再通过区域市场向区际间扩展，最终建立起全国的统一市场。中国的市场化是由原来的计划经济转向市场经济的，在这一过程中，地方政府作为市场的组织者和推动者发挥了积极作用，比如，建立"市管县"体制,并疏通城乡交通网络和商品流通渠道,出台促进城乡集贸市场发展等措施,积极推进城乡市场一体化;建立各种专业市场以降低市场交易费用;积极建立和完善市场机制;充当地区市场化进程中新生事物的"保护神",为体制外经济发展提供相对宽松的制度环境;对改革方案进行适应性调整,在不同时期进行相应的制度创新,如挂户经营、股份合作制、在非公有制企业建立基层党组织[①]。此外,地方政府还为本地区的市场化制度创新提供组织协调和财力保障,为减少改革中的矛盾和冲突,地方政府出面协调并提供必要的社会安全配置,如安置破产企业部分职工的就业、物价补贴、提供财力以推进医疗制度和养老保险制度的改革;与此同时,积极带领本地区的企业,向外地甚至是国外推销产品,拓展市场,推动了区域市场向区际市场的迈进。

　　地方政府对区域性市场的卓有成效的培育,衔接了不完全的计划和不完全的市场,发挥了其他主体无法替代的功能和作用。但是,地方政府通过行政手段推动的行政性区域市场,由于受到地方政府利益和行政力量的干扰,在区域市场向区际间扩展乃至向全国市场扩展的过程中存在很大障碍。行政性区域市场中的企业仍受制于政府的控制,当区域性市场发展到一定程度时,"经济人"的寻利动机使得市场向外扩展,但是由于此时全国性的价格体系尚未理顺,尤其是在资源和原材料价格与加工品价格存在严重的比价不合理的情况下,在追求加工品价高利大的诱惑下,资源流出地区政府就会阻碍资源向加工业比较发达的地区流出,而自行组织加工生产商品;同时,为垄断本地产品市场,又通过行政手段禁止外地商品进入,这样就形成了全国范围的大大小小的以行政性区域为界限的市场分割和地方保护主义。市场分割和地方保护主义主要采用争夺生产要素和产品市场封锁等方式。前者如各区域为争夺资源而掀起的"棉花大战"、"蚕茧大战"、"羊毛大战"等形形色色资源争夺战;后者则主要表现为各地方政府运用经济、法律、行政等各种手段筑起贸易关卡和壁垒,如提高外地产品准入条件、对外地产品强行加价,或加征各种税费、用行政命令禁止外地产品进入等。在市场分割和

[①] 史晋川、金祥荣、赵伟、罗卫东:《制度变迁与经济发展:温州模式研究》,杭州:浙江大学出版社 2004 年版,第 31—36 页。

地方保护主义的环境下，为使本地区经济生活自给自足，要求各地经济必然要自成体系。这样，从省到市到县，几乎层层都在追求"大而全"、"小而全"，形成浪费资源和投资低效的重复建设和地区间恶性竞争等反市场化行为。这些反市场化行为阻滞了资源的自由流动，造成各地资源的不合理配置，并且严重地影响了全国统一市场的形成。

3. 在政企关系方面，地方政府出现"放权"与"截权"的行为悖论。

对于中央政府的经济性放权，地方政府一方面为了搞活本地区的企业，会按照中央政府的意图，将应该属于企业的经营决策权下放给企业；另一方面又会在这种权力的下放和转移过程中，实行对部分权力的截留与控制。无论是放权还是截权，地方政府都是基于自身利益最大化的考量：如果企业效率低下、亏损严重，地方政府背上了沉重包袱，因此会千方百计把企业推向市场；如果企业是赢利的，为了本地经济收入、政府预算外收入以及官员个人灰色收入，地方政府则不愿放权或将其推出。

4. 在宏观调控方面，地方政府存在着"正向调控"与"逆向调控"的行为悖论。

地区经济发展不平衡客观上要求我国在宏观经济调控上实行中央政府与地方政府分级调控的二级宏观调控体制。分级调控的原则是，既要保持中央政府有绝对的调控权威，又要充分发挥地方政府的调控积极性。凡是涉及宏观层面的调控必须掌握在中央手中，如货币的发行、基准利率的确定、汇率的调节和重要税种税率的调整等。地方政府被赋予的权力是按照国家法律、法规和宏观政策，制定地区性的法规、政策和规划，通过地方税收和预算等手段，调节本地区的经济活动。在中央向地方政府分权的过程中，由于地方政府在调控目标上和中央政府不完全一致，加上地方政府与企业尚未彻底分开，使得地方政府有动机、也有可能在执行中央交给的宏观调控职能的同时，采取"逆向调控"，以牺牲宏观调控全局目标为代价来实现地方利益与地方政府自身的利益。地方政府的"逆向调控"行为表现在多方面，比如，地方政府在经济发展速度上与中央政府博弈，对中央宏观调控政策进行反调控：中央政府针对经济过热情况会从全局出发对各地的增长速度进行限制和调控，试图压低速度以减缓经济过热现象。地方政府却为追求本地的经济利益，而置其他地区和整体利益于不顾，选择那些花钱少、周期短、见效快的"短平快"项目,阳奉阴违,继续扩大投资规模。又如,在财税方面,地方政府更靠近税源,对地方税源建设和税收征管的积极性很高,而对中央税源建设和税收征管则不闻不问;在税收上缴比例确定的情况下,地方政府机会主义行事,采用各种手段截留财政收入,如对企业减免税,然后再通过集资、摊派等体制外循环方式,将资金纳入地方政府的财库。在 90 年代中期,有学者估算,地方政府的非规范收入已经相当于地方财政预算内收入的 30%。① 再如,房价的非理性暴涨在很大程度上是由于地方政府为了基于片面的政绩观和利益观,通过诸如大搞城市拆迁、提高拆迁补偿标准、控制土地的招标拍卖、控制或取消经济适用房和单位集资建房、甚至操纵媒体的房地产统计数据误导消费者②等方式推动的,这和中央三令五申控制房价的宏观调控目标背离,并使得房地产在中国已不再仅是一个单纯的产业问题而是政治问题。③ 地方政府的逆向调控目标往往不是全国经济的比例协调和稳定,而是地区经济的增长。由于政治约束,地方政府仍须与中央保持高度一致,在对中央政府的态度上,地方政府显示出经济抗衡和政治服从的"双重分裂倾向"④,这种双重分裂倾向使得地方政府对中央的宏观经济调控政策采取了机会主义行为策略,当中央的调控政策对己有利时,则"用足"政策;对己不利时,则"灵活变通","上有政策、下有对策","打擦边球",甚至"顶风不办",阻隔中央的宏观政策,使中央宏观政策在地区实施中受阻。地方政府的逆向调节行为,使中央的宏观调控政策效力大打折扣,调控目标难以实现,市场发育的宏观环境恶化。

5. 在提供公共产品方面,地方政府存在着"越位"、"错位"与"缺位"现象。

公共产品如交通、通信、电力等基础设施和教育、医疗等公共事业等,具有投资大、周期长或者不具盈利的特征,其外部性很强,市场因其非竞争性与非排他性而难以提供这类产品,因此只能由政府提供。一般来

---

① 樊纲:《论公共收支的新规范——我国乡镇"非规范收入"若干个案的研究与思考》,《经济研究》1995 年第 6 期,第 37 页。
② 尹中立:《部分城市五招操纵房价》,http://sym2005.cass.cn/file/2005033142978.html。
③ 谢红玲:《房价猛涨地方政府难辞其咎》,http://finance.beelink.com/20060506/2073120.shtml。
④ 周振华:《地方政府行为方式与地方经济自主发展》,《学习与探索》1999 年第 3 期,第 33—41 页。

说，由于地方政府更贴近地方民众，更了解企业和居民对公共产品或服务的需求偏好及其数量、质量、结构等信息，因此，由地方政府提供区域内地方性公共产品比中央政府提供效率会更高。随着经济的发展，各地对公共产品的需求逐渐扩大，但是在"以经济建设为中心"的指导思想下，地方政府成为经济建设型政府，积极介入微观经济领域，将有限的公共资源大量投入竞争性领域，管了不该管、应由市场自由交易的事情。如果说在转型初期由于市场发育不健全，地方政府直接介入市场、培育扶持企业的成长并部分替代市场配置，还有其合理性，那么，在市场经济体系基本建立后，地方政府退出市场微观运行、弥补市场不足、提供公共物品与服务便应是其职责所在。但现实经济生活中，在缺乏有效的监督和必要的法制规范的情况下，地方政府仍然保有强烈的"越位"冲动。在财力和事权基本对称的情况下经济领域的"越位"必然会导致市场服务上的"缺位"与公共产品供给上的"错位"。

公共产品既包括交通、通信、电力等基础设施这些硬环境，还包括教育、医疗等公共事业以及各种软环境，比如投资引导服务、政策服务、行政管理服务、法律服务等政策与服务环境以及安全文明的社会生活环境等。受经济指标为核心的政绩评价机制的影响，各级地方政府偏重于对增长产生直接效应的交通、道路、绿地、通信和能源等生产性基础设施项目，对各种"形象工程"、"政绩工程"热情不减，而对教育、卫生等领域以及供水、垃圾处理等生活性公共设施投资不足，种种不平衡造成了公共物品提供的"错位"与"缺位"。有些部门对支付性服务工作推诿塞责，而对收费性服务项目你争我夺，出现政府权力部门化、部门权力金钱化现象。这些问题恶化了一个地区经济发展的软环境，从而削弱了区域市场经济可持续健康发展的基础。

6. 在投资行为方面，地方政府一方面发挥了合理资源配置的功能，推动了经济高速增长；另一方面地方政府的投资冲动导致整体经济过热，也造成经济粗放增长、资源浪费等问题，恶化了我国经济长期不协调的问题。

市场体系不健全和不完善，企业所需资金、原材料等物资难以完全通过市场获得，要依赖于行政部门的分配。这使得在一定时期内政府发挥资源配置功能成为必要。在经济转型期间，中央的放权改革使得社会固定资产投资由中央主导型转向了地方主导型,地方政府的投资及其推动的投资行为是转型期支撑经济增长的一个不可或缺的内在因素。同时,为追求地区经济的高速增长以及由于计划经济下的思维惯性,地方政府大多热衷于"替代市场",或者直接投资于经济发展急需或收益较高的部门,或者运用所掌握的资金、物资、政策、信息等资源推动和引导市场主体的投资,大力招商引资等。从 1994 年到 2004 年,分省国内生产总值与分省的全社会固定资产投资总额具有显著相关性,每 1 亿元投资需求可以带来至少 2.27 亿元以上的名义国内生产总值。从弹性分析角度看,分省的全社会固定资产投资总额每增加 1%,就可以带来至少 0.987% 的国内生产总值的增长。这说明地方政府投资对经济增长具有明显的推动作用。[1]

  各级地方政府在推动经济增长的同时,也产生了诸多不规范的投资行为。比如盲目投资,很多地方政府官员为彰显政绩,大搞形象工程,超越自己的经济实力,热衷于建广场草坪、道桥、开发区、房地产、旅游区等;同时,一些地方政府还不计成本参与招商引资竞赛,各地政府级级下任务、层层压指标,有的为了完成任务,一些官员只好造假,或者引进"病态项目"[2]。此外,地方政府以经济增长为取向的投资行为还导致宏观经济的不稳定,特别是常常使国民经济过热。在改革开放以来我国共进行了六次宏观经济调控,其中五次都是紧缩型宏观调控。投资冲动导致的资源浪费惊人,从实际 GDP 的单位能耗看,2003 年与美国、德国、英国、日本、澳大利亚、巴西、印度等国相比,中国分别为前者的 7.2 倍、5.1 倍、7.2 倍、13.3 倍、5.7 倍、5.7 倍和 2.5 倍。中国 8 个高耗能行业的单位产品能耗平均比世界先进水平高 47%,而这 8 个高耗能行业的单位产品能耗消费占工业能源消费总量的 73%;按此推算,与国际先进水平相比,中国的工业部门每年多用能源 2.3 亿吨标准煤[3]。同时,地方政府盲目投资使我国经济长期不协调的问题更加恶化,使得供求关系与经济结构无法协调,重复建设严重,致使地区间产业结构趋同;而且,地方政府投资效率低,缺乏必要

---

[1] 刘金石:《中国转型期地方政府双重行为的经济学分析》,博士学位论文,成都:西南财经大学,2007 年,第 64 页。

[2] 王圣志:《阜南逼官招商,逼官员说谎造假》,http://news.xinhuanet.com/politics/200701/12/content5598728。

[3] 高帆:《评价中国经济改革的五个维度》,《经济学消息报》2007 年 1 月 5 日。

的科学论证、民意听证和民主监督程序,容易造成决策失误,直接给国民经济带来损失。据世界银行估计,"七五"到"九五"期间,中国投资决策失误率在30%左右,资金浪费损失大约在4000亿元到5000亿元①。

从上述分析可以看出,在体制转型期间,我国地方政府行为具有明显的悖论特征,它既有积极促进市场化改革、大力培植市场主体、推动市场区域化、积极提供基础设施等公共产品和服务、协同中央宏观调控以及通过扩大投资、招商引资促进辖区经济增长的一面;又有消极阻碍全国统一大市场形成、过度介入国有企业而延缓市场主体成熟、盲目投资、逆向调控、在提供公共物品与服务上"越位、缺位、错位"以及因投资冲动导致经济过热等对经济增长和社会发展造成负面影响的另一面。总体上看,从时间段来分,20世纪90年代前地方政府的积极行为推进了区域市场发育和体制外创新,而在90年代后,地方政府的消极则阻碍了市场化进程和经济与社会的全面发展。

(二)地方政府行为悖论的制度性因素

地方政府行为悖论不只是政府自利性与公共性矛盾的结果,更是中国转型时期政治制度改革滞后的产物,隐含在地方政府行为悖论背后的制度因素主要有:中央与地方职能纵向配置上的"职责同构"特征;压力型体制和中央与地方间委托代理关系中的"政治承包制","下管一级"的干部任命制以及以经济效率为核心的政绩评估制度,等等。

1. 中央与地方政府职能纵向配置上的"职责同构"特征。

"职责同构"是关于当代中国政府纵向间关系总体特征的一个理论概括。所谓"职责同构",是指在政府关系中,从中央到地方各个层级的政府在纵向间职能、职责和机构设置上的高度统一、一致。② 在中国,各级政府事权的划分不是以各自应该承担的职能为基础,而是在"统一领导、分级管理"思想指导下共同参与对同一事项的管理。这就导致各级政府职能的雷同,每一级地方政府都是一个"小中央",都要管理"所有的事情",地方政府几乎完全是中央政府的翻版。"职责同构"导致了上下级

---

① 魏文彪:《"政府主导型经济"隐患难除》,http://search.js.cei.gov.cn/004_zhnews/2005-09-19。

② 朱光磊、张志红:《"职责同构"批判》,《北京大学学报》2005年第1期,第101—112页。

同一职能部门之间职责不清。政府职能还决定着机构的设置,"职责同构"导致各级地方政府在机构设置上也基本与中央政府呈现出"同构"和"一体"的特色,呈现出"上下对口,左右对齐"的特征。

"职责同构"意味着中央政府与各级地方政府的职权划分基本上是一种量的分工,而非一种质的分工。除外交、国防等专属中央的权限外,法律赋予中央政府与地方政府的职权几乎是一致的,地方政府的职权是中央政府职权的翻版,各级政府的职权重叠,没有对各自权力的来源、事项的管辖等方面进行合理的划分。这一方面意味着中央政府有权对地方政府所管辖的任何事务进行直接干预,导致地方政府自主权被严重侵蚀,再加上分税制后财权事权的不对等使得地方政府缺乏有效履行职责的完整职权;另一方面由于各级地方政府的职责、权限并没有严格界定,同时中央政府也无法对地方政府行为形成有效的监督,因此,地方政府为了自身利益采取机会主义行为,常有"越权"行为和"变通"做法,在"上有政策,下有对策"的软对抗中消解中央政府的政令和权威,这就使得中央政府和地方政府经常陷入一种"制度性悖论"。

2. 压力型体制和中央与地方间委托代理关系中的"政治承包制","下管一级"的干部任命制以及以经济效率为核心的政绩评估制度等因素共同构建了地方政府行为选择的特殊的激励和约束机制,在起到正面积极作用的同时也带来负面影响,是影响地方政府行为的综合性制度因素。

(1) 压力型体制与政治承包制

在计划经济时期,国家垄断社会的全部资源,并建立起一个集垄断性的经济资源控制、绝对一元化的意识形态控制和高度集权的组织控制为一体的全方位的社会控制体系。这一控制体系虽然有助于重工业优先发展战略的实现并与传统计划经济体制相配套,在保证国家对社会的绝对控制权和稳定的同时也窒息了社会内在发展的活力。改革开放以来,为调动各方面的积极性,国家进行了放权改革,地方和企业获得更多权力,同时市场经济进程的推进也使市场发挥了更大的资源配置功能。

放权改革和市场化推进使得地方政府和其他经济组织日益从国家依附状态中解放出来,演变为追求自身利益最大化的理性行为主体。这些行为主体尤其是地方政府在追求自身利益时往往忽视了其国家代理人身份,并充分利用在放权改革中获得的权力与中央及上级组织展开利益博弈,"上有政策，下有对策"成为下级政府规避中央与上级政府约束的理性选择，从而造成政策执行的"中间梗阻"。而传统意识形态由于社会生活和价值观念的多元化以及自身问题而失去了其权威的导向作用。这就需要建立一种新的社会秩序控制机制和激励约束机制以使得其既能稳定社会秩序又能激发社会内在活力。这一机制不应再通过社会组织的行政化而是通过法律和宏观调控手段来实现，但是，转型期间，这一新的社会调控机制还不能立即建立起来，需要一种过渡性制度安排来协调上下级政府间关系，这就是压力型体制。[①] 压力型体制始于改革开放后的分权改革，即中央政府为调动地方政府的积极性，把财政权和人事权下放给地方，但是却保留了中央给地方规定各项指标的权力，借此控制和监督各级地方官员，这样，从中央集中的动员体制逐步过渡到分权的压力型体制。压力型体制在中国转型时期传统型社会控制机制逐渐失灵而新的社会调控机制尚未建立起来的情况下形成的一种对地方政府行为进行激励和约束的过渡性机制。这种分权的压力型体制，具体表现为政治承包制，它把农户家庭承包的经验推广到党和政府的机构中来，对下级政府实行岗位责任制。压力型体制下的政治承包制表现的是政府间委托代理关系上的一种"总承包"关系，即下级政府承包上级政府下达的各种指标任务，并按照任务完成情况获得奖励或处罚。在奖惩措施上一般是重奖重罚，对重要指标没有完成的实行"一票否决"，对超额完成主要经济指标的进行升职提拔。压力型体制和政治承包制是中央政府与上级政府旨在构建对下级政府的双重控制的机制，即通过上级政府硬性指标实现对下级政府行为的基本控制，同时借助于功利化的奖惩机制，使得指标任务的完成与政治上的晋升直接挂钩，从而引导地方政府优先满足上级政府的行政偏好。压力型体制和政治承包制事实上默认了下级政府在完成上级政府指标之外拥有充分自主权和相当大的行为自主空间，这就为地方政府利用自己掌握的资源实现自己的利益目标留有余地。由于信息不对称，上级政府根本无法完全监督下级政府的行为过程，再加上下管一级的人事干部制度使得上下级政府之间存在密切的经济利益和政治利益的关联性，这些因素使得地方政府行为即使违规上级政府也看不到，或

[①] 荣敬本、高新军、何增科、杨雪冬：《县乡两级的政治体制改革：如何建立民主的合作新体制》，《经济社会体制比较》1997年第4期，第17页。

者基于自身利益偏袒下级政府，导致地方政府行为刚性约束之外不断强化其自主性的内在冲动，在一定程度上甚至为达目的不择手段而随意超越权限、超越规范政府行为的法律或行政程序，引发的地方政府"行为悖论"。

高度集权的干部管理体制强化和支撑了压力型体制和政治承包制，为后者的推行提供重要的保障机制。

压力型体制和政治承包制仅仅是对地方政府行为构成激励和约束的一个方面，它还需借助高度集权的干部管理制度共同影响地方政府的效用目标函数和行为选择，这些共同构成了地方政府"行为悖论"的综合制度因素。

"中国式财政联邦主义"的主要特征是在经济分权的基础上辅以政治上的集权，即中央政府与上级政府依然保留对地方政府的牢固的政治与人事控制权。尽管改革开放以来干部制度进行了一些边际性的创新，如"下管两级"变为"下管一级"，但是其集权委任制的核心仍未改变，也就是说决定干部选拔任用的决策权高度集中于上级组织，这种自上而下的垂直型干部任命体制和压力型体制以及政治承包制结合在一起，使上级政府可以通过牢牢控制对下级官员的任命，以职务提升来激励和约束下级官员的行为以诱导其努力完成上级下达的各种任务指标。

1983 年开始，干部人事管理制度从"下管两级"体制改为"下管一级"，扩大了地方政府在干部任用上的自主权，压力型体制和政治承包制的激励和约束机制亦因此被"下管一级"的干部人事制度所强化。由于各级地方政府都掌握了对下级政府主要官员的任命权，各级地方政府就可以运用该项权力将各种承包任务硬性下派，也可以有效地将自主性行政意图贯彻到下级政府的行为过程中，要求下级政府首先完成上级政府而非本级政府或中央政府的行政目标，诸如"不换思想就换人"、"县官不如现管"等说法开始盛行。下管一级体制使得下级官员出于自己政治前途的考虑对上级政府唯命是从，即使是上级政府偏离中央意图的政策也能在下级政府那里得到贯彻执行，这使得上下级政府间"合谋"成为必然。[①] 这导致了地方政

[①] 关于政府合谋的文章可参考：O'Brien, Kevin J. & Lianjiang Li 1999, "Selective Policy Implementation in Rural China." Comparative Politcs 31. 周雪光：《基层政府间的"共谋现象"：一个政府行为的制度逻辑》，《社会学研究》2008 年第 6 期，第 40—54 页；Zhou, Xueguang, Yun Ai & Hong Lian 2012, "The Limit of Bureaucratic Power: The Case of the Chinse Bureaucracy." Research in the Sociology of Organizations 34.

府行为变异不仅无法得到有效纠正，而且还会随政府层级降低而加重。在这种压力型体制和干部任命制下，县乡基层政权对上级的"跑步前进"（跑部钱进）和对下级的"加温加压"，双管齐下，这导致基层政府之间对资金、项目、政策优惠的激烈竞争。同时，为获得上级好评，虚报、瞒报、谎报等现象经常发生，还使各级政府在致力于办企业促增长时忽视社会发展，造成重复建设、结构失衡、环境污染等问题。为了提拔，有些地方大搞"政绩工程"或"形象工程"，劳民伤财。

（2）政绩考核标准片面化

在计划经济时期，根据"地方服从中央"和"全国一盘棋"的原则，地方忠实地执行中央的行政命令和经济计划。与此相应，中央对地方政府的考核核心是地方政府的政治忠诚，即地方政府是否严格服从上级指示和认真贯彻执行中央的路线、方针和政策。改革开放以来，中国共产党确定了"一个中心，两个基本点"的基本路线，重新将党的工作重心转移到经济建设上来，特定的经济与社会形势要求党和政府必须以经济增长至上为特征的公共行政管理作为其政绩合法性构建的制度基础。随着执政党的工作中心转移到经济建设上来，尤其是随着压力型体制的逐步形成，在政府考核和干部选拔过程中，政绩要求被摆到了日益重要的位置上。名义上政绩考核体系是一个全方位或立体性的指标体系，但是，无论在新中国建立初期还是改革开放以来，决策层一直采取的是以经济增长为主要任务和绩效的制度安排，这使得政绩考核标准中经济指标一直是不容忽视的内容。改革开放以后，以GDP为核心的经济指标则成为政绩评价的主要指标，地方政府利用信息优势，对自身的绩效进行选择性显示，在完成上级政府考核指标的过程中采取机会主义行为，过度关注那些易于监督的工作指标的达成，片面强调经济增长目标而忽略经济发展质量，"效率优先，兼顾公平"变成了"只见效率，不见公平"。尽管用GDP等经济增长指标考核官员，解决了委托人目标不明确和代理人产出难以考核的问题，但考核目标的片面性和代理人产出评价的简单性，催生了地方政府经济行为的非经济性，也增加了代理成本。如一些地方政府热衷于花架子、形象工程、重数量、轻质量，铺摊子、上项目、注水造假，搞数字政绩、贪大图快，盲目投资、重复建设，导致地区产业结构趋同，以及经济中反复出现的粗放经营。① 干部政绩考核完全都围绕经济指标打转,而且越到基层,简化、功利化的取向越明显:有的地方层层立"军令状",完不成某个指标领导就要下台;有的地方县级领导干部只从乡镇企业产值超过一定数额的乡镇领导中提拔;还有一些地方每年都要根据经济指标完成情况在地区之间、单位之间排座次;一些地方甚至于进行"赤裸裸"的经济或政治激励,等等。这种考核官员的标准,几乎等同于企业中的考核总经理或部门经理的标准,在这种激励机制的引导下,地方政府尤其是基层政府,势必会以背离中央政府提倡的政府角色定位的方式来扩张其自主性,将地方政府所掌握的资源最大限度地投注于完成经济指标的努力之中。

以经济指标为核心意味着以效率至上为原则,将会使政府远离其应该承担的社会职责,如提供更多优质的公共产品和服务。目前政府在履行职责时的"缺位"和"越位"都是这种政绩观的体现,如政府在公共教育、公共医疗、公共住宅等领域投入严重不足,制约了政府公共服务能力和水平的提高。虽然近几年来,政府对公共事业的投入在增加,但是地方政府在履行职责中会对其承担的多元职能进行权衡和选择,即会优先完成那些上级最为关注的通常实行"一票否决"的刚性指标或者一些显性的政绩工程如基础设施、道路、广场、草坪等公用项目,而对于一些无法量化的软性指标或隐形绩效标准如义务教育、环境保护、社会保障、医疗卫生等公共项目投入较少。这种以经济绩效指标为导向的政府行为势必导致政府对效率过度重视而对公平有所忽视,这种倾向不仅在于对经济的过度关注,政府提供公共产品和服务数量不足以及对公共服务职责履行不到位和公共责任的价值缺失,还在于忽略了区域之间、社会群体之间、社会成员之间利益分配的公平性和均衡性。正如张宇所言:"以效率至上为取向,公平就难有空间,至多做到兼顾公平,而在绩效的框架里,公平具有非常重要的位置,公平是政府、特别是政府基本功能的设计,是弥补市场机制不足的优势特征,社会保障、社会秩序等都是公平功能的具体载体"。而政绩经济指标的凸显恰恰使得体现公平的具体载体在政府行为导向中变得无足轻重,也就导致了政府公共责任失去了其存在的容器。不仅如此,效率至上以

---

① 刘金石:《中国转型期地方政府双重行为的经济学分析》,博士学位论文,成都:西南财经大学,2007年,第90—92页。

过度关注经济指标还导致政府在履行职能"缺位"的同时出现"越位",即政府过多干预私人领域和市场领域,对市场化进程造成不利影响。

(3)分权改革中财政制度的财权与事权不对称也导致地方政府行为异化。

分权改革使得地方政府成为具有独立利益目标和效用偏好的需独立承担义务的行为主体,而且,在压力型体制和政治承包制下,地方政府还需完成上级政府下达的各种任务,这都需要地方政府具有整合地方的各种资源并强化自身汲取资源的能力。1994年分税制的实现使得中央财权上收事权下放,地方财政收入不断下降,需要承担的财政支出的范围和数量却在不断扩大。黄佩华研究表明,近年来中央政府的财政收入占整个财政收入的50%—55%,但其支出只占了30%左右;其余支出均被转移给地方政府。①

财权事权不对称使得地方政府只能从自身利益最大化出发,"便宜行事",或者对中央政策进行选择性执行,即在贯彻执行中央和它的上级政府的方针政策时带有明显的实用主义色彩。对于有利于地方利益的政策积极贯彻执行,而对不利的政策则要么抵制,要么变通执行。在财权事权不对称的情况下,地方政府迫于政治承包制和政治晋升的竞争压力,要完成上级布置下来的任务和凸显政绩只能通过扩张权限,突破政策底线,去汲取地方的民间资源。在预算内财政收入无法满足地方政府经济需求的情况下,各种各样的预算外收入和非预算收入成为政府财源的主要支点。据贾康等人研究,在我国政府收入体系中,预算内资金(税收收入)约占50%左右,非税收收入包括预算外收入和非预算收入各占约25%。② 比如,20世纪90年代以来,许多地方政府的土地出让金收入已经占预算外收入的60%以上。③ 由城市扩张和土地征用带来的税收,包括建筑业和房地产业的营业税和所得税以及耕地占用税等则全部由地方享有,因此土地征用及城市建筑业、房地产业自然就成为地方政府扩大税源的首要目标。在这一过程中,地方政府往往暴露出利用公权力与民争利的实质。政府先以经济建

---

① 黄佩华:《中国:国家发展与地方财政》,北京:中信出版社2003年版,第4页。
② 贾康、白景明:《中国政府收入来源及完善对策研究》,《经济研究》1998年第6期,第52页。
③ 邵轩岚:《地方发债能否除房产痼疾》,http://news.sz.allfang.com/newshtml/2006—09/5808_1.html。

设开发区或以"经营城市"为由,以较低的补偿价格从农民手中征得土地,农民最终获得的补偿很低,几乎无法维持几年的生计。当利益受损的农民进行抵制时,政府动用公权力强制征用,由此导致失地农民大规模集体上访的群体性事件。这样,地方政府就从本地全体民众(城市、农村)的代言人变为部分民众(城市)的代言人,而且发展本地经济、进行城市建设、彰显政绩往往是以牺牲部分弱势民众的利益为代价的。

(4) 地方政府间基于地方利益和政治博弈而进行的竞争促使地方政府行为异化。

分权改革还促使了地方政府间的竞争。地方政府竞争,一般是指一个国家内部不同行政区域、地方政府之间为吸引资本、技术等生产要素而在投资环境、法律制度、政府效率、公共物品提供等方面展开的竞争。[①] 在分权改革之前,资源由中央集中控制,地方间主要围绕着争取中央资源展开竞争;而分权改革后,地方政府不仅要争夺中央集中控制的资源,还要争夺由民众持有的资源,地方政府间竞争因此从体制内竞争演变为体制内外兼有的竞争。地方政府竞争在对官员提拔产生重要影响的政绩观下既对地方政府行为产生正面影响,又有负面影响。从积极方面而言,地方政府在"用脚投票"的机制激励下,会想方设法改善公共产品和服务的质量,并使税率维持在效率水平上,从而满足本地民众的社会需求。尽管目前中国由于户籍制度限制,居民还无法真正行使"用脚投票"权,但是,那些追求利润最大化的企业却可以针对投资环境和政府服务择优选择,而且,随着地方官员选拔任用相关制度的改革和地方舆论作用的增强,为了树立在公众中的威信,地方政府也要竭力提高公共产品和服务质量,创造良好的经济社会发展环境,使其尽可能成为"进取型政府"而非侵蚀民众财富的"掠夺型政府"。[②]

[①] 刘汉屏、刘锡田:《地方政府竞争:分权、公共物品与制度创新》,《改革》2003 年第 6 期。

[②] 周业安基于地方政府竞争行为对当地居民价值的影响,把地方政府分为三种类型:一是进取型政府,是指政府竞争行为能够为当地政府和居民创造价值,也就是说,这种竞争行为是一种进取行为;二是保护型政府,是指政府竞争行为仅仅在于维护当地的财富价值;三是掠夺型政府,是指政府竞争行为在损毁当地的价值。在这种政府形式下,地方政府既不能通过技术和制度创新来吸引外部资源去创造价值,也无法通过合理利用当地资源来创造价值,必然只能利用手中的垄断权力来挤占当地居民的剩余财富,把居民的财富转移到政府手中,其结果只能是政府与地方民众的关系日益恶化。周业安:《地方政府竞争与经济增长》,《中国人民大学学报》2003 年第 1 期,第 97—103 页。

从消极方面而言，地方政府竞争不仅基于地方利益最大化，而且会基于政绩最大化或政治晋升机会最大化而展开竞争和博弈。职务晋升机会是一种高度稀缺的政治资源，同一行政级别的地方官员，无论是省、市、县，均处于政治博弈或者政治锦标赛（political tournaments）状态中。[①] 各地官员不仅在经济上为财税和利润而竞争，同时也在"官场"上为晋升而竞争。在晋升博弈中，只有有限数目的人可以获得提升，一个人获得提升将直接降低另一个人的提升机会，一个人所得即为另一个人所失，参与者进行的是一场零和博弈。区域间的地方政府的绩效竞争，会对地方政府行为选择产生极大的挤压效应，迫使地方政府极力地扩张自身的自主性，甚至以各种非常规手段加快地方经济的发展，满足地方精英和民众的利益需求，并以经济绩效向上级传达政绩信息，使得自己的政治晋升机会最大化。

无论是政绩最大化还是地方利获益最大化，都要求地方政府能够通过获取更多的稀缺资源来为区域竞争获得优势。稀缺资源一方面是从上级政府手中获得，另一方面是从辖区外其他地区获得。这样地方政府就要展开纵向和横向两种博弈或竞争。在横向竞争中，突出表现为财政转移支付、财权的分割以及政治权利的配置等交易，而竞争的源泉则来自选民和市场主体的压力；在纵向上，地方政府要充分利用自身的信息优势，同上级政府和中央政府展开博弈，力求为本地经济的发展获得更多的资源和政策优势。

在地方官员的行为对邻近地区存在"溢出效应"的场合，政治晋升博弈的基本特征就是促使参与人只关心自己与竞争者的相对位次。在成本允许的情况下，参与人不仅有充分的激励去做有利于本地区经济发展的事情，而且也有同样的激励去做不利于其竞争对手所在地区的事情（如阻碍外地产品进入本地市场）。换言之，对于那些利己不利人的事情激励最为充分，而对那些既利己又利人的双赢合作则激励不足。因此，地方政府往往会不择手段包括采用机会主义策略来争取资源和政策空间。如在招商引资中地方政府竞相压低土地转让金，甚至于零地价转让；而为了留住本

[①] 周黎安：《晋升博弈中政府官员的激励与合作》，《经济研究》2004 年第 6 期，第 33—40 页。

地资本，地方政府对辖区创税大户以政策优惠，几乎到了"要什么给什么"的地步。如果本地技术和制度创新能力较弱，地方政府往往会通过行政、司法和财政手段直接干预市场竞争，由此形成了保护主义、市场分割、重复建设和地区经济结构趋同、过度干预微观经济活动等现象。

（5）对地方政府权力的纵向约束和横向约束严重不足是导致地方政府行为悖论的另一个重要原因。

地方政府行为悖论还要源于地方政府因中央放权而获得行为自主性。在放权早期，地方政府通过对中央政策的有选择性执行，推动了本地的经济发展和制度创新，但是，在20世纪90年代以后，地方自主性已经演变为地方政府在强大的自利性动机下，通过大胆超越政策和制度权限，追求地方利益和地方政府的特殊效用目标。这一时期，在中央与地方利益博弈中，由于地方政府的信息优势，中央政府难以对地方政府的过度自主性进行控制和约束，而且对于地方政府的变异行为缺乏有效的调控机制。由于中央政府与地方政府之间缺乏明确的法律化的权责分工体系，中央政府很难形成一种"选择性激励"，即根据地方政府执行中央宏观调控政策上的不同表现，有选择地对其进行激励或惩罚。在实践中，中央政府不断出台措辞强硬的政策指令，或者抓几个典型的负面案例给予惩罚，以期能够起到"杀鸡给猴看"的效果，但是这种做法效果并不明显，地方政府往往采取机会主义行为，在政策收紧时稍加收敛，而政策一放松则会变本加厉。

纵向政府间博弈规则的模糊化及中央政府"选择性激励"机制的缺失，使得政府间博弈出现无序化趋向，地方政府自主性行为不受约束的结果将导致国家权威逐渐"碎片化"，即"碎片化权威"（Fragmented Authority），也就是说，国家在向地方和部门放权的过程中，其权威也受到体制内部各种权力主体的切割①。为强化国家权威和中央政府的整合能力，1994年实行分税制，这一财政改革虽然增加了中央的财力，但是却加剧了地方政府的财权与事权不对称局面，也促使地方政府进行体制外汲取资源的冲动，增加其异化行为。这种情况使得中央政府又回到"收权"

---

① 戴长征：《国家权威碎裂化：成因、影响及对策分析》，《中国行政管理》2004年第6期，第76页。

的老路，诸如对银行、海关、国税、地税、工商、质监、土地等多个行政部门实行垂直性管理即是明证，甚至于统计、审计、环保等部门也拟被纳入垂直管理的范围内。① 与此同时，地方立法权也开始受到限制，《行政处罚法》将处罚的设置权收回中央，地方不可另立新的处罚规则，只可进行补充。如果仍按照传统套路解决中央与地方的关系，将仍无法摆脱中央与地方间零和博弈的困局或者"一收就死，一放就乱"的局面。应该另辟蹊径，从根本上解决中央政府与地方政府间权力与职责合理配置，积极探索建立中央政府与地方政府合理化、制度化的权力和职责分工体系。

地方政府行为不仅没有足够的来自于中央政府的制约和监督，而且来自于非政府主体的体制内和体制外的横向约束机制也严重不足，这就使得原来旨在调动地方政府积极性、加快地方经济发展的放权改革，演变为缺乏权力制约的地方政府领导在政绩最大化利益目标驱动下采取各种急功近利的行为。对地方政府横向制约机制的缺乏。包括体制内的地方立法机构人大和司法机构对政府制约不足，也包括体制外的公民、企业、社会中介组织等非政府主体对地方政府制约机制的缺乏。这些制约机制的缺乏总体体现的是我国放权改革中政治分权的滞后，由于政治分权滞后，使得行政性分权下放地方的权力绝大多数都为地方政府（更主要是地方党委）所掌握，而政治承包制、"一把手"负责制等一系列制度安排又为地方政府强化横向集权提供了某种合法性，这就使得地方政府超越政策和法律界限、肆意扩张的自主性行为既无法得到纵向制衡，也没有得到适当的横向制衡。

从法理上看，地方各级人民代表大会是对本级地方政府进行横向制约的最主要机构，对地方政府享有充分的监督权和控制权。根据宪法和有关法律规定，地方人大是地方国家权力机关，对重大事项享有讨论和决定权，并享有政府及其职能部门领导的选举权和任免权，以及地方立法权和对政府行为的监督权。这些只是原则上的规定，由于法律对地方人大监督权的行使手段缺乏具体规定，且其他相关配套制度不健全，致使地方人大对地方政府的监督权和控制权无法落于实处；再加上在现行的党的一元化领导体制下，地方各套领导班子的人事变动基本上都要听命于地方党委，

---

① 《瞭望》新闻周刊的报道：《冷观政府垂直管理》，新华网，2006年11月10日。

基本上进入地方人大的领导班子均是从地方党委政府领导岗位退下来的干部，这样就使得地方人大这一权力机关事实上已被"行政化"，尤其是近年来推行的地方党委书记兼任同级人大常委会主任的领导体制，更加剧了地方人大"行政化"色彩。这样试图用"半行政化"的人大去监督完全体现地方党委意志的地方政府的行为，显然是不切实际的。

在司法独立的法治国家，司法权原本可以成为制约政府行政权的重要因素，但在中国目前的"条块"分割体制下，由于实行双重领导体制，地方司法工作一方面要受垂直领导，这只是一种业务上的指导，另一方面地方司法工作更多地要受横向的地方党委和地方政府的领导，如地方党委的政法委直接负责领导和协调公安、司法、检察的工作，尤其是近年来，在各地推行治安综合治理、一把手负责制、一票否决制的过程中，地方党委政府更加强化了对地方司法机关的控制。同时，地方司法机关的领导任免权基本上掌握在地方党委手中，干部考核权和人事管理权也受同级党政机关的领导，而地方司法机关的经费也长期来源于地方财政。这些机制的运作使得地方司法机关不仅不能有效地监督和约束地方政府的行为，其自身也沦落为政府的职能部门，出现司法权的地方化和行政化现象。比如，在一些经济发展较快的地区，地方政府为了优化投资环境、招商引资，明确要求司法机关保驾护航，要求司法机关给予重点企业和重点投资客户以特殊的优惠政策，甚至于"超国民待遇"，不惜违反国家法律。

在市场完善和民主法制健全的国家，地方政府的行政行为受到地方民众"用手投票"和"用脚投票"的制约，因此不能过远地背离公共利益目标。中国目前正处于市场经济初期，各种制度不健全、不完备，地方民众"用手投票"和"用脚投票"都受到限制，因此，难以形成对官员自下而上的制约机制，也就无法制止地方官员个人控制权扩张的强烈冲动以及侵犯公共利益的行为。不仅如此，由于地方政府政绩最大化的效用目标同以私营企业主群体为代表的资本力量追求利益最大化的目标形成了很强的利益共容性，地方政府行为日益受到资本力量的左右，被后者所"俘获"。在"亲商"、"重商"、"安商"、"敬商"等口号下，地方政府不断对资本利益诉求让步，不惜牺牲弱势群体的利益，其行为逐渐偏离公共利益最大化轨迹，并派生出大量"官商合谋"的腐败现象。

可见，地方横向权力存在着高度集权、不受其他体制内权力和多数民众制约的倾向，使地方政府尤其是地方政府领导者可以根据政绩最大化随意扩张其自主行为，致使违规违法行为发生；同时，地方政府横向自主性却受制于强势利益群体的制约，使得地方政府被后者"俘获"，导致地方政府的很多变异行为都与强势利益群体的利益诉求相关，地方政府与地方资本力量的"合谋"既促成了政府行为背离公共利益，又催生了腐败的大量形成。[1]

综上所述，改革开放以来，正是由于社会制度环境的巨大变化，使得地方政府的角色和行为模式发生了重大转变。行政性和经济性分权使地方政府从计划经济时期国家或中央政府的完全的代理机构和单纯的中央指令的执行者，变为有着自身特殊利益结构和效用目标的地方公共事务管理主体。压力型体制、政治承包制和以经济指标为核心的政绩观促使地方政府的行为偏好更加关注于经济绩效而忽视社会发展和公平绩效，这就引发了经济、政治、社会发展的失衡；因分权而加剧了地方政府间竞争包括纵向上与上级政府和中央政府的竞争以及横向上的地方政府间竞争，后一种竞争不仅仅涉及经济竞争还包括政治晋升的竞争，正是由于政治晋升博弈才导致了地方政府各种各样的异化行为。这样，中国地方政府行为的内在动因就不仅仅是经济利益驱动使然，还包括通过彰显政绩而赢取政治晋升机会的动因。地方政府行为的外在动因则是一系列外部制度环境与其他制度安排的变化促使角色与行为模式发生变化。同时，在中央政府与地方政府之间尚未形成刚性化的权限、职责分工体系，在中央政府尚未形成监督控制地方政府行为的有效机制的情况下，地方政府也会倾向于最大限度地扩张自身的行为自主性，以实现地方利益的最大化和政绩最大化。可见，在分析中国地方政府行为悖论时，"诺斯悖论"远不能作出恰当的解释。

---

[1] 何显明：《市场化进程中的地方政府行为自主性研究》，博士学位论文，上海：复旦大学，2005年，第274—283页。

第七章　体制转型中意识形态的适应性调整

制度与行为均离不开观念的引导，而在体制转型中对产权制度与政府行为构成最大约束条件的则是官方意识形态，产权制度与政府行为的调整必然伴随着官方意识形态的调整。官方意识形态其实已构成中国体制转型的重要制度环境，对个体和团体的行为选择和国家制度变迁具有刚性约束作用。在意识形态因素中对当前中国体制转型影响最大的有以下几个方面：关于计划与市场关系、所有制性质以及公有制经济与非公有制经济的关系、分配领域的效率与公平的关系等。中国体制转型中意识形态的调整呈现出官方意识形态与传统文化价值观念并行，意识形态与其他制度安排及制度环境的双向适应性，稳定性与灵活性相统一，渗透着实践理性的实用主义等特征。同时，体制转型中意识形态的影响效应呈现从中心到边际递减的趋势，即意识形态对主体的影响随层级减低而递减，越高层级的行为主体受意识形态约束力越强，越低层级的行为主体受意识形态约束力越弱，其行为更易受利益因素以及个体价值观念的影响。本书还指出，地方政府不同的意识形态偏好在一定程度上决定了本地区经济发展路径和经济模式，如"苏南模式"与"温州模式"的形成很大原因在于地方政府的意识形态差异。

第一节　体制转型中官方意识形态调整轨迹

中国改革开放的成功与始终坚持社会主义性质与方向、马克思主义意识形态的指导是分不开的。作为我国主流意识形态，以马克思主义为指导的社会主义意识形态是一个不断发展和创新的理论体系，具体包括马克思列宁主义、毛泽东思想、邓小平理论、"三个代表"重要思想、科学发展观、构建社会主义和谐社会思想等思想理论。对主流意识形态的坚持并不意味着主流意识形态一成不变，意识形态作为上层建筑的组成部分势必随着经济基础的变化而变化，中国体制转型不仅是制度的转型还包括非正式制度的转型，当然，这种转型是在坚持马克思主义基本原则的基础上结合现实改革实践而进行的观念上的适应性调整，是变与不变的有机结合。特别是三十多年来的改革开放，随着政治经济社会制度的变迁，各种传统思想文化以及西方各种思想文化和各种社会思潮不断涌入我国，人们的思想价值观念呈现出多元化的特点，各种非马克思主义的思想体系包括宗教的、非宗教的、中国古代的和西方的思想观念等被社会个体与群体广泛接纳，并影响着人们的行为。我们在坚持马克思主义意识形态一元化指导地位的同时如何容纳多元化并存，以及如何根据社会变迁适时进行主流意识形态的创新与变革等问题日益成为人们尤其是学界关注的焦点。

意识形态的形成往往是某一团体长期实践的结果，任何一种意识形态的产生在当时条件下都是合理的，同时，由于环境变迁，意识形态也会从与环境适应变得不再适应，并会沦为一种束缚集体行动的保守力量，因此也要进行适应性调整。随着每次社会制度的巨大历史变革，人们的观点和观念必然也发生变革，也就是说，意识形态将随着环境的变化而变化。但是，由于意识形态是由以往经验认识累积而成，具有历史的路径依赖性，因此其变革要缓慢得多。而且，一种理论体系一旦被确立成为现行统治秩序合法性辩护的官方意识形态，其奉统治者利益为最高圭臬的运作准则，决定了它具有较强的政治保守性。

改革不仅是对利益关系的一种调整，而且也是社会意识和理论观念的一场革命。而意识形态又是以一定的理论基础为支撑的，因此，理论基础的发展变化将会影响到整个社会价值观念的变迁，进而影响社会主体行为以及作为行为约束规范制度的变迁。制度变迁遵循的内在逻辑是：理论基础——意识形态（官方意识形态与个人价值观念）——主体行为——（政策）制度。

由于中国改革涉及面广泛、内容多，体制转型其实就是在保持基本政治不改变的前提下的整个制度结构的变化，各领域的改革不可能同时进行，走的是从易到难、先局部再整体、先试验再推广、先增量再存量的渐进式改革道路。因此，我们对改革领域进行阶段划分时很难做到整齐划一，有的领域改革步伐比较一致，有的领域改革时间则间隔很长，但是有一点是共同的，那就是社会主义市场经济体制这一改革目标的确定是各项改革进展的分水岭。以这一目标的确定为标志，可以将中国经济改革和体制转型划分为三个阶段：第一阶段：以1978年12月党的十一届三中全会决定进行体制改革和对外开放为标志，为改革启动和程序设定阶段；第二阶段：以1984年10月党的十二届三中全会通过的《中共中央关于经济体制改革的决定》提出有计划的商品经济为标志，为双轨体制形成和渐进式改革道路确认阶段；第三阶段：以1992年十四大政治报告确定改革目标是建立社会主义市场经济体制为标志，为向市场经济全面转型阶段。[①]

但是，改革理论的发展以及观念与意识形态的演化情况则要复杂的多。由于中国改革的特点是实践先行，一般先是原有制度弊病凸显，基层或高层开始局部试验，此时由于创新理论知识和制度知识不足，再加上有限的理论在分析中国特殊性问题时常常失去普遍性，因此，"摸着石头过河"的"试错"法就成为最实用的办法。与此同时，对改革涉及的重要问题展开激烈的理论争论，争论的结果是某种理论得到上层决策层认可，再结合对局部试验经验的总结，以此为基础形成政策，这就意味着官方意识形态已进行局部调整，进而用以指导改革实践，这样，在某一领域大规模的改革才会正式开始。因此，中国改革的大规模进行都有观念或意识形态先行的特点。

意识形态变革的核心问题是对于社会主义认识的变化，尤其是社会主义与市场经济的关系的认识。其中，计划与市场、公有制经济与民营经济、分配领域的效率与公平等关系的认识及其取舍，成为突破传统僵化意识形态束缚、最终促使国家整体意识形态大变革的关键内容。实践中的改革进程如社会主义市场经济体制改革目标的形成、所有制结构调整、国有企业改革，等等，都是通过激烈的理论与意识形态纷争后在决策层达成观念共识后，进程才得以迅速展开。因此，在某种程度上，中国的改革过程是在局部上以试验先行，在整体开展上却又具有理论与观念先行的特点。

---

① 周冰：《中国转型期经济改革理论的发展》，《南开学报》2004年第2期，第31页。

一 改革方向和改革目标的探索：社会主义市场经济体制的确立过程

改革是从政治意识形态发生重大变革开始的，其标志性事件是1978年的真理标准大讨论。1978年12月，在中共中央召开的工作会议上，邓小平高度评价了"实践是检验真理的唯一标准"的大讨论，并对僵化意识形态的危害性提出警告："一个党，一个国家，一个民族，如果一切从本本出发，思想僵化，迷信盛行，那它就不能前进，它的生机就停止了，就要亡党亡国。"① 随后党的十一届三中全会明确批判了"两个凡是"的错误方针，并决定放弃"以阶级斗争为纲"的口号，把工作重心转移到社会主义现代化建设上来。

改革前，我国长期实行的是高度集中的计划经济体制，计划是经济运行和资源配置的唯一手段。我国经济体制改革的核心，是处理好计划和市场的关系。改革刚开始并未明确市场化取向，而是在历经一系列过渡性的理论形态后，才最终确立了市场化取向的改革理论。1979年无锡会议后，多数经济学家都一致认同社会主义经济可以利用市场、发挥市场调节作用，并提出国民经济管理实行指令性计划、指导性计划和市场调节三种形式相结合。1982年9月党的十二大提出了"计划经济为主，市场调节为辅"的经济管理原则，并提出对高度集中的计划经济经济体制进行改革。这样，尽管指令性计划仍然是社会主义制度的本质和整个经济运行的基础，但是，"市场"也开始在计划经济的总框架内发挥补充作用，封闭僵化的意识形态开始被打开一个缺口，这为市场化改革提供了一个有限运作空间。这一期间，农村家庭承包责任制开始实施，使得长期受压抑的农村生产力得到释放，在短短三年内就解决了90%的农户温饱问题。乡镇企业异军突起，表现出强大的生命力。

1984年10月，党的十二届三中全会通过《中共中央关于经济体制改革的决定》，明确肯定了社会主义经济是公有制基础上的有计划的商品经济，首次把商品经济确定为社会主义经济的内在属性，传统计划经济的统治地位开始动摇。但是，"有计划的商品经济"并没有从根本上承认企业和经营者作为经济主体的独立自主地位，而且，计划经济仍然被作为是社

---

① 邓小平：《邓小平文选》（第2卷），北京：人民出版社1994年版，第143页。

会主义经济的基本形态,"市场经济"姓社姓资的问题仍然没能解决。也就是说"有计划的商品经济"并未跳出"计划经济"的旧框架。

1987年10月,党的十三大的召开标志着我国意识形态领域的第二次革命性突破。首先,这次会议系统论述了社会主义初级阶段理论,并明确提出了"生产力标准","我们考虑一切问题的出发点和检验一切工作的根本标准"主要看它"是否有利于发展社会主义社会的生产力,是否有利于增强社会主义国家的综合国力,是否有利于提高人民的生活水平",[1]即"三个有利于"标准。会议还提出,"必然要抛弃前人囿于历史条件仍然带有空想因素的个别论断,必然要破除对马克思主义的教条式理解和附加到马克思主义名义下的错误观点,必然要根据新的实践使科学社会主义理论得到新的发展。"其次,在对市场经济的认识上,党的十三大报告指出,社会主义有计划的商品经济体制应该是"计划与市场内在统一的体制",并提出"国家调节市场,市场引导企业"的新型经济运行机制。自此,市场机制对经济运行的调节作用进一步得以加强,市场取向改革目标逐渐明确。

1989年,政治风波使得一些人把计划和市场的问题同社会主义基本制度的存废联系起来,并对市场取向的改革观点进行批判。但是,一些经济学家如薛暮桥、吴敬琏、刘吉瑞等人对市场取向非常坚定,并通过发文、著述与反市场者展开激烈论战。1992年,邓小平南方谈话明确了决策层改革思路,提出社会主义的本质是"解放生产力,发展生产力、消灭剥削、消除两极分化,最终达到共同富裕",在此基础上,他明确指出:"计划多一点还是市场多一点,不是社会主义与资本主义的本质区别。计划经济不等于社会主义,资本主义也有计划;市场经济不等于资本主义,社会主义也有市场。计划和市场都是经济手段。"[2]这一重大论断从根本上解除了认为计划经济和市场经济与社会基本制度有着根本联系的思想束缚,清除了人们意识形态上的障碍,也澄清了在计划与市场的性质上持续多年的争论。

1992年10月,党的十四大将建立社会主义市场经济体制确立为我国

---

[1] 邓小平:《邓小平文选》(第3卷),北京:人民出版社1994年版,第372页。
[2] 同上书,第373页。

经济体制改革的目标，1993年3月，又把这一目标写入了宪法；1993年10月，党的十四届三中全会通过《中共中央关于建立社会主义市场经济体制若干问题的决定》，把邓小平南方谈话的思想和党的十四大精神进一步具体化。至此，经过长期的理论与实践的反复探索，中国建立社会主义市场化改革方向和建立社会主义市场经济体制的目标终于确立起来了，国内关于姓社姓资的意识形态争论就此了结。其后的改革实践都是围绕这一基本目标展开的。

二　关于"所有制"与"国有企业"观念的转变

中国的所有制改革包括两个层次：一是宏观上针对所有制结构单一化问题，鼓励非国有经济成分的发展，同时推动所有制结构整体布局的战略性调整；二是微观上针对国有企业制度弊端而进行的从"放权让利"式改革到产权制度改革。

（一）所有制结构调整的改革

1. 重新认识"公有制"概念，摒弃"一大二公"的传统观念。

调整和完善所有制结构，确立我国社会主义初级阶段的基本制度，是经济体制改革的关键。概括而言，就是从改革前的"一大二公"的单一公有制经济转变为实行公有制为主体、多种所有制经济共同发展的基本经济制度。这一改革涉及对社会主义经济体制最核心的概念"公有制"的重新定义，这意味着我国改革依据的理论基础以及指导改革的意识形态发生了巨大变迁。生产资料公有制是社会主义政治经济学的核心范畴，也是传统计划经济的制度基础。然而，由于改革初期强调坚持四项基本原则和渐进式改革，并将改革范围限定在"国民经济管理体制"而非基本经济制度上，这导致了长期以来所有制改革严重滞后。但是，中国经济学家对所有制改革的理论探索却没有因此而滞后，而是贯穿了整个经济体制改革和转型的全过程。自1979年以来，在所有制理论方面已经取得了许多重要突破：重新认识社会主义本质，确立生产力标准，否定把"一大二公"作为社会主义的本质特征，这些为所有制改革奠定了观念前提和理论基础。理论界通过争论最后达成共识，一致认为，"一大二公"背离了马克思主义的生产力标准，对中国的发展造成巨大损害，因此有必要加以摒弃。1992年，邓小平南方谈话和党的中共十四大召开，生产力标准开始在理论研究和经济决策中成为主流意识。2000年2月,江泽民提出"三个代表"重要思想,并在党的十六大上确立为党的指导思想,至此,生产力标准才最终确立为官方主导思想,也彻底摒除了把公有制本身当成社会主义目的的传统观念。

2. 提出所有制结构概念以及鼓励非公有制经济发展

为解决"文革"结束后"上山下乡"知识青年返城造成的就业压力问题,在1979年,薛暮桥就"广开就业门路"发表谈话,提出通过发展城镇集体企业来拓展就业渠道。20世纪80年代初,有的学者提出了所有制结构的概念,有人提出所有制外部结构和所有制内部结构,还有人提出要区分社会主义所有制和社会主义社会所有制①。"所有制结构"的概念突破了社会主义所有制只能是"又公又纯"的观念,明确提出要发展多种经济成分,发展非国有经济特别是非公有制经济,为所有制结构的调整即进行所谓"增量改革"创造了条件。80年代初,董辅礽就已提出社会主义经济应当是"在保持公有制占主导地位的条件下发展多种非公有制(个体、私营的、混合的私有制等)"。② 80年代中期出现了民营经济的概念,一些经济学家竭力主张通过体制外的民营经济的发展壮大,推动公有经济特别是国有企业的改革。

理论界对所有制结构的提法以及非国有经济的观点逐渐被纳入政府的决策中,并反映在这个时期的正式文件中。1979年党的十一届四中全会第一次明确提出:"国营经济和集体经济是我国基本的经济形式,一定范围的劳动者个体经济是公有制经济的必要的补充。"1987年党的十三大明确指出:"以公有制为主体发展多种所有制经济,以至允许私营经济的存在和发展,都是由社会主义初级阶段生产力的实际状况决定的。"这极大地推动了所有制改革,在坚持公有制主体地位的同时,个体、私营经济等其他所有制经济得到很大发展。1997年党的十五大在总结改革经验的基础上明确提出:"以公有制为主体、多种所有制经济共同发展,是我国社会主义初级阶段的一项基本经济制度"。1999年九届全国人大二次会议通

---

① 张卓元主编:《论争与发展:中国经济理论50年》,昆明:云南人民出版社1999年版,第151页。

② 周冰:《中国转型期经济改革理论的发展》,《南开学报》2004年第2期,第37页。

过"宪法修正案"将我国社会主义初级阶段基本经济制度载入宪法。2002年党的十六大和2007年党的十七大提出要坚持和完善这一基本经济制度，强调要"毫不动摇地巩固和发展公有制经济"，"毫不动摇地鼓励、支持、引导非公有制经济发展"。并强调要积极推进公有制的多种有效实现形式，使股份制成为公有制的主要实现形式；建立健全现代产权制度；坚持平等保护物权，形成各种所有制经济平等竞争、相互促进的新格局。

理论创新和官方意识形态的放松大大推进了改革实践。30多年来，我国所有制结构变化明显：公有制比重显著下降，但是仍然保持着主体地位；非公有制比重大幅上升。据国家统计局测算，从1978年到2007年，我国的公有制经济在国内生产总值中比重由94.7%降到60%左右；非公有制经济占国内生产总值的比重由5.3%上升到40%左右。从国民经济总体来看，公有制经济仍然保持主体地位；在关系国计民生的关键性行业和支柱产业中，国有经济仍居支配地位；在一些重要行业，国有经济保持着相当比重。非国有经济的迅速发展，对经济快速增长、扩大社会就业、活跃城乡市场、增加财政收入等，发挥了重大作用。

（二）国有企业改革：从放权让利到产权改革；经济理论与官方意识形态互动

国有企业改革早在1978年就已启动，但是一直进展缓慢，最初的改革理论也是围绕改变传统体制下企业国有国营的形式，使其成为社会主义经济中的商品生产者和经营者。在这方面一些理论取得了突破：1980年蒋一苇的"企业本位论"成为指导中国经济改革从单纯的"行政性分权"走向"经济性分权"的理论依据；1984年社会主义经济中企业是独立的商品生产者的理论成为企业改革的理论基础；董辅礽等人提出的公有制实现形式以及全民所有制与国家所有制可分性的理论成为以后中国企业改革的基本指南；所有权和经营权"两权分离"的理论成为实行企业经营承包制的理论基础；以厉以宁等人为代表提出的产权改革与股份制改革成为20世纪90年代中期以后国有企业改革的理论依据。

这些理论在改革的不同阶段又被中央决策层吸收成为各阶段政策制定的理论依据，体现在各阶段的文件中，被作为指导国有企业改革的指南。理论界与决策层这种观念互动共同推动了国企改革进展。总体来看，国企改革大致经历了四个阶段：第一阶段，从1978年至1984年，围绕"放权让利"这一中心，实行利润留成制度，根据不同行业、不同企业的具体情况，实行不同的利益留成比例，旨在调整国家与企业间的利益分配关系。这期间，从1983年开始，实行"两步利改税"，规范国家与企业的分配关系。第二阶段，从1985年至1993年，围绕所有权与经营权分离目标，实行承包经营责任制，确立企业的市场主体地位；同时，还试行了股份制，以扩大企业经营自主权，调动企业和职工的积极性。第三阶段，从1994年至2002年，围绕建立现代企业制度目标，实行规范的公司制改革，转换企业经营机制。同时，在宏观层面上进行国有经济战略性重组。第四阶段，从2003年至今，大部分国有企业改为多元股东持股的"公司制"企业，一批国有企业公开发行股票并在境内外上市；国有经济布局和结构调整取得重大进展，向大公司和大企业集团集中，增强了国有经济的控制力和影响力。逐步建立了中央政府和地方政府分别代表国家履行出资人职责，享有所有权收益，管资产和管人、管事相结合的国有资产管理体制。[①] 可见，官方意识形态的适时调整有力地推动了国有企业改革向纵深处发展，但同时也要认识到观念与意识形态的变迁是一个缓慢的过程，具有路径依赖性，比如认为所有制结构调整会影响公有制主体地位，会动摇社会主义根基；而企业产权改革包括产权多元化也会改变国有企业性质，等等。这种观念和意识形态障碍使得国有企业改革的深化难以推进，既体现在宏观层面的所有制结构调整上，又体现在微观层面的国有企业的产权改革上。

  宏观层面的所有制结构调整战略是在1997年就已开始。1997年9月中共十五大进一步肯定了现代企业制度的方向、公有制实现形式多样化、抓大放小等。十五大报告明确指出，公有制的实现形式多元化，公有制经济不仅包括国有经济和集体经济，还包括混合所有制经济中的国有成分和集体成分。"抓大"是指集中精力抓好关系国家命脉、体现国家经济实力的国有大中型骨干企业；"放小"是指对一般中小型国有企业，通过产权转让、出售、租赁、兼并、联合、改组和股份合作等方式"放开搞活"。1999年9月中共十五届四中全会通过《中共中央关于国有企业改革和发

[①] 魏礼群：《中国经济体制改革30年回顾与展望》，北京：人民出版社2008年版，第6页。

展若干重大问题的决定》指出，从战略上调整国有经济布局，推进国有企业的战略性改组，在调整和改组中要坚持有进有退，有所为有所不为，提高国有经济的控制力，使国有经济在关系国民经济命脉的重要行业和关键领域占支配地位，主要包括涉及国家安全的行业、自然垄断行业、提供重要公共产品和服务的行业，以及支柱产业和高新技术产业中的重要骨干企业。其他行业和领域，可以通过资产重组和结构调整，让国有经济逐渐退出。虽然国有经济布局和结构的调整取得了积极进展，但从总体上看，国有经济布局和结构不合理的状况尚未根本改变，布局仍然过宽，结构不尽合理，除了在一些必须由国家控股的涉及国家安全和国民经济命脉的重要行业和关键领域外，在一些市场化程度比较高、竞争比较激烈的加工工业和一般竞争性服务行业，国有经济的比重仍然偏高。

在微观领域，早在20世纪80年代进行多方面改革，进入90年代国有企业的产权改革也在深化。但是国有企业的产权结构仍然单一，占主导地位的产权主体仍是国家。即便是国有企业经过改制上市成为股份有限公司，表面上是股权多元化了，但是实质上并非如此，上市公司的股权结构中分为国有股、法人股、个人股，其中前两者占股权总数的70%—80%，在股权比重上，国有股一股独大问题突出，由于国有股不能上市流通，法人股市场交易清淡，导致企业难以盘活存量资产，也不利于法人治理结构的建立和完善，不利于政企分开，企业很难成为真正的市场主体。

无论是宏观层次的所有制结构多元化，还是微观层次的企业产权制度改革，遇到的最大阻力都是观念和思想认识。要促进产权改革，无论是政府还是企业都要首先解放思想、转变观念，正确认识社会主义本质，以是否做到"三个有利于"和是否贯彻了"三个代表"重要思想为衡量标准，而不以公有制经济比重的高低来衡量。国有企业的国有性质也不是指国有股在国有企业股权结构中占绝对比重，而是指国有股的控股力。

三 效率与公平的分配观念的变迁

政府行为理念是政府在社会管理和公共服务等实践活动中的基本价值取向，主要包括效率与公平两个价值基点。效率与公平相互依存、共同促进，在长期的历史发展中实现动态平衡，在某一历史截面内可能有所侧重，这取决于一国历史场景中政治、经济、文化、社会发展的状况。

新中国成立以来，随着经济社会变迁和主流意识形态调整，政府行为的价值理念在效率与公平间进行平衡。从新中国成立到1978年之间的近30年时间里，由于受我国特殊的社会历史条件和经济条件的影响，政治上坚持"以阶级斗争为纲"，经济上是封闭保守的计划经济体制，在公平与效率关系上采取了"公平优先"的平均主义分配原则。平均主义不仅与当时的政治经济环境相适应，而且也被作为是社会主义本质体现之一。平均主义严重挫伤了企业和劳动者的积极性和创造性，企业生产效率低下，并造成社会资源的极大浪费。这其实是一种损害效率的"假公平"。

自1978年改革开放到十二届三中全会（1978—1987年），随着市场经济体制的引入，确立了社会主义有计划商品经济体制，与其相适应，在分配制度上，则实行"公平效率二者兼顾"的分配原则。在实践中以农村改革为突破口，通过家庭承包责任制打破平均主义的"大锅饭"，紧接着，在党的十二届三中全会通过了《中共中央关于经济体制改革的决定》，提出平均主义是"贯彻按劳分配原则的一个严重障碍"，提出了要让一部分地区和一部分人通过诚实劳动和合法经营先富起来，然后带动更多的人走向共同富裕。但由于在实践中，人们对计划与市场的关系还处于探索之中，改革实践也出现摇摆不定，再加上"以按劳分配为主体，多种分配方式并存的分配制度"还很不完善，因此，"公平效率兼顾"并未真正实现。

1987年10月召开的党的十三大，在分配问题上首次提出了"实行以按劳分配为主体、其他分配方式为补充"的分配制度，并指出社会主义的分配政策是，"既要有利于善于经营的企业和诚实劳动的个人先富起来，合理拉开收入差距，又要防止贫富悬殊，坚持共同富裕的方向，在促进效率的前提下体现公平"。1992年党的十四大确立了社会主义市场经济体制的改革目标，与其相适应，十四届三中全会通过了《中共中央关于建立社会主义市场经济体制若干问题的决定》，在分配原则上第一次提出了"效率优先、兼顾公平"的分配原则，1997年9月召开的十五大，针对这一原则提出了比较详细和完善的分配政策。这一理念的实践打破了平均主义，适度的差距对经济主体起到巨大的激励作用，也促进了社会生产力的发展和社会的全面进步。分配政策的调整带来利益格局的深刻变化：中央政府的"放权"行为和"分灶吃饭"财政体制使得地方政府成为相对独立的利益主体；允许多种经济成分并存的意识形态变迁促进了民营经济的大发展并使其利益突显；国有企业经过一系列改革也逐渐成为市场导向的相对独立的利益主体；资本、技术、管理等要素的参与分配也使整个分配格局产生深刻变化。同时，由于社会普遍形成了快速发展经济的共识，因此，在实践中，"效率优先"就成为各经济主体包括政府行为的指导原则（并作为官员晋升的主要依据），而"兼顾公平"则受到忽视。在这一理念主导下，经济社会发展出现不平衡，社会分配不公问题严重，城乡之间、地区之间、行业之间、单位之间以及阶层之间的收入差距迅速扩大，并引起社会的强烈不满和国家的高度重视。

迫于形势压力和政治、社会稳定需要，主流意识形态对"效率与公平"观进行适时调整，政府理念也因此逐渐发生了变化。2002年党的十六大报告指出"初次分配注重效率，发挥市场的作用，再分配注重公平，调节收入差距过大"。2003年党的十六届三中全会提出，"整顿和规范分配秩序，加大收入分配调节力度，重视解决部分社会成员收入差距过分扩大问题"。2004年中共十六届四中全会提出，"切实采取有力措施解决地区之间和部分成员之间收入差距过大问题"。2005年中共十六届五中全会进一步提出，"更加注重社会公平，使全体人民共享改革发展成果"。2006年党的十六届六中全会决定，把"促进社会公平正义"作为构建社会主义和谐社会的一个重要内容，并首次系统地提出要对收入分配进行"宏观调节"，要求"在经济发展的基础上，更加注重社会公平，着力提高低收入者的收入水平、逐步扩大中等收入者比重、有效调节过高收入、坚决取缔非法收入，促进共同富裕"。2007年党的十七大报告提出："初次分配和再分配都要处理好效率和公平的关系，再分配更加注重公平。"可见，随着社会主义市场经济体制建设的深入发展，非均衡发展导致的社会问题日益引起了社会各界的关注，依据环境变化进行意识形态适时调整就成为保持改革动力的思想基础，因此经济主体尤其是各级政府从效率偏好向公平偏好的转移就成为其职能转变的思想指南。从效率偏好向公平偏好的调整主要源于解决当前严重的社会不公平问题的需要。效率优先的践行创造了中国经济发展的奇迹，但是也带来了许多新的问题诸如城乡间、地区间、行业间、阶层间等贫富差距越来越大，社会矛盾和冲突不断加重。衡量收入分配集中程度的基尼系数从1984年的0.25左右提高到2005

年的 0.47 左右，2008 年则达到 0.5 左右。收入差距过大已严重损害了社会公平正义，并引发了各种社会问题。这种收入差距过大而导致的不公平也严重背离社会主义本质属性。1992 年邓小平的南方谈话对社会主义本质作出了比较全面的概括，即"社会主义的本质，是解放生产力，发展生产力，消灭剥削，消除两极分化，最终达到共同富裕"。可见，社会主义本质体现在三个方面：在生产力方面，体现为不断发展生产力，提高人们的物质文化水平，消除贫穷落后；在生产关系方面，体现为消灭剥削和奴役，消除两极分化，最终达到共同富裕；在上层建筑方面，体现为消灭等级特权，最终实现自由平等、公平正义与人道和谐。自改革开放以来，我国在第一方面即发展经济与提高人民物质文化水平方面取得了巨大进步，但是在生产关系和上层建筑方面做的却远远不够，因此，适时进行指导思想和相关政策的调整成为必然，从强调"效率"转向到强调"公平"，这一转变是完善社会主义市场经济体制和体现社会主义本质应有之义，也与改革以来我国从思想到实践的实用主义发展路径是一致的。

可见，对公平的重视既是为解决当前问题的实用主义之举，也是由社会主义本质所内定的。但是对公平的偏好事实上体现的只是主流意识形态的导向以及对前期政策缺失的补漏，并非意味着主流意识形态抛弃了效率偏好，更不意味着经济主体和政治主体也会与主流意识形态保持一致。这是因为：首先，公平离不开效率为经济基础。离开效率谈公平无异于又回到计划经济时期的平均主义的老路，是一种低水平的公平，其结果是效率与公平双失；其次，社会主义还处于初级阶段，生产力水平仍不算高，与完善的社会主义市场经济体制和西方发达国家距离还很远。同时，很多领域改革的深化还需要经济发展提供物质基础做后盾；最后，微观经济主体甚至地方政府常常也会理性地与主流意识形态保持某种距离。微观经济主体包括企业和个人，其展开经济活动的目的是追求自身利润或效用最大化，而这些更多地体现在经济效率方面，如果为了公平而损失效率，基于成本收益计算，他们多数会放弃行动，当然国有企业除外，因为国有企业自身肩负的社会责任使得他们会被迫或主动地与主流意识形态保持一致。改革开放以来的放权改革和财政体制的改革使得地方政府有了自身独立经济利益以及为赢取这些利益的能力和手段，再加上以 GDP 为中心的政绩标准使得地方政府很难直接从所从事的经济活动中脱身，而转向那些具有很强外部性且更多体现"公平"价值的公共产品和服务的供给上，因此，地方政府从理性"经济人"角度出发一直刻意与主流意识形态保持某种距离或有选择性的接受。

此外，在分析公平与效率的关系中，要注意区分价值取向与实现机制的区别。[①] 在价值层面上，效率与公平相互统一，效率是公平的经济基础，而公平给效率提供规则保障。在实现机制上，效率与公平又不一致。效率主要靠市场机制实现，而公平主要靠政府机制实现。因此，我们一般不能将市场功能扩展到公共领域，如古典自由主义的自由放任，也不应将政府机制的作用范围扩展到市场，如计划经济的全面干预。市场机制在追求效率的同时会导致市场失灵，需要借助于政府力量来克服，政府行为以追求公平为首要目标，但是在经济领域中，政府调节应以市场调节为基础，使市场机制得到补充和保障，因此，在市场经济中成长的发展型政府，追求的应是促进效率或兼容效率的公平，而非有损效率的平均主义。

综上所述，改革开放30多年来，我国意识形态领域经历了复杂的演变过程，总体趋势是意识形态结构更富有弹性，而整个意识形态变迁过程更多地呈现出实用主义特点，并且对市场经济的包容性也更多了。地方政府和微观主体的行为选择就是在意识形态演变过程中再结合其他制度环境的变化而不断进行适应性调整。如果单纯从意识形态而言，遵循意识形态演变轨迹并按照中央部署推进各项改革无疑是政治风险最小化的理性选择，但是，由于主体行为选择和制度变迁并非仅受制于意识形态约束，还要受到经济利益与其他非经济利益动机的驱动，尤其是市场化、民营化的改革给行为主体带来远高于政治成本的实实在在的利益的时候，行为主体就会想方设法规避风险，并通过各种变通方式在刚性的意识形态与制度创新间营造缓冲地带，积极致力于制度创新。

第二节 体制转型中意识形态调整的特征

制度变迁和意识形态的变化相互影响与相互作用。意识形态作为思想

---

① 张立荣、冷向明：《基本公共服务均等化取向下的政府行为变革》，《政治学研究》2007年第4期，第86页。

上层建筑，其调整离不开经济生活和政治生活的发展变化，而后者最根本的变化就是制度变化，因此，经济制度和政治制度的调整变迁必然会引起意识形态的重构。同时，制度变迁又是人们在一定的思想观念支配下的选择行为，可见，制度变迁也依赖于意识形态的变化。在中国的体制转型过程中，意识形态的适应性调整成为其他各种改革的先行者，对其他制度改革起到导向和指南作用。在意识形态调整过程中，呈现出官方意识形态与传统文化价值观念并行、双向适应性、稳定性与灵活性相统一、渗透着实践理性的实用主义等特征。

一　官方意识形态与传统文化价值观念并行

诺斯将制度分为正式制度与非正式制度，其中，正式制度是人们有意识建立的并以正式方式加以确定的各种制度安排。非正式制度是指人们在长期的社会生活中逐步形成的习惯习俗、伦理道德、文化传统、价值观念及意识形态等对人们行为产生非正式约束的规则。非正式制度决定着正式制度的实施效果，因此正式制度要适应非正式制度，与非正式制度耦合，因此，在某种程度上，非正式制度也可以被作为一种广义的制度环境。

在非正式制度中，意识形态处于核心地位，它往往可以在形式上构成某种正式制度安排的"先验模式"，对于一个勇于创新的国家来说，意识形态有可能取得优势地位或以指导思想的形式构成正式制度安排的"理论基础"和最高准则。对中国体制转型影响最大的是官方意识形态。官方意识形态主要是一种自觉地反映一定的社会集团经济政治利益的系统化、理论化的思想观念体系，在当代中国主要指执政党的政治理想、价值标准和行为规范的思想基础。

在中国，官方意识形态以马克思列宁主义为指导、以社会主义价值观为核心，它构成渐进式体制转型的主导意识形态。官方意识形态作为正式制度的一部分，往往会体现在国家政策文件以及宪法与相关法律体系中，对个体和团体的行为选择和国家制度变迁具有刚性政治约束的作用，因此常被作为制度环境的重要构成部分。新中国建立时期的官方意识形态，其基本的政治理念、政治运作的实践经验和国家治理的知识积累等，都是与革命战争和计划经济的社会环境相适应的。高度集中的计划经济体制，"一大二公"生产资料公有制，消灭商品和货币的实物经济，"吃大锅饭"

的平均主义分配体制，等等，均被看作是社会主义的重要标志。可见，中国传统社会主义意识形态与市场经济存在着严重的对立和紧张关系。市场化改革意味着官方意识形态的巨大变革，包括从以"阶级斗争为纲"的革命意识形态向以经济建设与和谐社会建设为主要内容的执政党意识形态转变，以及从计划经济时期的传统社会主义意识形态向市场经济时期的新型社会主义意识形态转变。中国意识形态的这两大转变分别以1978年的真理标准问题的大讨论和1992年社会主义市场经济理论的确立为突破口，前者成为改革的思想诱因，后者引导了20世纪90年代的市场化改革。

当前，官方意识形态体现了坚持社会主义与创新社会主义的结合。坚持四项基本原则，其核心是坚持社会主义制度；坚持改革开放，其核心是市场化取向，即创新社会主义。在坚持与创新结合过程中，形成了邓小平理论，包括社会主义初级阶段理论、社会主义本质理论、社会主义市场经济理论等内容，回答了"什么是社会主义，怎样建设社会主义"的问题；形成了"三个代表"重要思想，回答了"建设什么样的党，怎么建设党"的问题；形成了科学发展观，回答了"实现什么样的发展、怎样发展"的重大问题。官方意识形态是马克思主义中国化的产物，是一个随经济政治社会的变化而不断调整的过程。

官方意识形态一般也经由实践并受历史文化等影响，具有路径依赖性，但是却具有很强的人为色彩，相对于其他非正式制度而言，官方意识形态多由官方控制并通过强制或半强制的方式对社会民众加以教育灌输。也就是说，并非所有的非正式制度都是自发演化形成的，尤其在中国渐进式改革过程中，官方意识形态来源于改革实践及对其的经验总结，但是最终却以党的文件和中央政策以及法律法规形式体现，因此已成为正式制度的组成部分，其实施也主要不是依靠第一方自我实施，而是靠国家这一第三方督促甚至于强制实施，当然这种强制也许不是通过暴力手段，但是可以通过对下级政府官员的任命权和行政机制来体现官方意识形态的约束力。

官方意识形态虽然是影响中国体制转型的一个重要非制度因素，但不是全部。另一个因素是传统文化、价值观念、伦理道德等，本书主要指中国儒家文化传统。文化价值观念不仅对个体行为选择形成约束，而且还对改革路径、区域经济发展模式等均产生影响。总体而言，一个人的价值观念是在自身面临的历史与现实环境约束下自主选择、日渐累积形成的，它既受到传统文化积淀影响如儒家思想的仁、礼、忠孝、官本位等思想影响，还受到当时的意识形态影响如传统计划经济时期的集体主义思想等制约。由于价值观念是自发演化且内化于人心中的一种行为规范，因此它可以自我实施，无须第三方强制实施。在官方意识形态与主体价值观念一致时，官方意识形态更易被主体所接受并认可；当二者不一致时，囿于官方意识形态所具有的正式制度色彩及其实施的强制性特点，主体可能会表面上接受官方意识形态而将自身价值观念隐匿起来，从而导致行为主体表面顺从内心抗逆。如果这种情况发生在企业层面，由于企业是一个人力资本和非人力资本共同订立的特别市场合约。① 相对于非人力资本而言，人力资本属于个人，它是通过投资教育、培训等方式形成人的知识、技能、经验、熟练程度等资源和能力，体现了人的能力和素质；与物质资本不同的是，人力资本是一种主动资产或"积极货币"，在产权残缺发生时，人力资本的主人可以将相应的人力资产"关闭"起来，从而使这种资产的经济利用价值顿时一落千丈，因此，企业中的激励机制主要是针对人力资本而言。在传统计划经济下，企业没有经营自主权，更谈不上法人财产权，只是政府的一个附属机构，同样，平均主义分配原则使得人力资本的价值得不到真正体现，集体主义价值观念被强制性地灌输于每个人的文化价值体系中，个人利益被泯灭于集体主义海洋中，由于作为生理人对生存、物质的诉求，以及作为社会人对个体自由和权利的欲望被长期压抑，导致微观经济主体消极怠工、偷懒，整个社会发展停滞不前。而一旦环境提供给人实现这些个人诉求的机会，它们就会喷薄而出，涌出推动制度变迁的巨大暗流。

　　文化价值观念除了对个体行为选择产生影响外，还对中国渐进式改革道路的选择产生影响。中国之所以选择渐进改革路径，除去政治经济原因外，还有一重要影响因素，是受中国传统文化崇尚的所谓兼容、和谐、讲求中庸之道等思维方式影响。这些思想使得中国民众更易接受那种既能减少体制转型的阻力，又能降低转型成本，同时还有利于维持改革、发展与

---

① 周其仁：《市场里的企业：一个人力资本与非人力资本的特别合约》，《经济研究》1996年第6期，第71—80页。

稳定三者平衡的渐进式改革。国企改革选择强制性制度变迁方式也同我国传统文化相关联。儒家的"奉上"、重"大义"以及恪守等级秩序等文化观念使得千百年来中国正常的制度变革均是采用自上而下方式进行的。文化上的路径依赖必然导致制度变革方式的路径依赖。马克思主义取代儒家文化成为我国新时期的主导意识形态，但是却无法打破这一惯性。何况改革前我们依据经典马克思主义建立起来的依然是高度的集权经济，它所蕴含的计划服从的行为模式又延伸了长期以来形成的习惯。这些共同构成了国有企业改革采取政府主导型的强制性制度变迁方式的文化渊源，其实也是对中国传统文化的路径依赖的必然结果。

传统文化因素不仅在中国转型路径的选择上产生一定影响，而且还影响了区域经济发展模式的选择。历史传统和文化因素的影响体现最为鲜明的是"温州模式"的形成与演变。"温州模式"因以个私经济的大规模、超前发展而著称。1981 年，在温州注册的个体工商户达到 1.32 万户，从业人员达到 1.46 万户，这时走出温州分布在全国的从事个体经营的温州人有 10 多万户；1995 年达到发展高峰，在温州登记的个体工商户达到 22.32 万户，从业人员 33.78 万人。① 可见温州关于产权的认识与传统社会主义意识形态在改革早期就不一致，温州自下而上的需求诱致型模式的形成除了它自身特有的初始条件（包括地理环境、政治经济环境等因素）外，还有一个重要因素，即温州区域特有的"功利主义"历史文化传统、经营手工业和重商的传统。

制度作为一种行为规则，包括正式约束和非正式约束，前者如法律、政令和条例等，后者指文化、习惯和禁忌等。一旦某种行为约束为人们所普遍认可并内化为自身的价值观体系时，便成为当事人自发行为的引擎，形成一种持久的内在激励因素。在温州，早在南宋时期以叶适为代表注重经世致用的永嘉学派，就提出了"以利和义""义利并举"，并主张"通商惠工"，永嘉学派的"功利主义"哲学观对温州人的商品经济意识的崛起有潜移默化的作用。随着改革开放的进行，西方商品经济意识形态与永嘉学派的功利主义哲学观相互碰撞与融合，磨砺了温州人特有的冒险、务

---

① 金祥荣：《多种制度变迁方式并存和渐进转换的改革道路——"温州模式"及浙江改革经验》，《浙江大学学报》2000 年第 4 期。

实与创新的"温州精神",使温州人逐渐形成"握微资以自营殖"的商人习俗,这种习惯和习俗又最终升华为趋利的主流意识形态,而趋利意识形态的形成又反过来强化着人们的商人习俗。传统计划经济的意识形态是利他性质的集体主义,排斥个人理性和趋利思想,这与温州"功利主义"商业文化之间产生巨大的裂痕。趋利性意识形态使温州人形成风险偏好的习惯,对制度创新所带来的潜在收益的预期特别高,为了寻找潜在利润率,率先突破计划壁垒,进行制度创新,并促进市场组织的发展。正是永嘉学派"功利主义"理念推动了温州人对传统社会主义意识形态的偏离,一旦传统社会主义意识形态的刚性有所松动,温州人就会寻找自身发展的突破口,促使诱致性制度变迁得以发生。

二 意识形态与其他制度安排和制度环境的双向适应性

在中国体制转型中,意识形态与制度环境的关系是一种双向适应关系,一方面官方意识形态作为制度环境对行为主体的行为与其他制度安排是一种刚性的政治约束,主体行为与其他制度安排要以意识形态为指南进行适应性调整;另一方面,意识形态作为非正式制度安排也要随着客观环境的变化以及其他制度安排累积变化的结果进行适应性调整,即进行意识形态的修补、更新和重构。

首先,在中国,官方意识形态是一种刚性的政治约束,构成其他制度变革的制度环境。

中国改革进程的每一步跨越几乎都伴随着意识形态的适应性调整,同时主体的制度创新行为也都受制于现有的意识形态约束。1978年的真理标准问题大讨论,成为改革的思想诱因,促成了中国从以阶级斗争为中心向以经济建设为中心的转变;20世纪80年代关于价值规律及市场机制作用的反复争论,使得官方意识形态对市场"补充"作用的逐渐认可,打破了长期以来将计划经济等同于社会主义的教条,为体制外经济的发展打开了空间;邓小平南方谈话消除了长期以来困扰改革的姓"社"姓"资"的意识形态障碍;1992年确立的社会主义市场经济理论,引导了20世纪90年代以来的市场化改革;中国之所以选择渐进式改革路径,除去其他原因外,还有一个很大的因素就是考虑到意识形态的刚性问题,正是因为意识形态约束,在许多改革举措上都只能选择迂回式、不能一步到位。为减少意

第七章 体制转型中意识形态的适应性调整

形态的阻力，市场化改革的推进，往往只能采取将新的改革措施纳入原有的意识形态框架（如"社会主义的市场经济"），或争取回避性的"不争论"的实用主义策略。比如乡镇企业的兴起，只不过是在特定意识形态和城乡分割体制限制下形成的、通往私人所有权道路上的"一个半截子改革方案"。① 而20世纪80年代的承包制的推广也是在中央决策层试图不改变产权制度的前提下通过所有权与经营权的分离来最大程度地刺激企业生产积极性，从而使得企业能够自主经营和自负盈亏。

中国制度变迁方式无论选择强制性还是诱致性变迁，始终离不开对旧的意识形态的瓦解及新的一致性意识形态的培育，一旦社会达成了意识形态共识将会极大地节约变迁成本。此外，对于中国地区间发展差异，除了资源禀赋原因外，还需要考虑意识形态因素。相对开放而先进的能够适应新制度安排的意识形态将会更好地推动该地区的经济发展，相反，如果当地的官员和公民的意识形态僵化，制度变迁则很难发生或者代价巨大，这对我国地区差异的原因作出了新的解释。可以说，在某种意义上，意识形态的演变是中国改革进程的核心。

在中国，主流意识形态对政府行为选择的约束与新制度主义非正式制度意义上的意识形态有很大的区别，即这种约束事实上是一种硬约束而不是软约束。这是因为，在中国，对主流意识形态的忠诚涉及官员的政治立场。政治意识形态是执政党巩固执政合法性的重要手段之一，在绝对一元化的政治体制下，其运作是与高度集权的政治体制和高度集中的经济体制捆绑在一起，具有强有力的激励和惩罚机制。地方政府官员一旦背离主流意识形态过远、超过中央政府所能容忍的程度，在政治集权化的政治体制下，官员面临的是极大的政治风险。正是由于意识形态的刚性约束，使得改革领导者在改革之初无法提出一个明确的改革目标，导致许多改革措施只能在摸索或"名不正、言不顺"的情况下进行；由于意识形态约束还使得对同一改革措施，不同的人得出不同解释，使得下级执行部门无所适从；意识形态约束还使得许多改革政策在形成过程中无法公开讨论、集思广益，从而增大了实施中的风险。在中国体制转型中，意识形态约束使改革无法一步到位，也促生了许多颇具特色的制度创新，比较典型的是

---

① 杨小凯：《经济改革和宪政转轨》，《经济学》（季刊）2000年第4期，第978页。

"温州模式"中的"挂户经营"、"股份合作制"、"非公有制企业建党"等制度创新。

"温州模式"之所以成功,在于它采取了一种"准需求诱致性制度变迁"的变迁模式,这种模式的重要特征是在官方意识形态调整滞后的情况下,为了规避政治风险,微观经济主体对改革方案或新的制度安排进行"适应性调整",使政治成本最小化,从而成功地推进了改革深入。从"温州模式"演化的历史也可以看出,官方意识形态调整滞后催生了早期的"挂户经营"这种经营模式,即在"一大二公"的意识形态高压下,用缴纳一定"挂靠费"以冒充公有制经济获得制度创新的进入权,这在当时是微观经济主体规避政治风险遵循成本最小化原则的最优选择。然而,随着家庭企业规模扩大,资金紧缺成为继续发展的首要问题,在意识形态远未放松的情况下,家庭企业的个私身份很难获得正规金融部门的资金,为获取更多的经营资本,家族企业通过穿上"股份合作制"的公有制经济性质的"外衣"获得了企业对要素市场替代的进入权。尤其是中共十三大的召开,对个体私营经济发展的政策开始放宽,推动了温州的"挂户企业"纷纷脱壳,创建"股份合作"企业。"股份合作制"实际上是官方意识形态的滞后及其约束下造成的制度扭曲。股份合作制中的职工持股、设立公积金包含了深刻的意识形态含义,削减了解放思想的风险和成本,改善了私营经济企业已有的制度歧视环境。1992年邓小平南方谈话以及党的十五大召开后,私营企业的合法地位得到官方意识形态的确认,许多股份合作制企业迅速通过股权回购等方式向私营企业或有限责任公司转变。除了"挂户经营"和创建"股份合作企业"外,在非公有制企业建党也成为温州非公有制企业规避意识形态风险的重要途径。自从1987年浙江省第一家民营党支部——温州瑞安振中机械厂党支部诞生至今,温州非公有制企业已有党支部958个;其中百名职工以上企业已建党组织的有560家,组建率达到60%。[①] 非公有制企业建党是微观经济主体对现行正统意识形态调整滞后的一种回应,是微观经济主体基于政治成本

---

① 单东主编:《浙江非国有经济年鉴2000》,北京:中华书局2000年版,第449页。

最小化所作出的理性选择。①

其次，意识形态也要随着客观环境与其他制度环境的变化进行适应性调整。

非正式制度也受到正式制度的影响，也要随着正式制度变迁的集聚而发生演化。无论是正式制度还是非正式制度都是基于现实政治经济环境的变化而变化的，这符合历史唯物主义和辩证法思想。意识形态的变化遵循从实践中来再到实践中去的路径，也可以说是与时俱进的，在现实中，它既有滞后于实践、需要通过实践去突破其禁锢、通过实践使人们切实获利而推动思想观念的转变、进而将人们从认知闭锁中解放出来的一面，也有超前的一面，超前的意识形态往往会成为人们改革实践的先导和指南。

官方意识形态变迁线路是：在实践知识和理论认识不足且受制于特定的政治前提和政治环境下，中国的改革并不是预先确定改革策略，而只能走一条以实践为导向、问题为导向的经验主义道路，即"摸着石头过河"。与在完整的、系统的理论体系指导下的理想主义改革不同，以实践为导向、问题为导向的经验主义改革必须经历一个认识—操作实践—理论总结—深化认识—再操作实践—完善理论总结的渐进循环、探索创新过程。由此可见，中国的渐进式改革不仅是一种策略的选择，更是一个战略层面的概念。②

官方意识形态是以政策和法律形式来表达，具有显性化或制度化特点，而且每到重大意识形态变迁之前都会发生纷争，这一纷争往往又会以不同理论流派不同理论观点的形式出现。在中国体制转型中涉及的每一重大事项几乎都会出现这样的分歧与辩论，如社会主义本质的再认识、计划与市场的关系、所有制结构与社会主义关系、国有企业改革等问题，争论的结果可能是某一理论胜出并为官方所认可、成为官方意识形态的理论基础。官方认可的意识形态及其基础理论要成为被普遍接受的主流意识形态和理论，还需要国家通过教育、媒体、宣传、动员等方式进行意识形态投资，并以各种制度化的方式加以固化，而且能够通过对制度变迁的指导彰显其作用，扩散其影响力。在意识形态变迁过程中绝不能忽视关键人物和组织的作用，如一些具有

---

① 金祥荣、柯荣住等：《转型期农村经济制度的演化与创新——以沿海省份为例的研究》，杭州：浙江大学出版社2005年版，第227页。

② 罗仲伟：《中国国有企业改革：方法论和策略》，《中国工业经济》2009年第1期，第6页。

影响力的经济学家和具有决策权的政治领袖人物等的影响。

当制度没有发生明显变迁时，比较广泛的意识形态体系是不可能形成的。党的十一届三中全会以后，随着改革开放政策陆续出台，以经济领域为主的制度变迁在越来越广泛、越来越深入的层面上发生以后，意识形态的变迁才随之发生。比如，20世纪80年代末90年代初，出现的关于改革开放"是姓社还是姓资"的争论。这场争论实质上是一些人以当时发生的政治事件为根据，试图重返"以阶级斗争为纲"的立场，进而阻止改革开放和现代化建设事业的进程。可见，意识形态的变迁与调整也要依据一定的政治经济环境来进行。

三 稳定性与灵活性统一

体制转型中，意识形态的调整必须既能保持与旧有意识形态的内在联系，又能根据体制转型的客观需要不断进行适应性调整。体制转型意味着从计划经济向市场经济的转变，二者的理论基础根本不同，且这种转变也不可能一步到位，而只能是一个不断调适的动态最优化过程，这就要求体制转轨中所要求的意识形态必须具有足够的灵活性。在稳定性与灵活性之间保持适当的平衡是对体制转型中意识形态调整的必然要求，中国的改革领导者或政治家基本上达到了这一要求。

在稳定性方面，我们始终强调坚持马克思主义在意识形态领域内的指导地位。改革是在社会主义基本制度保持不变的情况下的自我完善和自我发展，改革计划经济体制并不意味着抛弃社会主义基本经济与政治制度及其相应的主流意识形态。这就保持了社会的政治秩序和相对稳定，避免了社会组织的迅速解体和社会道德的严重失范；在灵活性方面，我们始终强调马克思主义与中国实际相结合，在坚持马克思主义的前提下发展与创新马克思主义。历史经验和现实表明，在推进改革发展过程中，每当传统意识形态的某些教条与改革客观实践发生矛盾时，执政党总是能够通过对传统意识形态创造性的解释，巧妙地化解改革运行逻辑与传统意识形态某些教条之间的矛盾，将改革推向深入。尤其是中央决策层掌握着高超的政治艺术，本着务实主义态度，通过巧妙的政治运作举措，不断突破传统意识形态的闭锁路径，给其输入新鲜血液或对其进行重新诠释。

邓小平通过将"社会主义"与"市场经济"相结合，解决了"什么是社会主义和怎样建设社会主义"的问题；在实践中，我们果断地抛弃了适应革命与战争年代、窒息生产力发展的阶级斗争和计划经济等传统社会主义理论，形成了诸如社会主义初级阶段理论、社会主义本质理论、社会主义市场经济理论、一国两制理论等；江泽民同志通过"三个代表"重要思想赋予党的意识形态以新的时代内涵，回答了"建设一个什么样的党和怎样建设党"这一重大问题，并争取到大多数民众对党的意识形态的认同，也表明执政党在意识形态上对阶层分化与利益多元化现实的接纳，这使得执政党的群众基础更具开放性；胡锦涛适应新的发展要求，进一步回答了"实现什么样的发展、怎样发展"的重大问题，形成了科学发展观与和谐社会等重大战略思想。至此，形成了包括邓小平理论、"三个代表"重要思想和科学发展观等意识形态理论的"中国特色社会主义理论体系"，这一理论体系是马克思主义中国化的最新成果，也是一个不断发展的开放的理论体系。这一意识形态的调整使得中国共产党在价值上和指导思想上逐渐完成从革命党向执政党的根本转变，在执政目标上则是从政治上的人民性到法律上的全民性的转变。[①] 中国共产党由此从理论上成为一个泛利性政党。[②]

四 渗透着实践理性的实用主义特征

中国的意识形态变迁与改革实践均受制于实用主义思维模式。[③] 实用主义其实就是机会主义，即几乎任何一项改革都是为了解决现实经济困境，获得即期经济利益，既推动改革前进又会因为机会主义动机而阻碍改革深入。这一方面是由于制度知识有限；另一方面则是由于风险规避，所谓的成本最小化的渐进式改革路径体现的就是这种实用主义思维模式。比如对国有企业改革认识，从最初的放权让利，到后来的经济责任制和承包制、租赁制，中国国有企业改革一直遵循着实用主义改革思维，正式所有权改革被有意回避，改革的直接目的是为了解决当时迫在眉睫的实际经济

---

① 杨光斌：《如何理解执政党的基本特征》，《学习月刊》2008年第1期，第6页。
② 姚洋：《地方创新和泛利性执政党的成功结合——对改革开放以来制度变迁和经济增长的一个解释》，《天则经济研究所255次双周学术讨论会》，中国经济学教育科研网，http://www.cenet.org.cn/article.asp?articleid=17815。
③ 张文魁：《国有企业改革30年的中国范式及其挑战》，《改革》2008年第10期，第5—18页。

问题。到了 20 世纪 80 年代中期，国家开始意识到所有权改革在所难免，但是仍将其限制在一定范围内，私有化受到严格的防范，而股份制也长期备受争议并受到限制。1986 年底，国务院允许少数有条件的全民所有制大中型企业进行股份制试点，1987 年党的十三大指出，股份制是社会主义企业财产的一种组织形式。直到 1992 年邓小平南方谈话肯定了股份制，国有企业股份制改造才获得突破，证券交易市场也得以快速发展。1992 年，党的十四大确立了社会主义市场经济体制的改革目标，至此，国家才逐渐摆脱国有企业改革的实用主义路线，开始用战略眼光考虑国有企业改革的目标模式问题。1993 年党的十四届三中全会明确提出，建立产权清晰、权责明确、政企分开、管理科学的现代企业制度是国有企业改革的方向。但是，随后的现代企业制度改革实践并没有像预期的那样展开，更没有出现所有权结构的显著变化。当时，针对当时国有企业负债率过高、经济效益下降的实际问题，国家的改革行动更多地集中在对国有企业进行财务重组和资产重组而不是大规模的所有权改革。中国国有企业改革路径的阶段性与实用主义改革思维直接相关，改革一直以来并不是为了建立最终目标模式，而是为了解决眼前的现实问题；这种实用主义思维使得每个阶段的改革都显得有成效，但是却无法根除国有企业的深层弊病，这种只顾眼前不顾长久的做法只会使矛盾后移，最终使改革陷入疲于应付的境地。正是由于实用主义思维的引导，所有权改革一直被回避，直到后来终于认识到实用主义思维无法达到国家目标，因此被迫转向所有制改革。

在所有制改革中，囿于意识形态约束和改革的不确定性与风险的顾虑，所有制改革进展是渐进甚至迂回的，所以才有了"抓大放小，有所为有所不为"的说法。在"放小"过程中，涉及国有企业民营化问题，国家仍然本着实用主义思维展开。对此，姚洋引入拟参数这一概念来分析中央政府对民营化的态度。① 中央政府意识形态的变化采取的是务实主义

---

① 用博弈论的术语来讲，拟参数在单期博弈中是固定的，但随着时间被博弈本身所改变。姚洋认为，中央的意识形态就是一个拟参数，在每一单期博弈中，意识形态是固定的，对于地方政府来讲是一个参数与外在约束环境。给定意识形态约束条件下，地方政府对民营化水平的选择是自我实施的，因为这些选择是地方政府的最佳反应，亦即这些选择构成了一个优势策略均衡。但它们并非终点，因为它们会导致中央政府意识形态的变化。姚洋：《意识形态演变和制度变迁：以中国国有企业改制为例》，《江海学刊》2008 年第 5 期，第 78—86 页。

的态度：由于中央政府的有限理性，并不清楚私有制与公有制混合状态的最优比例，为了寻找这一最优比例，它会采取一个简单的强化学习过程。如果发现民营化能够增加地区 GDP，那么就调整意识形态以容许更多的民营化；也就是说，中央调整意识形态时根据的是民营化进程与地区 GDP 增量的相关关系。姚洋认为，中国之所以没有陷入局部改革的陷阱，主要原因之一就是中国共产党对意识形态持务实主义的态度，敢于进行大胆调整。正是由于意识形态的适时调整，才使得社会朝着有效的制度收敛。可见，意识形态调整在中国的改革过程中的确非常重要。

意识形态调整过程中的实用主义特征渗透着实践理性，它强调一切从实际出发，反对脱离实际的空想，反对从抽象原则出发来判断改革的是非成败，将实践作为检验改革成败的唯一标准。这种实践理性体现在中国体制转型过程中主流意识形态理论体系里，如以"实事求是"为核心的党的思想路线、以"经济建设为中心"、以"三个有利于"为标准，以及在改革中"摸着石头过河"、"走一步看一步"、"不争论、大胆的试、大胆的闯"的态度均渗透着求实主义的精神。这种实践理性使我国的体制转型既摆脱了传统社会主义反市场的束缚，又免受了自由主义意识形态的危害。

第三节 体制转型中意识形态调整的层级性与区域性差异

一 意识形态调整的层级性差异

由于行为主体所处地位、权力、资源支配力等差异使其在制度变迁中发挥的作用不同，意识形态对各层级主体影响也不同。一般而言，意识形态对主体的影响随层级减低而递减，越高层级的行为主体受意识形态约束力越强，越低层级的行为主体受意识形态约束力越弱，其行为更易受利益因素以及个体价值观念的影响。可见，意识形态的影响效应也存在着从中心到边际递减趋势。

作为有着自身效用目标的行为主体，地方政府的行为选择总是会在政治风险与地方利益之间寻找平衡。追求政绩最大化和地方利益最大化的"政治企业家"总是"力图把制度创新的空间推进到中央治国者授权或默许的极限值上"①。由于不同层级政府的"政治企业家"面临的政治风险及其与地方利益相关度不同，导致不同层级政府不同的行为选择。政治风险其实就是一种政治成本，即解放思想的成本，是指改革主体推进市场化改革必须突破计划经济意识形态的羁绊，冒着犯"政治错误"的风险。②由于自上而下的行政官员任命制，政治风险是每个地方政府官员都不能忽视的因素。尤其1992年前在意识形态纷争和改革取向不确定的情况下，地方政府在市场化改革中承担的政治风险或意识形态压力更大。总体而言，在体制转轨过程中，风险最小化是政府行为的理性选择。但是，政治风险对于不同层级的政府官员有所不同，导致其对政治风险与利益取向有不同态度。政府层级越高，政府官员个人的传统意识形态资本存量就会越大，其修正意识形态偏好的机会成本以及接受市场经济而付出的学习成本就会越高，放弃计划经济的相关理念和知识将意味着其人力资本的贬值，因此要放弃传统意识形态偏好很困难。同时，政府层级越高，其政策影响面越大，政治风险也就越大。而且，层级越高，离中央越近，中央与地方间委托代理链条越少，地方政府的信息优势越不明显，中央也越易监督。另外，层级越高，其官员越看重政治升迁，这些高层级的官员越有动力与中央保持一致，包括思想和行动上的一致，因此官方意识形态对其约束越强；相反，政府层级越低，传统意识形态的资本存量就越少，他们与微观主体接触较紧密，而且通过深入接触微观主体的市场化经营实践过程中，较易习得一些市场经济的"实践知识"，并基于经验感知，较快形成对民营化、市场化改革绩效的认知信念。而且，政府层级越低，会更深切地体会旧体制束缚经济发展的弊端，并对微观经济主体的现实生活有更真实贴切的了解。就个人效用目标而言，政府层级越低的官员由于政治晋升机会和空间相对有限，其效用偏好更侧重于经济利益，并容易与市场主体形成

---

① 杨瑞龙、杨其静：《阶梯式的渐进制度变迁模型——再论地方政府在我国制度变迁中的作用》，《经济研究》2000年第3期，第31页。

② 金祥荣、柯荣住等著：《转型农村经济制度的演化与创新——以沿海省份为例的研究》，杭州：浙江大学出版社2005年版，第223页；金祥荣：《多种制度变迁方式并存和渐进转换的改革道路——"温州模式"及浙江改革经验》，《浙江大学学报》2000年第4期，第139页。

各种隐性的合谋性契约①，从中分享市场化带来的好处。这是因为，政府层级越低，地方政府与微观主体的利益关联度越高，二者越可能进行"合谋"。微观主体无论在争取合法的市场主体身份、扩大生存空间、还是获取各种稀缺要素资源和政策资源等方面，都对地方政府尤其是基层政府有很多的依赖性，而地方政府也要依赖于微观主体加快经济发展、扩大财政收入、解决就业问题等。可见，地方政府层级越低，越会与微观主体形成利益共同体并最大程度地试图摆脱意识形态的束缚，谋求地方经济利益的发展。另外，层级越低，与中央距离越远，代理链条越长，中央监督成本越高甚至难以监督，地方政府信息优势明显，导致这些政府官员更易服从上级政府而非中央政府，执政也更多体现了个体价值偏好及上级政府政绩目标，而与中央保持一定距离。层级越低意识形态约束越弱，执政中更突显官员个人的价值观念和利益倾向，体现为游走在官方意识形态或中央政策边缘，与上级政府"讨价还价"，即"打擦边球"，在政策执行中采取"上有政策下有对策"策略性行为，并致力于为微观主体的制度创新提供"保护伞"，使其免于或减少政治风险。

不同层级的地方政府支持市场化改革所面临的政治风险的大小，主政领导政治风险意识的强弱以及同微观主体利益关联度的差异，导致地方政府对于市场化改革与制度创新实践的态度呈梯度性差异。② 一般而言，就地方政府来说，省级政府最为慎重或保守，市（地区）级政府次之，县级政府及乡镇政府对市场化、民营化改革最为积极。

姚先国为了解释浙江经济增长与改革的关系以及地方政府在浙江经济发展中的作用，采用文献分析法，对改革以来至20世纪90年代末浙江省的主要改革措施包括农村承包责任制、国有企业改革、乡镇企业、城镇集体企业的发展等15个方面进行分析。③ 研究结果发现，浙江省政府文件发得最多、最为重视的改革措施，比如与国有企业改革相关的"大事"

---

① 杨瑞龙、杨其静：《阶梯式的渐进制度变迁模型——再论地方政府在我国制度变迁中的作用》，《经济研究》2000年第3期，第30页。

② 何显明：《市场化进程中的地方政府行为自主性研究》，博士学位论文，上海：复旦大学，2005年，第190页。

③ 姚先国：《浙江经济改革中的地方政府行为评析》，《浙江社会科学》1999年第3期，第25页。

（至少有18件，出台的有关文件有12个），从实际效果看，恰恰是在全国并不领先，并且绩效很一般的领域；而没有采取什么积极措施的领域（发文、扶持等），如对个体、私营经济、劳动力流动、股份合作制、地产市场等领域，偏偏是浙江在全国改革进程中的优势地位之所在。

之所以会出现这种差异，除了浙江本身具有的商业文化、历史传承的功利主义、强烈的市场意识和创业冲动、勤奋不怕吃苦的精神等形成浙江人特有的人力资本优势外，还在于地方政府的偏好选择。地方政府由于身兼中央政府代理人与当地民众利益代表的双重角色，使得其要在政治利益和经济利益的二维坐标之间作出选择。政府层级越高，改革行为更多关注政治责任，层级越低的政府则会越多地考虑本地群众的经济利益，因此更倾向于支持群众自发创新行为。省政府作为直接受制于中央政府的最高层级的地方政府，其改革决策中政治责任的考虑必然更多，因此，凡是政治风险小的改革领域，省政府就会大胆推动，明确表态。比如国有企业改革、对外开放、横向经济联合等领域，中央都有明确表态，意识形态争议较少，因而省政府会持积极主动的改革态度。凡政治风险较大和意识形态不明确的改革领域，省政府都会谨慎从事，尽量规避风险。比如个私经济发展、建立劳动力市场等，中央态度模糊，并交织着复杂的意识形态纷争，因此，省政府改革初期对这些领域一直采取规避态度。而较低层次的政府（市、乡镇政府），由于他们更接近群众，在信息上拥有优势，更容易了解微观经济主体的利益和愿望，而且，本地区经济发展与其个人利益直接相关，如个人升迁、亲友获利、个人威望的提升等，其行为偏好则更着重于本地经济的发展，对政治责任的考虑相对较少，这就使得基层地方政府较容易与本地居民、企业形成"合谋"，以各种形式支持制度创新行为。

从企业来看，企业规模越小，地位越低或离核心体制越远越容易改，对环境的适应性调整越灵活，如苏南乡镇企业改制从集体所有制到股份合作制再到私有制，再如"温州模式"中企业产权从家庭经营到私营经济再到"挂户经营"再到"摘帽子"过程，以及国有企业改制中对中小企业通过拍卖、出售、租赁等改制乃至几乎全部民营化，等等，这些类型的企业，或为非公有制企业，或为规模不大的国有中小企业，虽然改革中也一波三折，但是由于规模小、位置轻始终能灵活应对内外环境变迁，尽管

第七章　体制转型中意识形态的适应性调整

意识形态约束一直伴随着这些企业改革进程的每一步，它们总能根据自身利益或收益成本的计算来选择成本最小化的制度安排，通过许多中间过渡性制度或"瞒天过海"的方式来尽量减少意识形态和政治约束给自身发展带来的损失，如股份合作制、"红帽子"企业的"挂户经营"等就是这样一种基于利益考量的过渡性制度安排。但是，对于大型国有企业以及部分重要的中型国有企业而言，意识形态约束则是一种刚性约束，除了紧紧跟随官方意识形态与国家政策外，几乎没有更多的自由选择制度安排的空间。这是因为国有大中型企业，尤其是大型企业，肩负着沉重的社会责任，不仅具有其他西方国家国有企业所肩负的社会责任，如提供公共产品和服务、经营自然垄断行业等，而且还肩负着保证国家安全和控制经济命脉的责任，最主要的是国有企业自始至终一直是与社会主义性质相联系的，在传统社会主义理论中一直被作为社会主义目标的实现工具和组织载体。虽然国家确立了建立社会主义市场经济体制改革的目标，并着手进行所有制结构的整体布局和调整，把国有经济在数量上的优势变为在质量上以及对涉及经济命脉领域的控制力上，同时指出国有企业的实现形式多元化，但是，总体上看，国有企业承载的社会责任远高于其他企业，既有经济责任以增加国家财政收入，也有社会责任以解决就业、社会保障等问题，更有政治责任以承担社会主义所赋予的意识形态意义，最后的这一政治责任其实就是一种加于国有企业身上的意识形态强约束。国有企业一直进展缓慢的原因也在于此。一直到1992年邓小平南方谈话以及十四大社会主义市场经济体制的改革目标和现代企业制度目标确立以后，意识形态的松动才开始在国有企业改制问题上见效，即便如此，国有大型企业改制还是比较迟滞。

二　意识形态调整中的区域性差异

邓宏图指出，意识形态偏好与历史初始条件、其他制度环境等因素共同通过影响政府行为而导致不同地区迥异的发展模式。[①] 而不同地区的地方政府意识形态偏好取决于不同地区国有资本和民营资本的"总量比较"

---

① 邓宏图：《转轨期中国制度变迁的演进论解释——以民营经济的演化过程为例》，《中国社会科学》2004年第5期，第130—140页。

及其"边际效率比较"。如果地方政府税收主要源于国有企业且这些企业数量足够多，规模足够大，而且当地民营资本与国有资本之间的边际效率差距不大，那么地方政府的意识形态偏好将收敛于国有资本；虽然可能民营资本总量不如国有资本，但是如果民营企业的资本边际效率远高于国有资本，能使地方政府从民营企业汲取高于从国有企业那里得到的边际"租金"，地方政府就会逐渐修正其意识形态偏好并收敛于民营资本。地方政府也会根据其意识形态偏好实施政策，即有传统意识形态偏好的地方政府会实施在总量上扩张国有资本的政策，而修正的意识形态偏好会使地方政府倾向于实施发展民营经济的政策。"苏南模式"和"温州模式"的形成得益于历史初始条件和地方政府意识形态偏好。

对"苏南模式"的乡镇企业来说，早在20世纪70年代，在江苏广大农村就出现了大批社队企业。20世纪80年代，苏南地方政府之所以极力把苏南社队企业改造成具有集体产权性质的乡镇企业而非"温州模式"那样的个私经济，主要源于社队企业对地方政府的税收、劳动就业和提高农民收入等方面均作出了巨大贡献。地方政府意识形态偏好于这种能为本地带来好处的集体经济，进而形成"苏南模式"。苏南地方政府通过所掌握的权力资源来整合资源、提供贷款信用等，这就使得基层政权的权力资本和乡镇企业经营者的人力资本相互结合形成了特有的"模糊产权结构"，推动了苏南地区20世纪80年代中期到90年代中期的高速发展。对集体经济的意识形态偏好导致了江苏个私经济发展缓慢。

"温州模式"乃至其后扩展开来的"浙江模式"，由于人地矛盾十分突出、集体经济和国有经济规模很小，再加上本地历史传承下来的特有的商业文化，使得该地区一直以来个私经济比较活跃。由于民营经济灵活的机制和较强的市场适应力，使得它在20世纪80年代经济短缺时期，其资本的边际效率与组织交易效率远高于国有资本和国有企业，这就使得地方政府在意识形态和政策选择方面更偏好于发展民营经济。地方政府偏好于民营经济的意识形态和宽松的政策环境使得温州地区乃至整个浙江的民营化、市场化程度均处于全国领先地位。浙江个私经济起步早、发展快、效益好，这与他们对个私经济一直采取默认、允许的态度有关，使个私经济发展获得了较为宽松的环境。在这样的环境中，从上到下、方方面面都形成了宜私则私、宜公则公、只要能发展、不拘泥于所有制形式的共识。他们先后提出了"三放手",即放手发展市场经济、放手发展多种所有制、放手发展比较优势;"三个加大",即加大政策扶持力度、加大依法保护力度、加大环境整治力度;"三个有",即让个体私营经济在经济上有实惠、社会上有地位、政治上有荣誉。再有就是大力抓市场建设,2000年,全省共有商品市场4348个,成交额4023亿元,连续十年为全国第一,这为浙江乡企产品长期保持市场竞争优势起到很大促进作用。①

总之,在不同地区各自历史条件约束下,地方政府不同的意识形态偏好在一定程度上决定了本地区经济发展的路径和经济模式。此外,不同经济水平和富裕程度的地区对意识形态的态度也不一样。地方政府与中央政府及非政府主体之间存在着利益一致与利益冲突,而在中央政府与非政府主体发生矛盾时,地方政府究竟倾向于代表哪一方利益,取决于地方政府中主要决策者目标函数中的偏好序。如果地方政府主要决策者政治晋升偏好高于"造福于当地百姓"的政治抱负偏好,地方政府则会选择与中央利益保持一致而牺牲地方利益,反之相反。因此,不同的地方政府由于其主要决策者的目标偏好不同,在中央政府和地方非政府主体利益冲突时会表现出不同的行为倾向。在中国改革时期比较典型的例子是,富裕程度不同的地区政府官员对中央的态度不同:一般而言,地区越富裕独立性越强,越不愿迎合中央牺牲本地利益,而越不富裕的地区对中央依赖性越强,越依赖中央对本地区更多的财政拨款和转移支付等。除了经济依赖程度不同外,还有一个重要原因是,两类地区中的政府官员目标函数偏好不同,富裕地区的官员更偏好于持续搞好本地经济和社会发展,以获得本地企业和居民的认可,由于在本地任职也能获得理想的收益,因此政治晋升并非其主要偏好;而不富裕地区的政府官员往往政绩感很强烈,历史造成的经济状况使他们往往感受不到来自当地非政府主体的压力,且本人在穷地区为政的实惠不大,故倾向拿当地的利益讨好中央,以实现自己易地升迁的最大化利益目标。

---

① 郑梦熊:《苏南模式与温州模式的不同变化说明什么》,《West China Development》2003年第1期,第67页。

第四节 意识形态与观念调整中的"非适应性"问题

作为非正式制度重要组成部分的意识形态与观念具有自发性、非强制性、广泛性、持续性的特点。非正式制度往往是一种历史积淀与文化演进的结果，由于处在文化的最深层次，因而变化缓慢。相对于正式制度而言，非正式制度由于其内在的传统植根性和历史积淀，其可移植性较差。一般来说，制度协调要求正式制度与非正式制度必须耦合与互补，如果与正式制度相配套，非正式制度可以充分发挥其防止"搭便车"、淡化机会主义的作用，同时，还可以赋予制度安排以更高的"合法性程度"。但是，一旦正式制度与非正式制度不相协调，就会导致剧烈的文化冲突，严重的则会使制度创新功亏一篑。

中国的市场化经济改革过程实质上是一个意义深远的制度变迁、制度创新过程。它既包括由计划经济体制向市场经济体制转化过程等一系列正式制度的变迁与创新，也包括由传统计划经济的思想文化意识向社会主义市场经济的思想文化意识转变过程等一系列的非正式制度的变迁。政府主导的强制性制度变迁及非正式制度变迁的不同特点，使得中国市场化制度变迁过程中的非正式制度变迁滞后。我国的市场经济建设取得巨大成就，但是我国的正式制度主要是在求强求富的目标指引下，通过自上而下的人为选择过程而导入的，而非正式制度却更多地表现为以适用传统的自然经济和计划经济为特征的意识形态和风俗习惯与价值观念体系，这就出现了正式制度与非正式制度的不耦合，甚至冲突现象。主要源于意识形态调整滞后以及传统文化、价值观念与市场经济的不协调。

一 意识形态调整滞后

意识形态发挥着节约交易费用、克服"搭便车"、为政权"合法性"提供辩护等作用。意识形态作为非正式制度与正式制度联系紧密，一方面意识形态作为非正式制度也可以被认为是一种广义的制度环境，对其他制度安排起着约束作用；同时，非正式制度也受正式制度的影响，也要随着因政治经济环境变化而产生的正式制度变迁的集聚发生演化，因此，对于意识形态而言，它具有"适应"与"被适应"的双重性。这就要求正式制度要和主流观念与意识形态相耦合。在现实中，意识形态既有超前的一面，超前的意识形态往往会成为人们改革实践的先导和指南；也有滞后于实践的一面，需要通过实践去突破其禁锢，通过从制度创新的实践中获利来推动思想观念的转变，进而将人们从认知闭锁中解放出来。我国官方意识形态是以马克思主义为指导思想建立起来的，马克思主义是立国之本。马克思主义经济制度的核心和目标是公有制与共同富裕，计划经济是这种指导思想的产物，我国也正是以此为纲领来建设起社会主义的。

改革开放以来，我国意识形态已随改革实践适时调整，并取得巨大成就，构建了中国特色社会主义理论体系，用以指导改革的深入进行。中国特色社会主义理论体系是马克思主义基本原理与中国改革实践相结合的产物，是马克思主义在中国的第二次飞跃。其内容包括"邓小平理论"、"三个代表"重要思想和科学发展观等重大战略思想理论体系，反映了改革开放不同阶段面对的不同主题。调整后的意识形态将重心放在经济发展与提高生产力水平上，从而纠正了中国计划经济时期长期漠视经济和生产力的做法。改革开放以来的历届领导集体多次强调经济和生产力发展的重要性，提出"发展才是硬道理"，表明当代中国发展生产力的紧迫性，同时指出，发展应该是全面的、可持续的发展，并在效率与公平问题上及时纠正计划经济时期"重公平轻效率"以及改革开放初期"重效率轻公平"的做法，提出"兼顾公平与效率"的观点，所有这些意识形态的变化有利于我们克服片面发展观，促进了经济与社会的整体发展。

意识形态变革的核心问题是对于社会主义认识的变化，尤其是社会主义与市场经济的关系的认识。由于正确认识了计划与市场、公有制经济与民营经济、分配领域的效率与公平等关系，突破了传统僵化的意识形态束缚，最终促使了国家整体意识形态的大变革。这些意识形态领域的成就推进了实践中的改革进程如社会主义市场经济体制改革目标的形成、所有制结构调整、国有企业改革，等等，使得改革得以迅速展开与深入。

然而，我们在肯定改革开放意识形态领域所取得的成就的同时，也要清醒地认识到，改革开放以后，意识形态并非总是能够针对外部客观环境与制度环境变化进行适应性调整，在某些时期或某些领域仍存在滞后现象，尤其是对国有企业改革中认知时滞、发明时滞与启动时滞的产生都带来较大影响。而且，官方意识形态的调整并不意味着作为将其人力资本存量的个人也能够适时调整，往往是社会思想层面已经开始宣传市场经济，计划经济的观念和行为习惯依然对主体行为（包括个人、官员、企业家）产生巨大影响，人们依然习惯于用计划经济时代的思维模式和行为方式来思考与处理问题。这是因为，与旧有经济体制或制度结构相适应的旧的意识形态存量具有资产专用性特征①，它一经形成并沉淀到社会公众的人格特征中后，就很难再予以剥离，对它的剥离既有较高的政治机会成本，又有较高的经济机会成本，除非新的意识形态所带来的收益大于成本，否则作为理性"经济人"的个体很难自觉去除旧有的意识形态。而与新的经济体制或制度结构相适应的新的意识形态要传播与拓展也有一个时滞问题，它只有接受了新的实践经验的检验并最终与绝大多数人的经验性感知一致以后，才能变成社会公众的普遍性信仰。② 意识形态的这一特征使得改革呈现出了较强的路径依赖特征，并使很多改革举措难以发挥其应有的作用。

中国改革一方面是局部改革实践先行，而整体推广则是意识形态与观念先行。无论宏观上的所有制结构调整还是微观企业产权改革，都遇到思想认识和观念上的阻力。传统观点认为，宏观上的所有制结构调整会影响公有制的主体地位，动摇社会主义根基；而微观上的产权主体多元化会改变国有企业性质。这种观念影响了改革进程，因此改革的首要问题就是解放思想，转变观念。正确认识到社会主义本质不是以公有制在所有制结构中的比例高低决定的，而是以是否做到了"三个有利于"和"三个代表"重要思想作为衡量标准。国有企业的国有性质，并不是指国有股在国有企业股权结构中占绝对比重，而是指国有股的控股力。非公有制经济也不是社会主义的异类，而是社会主义市场经济的重要组成部分。只有意识形态发生转变，相关的大规模的制度创新与扩散才会被提上日程；如果意识形态未能随外部环境变化，对制度安排的选择将只能在其约束条件下进行，

---

① 即它只适合旧的经济体制或制度结构。
② 柳新元：《一致性意识形态与当代中国制度变迁的动力学》，《武汉大学学报》2006年第3期，第393页。

其结果往往是更适合的制度而非更有效的制度安排被选中，如 80 年代中后期承包制而非股份制成为国有企业改革的主要形式即是典型例子，同样，在 80 年代中期到 90 年代初，浙江等地的"红帽子"企业以及随后的股份合作制均是为适应当时意识形态约束的成本最小化的制度选择。

意识形态等非正式制度还对我国国企改革中认知时滞和发明时滞的形成产生重要影响。我国国有企业改革走的是一条渐进式道路，经历了从"放权让利"到"承包制"到"建立现代企业制度"再到"抓大放小"的国有经济战略重组等阶段。在这一渐进式改革过程中，存在着较长的时滞。所谓时滞是指制度创新滞后于潜在利润的出现，而在潜在利润出现和使潜在利润内部化的制度创新之间存在一定的时间间隔。形成这种时滞的原因很多，意识形态是其中一个重要因素。长时间以来，由于固守传统计划经济的意识形态和传统公有制观念，认为只有国家和政府直接控制国有企业的资产经营权才能算做社会主义，改革仅仅是修修补补，没有实质上的进展，只是在旧体制框架内的逐步变革，这就使得国有企业改革无法彻底展开，也无法建立起有效适应市场经济要求的体制结构。只有当观念彻底转变，官方意识形态将生产力标准最终确立为官方主导思想，彻底摒除了把公有制本身当成社会主义目的的传统观念时，我国国有企业改革才开始进入产权改革的深化阶段，由认知和发明所造成的时滞也随之缩短。

意识形态等非正式制度对我国国有企业改革的启动时滞有重要影响。在国有企业改革中，由于受传统意识形态的影响，很多有利于国有企业改革的政策即使出台也往往不能真正实施。例如我国制定了《破产法》，但是在相当长的一段时间里并未得到推行，主要原因在于人们一直以来都认为破产是丑的、坏的东西，只会存在于资本主义国家，社会主义国家不能有破产；再加上现实社会中，传统计划经济体制下形成的对企业的"父爱主义"导致国有企业很难破产。这些观念与做法都导致了《破产法》的启动时滞。

当前意识形态对我国产权变迁所产生的很多问题都不能给予令人信服的说明。发展多种所有制经济以及所有制结构调整必然会引起产权关系的巨大变化，尤其会使私有经济发展迅速，虽然官方意识形态已经明确鼓励多种所有制经济共同发展，但这却与我们所坚持的马克思主义原则相背离；马克思主义意识形态指出，私有经济是一种剥削经济，资产所有者的收入也是剥削收入,"剥夺剥夺者"是一种历史必然。另外,对个私经济"长期不变"的政策承诺,也令人感觉把发展个体私人经济只当作生产力不发达时期的一种权宜之计,并非根本观念上的转变。由于意识形态未能给人以稳定预期,导致许多"先富者"急于把财富转移到国外或寻求政界保护,而不是将其投入再生产或慈善事业。

意识形态对转型后收入分配的制度调整解释也很无力。有中国特色的社会主义意识形态理论包括实行以按劳分配为主体、多种分配方式并存的分配制度,然而,在现实社会中,劳动要素并没有占主体。1989年工资占GDP的比重为16%,2003年下降到12%。而在发达国家,目前劳动报酬已占国民收入的75%。[①] 可见,我国劳动报酬占国民收入的比重过小;而且,按照我国分配制度可以推出,同一个劳动者在公有制企业里的所得是按劳分配,而在私有制企业里则是按要素分配,而当前股份制成为公有制的主要实现形式,依据上述逻辑,这种企业不仅在所有制结构上是混合经济,在企业资本构成上也是混合经济。显然,现有的意识形态理论并不能很好地解释政治经济生活,也未能适应发展变化了的实际。

新制度主义认为意识形态是能产生极大外部效应的人力资本。意识形态可以在个人对他本人和其他人在劳动分工、收入分配和现行制度结构中的作用作出道德评判;较大的意识形态拥有量以及对现行制度安排与制度结构是合乎道德、合乎义理的意识形态信念较强,将有助于克服"搭便车"和淡化机会主义行为。但是我国体制转型中的意识形态并未起到这一作用。市场化改革以来,人们的寻利动机普遍被激发出来后,对寻利行为进行合理规约的意识形态却没有形成;我国目前正处于转型的市场经济过程中,在交易方式上,处于从人格化的交换到非人格化交换的转变过程中,需要信用制度的支撑;但是现实中的市场交易中机会主义行为却普遍存在,社会信用观念淡薄,欺骗、违约、不讲诚信、假冒伪劣等比比皆是,市场主体普遍缺乏守信意识和信用道德理念,市场信用交易不发达,而且往往是合法经营、按照契约进行合作的所得收益远低于非法经营、用欺骗和违约手段的所得。特别是掌控公共权力的国家各级代理人(政府官员)以及掌

---

① 董全瑞:《诺斯意识形态理论与中国收入分配认同》,《江汉论坛》2006年第1期,第21页。

握资源配置权的公有企事业单位的经营者利用信息优势进行的机会主义行为屡禁不止，各种劳民伤财、好大喜功的政绩工程、官员贪污腐败的问题层出不穷，不仅败坏政府形象、破坏市场秩序，还增加了转型的难度。缺乏约束个人利益最大化的意识形态观念是产生这些问题的原因。机会主义问题无法完全通过法院裁决来解决而导致"合约失灵"，通过思想政治工作以及榜样和信念的力量来说服行为者就成为一种必要的补充方式。

以上这些问题说明，在由计划向市场的转轨过程中，虽然经济体制改革催生了新的意识形态，但还有待完善，而且旧的意识形态并未完全退出，新旧意识形态缺乏积极的整合，相互间的矛盾还普遍存在，影响了统一的"世界观"的形成，并对改革进程产生了不良影响。因此，有必要根据外部环境变迁对意识形态作进一步的适应性调整。

二 传统文化价值观念与市场经济不协调

除了计划经济时期的观念与意识形态的影响外，中国传统文化和价值观念（主要是儒家思想）的影响也无处不在，并常常成为与正式制度不协调的因素之一，这种不协调主要体现在[①]："不患寡而患不均"的平均主义价值观念与社会主义市场经济效率观相矛盾，阻碍了市场经济正式制度的建立与完善；传统的家族文化与市场经济规则产生冲突，以家族为核心的关系结构与市场结构的冲突导致分工不能完全服从于经济上的效率原则。而家族主义的关系原则与市场经济的利益原则之间的矛盾也不利于市场规则与市场秩序的构建与培育；市场经济中信用体系的互利关系与"文化大革命"以后的怀疑主义以及信用品质下降的现状之间的冲突。同时，传统文化与市场文化之间还存在重"情"与重"理"和"法"之间的矛盾。中国人传统上以"家"为核心，用关系亲疏的情感作为处理市场竞争所遇到的问题，而将公平竞争的市场规则和法律规则置于次要地位，但是市场经济却是法治经济，遇到问题用理性和法律来解决，注重理性思维和法律面前人人平等，并用市场游戏规则对参与者进行约束。

此外，传统的重农抑商思想、等级观念、官本位思想等也不利于社会

[①] 任保平、蒋万胜：《经济转型、市场秩序与非正式制度安排》，《学术月刊》2006年第9期，第69—70页。

主义市场经济基本规则的建立与完善。传统与计划体制的惯性思维、特权思想等也都严重影响了改革进程中的政府行为,使得政府迟迟不愿退出市场和企业,导致政府过度干预市场和企业,使得政企分开的改革进展缓慢,也影响了社会主义市场经济体制的完善。

可见,社会主义市场经济的建设和企业产权改革的推进不仅关涉一系列正式制度的完善,更在于对计划经济体制惯性思维习惯和中国传统文化的超越与改变。由于非正式制度建设的滞后,导致体制转型时期市场经济秩序混乱,市场主体发育不成熟,企业行为与政府行为不规范;市场准入规则不公平,使得"市场主体之间缺乏均等的市场进入机会";[①] 市场交易行为混乱,到处充斥着假冒伪劣商品,价格歧视、价格欺诈、价格垄断、价格倾销等现象屡有发生;市场竞争行为混乱,不正当竞争时有发生,行业垄断与地方保护主义盛行。[②]

[①] 倪建涛:《经济转型与市场秩序重构》,北京:经济科学出版社 2004 年版,第 84 页。
[②] 任保平、蒋万胜:《经济转型、市场秩序与非正式制度安排》,《学术月刊》2006 年第 9 期,第 69—70 页。

第八章 中国体制转型中的适应性调整趋向

中国体制转型所取得的巨大成就主要源于其产权制度、政府行为与意识形态针对内外环境变化而不断进行适应性调整。但是，也要充分认识到，由于主体的有限理性与自利动机、配套制度改革跟不上、意识形态与观念调整滞后等原因，这三大领域的调整还存在很多问题与不足，也可称其为"非适应性"问题，即制度、行为与观念针对内外环境进行了调整但却没有达到预期效果或只满足了少数人的利益却以损失多数人利益为代价，即个人理性与集体理性之间的矛盾。这些问题已经严重影响到我国改革的成效与进程。体制转型向纵深发展就是要解决这些问题，继续推进企业产权制度、政府行为和意识形态的适应性调整。

第一节 企业产权制度的适应性调整趋向

我国企业产权制度调整中存在的问题主要体现在产权制度与外部竞争机制以及内部治理机制的非耦合；制度供求不协调，相关制度安排配套改革不到位；国有企业效率目标与公平目标失衡。要解决这些问题，需要一系列相关配套制度的改革，重点是产权改革，包括宏观层面的国家所有制结构调整，和微观层面的企业产权结构改革，但是要走渐进式而非激进改革道路；在深化企业产权制度改革的基础上，继续完善企业治理结构，并健全外部竞争机制；合理确定国有企业的社会目标与市场目标，等等。

一 继续深入推进产权制度改革

从宏观层次和微观层次两方面继续推进国有企业产权制度改革，在宏观层次上进一步完善所有制结构，继续调整国有经济布局和结构，使国有企业从不具竞争优势的行业和领域中退出；在微观层次上继续优化国有企业的产权结构，使得国有企业的产权制度更适应社会主义市场经济的要求。

在宏观层次继续调整国有经济布局和结构，完善所有制结构，要考虑到历史的路径依赖性和国有企业承担的公共性职能，要想使国有企业全方位、大面积、短时间退出似乎不太可能，也不符合国情。因此，"退出"主要是指那些不承担"特殊职能"的国有企业的退出，而且这些企业的退出也要按照层次、领域、形式的不同，分步骤进行：首先，从退出的路径看，不承担"特殊职能"的国有企业应由体制内的主动退出转变为体制外的被动退出。其次，从退出的层次上看，不承担"特殊职能"的国有企业应按照其隶属的级别，按"县—（区）—省（市、自治区）—国家（部委）"的顺序逐渐退出。再次，从退出的产业领域上看，不承担"特殊职能"的国有企业应按照"服务业—轻工业—重工业"的顺序退出。最后，从退出形式看，不承担"特殊职能"的国有企业应按照"国家控股—国家参股—出让国有股"的顺序退出。① 国有企业的战略性改革必须着眼于结构层次、布局层次和行业层次进行调整，推动一部分不适应市场经济体制的国企退出，同时也要通过国企主辅分离等方式相继推出一批新型的、能够立足于市场经济的国企，以保证国有经济在国民经济中占有一个相对均衡、合理的比率，从而奠定国有企业双重目标实现相融的宏观体制背景。

在微观层次，要明确股份制是国有企业产权改革的必然选择。股份制有利于改善国有企业的资本结构和组织形式，通过引进不同所有制的产权主体，可以促进管理体制和经营机制的重大调整，有利于国有资本流动重组，实现国有资产保值增值。建立规范有效的股份制，首先，必须明晰产权，包括明晰企业产权归属，完善企业法人制度，明确界定出资人所有权与企业的法人财产权。为解决国有资产产权主体缺位和虚拟化的问题，要明确行使国有资产出资人权利的权利主体和义务主体。

其次，合理确定国有企业的产权结构，解决国有股"一股独大"的

---

① 严汉平等：《国有经济逻辑边界及战略调整》，北京：中国经济出版社 2007 年版，第 202 页，"特殊职能"是指在国家安全和国民经济命脉的重要行业和关键领域中承担相关职能。

问题。通过拓展投资渠道和融资渠道等方式吸引和发展非国有产权主体；积极引进和利用外资外商，培育和发展各类机构投资者以及通过投资"控股"参股"委托代理"债转股等方式，形成对企业的多元持股；激励个人向企业投资入股、引导经营者持大股、完善职工持股制、鼓励和促进公有产权之间的互相参股入股、交叉持股。

再次，结合"抓大放小和有进有退"国有经济的战略思维，调整优化国有企业的产权结构。对关系国家安全和国民经济命脉的重要行业和关键领域，针对不同情况实行绝对控股和相对控股两种形式，在保证国家掌握重大决策的控制权的前提下，尽可能地实行相对控股；对其他行业和领域的企业，则要鼓励和引导非公有资本进行投资，形成国有、集体和私有资本等多元投资的混合所有制企业；对一些支柱产业和高新技术产业中的重要骨干企业，国家可以控股或参股。

最后，完善国有资产出资人制度。真正实现政企分开和政资分开，转变政府职能，实现政府的社会管理职能与国有资产出资人职能的切实分离。明确各级政府作为公共事务的管理者，其职能主要是经济调节、市场监管、社会管理和公共服务；作为国有企业产权最终的所有者，各级政府通过国有资产出资人机构行使其资产受益、重大决策和选择管理者等权利。为防止国有企业中委托人与代理人"合谋"而致的"内部人控制"，需要完善国有资产出资人制度，明确各类国有资产的受托主体和受托职责，以便真正建立起国有资产保值增值和防止流失的责任体系。2003年及其后，国务院以及各省、地级市的国资委相继建立，明确了经营性国有资产中的非金融类国有资产大部分的受托主体。2007年国务院又规定了财政部是行政单位和事业单位国有资产的管理部门。到目前，国有银行、保险、证券、基金等金融类国有资产的受托主体还未明确。此外，还有为数众多游离于国务院和地方国资委监管的国有企业，其国有资产出资人不到位以及国有资产流失等问题均较为严重，这些国企管理体制大多仍政企不分、政资不分、政事不分，因此，尽快解决这部分企业的受托主体与有效监管问题是目前产权改革继续深入的一个重要领域。

二 完善企业内部治理机制

在积极推进国有企业产权制度改革的同时，还需要大力完善企业内部的治理机制,提高治理效率。主要举措包括:明确界定股东大会、董事会、经理层及监事会的各自权限,做到权责分明;健全各项制度,保证各部分各司其职,各负其责,既相互合作又相互制衡。其中,股东大会是企业的最高权力机构,决定企业的重大问题。董事会由股东会选出,在股东大会休会期间,由其负责企业重大问题的决策。总经理在董事会的领导下负责企业的日常生产经营工作,同时,由监事会负责经营监督的工作。

从我国国有企业公司治理运作的实际情况看,主要是解决股东大会与董事会职责权限不到位、董事长与总经理的权限划分和行使、党管干部原则与市场化选聘企业经营管理者的关系三个问题。这就需要做到:首先,加强以外部董事为主的董事会制度建设,以使董事会能够真正代表股东利益,并对企业重大决策负责。其次,健全有效的激励与约束机制。为调动经理人的积极性并使其能为企业长期利益着想,可以对经理人实行年薪制、股票期权制等制度,使得报酬和业绩从长期和短期两方面紧密挂钩,制止其短缺行为,提高公司长期绩效。最后,完善内部监督机制。完善企业中的董事会、总经理、监事会之间的相互制衡机制,可以通过政府审计实行政府对企业的监督,也可以进一步完善监事会制度,也可以通过市场(如经理市场、产品市场、资本市场)的竞争来解决,比如股东可以抛售股票"用脚投票"来约束经营者,还可以采取社会舆论的监督方式。

三 健全外部竞争机制,培育充分竞争的产品市场与要素市场

在市场经济条件下,市场是资源配置的基础性力量,产权制度改革和企业内部治理机制的有效运转还需借助于成熟的市场体系。首先,培育充分竞争的产品市场,进一步打破行业垄断,引入竞争机制。

目前,我国对民营企业的市场准入限制主要源于既有的体制与政策约束,以及由既得利益所形成的行业垄断、部门与地方保护主义。这就要求政府从观念和行为上都要有所转变,在观念上,把民营经济真正看作是社会主义市场经济的重要组成部分。要充分认识到,发展民营企业对于增加社会财富,扩大国家财政收入以及提高居民收入和解决就业问题等均起到重要作用,因此要积极支持引导民营经济的大发展。在行为上,也从政策与制度上给予民营经济深入发展提供各种保障而非障碍,这就要求进一步鼓励、支持和引导个体私营等民营经济的发展,鼓励民营经济参与国有企

业改革，进一步降低市场准入门槛，引入竞争机制，使更多的民营企业能够进入公用事业、基础设施、金融服务以及社会事业等领域。同时，消除各种"制度性壁垒"，完善对民营经济在金融、税收、技术创新等方面的服务政策，依法保护这些非公有制企业的合法权益，并对其进行引导和管理，促进和监督企业依法经营。

其次，推进要素股权化，大力发展与完善要素市场，尤其是推动资本市场与劳动力市场的发展。

各种要素市场的发育与完善及其股权化是对公司治理结构模式的必要补充，这就要求必须大力发展和完善资本市场、技术市场和劳动力市场。推进这些要素的股权化，就是要提高资本、技术、管理等资产在产权中的地位和作用，为技术进步和企业家进入管理结构提供产权制度的保障。

建立健全资本市场尤其是产权交易市场的制度安排，以推动国有企业的产权交易和产权优化重组。国有企业的产权改革与资本市场特别是证券市场的发展密切相关，证券市场具有筹集长期资金、优化资源配置的功能，资本市场的发展为国有企业的产权改革与公司治理提供了平台。大力发展资本市场，通过控制权的转移对企业家形成巨大压力，通过资本市场上股权转让和收购兼并活动来实现企业的产权多元化。通过规范股票市场，使股市客观地显示股份公司的业绩，从而促进股份制企业的健康发展。目前，国有企业的并购重组越来越多地要借助于资本市场来完成，因此，建立健全资本市场对于推进国有企业产权改革以及完善公司治理机制至关重要。现在急需解决的问题是国有股、法人股不能充分流通的问题。国有股减持意义重大，向公众流通股、法人股、国有股的统一迈进一步，而且增强国有资产存量的流动性，真正实现国有控股企业股权多元化的功能，有利于企业法人治理结构的规范化与科学化，还可以吸引更多的社会投资者进入国家垄断行业，建立企业战略联盟，有利于企业的长期发展。

继续培育和发展劳动力市场，尤其是经理人市场的发育。所谓劳动力市场，就是承认经理人员、技术专家和员工的人力资本产权并且用法律保护其交易的制度安排。[1] 现代企业中经理人对企业的发展至关重要，国有

---

[1] 季晓南：《产权结构、公司治理与企业绩效的关系研究》，博士学位论文，北京：北京交通大学，2009年，第153页。

企业在推进产权改革的同时，还要建立与现代企业制度配套的企业用人制度，加快经理的职业化建设，取消国有企业的行政级别，确立竞争性、商业性的经理人选择机制，并在全国范围内加快培育和健全经理人市场，通过经理人市场的竞争来识别和评价经理的价值，并用信誉机制约束经理行为。

四 合理确定国有企业的社会目标与市场目标，以实现其公平绩效与经济绩效的均衡发展

国有企业的社会目标没有实现，而其经济目标的实现更多地体现为一种"行政垄断利润"，这种"行政垄断利润"是以损害社会福利为代价的。国有企业应该确立以转轨结束时其市场目标和社会目标的合理相融为改革方向，这实质上也是对效率和公平两大标准在制度层面上的重新权衡。这需要两方面的推进：一方面，国有企业双重目标的融合与实现更依赖于政府的行为转变；规制政府的行政垄断，以防止社会福利损失，这涉及政府职能转变和政府体制改革内容。通过政府体制改革使得政府的"错位"、"越位"、"缺位"得以纠正，用一个有限有效的功能型、服务型、责任型政府取代过去的管理型、权威型、全能型政府，政府逐渐退出对非关键、非特殊领域的国企的保护，其财政负担将减少。①

另一方面，根据追求目标和设立宗旨对国有企业实行分类管理：对于以利润最大化为目标的国有企业，要使其真正走向市场，对其评价应更关注于经济绩效，对其所承担的部分国家和社会的公共职责，要按照科学合理的评价体系对其评估和考核；对于以提供特定公共服务为主要目标的国有企业，这类企业利润可能不高甚至亏损，但由于其承担社会职能，是政府履行公共服务职能的组织载体，因此，对其评价时更应注重其社会效益或公平绩效，但也要构建科学合理的综合指标以尽可能地促使其降低成本，适当提高经济效益。

五 健全与完善其他相关政治、经济与法律制度的配套改革

国有企业产权改革是一个系统工程，这就需要相配套的政治、经济与

---

① 祝志勇：《国有企业的市场目标和社会目标相融性探析》，《财经问题研究》2007年第1期，第15—16页。

法律制度的健全与完善，为制度创新提供良好的制度环境，包括建立统一、开放、公平、规范的市场秩序；消除行政保护和行政垄断，取消各种市场准入政策，为各类合法经济主体营造一个平等和公平竞争环境，包括公平的金融市场准入制度、公平税赋制度和公平财会制度、建立规范的产权交易市场等；转变政府职能，弱化行政干预；缩减机构，进行审批制度改革；依法行政，通过构建外部制约机制规范政府行为；深化社会保障制度的改革，采用多种方式如财政投入、发行特种国债、变现国有资产、开征社会保障税等，筹措更多的社会保障基金，扩大社会保障覆盖面；制定和完善与社会主义市场经济相适应的法律、法规和政策；规范和整顿各类中介机构；推动司法独立，加快司法体制改革，使其能为市场经济提供公正而及时的服务。这些相关制度的配套改革是确保国有企业产权改革成功的关键。

第二节　政府行为的适应性调整趋向

我国政府行为调整中存在的问题主要体现在中央政府与地方政府在经济发展过程中的"悖论行为"，在中央政府方面主要体现为中央政府对国有企业与非国有企业的矛盾行为，一方面，国家努力保护作为权力组织基础的国有企业的利益；另一方面，国家为了实现税收的财政收入的增长，又必须使得国有企业部分退出，而允许和鼓励更有效率的非国有产权组织的存在。这两个目标的冲突也是国家政治利益与经济利益的冲突。在地方政府方面则主要体现为在体制转型期间，地方政府既有积极促进市场化改革、大力培植市场主体、推动市场区域化、弥补市场缺陷、积极提供基础设施等公共产品和服务、协同中央宏观调控以及通过扩大投资、招商引资促进辖区经济增长的一面；又有消极阻碍全国统一大市场的形成、过度介入国有企业而延缓市场主体成熟、盲目投资、逆向调控、在提供公共物品与服务上的"越位、缺位、错位"并存以及因投资冲动导致经济过热等对经济增长和社会发展造成负面影响的另一面。无论是中央政府还是地方政府，导致其"悖论行为"的主要原因均是制度因素，主要源于意识形态与相关制度安排没有针对变化的经济基础及制度环境进行适时调整，本书将其称为"制度性悖论"。因此，要解决中央政府与地方政府"行为悖论"问题主要从制度变革着手。

一 正确处理中央政府、地方政府、企业之间的关系

（一）中央政府与地方政府间关系：明晰职责划分并使之规范化与法制化

关于中央政府与地方政府间纵向权力划分及各自职责权限，宪法和有关法律均做过原则性规定，但由于过于原则和笼统，缺乏可操作性，同时也就具有了相当的弹性。在现实中对二者关系的调整带有较大的随意性和不规范性，如中央政府经常随意干预地方事务，地方政府也常常通过"上有政策，下有对策"的做法来消释中央政府的政令和权威；而且，由于中央政府与地方政府之间"职责同构"，导致中央政府与地方政府之间的职能分工是一种量的分工，而非质的分工，除了中央政府的专有职能外，各级政府的职能基本是重叠的，各级政府的机构也按照对应的原则设置，这使得各级政府的职责难以清晰界定。对于地方政府的"越轨"行为，由于二者职权的法律规定不明确，加上监督标准不清、监督手段落后以及法制化监督程序缺乏等原因，中央政府对地方政府监督乏力，地方政府"越轨"行为屡发不止。

解决地方政府"越轨"行为的途径：首先，合理划分中央政府与地方政府的职责权限，政府间职能分工由"职责同构"转向"职责异构"。适应社会主义市场经济体制要求，实行中央政府和地方政府的分级管理，做到职责权相统一。凡属于全国性和跨省（自治区、直辖市）的事务，由中央政府决定，以保证法制、政令和市场的统一，强化中央政府的整合能力；凡属于地方政府的事务，主要是涉及本行政区域利益的事务由地方政府管理，以降低管理成本和提高工作效率。属于中央和地方共同管理的事务，要区别不同情况，明确各自的管理范围，分清主次责任。同时，根据中央政府与地方政府在国家行政体系中的不同地位和作用来确定各自的核心领域，并根据事务同类和职责权相称原则配备相应职权，即原则上任何一项事权的承担，都应有相应的决策权和相应的财权相对应，唯有如此，才能改变目前事权下压、财权和决策权上收从而导致地方政府由于权小责大而驱使其随意超越权限、不惜违反政策法律进而导致许多违背国家利益和公共利益的变异行为。

其次，在合理划分二者职权的基础上，使中央政府与地方政府关系规范化和法制化。中央政府与地方政府应在法治基础上建立新型的权利义务关系。当前，我国应以宪法为依据，制定一部约束中央政府与地方政府关系的专门法律，内容应涉及二者职权划分原则、职权划分方式、各自职权范围、中央政府对地方政府的具体监督约束机制，等等，以使中央政府与地方政府间关系规范化和法制化。

最后，建立健全中央政府对地方政府的监督机制，做到法律监督、行政监督和经济监督相结合。法律监督包括立法监督和司法监督。关于立法监督，我国现行宪法只作出了原则性规定，缺少操作性。有必要制定一部专门的《监督法》，使对地方政府的立法监督落到实处。关于司法监督，我国可以借鉴西方发达国家经验，建立一个专门的宪法法院或宪法监督机构，来裁决中央政府与地方政府之间以及地方各级政府之间在解释其具体职责权限划分时所发生的纠纷。所谓行政监督是中央政府对地方政府制定的政策、计划及行政行为进行的监督与控制。我国可以在国务院建立地方政府事务部，专门监督地方政府行为，并协调中央政府与地方政府之间及地方各级政府之间的关系。加强财政监督，可以通过进一步完善分税制，加强中央政府财力，并通过财政补贴、转移支付等方式加强中央政府对地方政府的财政控制。总之，中央政府要加强对地方政府在实施宪法和法律以及贯彻党和国家方针政策方面情况的监督，并使这种监督法制化和规范化，而不能流于形式化和随意化。

（二）政府与企业间的关系：深化国企产权改革，转变政府职能，实现政企分开

经济体制改革的两个核心问题是国有企业改革和政府职能转变，这两个核心又是紧密相连的。改革开放以来，我国国有企业改革取得了重大进展，国企改革的目标和思路逐步明晰和确定。各级政府对国企改革进度的推动差别很大，一般而言，政府级别越低，国企改革的力度就越大，国有经济的比重就越低。结果是那些集中在中央和省级政府的特大型、大型国有企业改革进度较慢，而基层地方政府直接管理的中小国有企业，改革进度较快。这是因为中央政府更多是从战略角度或从国家经济安全、政治稳定、意识形态角度来考虑对大型国有企业的改革，尤其是对大型国有垄断行业的改革进展较慢。而地方政府不尽然，富裕地区的地方政府积极推进

国有企业改革，尤其是加速推进国有企业的民营化，而落后地区则由于传统计划时期意识形态和不想放弃国有企业的"控制权收益"，导致改革迟缓。

国有企业改革面临的最大问题或其他问题的根源还是政府与企业的关系如何调整的问题。国家与企业复杂的权力关系制约着产权改革的推进。计划经济时期，政府是支配者，企业完全受政府支配和管理。政府的权力是建立在对国有企业的支配与控制基础上的，这种关系决定了政府对企业不肯轻易放权，即使在放权改革过程中也会通过各种方式截权。在20世纪80年代前期的放权让利初期，一些政府部门通过卡、截、留、收等措施，阻止权力下放。80年代后期，一些政府部门通过设立"翻牌公司"的方式截权。90年代股份制改革时期，一些政府部门不惜违反企业法人治理原则，通过直接任命公司董事长、总经理等办法控制企业。可见，中国这种特殊的初始条件以及政府与国有企业特殊的利益关系使得中国国企改革不能不考虑制度环境的影响。因此，在转型和改革中不能照搬他国模式，如旨在达到优化产权配置和治理结构的管理层收购（MBO），在中国的实行却带来了国有资产的大量流失。

经济性分权造成政企关系的地方政府化，实际上只是将企业从中央的附属物变成了地方的附属物。经济性分权在地方受阻，企业未能真正成为适应市场的法人实体和竞争主体。地方政府截权导致国有企业改革滞后，不仅直接影响地方财政，影响公共服务；而且，由于政府与国有企业之间的紧密联系，使得地方政府很难做到公平对待国有企业与其他经济形式的市场主体，从而影响了公开、平等、竞争、有序的市场竞争环境的建立。可见，深化国有企业改革离不开政府职能的转变，解决政企关系需要借助于复合性改革举措，主要包括国有企业产权制度改革、政府职能转变、政府机构改革，等等。

国企改革的目标是建立现代企业制度，明晰企业产权。建立现代企业制度是实现政企分开的首要举措。对国有产权实行所有权与经营权的分离，政府从企业的具体生产经营中脱离出来。承认企业拥有企业法人财产权以及以此为基础的经营管理权或固定控制权，以企业所有的财产承担有限责任，并自主决定生产经营。伴随着国有企业产权改革，政府职能还需进行彻底转变，使政府作为出资人的国有企业财产所有者身份与管理社会事务的社会管理者身份两者分离，根据其不同身份在不同领域履行不同职能，并与国有企业建立一种与其身份相适应的正常合理的关系，即理顺政企关系。作为出资者，政府拥有剩余索取权以分享企业利润并对企业重大决策、重要人事任免等行使剩余控制权，但对剩余控制权的行使要通过股东大会、董事会、监事会等途径，而非以前的行政手段；作为社会管理者，政府通过征税获取收益，并本着"取之于民，用之于民"的原则，通过公共财政支出如培育市场体系，构建公平竞争的市场秩序，健全社会保障制度等，加快国民经济市场化进程，为企业发展创造良好的外部环境；同时，加大政府机构改革力度，切断政企不分的制度与组织基础。

（三）规范地方政府间竞争关系

分权改革以及地方行为自主性的提高必然会导致地方政府间的竞争，地方政府间的竞争有利于市场竞争机制的建立和全国经济的增长，因此，合理有度的地方政府竞争对于市场经济的发展是必要的，不应取缔，但要限制和规范。这就需要建立符合区域间双方的利益、符合国家整体经济利益的合作机制和平台，优化地方政府之间竞争与合作的关系。地方政府间的恶性竞争导致地方保护主义和市场分割，而后者又进一步加剧了地方政府间的恶性竞争，因此，规范地方政府间竞争的第一步就是建立全国统一的大市场，以减少地方保护和市场分割，促进要素的自由流动，增进资源配置的效率，促使政府间竞争关系合理化与规范化。应按照建立统一、开放、公平竞争的要求，大力整治市场秩序。可以成立省际、县际间的贸易仲裁委员会之类的机构，协调处理省、县际间的贸易争执。并制定关于各地企业之间倾销反倾销、补贴反补贴的有关法律法规，制定《反垄断法》，修订和完善《反不正当竞争法》，以法制手段遏止地方保护主义倾向，使中央政府对地方间贸易战的仲裁有法可依。

同时，建立地方政府之间的合作机制。充分利用各地方资源的比较优势，在地方实行以资源为基础的经济区化，通过经济区的整合来推动行政区的整合。组建跨辖区经济协调小组或协调会议，负责协调辖区间的竞争优势定位、主导产品和产业定位、贸易纠纷协商、收入和就业转移等工作。实施发达地区对不发达地区的干部培训制度，让落后地区的公务员必须轮流到发达地区实习，增加不发达地区干部的市场经济知识，开阔其视野，以降低政治体制改革的成本，并增加不发达地区的人力资源。实施干部异地任职制度，有利于打破地方关系网。这样可以把干部横向交流和当地人才培养、政治体制改革以及辖区间经济合作四者有机结合起来。

二 政府行为目标由"经济建设型"向"公共服务型"转变

十一届三中全会以后，"经济建设"代替"阶级斗争为纲"的政治目标成为我国发展重心。政府管理模式也逐渐随着经济体制的变迁而演变，到1992年以后则以适应社会主义市场经济体制为总目标。总体来看，改革开放以来，我国逐步形成了"经济建设型政府"模式。政府以经济建设为中心，并充当经济建设和投资的主体力量。在政府的推动下，确立了社会主义市场经济体制，结束了计划经济时期的短缺经济，基本解决了私人物品的供给问题，实现了初步小康的发展目标。

在公共物品供给方面，随着行政管理体制改革的深化和政府职能的转变，各级政府的管理水平和公共服务的数量、质量均有所提高。但是，与人民群众日益增长的社会需求和全面建设小康的战略目标要求相比，我国政府公共产品无论从数量还是从质量而言均明显不足，而且政府公共服务职能不到位现象也比较突出。总体来看，改革开放30多年，我国的社会结构调整滞后于经济结构调整、社会公共事业发展落后于经济发展、公共服务水平地区失衡和城乡失衡均很严重。目前改革向纵深发展将涉及很多领域改革的继续深化，包括一些核心领域的改革，其中，政府职能转变可谓重中之重，影响整个体制转型的最终结果。对政府职能的界定要建立在对政府、企业、社会等关系的正确认识基础上。随着市场经济的不断发育完善以及相关市场经济主体的形成，政府主动投身于经济建设的制度环境已经发生很大变化，政府应该放权给个人、企业、社会等微观经济主体，使其依据自身收益成本计算从事经济活动，而政府职能则转向为经济发展营造良好的法治环境和社会环境，发挥其经济调节、市场监管、社会管理的作用，即政府功能由"经济建设型"转向"公共服务型"。要实现政府行为目标从"经济建设型"转向"公共服务型"，并切实消解公共服务水平的非均衡现象，政府需要做到以下几个方面的转变：政府行为理念从"重效率"转变为"重公平"、政府财政体制从生产型财政转变为公共财政、政府绩效评估标准从经济指标转变为经济社会和人的全面发展等综合指标。①

（一）政府行为理念从"重效率"转变为"重公平"②

政府行为理念是政府在社会管理和公共服务等实践活动中的基本价值取向，主要包括效率与公平两个价值基点。效率与公平相互依存、共同促进，虽然在某一历史截面内可能有所侧重，但是在长期的历史发展中要实现动态平衡。

新中国建立以来，随着经济社会变迁历程和主流意识形态调整，政府行为的价值理念在效率与公平间进行着平衡。新中国建立到1978年之间的近30年时间，由于受我国特殊的社会历史条件和经济条件的影响，政治上坚持"以阶级斗争为纲"，经济上是封闭保守的计划经济体制，在公平与效率关系上采取了"公平优先"的平均主义分配原则。自1978年改革开放到十二届三中全会（1978年—1987年），随着市场经济体制的引入，确立了社会主义有计划的商品经济体制，与这种体制相适应，在分配制度及效率与公平关系上，我国实行"公平效率二者兼顾"的分配原则。但是由于在实践中人们对计划与市场的关系还处于探索之中，改革实践也出现摇摆不定，再加上"以按劳分配为主体，多种分配方式并存的分配制度"还很不完善，因此，"公平效率兼顾"并未真正实现。1992年党的十四大确立了社会主义市场经济体制的改革目标，与这种体制相适应，十四届三中全会通过了《中共中央关于建立社会主义市场经济体制若干问题的决定》，在分配原则上第一次提出了"效率优先、兼顾公平"的分配原则。在实践中，"效率优先"就成为各经济主体包括政府行为的指导原则，而"兼顾公平"则受到忽视，在"效率优先"的理念主导下，经济社会发展出现了一些负面影响，从20世纪80年代后期开始，中国城乡之间、地区之间、行业之间、单位之间以及社会成员个人之间的收入差距迅

---

① 张立荣、冷向明：《基本公共服务均等化取向下的政府行为变革》，《政治学研究》2007年第4期，第83—91页。

② 本书认为进入21世纪以来，中央政府在意识形态多次强调对"公平"的重视，主要是对前期政策缺失的补漏，并非意味着主流意识形态抛弃了"效率"偏好，而是对当前经济增长与社会发展滞后之间的矛盾所进行的观念与制度的纠偏。本书提出官方意识形态从"重效率"转向"重公平"具有相对意义，是相对于改革前期过分强调"效率"而言。"重公平"并非回到计划经济时期不顾"效率"的"公平"，而是基于"效率"的"公平"。

速扩大，并在一些领域产生了严重的分配不公问题。社会各阶层都对解决公平问题提出了迫切的要求，政府理念也因此逐渐发生了变化。2002年，党的十六大报告指出"初次分配注重效率，发挥市场的作用"，"再分配注重公平"，"调节差距过大的收入"。2005年中共十六届五中全会进一步提出，"更加注重社会公平，使全体人民共享改革发展成果"。2006年中共十六届六中全会决定，把"促进社会公平正义"作为构建社会主义和谐社会的一个重要内容。2007年中共十七大报告提出："初次分配和再分配都要处理好效率和公平的关系，再分配更加注重公平。"可见，随着社会主义市场经济体制建设的深入发展，非均衡发展导致的社会问题日益引起了社会各界的关注，依据环境变化进行意识形态适时调整就成为保持改革动力的思想基础，因此经济主体尤其是各级政府从效率偏好向公平偏好的转移就成为其职能转变的思想指南。

（二）政府财政体制从生产型财政转变为公共型财政

改革开放以来，经济的快速增长与社会领域发展的相对滞后形成一对矛盾，这种非均衡发展所带来的问题使得我国当前的经济社会发展任务转向了推进基本公共服务均等化。所谓的基本公共服务均等化是指政府要为社会成员提供基本的、体现公平正义原则且与经济社会发展水平相适应的大致均等的公共产品和服务。公共服务均等化要以财政均等化为物质保障。公共服务均等化仅靠在现有财政体制下进行转移支付等制度调整远远不够，必须构建与社会主义市场经济体制相适应的公共财政体制。计划经济时期的财政体制是一种与计划管理体制相适应的高度集中的生产建设型财政。财政是社会投资的主体，既要保障国防安全、行政管理、环境保护、文化教育等方面的社会公共需要，又要进行能源、交通、通信和江河治理等一系列社会公共基础设施和非竞争性基础产业项目的投资，还要为国有企业供应经营性资金、扩大再生产资金以及弥补亏损，甚至还要为国有企业提供各种补贴以解决其所担负的社会负担。可见财政的首要任务就是直接发展经济。

生产建设型财政对于我国民族经济体系的建立作出了很大贡献。但是，随着经济体制的变迁，生产建设型财政陷入了困境，财政支出总量不足，"越位"与"缺位"并存。国家包揽过多，资金过多投入到经济建设领域，产生了较为严重的财政支出"越位"现象，致使财政不堪承受；而在理应由政府提供资金的领域却存在着"缺位",如在教育、科技、文化、卫生等公共事业领域,以及那些关系到改革、发展、稳定大局的重点支出领域却存在严重不足。这表明,虽然经济体制改革包括财政体制改革已经取得了一定成效,但是真正与社会主义市场经济体制相适应的财政体制还未形成,要摆脱财政困境,构建满足社会公共需要并与公共服务型政府相适应的公共财政体制成为必然选择。

改革开放以来,我国政府职能也随着市场经济体制的演化而不断调整,最终确立为与社会主义市场经济体制相适应的为市场、社会等提供均等化服务的职能。与之相应,公共财政的服务范围也随之确定,如在市场失灵领域发挥政府财政作用;不仅为国有经济而且为多种所有制经济的发展提供良好的宏观经济环境和公平竞争的制度环境;对经济运行实施宏观调控,以保持物价稳定、增加就业和国际收支平衡;调节社会收入分配,构建体现兼顾公平与效率的社会福利制度;协调经济发展与人口、资源、环境保护之间的关系。这些目标要靠相应的公共财政体制才能得以实现。

财政收支不是通过市场机制运行而是通过政治程序来进行的,因此,财政体制并不仅限于效率最大化,而要考虑国家的利益和目标。公共财政本身也是社会主义制度的重要组成部分。构建我国公共财政体制必须体现公共财政的公共性、民主性和法治性。财政的公共性是指财政要以满足社会公共需要为主要目标,并以提供公共产品和公共服务为手段。财政的民主性是指公共财政的决策机制要以公民权利平等、政治权力制约前提下的规范的公共选择为主要途径,即引入民主机制,由公众自己决定何谓公共利益、如何实现公共利益以及如何协调公共利益与个人利益之间的关系等问题。公共财政的法治性是指公共财政必须以法律为保障,并以公开性、透明性、完整性、效率性、严格执行、问责制等作为基本管理制度。其目的就是构建周密规范的理财制度以防治公权力的侵蚀,更好地落实公共财政的目标、原则与机制。

(三)政府绩效评估标准从经济指标转变为经济社会和人的全面发展等综合指标

政府绩效评估是政府行为效果的测定与衡量,也是政府行为优化的参照系。自改革开放以来,我国经济快速增长,但是社会发展却处于中等偏下水平。经济社会发展不协调的问题相当严重,这种不平衡状况与现行政府绩效评估体系的片面性直接相关。长期以来，我国政府绩效的评估单纯追求 GDP 指标的增长，只注重经济的发展，忽视了经济、社会和人的全面发展。在对下级官员进行考核时也主要看其所在地区任内的经济绩效。这种政绩观使得地方政府官员热衷于招商引资、大力发展经济而置一些本应由政府提供的公共产品和公共服务于不顾，其结果就是政府行为"越位"和"缺位"并存，导致经济和社会"两条腿"长短不一。同时，政府绩效评估主体和方式单一，只注重政府系统内部的评估，缺乏政府系统外部尤其是政府行为相对人和社会性评估机构的评估，从而降低了绩效评估的信度和效度。

当务之急就是改变政府绩效评估方式：首先，重构政府绩效评估体系，以科学发展观统领政府绩效评估价值。科学发展观的精髓在于坚持以人为本，实行全面、协调、可持续的发展，体现统筹城乡发展、区域发展、经济社会发展、人与社会和谐发展、国内发展和对外开放的要求。科学发展观价值取向下的政府绩效评估，不仅要考察政府的经济行为，更要综合评价其履行政治、社会和环境等职责的情况。在指标体系的构建方面，不仅要有经济发展指标，更要有社会发展、生活改善、能耗减排、环境保护甚至包括公众幸福指数在内的综合指标。

其次，走出"GDP 崇拜"误区，以全面的观点看待和评价政绩。对政府行为的评价要依据上述标准进行，看政府是否使得本地民众真正实现了各方面的合法权利和自由，包括经济自由、政治参与的自由、享受舒适环境的自由、获取公共性基本保障、安全、失业、养老等的充分自由。对领导干部政绩的考评要走出"GDP 崇拜"的误区，要看其在任内是否兼顾了经济建设与社会发展；兼顾了经济发展的数量与质量；兼顾了政绩的短期效益与长期效益；尤为重要的是，要以基本公共服务均等化实现的程度作为衡量政府官员的重要政绩标准。

最后，评估主体多元化，构建以政府为主导的多元化政府绩效评估模式。政府行为绩效的评估主体不仅包括政府行为的实施者，还要包括政府行为的作用对象，此外，还应包括具有独立地位的社会性评估机构。据此，在政府绩效评估机制的构建上，应该结合本国国情，构建一个以政府为主导，人大、政协、第三部门、社会公众以及社会性评估机构共同参与的多元政府绩效评估模式。这就需要在坚持政府主导地位的同时，还要强化人民代表大会和政治协商会议组织的监督功能,并积极培育社会性评估机构和引入专家测评机制,逐步拓展第三部门的评估渠道,充分发挥公众和舆论的监督作用。

总之,我国要通过转变政府行为理念、构建公共财政体制并改革政府绩效评估模式来促进政府行为转变,推动"经济建设型"政府向"公共服务型"政府的转变。

三 完善地方政府权力制衡机制

地方政府"行为悖论"的产生原因之一是对地方政府的权力缺少制衡,因此,完善对地方政府的制衡机制显得非常必要,包括:构筑地方人大与同级政府之间事实上的委托—代理关系;构筑涉及各种利益集团的多层次的委托人主体;构建连续的、权威的委托人机制和流动的、竞争的代理人机制;建立产权清晰的、硬预算约束的制度环境。①

地方政府的届别机会主义和追求自身垄断租金最大化倾向,以及围绕政绩标准而展开的无效活动,其根本原因在于由于上级政府任命制导致地方官员只对上负责不对下负责,但是由于信息沟通渠道受阻导致上级政府无法有效监督下级政府的行为,只好借助于简化的政绩标准来衡量下级政府行为,并以其作为提升下级官员的主要依据。要减少地方政府的机会主义行为及其导致的消极后果,首先应该改变由上级政府任命下级官员的政治体制,而改为真正由同级人大决定同级政府官员的升迁,构筑地方人大与同级政府之间事实上的委托—代理关系。而各级人大要真正代表本地全体人民的利益,就需要鼓励各种行业和各领域利益集团尤其是农民和城市弱势集团的建立和壮大,使他们能依照法定程序进入地方人大,从而通过地方人大来制约地方政府,即构筑涉及各种利益集团的多层次的委托人主体。一旦这种政治制约机制真正得以实施,已通过各种利益集团进入政治程序的辖区内纳税人和公共产品受益人的利益就将得到保障,他们的利益诉求也将成为地方政府行为的一个重要约束。

由于界别机会主义内生于上级政府主导下级政府的制度安排,这种行

---

① 李军杰、钟君:《中国地方政府经济行为分析——基于公共选择视角》,《中国工业经济》2004年第4期,第33—34页。

政制度可以通过上述方式得以纠正，但是为保持政策的连续性和平滑运转，可以借鉴西方国家（如美国）议会换届的一些做法，适当延长人大代表任职期限和持续地以较低的比例更换成员，这种制度安排能够最大限度地稳定选民和地方政府的政策预期，从而减少届别机会主义行为。同时，应建立规范而灵活的公务员任免机制，建立代理人机制，因为竞争性的公务员人才市场可以有效增加政府官员机会主义行为的决策成本。

此外，为了克服地方政府追求自身垄断租金最大化倾向，有必要减少地方政府的自由裁量空间，从而建立产权清晰的、硬预算约束的制度环境。产权经济学认为，产权最模糊的地方也是资源最容易被攫取和滥用的领域，也最容易形成内生垄断租金的制度盲区，即公有悲剧。预算软约束本身就是产权残缺的逻辑结果。例如，在中国经济转型期，地方政府掀起一波又一波大规模的投资狂潮，即是明证。根据相关法规规定，地方政府无权发行公债，为了进行扩张性投资，地方政府采用各种变通方式如成立国有投资公司、为企业提供银行贷款担保等来筹集资金，并充分利用土地财政，积极进行扩张性投资，导致地方长期利益受损，并与中央宏观调控政策相背离。因此，解决地方政府追求自身垄断租金最大化倾向问题的主要思路是建立产权清晰的、硬预算约束的制度环境。

第三节 意识形态的适应性调整趋向

我们在肯定改革开放意识形态与观念领域所取得的成就的同时，也要清醒地认识到，改革开放以来，意识形态与观念并非总是能够针对外部客观环境与制度环境的变化进行适应性调整，在某些时期或某些领域仍存在滞后现象，体现在：导致对国有企业改革中的认知时滞、发明时滞与启动时滞；无法解释产权制度变迁与分配制度变迁中的现实问题；也没有针对市场经济建立起对寻利行为合理规约的意识形态，以致于无法发挥其淡化机会主义行为的功能。还体现为传统文化与价值观念与市场经济不协调，如平均主义影响市场效率观的形成、家族主义阻碍市场游戏规则的建立、关系结构与市场结构的冲突、关系原则与利益原则的冲突、情与理的冲突、信用体系与信用品质下降的现状之间的冲突，等等。此外，传统的重农抑商思想、等级观念、官本位思想等对社会主义市场经济一些基本规则的建立与完善产生不利影响。意识形态与观念调整滞后使改革呈现出了较强的路径依赖特征,并使很多改革举措难以发挥应有的作用。

上述问题的存在表明在由计划向市场转轨的过程中,意识形态与观念的调整还远未到位,新旧意识形态与观念之间还缺乏积极的整合,相互间矛盾还普遍存在,并对改革进程产生了不良影响。因此,还有必要根据外部环境变迁对意识形态与观念进行进一步的适应性调整。

意识形态与观念调整的滞后一方面源于非正式制度往往是一种历史积淀与文化演进的结果,由于处于文化的最深层次,因而变化缓慢;另一方面产权制度、收入分配、劳动分工或其他制度安排的变迁,并不立即引起个人意识形态的变迁。个人剥除旧的意识形态资本往往需要很长时间,因此,个人的意识形态是相对稳定的。对此,一方面需要官方意识形态理论体系继续调整与完善,使其能够合乎人们对现实世界的经验和感受,成为一种节约认识世界成本的工具。这就要求意识形态必须能够解释现行资源配置和制度变革,尤其能够很好地解释现存的产权结构和交换条件是如何成为更大体制的组成部分的;另一方面还需要加强意识形态与观念的建设,使其形成与市场经济体制相适应的一套价值观念体系,以更好地指导与规范人们的行为。据此,意识形态与观念的继续调整需要做到以下几方面:

一 继续发展与完善主流意识形态

中国改革开放的成功与始终坚持社会主义性质与方向和马克思主义意识形态的指导是分不开的。我国主流意识形态即官方意识形态主要指以马克思主义为指导的社会主义意识形态,是一个不断发展和创新的理论体系,具体包括马克思列宁主义、毛泽东思想、邓小平理论、"三个代表"重要思想、科学发展观、构建社会主义和谐社会思想等思想理论。这些理论是马克思主义中国化的产物,即是在坚持马克思主义基本原则的基础上结合现实改革实践而进行的观念上的适应性调整的结果。针对体制转型在意识形态与观念调整中出现的问题,我们还需继续发展与完善主流意识形态并遵循以下一些原则:主导性与包容性并存;继承性与创新性兼顾;适应性与灵活性;有效性与实用性。

(一) 主导性与包容性并存

意识形态的继续调整过程中要做到在坚持马克思主义主流意识形态占主导地位的同时包容各种多元价值观念与非主流意识形态。任何一个社会的思想领域，总会存在着占主导地位的主流意识形态和非主导地位的非主流意识形态，而占主导地位的只能是统治阶级的意识形态。在社会主义初级阶段也存在着各种社会意识形态，马克思主义因其科学的、批判的与革命的理论特征并成功指导了中国革命和建设实践而成为我国的主导意识形态。

我们在坚持马克思主义主导性的同时，也要清醒地认识到，体制转型时期，我国实行公有制为主体和按劳分配原则、多种所有制形式和多种分配方式并存的经济制度，决定了多元价值观和多元意识形态的客观存在。公有制为主体与按劳分配原则决定了以马克思主义为指导、以为人民服务为核心、以集体主义为原则的社会主义意识形态。而多种所有制经济形式与分配方式以及市场经济体制的确立，使得功利主义逐渐成为影响着社会的价值目标和评判标准，价值评价标准开始向个人本位倾斜，价值取向由单一价值取向向多元价值取向转变。而且，市场经济确认个人追求自身利益最大化的合理性，市场精神本身就包含着追求自我实现、个人价值、自主精神等诉求。转型时期多元利益和多元价值观的存在有其必然性与合理性，我国的社会主义意识形态要想很好地实现其整合功能，必须增强其包容性，包容这些多元价值观念，以增强自身的吸引力和凝聚力。

此外，在改革开放和经济全球化的影响下，我国意识形态面临着其他国家意识形态与民族文化的挑战。再加上，随着经济体制改革和市场经济的发展，中国社会发生了翻天覆地的变化，社会资源重新分配、利益关系深刻调整、阶层和群体分化重组，这些变化引起了人们价值信念的深刻变化，也使中国社会意识形态呈现出空前复杂的状态，除了主流意识形态外，还存在众多的非主流意识形态，如新儒学、新权威主义、新自由主义、新保守主义、新利己主义、新实用主义、后现代主义、拜金主义、历史虚无主义以及宗教思潮等各种社会思潮。这些社会思潮既有上升到意识形态层面的思想理论，又有扩散为在较广层面上存在的社会心理。这些非主流意识形态通过文学艺术、影视媒体以及互联网等形式广泛地渗入社会各阶层，对人们尤其对青年一代产生很大影响。对此现象，我们要理性加以认识和分析，多种意识形态成分的出现并非坏事，除了部分敌对的意识形态之外，许多非主导意识形态是对主导意识形态的一种丰富和补充。"中国特色社会主义理论体系"是一个开放的具有很大的包容性的理论体系，其理论来源一方面源于我国的改革实践和现代化建设的实践，既包括领袖人物的理论思想，也包括人民自发实践的经验概括；另一方面则源于大胆吸收和借鉴人类社会创造的一切文明成果，包括各种非主流意识形态中能够满足人民群众广泛精神需求并有利于主流意识形态发展的内容。中国改革开放既是自我创新、勇于开拓的实践精神所致，也是借鉴人类一切文明成果的产物，我们吸纳了人类文明中具有普适性的制度文明与政治文明，既包括在经济制度上对西方发达国家成熟经济制度与管理经验的借鉴，也包括对其民主政治建设经验有选择的借鉴以及对具有普适性价值观念如自由、民主、人权、法制等的借鉴。可见，我国的意识形态是中国特色的价值取向与时代潮流、世界视野的融合，具有差异化、多元化和本土化的特点。这就要求在体制转型时期，我国的意识形态应该随着我国经济关系与社会结构的变化而进行适应性调整，改变我国过去体制下意识形态单一性的特点，包容新时期各种不同的所有制主体，进而包容各种非主流的意识形态。

(二) 继承性与创新性兼顾

意识形态的继续调整过程中要做到在继承传统意识形态基本元素与内核的同时对其基本原理做出符合时代精神的新阐释。

改革开放以来，我国意识形态调整所采取的基本战略是邓小平、江泽民、胡锦涛等国家领导人及其执政党，通过对传统意识形态进行创造性解释，使革命意识形态逐渐演变为与改革开放新时期相适应并对社会主义市场经济具有论证功能的意识形态理论，从而形成了有中国特色的社会主义意识形态。这种意识形态既具有历史延续性，又具有创新性，能够为新时期国家政治路线作论证。从本质上看，调整后的意识形态是通过对传统意识形态符号的重新诠释而非抛弃，来实现意识形态对新时期的适应。比如"实践标准论"、"初级阶段论"与"三个代表论"为标志的意识形态创新过程实质上是对原有的制度文化资源的利用和创新性解释，也就是说，在原有的制度文化资源库中寻找既能包容发展性与开放性，又能论证执政党合法性并能够充分表达改革开放理念的符号元素，如实践、发展阶段、生产力、先进、最广大人民的根本利益,通过对这些概念符号的糅合与处理,推陈出新,形成创新性的意识形态理论,以此来适应新时期的发展需要。通过"旧瓶"(原有的制度文化资源)与"新酒"(创新性的新解释)的有机结合,中国共产党成功地完成了从旧体制向新体制的"软着陆"。从转型政治学角度来说,这是一种低政治成本与高政治效益的转型模式。①

意识形态的继续调整仍然离不开继承与创新的结合,继承传统意识形态基本元素与内核,保持与革命传统的连续性,以保持意识形态的革命权威性,调动意识形态在人们心中的权威影响力。在继承传统的同时,还要对传统理论进行重新阐释与挖掘新意,使之能够表达新的时代精神,解释体制转型中的新现象与新问题。

(三)适应性与灵活性

意识形态要保持动态适应性。意识形态作为观念上层建筑,要随经济基础的变化而变化,这就意味着,意识形态要根据社会形势的变化进行及时的调整。改革开放以来,我国的主导意识形态经历了从"邓小平理论"到"三个代表"重要思想再到"科学发展观"的变化,适应了改革开放和建立社会主义市场经济体制的巨大历史性变化的需要。在现阶段,针对社会转型期过程中出现的各种新问题和新观念,我们在意识形态建设上要坚持解放思想、实事求是、与时俱进,摒弃对马克思主义的教条式和错误的理解,从那些不合时宜的观念、做法和体制的束缚中解放出来,在坚持马克思主义的同时发展马克思主义。

意识形态理论要与时俱进,就必须保持灵活性,适时调整以与人们的知识积累相一致,来赢得成员持续的认同和忠诚。这就要求意识形态:一是要对相对的变化作出回应,包括:产权方面的改变;要素或产品市场的交易费用的变化;个别劳动集团的相对收入地位下降的变化;信息费用的变化,等等。在我国转型时期,最重要的是意识形态要对现有产权结构和收入分配制度及其变革作出合理的说明,必要时修正和发展国家的意识形态理论。二是要对多元的意识形态分布现状作出回应。对敌对的意识形

---

① 萧功秦:《改革开放以来意识形态创新的历史考察》,《天津社会科学》2006年第4期,第49页。

进行坚决斗争，保持马克思主义意识形态的说服力和主导地位；对非敌对的意识形态要兼容并蓄，吸收其有益成分，并使其成为繁荣思想文化领域的一个工具。

（四）有效性与实用性

有效率的意识形态是指能够发挥意识形态节约交易费用、克服"搭便车"、淡化机会主义行为等功能。有效的意识形态还必须能够解释历史，对现有产权结构和交换条件作出说明，而且能够得到大多数人的信服，并因此对现有法律、公民权利、政府和统治者的权威保持尊重。意识形态的有效性在现实中则表现为一种"实用性"。观念成为物质的力量在于观念能产生效益，包括经济效益、政治效益与社会效益。我国意识形态的继续调整就是要使意识形态尽可能实现其应有功能，使其尽可能有效与实用，这体现在宏观与微观两个层面上。

从宏观层面看，意识形态要能为改革提供功能论证，并且能够为制定和施行制度变革的政策和措施提供理论依据，形成舆论环境，以便增强改革权威的合法，并最终能够在改革推进中降低制度变迁费用。在我国体制转型期间，最重要的是要对现有产权结构和收入分配的现存制度安排及其变革做出合理的论证与说明。

比如在分配制度上，我们既然选择了社会主义初级阶段相适应的收入分配制度，就要发挥意识形态"世界观"的作用，使人们认同现行的收入分配制度。意识形态不可避免地与个人在观察世界时对公正所持的道德与伦理评价相互交织在一起。对收入分配的"恰当"评价是任何一种意识形态的重要组成部分。当这种"恰当"评价同对收入分配的"公平"、"合理"认识一致起来时，人们就会放弃惯用的成本收益分析法，哪怕"吃亏"也会欣然接受。事实上，工资既不是由需求价格又不是由供给价格决定的，而是由支配供给和需求的一系列原因来决定的。[①]弗里德曼曾指出："对于一个社会的安全来说，有一套信条被认为是理所当然的、而毫无疑问的能被社会上的大多数人不假思索地接受，是十分重要的。就我个人的判断而言，这一命题就是或已经是我们社会上的这类信条之一，而

---

① [英]阿弗里德·马歇尔：《经济学原理》，朱志泰译，北京：商务印书馆1981年版，第205页。

事实上它也的确如此,这就是社会为什么接受了市场体制和与之相关的报酬方式的部分原因。依据边际产量进行支付的功能也许'实际'是为了获得资源配置效益,然而,报酬的支付被发挥这一功能只是由于人们广泛地、或许也是错误地认为它导致了分配上的公正。"[1] 一种分配方式,只有当人们认为它是"公平"的时候,才能使人们对分配的结果感到满意。可见,收入分配的结果,一方面受制于现实生产力的发展水平;另一方面却依赖于关于收入分配的意识形态。[2] 解决收入分配差距过大问题除了依据收入分配制度外,还需借助于全民形成的对收入分配公平观的认同。这就需要我们整合意识形态,使之成为"恰当"评价当前的收入分配的有效解释工具。

从微观层面看,由于意识形态是能产生极大外部效应的人力资本,有效的意识形态信念能够淡化机会主义行为,这有助于解决国有企业改革中存在的"道德风险"问题。在意识形态调整中,国家应加强意识形态教育投资,对个人意识形态资本进行补贴,增强全社会意识形态资本存量,并运用意识形态信念来改变企业经营者的成本收益计算,促使其在偏好体系和效用体系内增加利他主义行为效用,从而使其行为更自觉地趋向规范化与合理化,减少其侵犯委托人利益的机会主义行为。意识形态的这种自我约束机制是对委托代理理论所提供的激励约束机制的一种有益补充。

此外,市场经济的分散决策受制于各种共同的规则。针对体制转型过程中无处不在的"搭便车"、机会主义等违反市场规则"抄近路"的行为,我们需要通过调整意识形态来营造遵守市场规则和讲信用的舆论环境,促使一些群体不再按有关成本与收益的、简单的、享乐主义的和个人的计算来行事,而将遵守市场规则与诚实守信作为其基本行为准则,从而为市场秩序的培育打下坚实的思想基础。

二 构建与社会主义市场经济体制相适应的文化基础和价值观念体系

除了官方意识形态对中国体制转型中的制度变迁产生较大影响外,观

---

[1] [美]弗里德曼:《价格理论》,鲁晓龙等译,北京:商务印书馆1994年版,第259—260页。
[2] 董全瑞:《诺斯意识形态理论与中国收入分配认同》,《江汉论坛》2006年第9期,第19—22页。

念、习俗、文化传统等非正式制度或非官方意识形态也对制度变迁中的主体行为产生深远影响。比如儒家的"中庸""贵和"思想影响了中国对渐进式改革的选择；中国传统文化中的诸如以人为本、重群贵和、自强不息、义利统一等观念对于维护社会经济秩序，减少偷盗、欺骗等机会主义行为起着不可忽视的作用。在肯定传统文化的积极作用时，我们也要清醒地认识到，一些传统观念比如传统的等级特权观念以及重人情、轻法制的观念等对改革具有阻碍作用，增加了改革成本，降低了改革的成效。在这些消极观念的侵蚀下，法律制度与市场规则不断被扭曲和软化，无法有效实施。"假冒伪劣"、偷税漏税相当普遍，走私贩私屡禁不止，寻租现象、权钱交易、侵吞国有资产现象触目惊心。

正式制度和非正式制度的耦合与匹配是制度变迁最终取得成功的关键。完善社会主义市场经济体制不仅要求建立与完善正式制度，更要求完善其非正式制度。上述问题的出现说明，作为非正式制度重要组成部分的文化基础与价值观念已经无法完全适应社会主义市场经济体制的要求，其实也是非正式制度尤其是文化价值观念上的调整滞后引起的，对此，我们应该着力于构建与社会主义市场经济体制相适应的文化基础和价值观念体系，具体举措主要包括：①

一是加强市场经济的文化基础建设。体制转型也是一种社会文化的转型。体制转型时期促进市场经济秩序形成的非正式制度创新的重点，是建立新型的社会主义市场经济文化。这就必须打破官本位、城乡分割、身份等级等思想文化观念，加快市场化改革进程。要彻底打破传统农业经济与计划经济体制的思想观念的影响，国家应加大对市场经济文化意识形态的投资，努力营造一种自主、竞争、效率、契约和自由的市场经济文化。

二是确立与市场经济相适应的观念和习俗。观念和习俗作为规范与影响人们生存生活方式的非正式制度中的一项主要内容，在市场秩序的建立以及人类社会的文明进步等方面都起着积极进步的作用。在经济转型时期市场经济秩序形成的过程中，理应构建更符合市场经济的观念与习俗，使其与优质的商品、丰富的物质生活构成互补、互动的统一关系。

---

① 任保平、蒋万胜：《经济转型、市场秩序与非正式制度安排》，《学术月刊》2006 年第 9 期，第 70—71 页。

三是促进市场经济伦理价值的形成。市场经济秩序是在市场经济伦理价值规范基础上建立起来的，市场经济秩序是以正确处理义与利之间的关系来构建的。市场经济中有效的经济伦理或意识形态，能够确认并强化现行秩序并给其以符合义利合理性的充分论证，还可以有助于产权界定，减少经济行为中的"搭便车"、道德风险、逆向选择和偷懒等现象。可见，形成正确认识义与利关系的伦理价值观并将其作为市场经济主体行为的价值判断标准，对于约束主体行为和维护市场经济的运行秩序均产生积极影响。这是我国未来观念领域调整中应该加以重视的问题。在市场经济秩序形成的非正式制度的供给中，我们要寻找义与利相通的基础，并构建与现代市场经济相容的经济伦理观。事实上，社会主义市场经济新秩序的确立已经奠定了处理义利关系的制度性与伦理性基础，因为义利关系所涉及的道德规范以及个人利益与集体利益之间的关系等问题，其实本身就内含于社会主义市场经济秩序中，我们下一步需要做的是如何将理论或理念落实为行动，即在经济行为中正确处理义利关系，也就是正确处理个人利益与社会利益、整体利益与局部利益、物质生活与精神生活的关系问题。

除了构建社会主义市场经济的非正式制度基础外，还需要进行一些非正式制度的创新，比如，努力培养契约意识和信用意识；培育与市场经济相适应的文化道德观念，主要包括契约观念、诚信意识和企业家精神等，以期摆脱官本位意识的影响；加强市场经济的道德建设，以改善掺杂使假、强买强卖、假冒伪劣、欺行霸市等混乱的市场秩序；加快关系经济向契约经济的转换，为市场秩序建设提供良好的制度环境。

第九章 结 论

体制转型是指苏联、东欧以及中国等国家在20世纪后期所进行的从高度中央集权的计划经济体制向分散决策的市场经济体制的转变过程。转型涉及大规模的制度变迁，被认为是20世纪最重要的经济事件之一。与苏联和东欧国家激进式改革所导致的几近毁灭性的打击相比，中国"摸着石头过河"的渐进式改革却取得了重大成效。如何认识转型国家的转型目标、路径与方式以及如何评价转型国家各不相同的转型绩效，成为学界争论的焦点，尤其惊叹于中国体制转型中的特有路径与巨大成效。无论是国外的激进—渐进式的二分法，还是战略或策略论，抑或初始条件论，还是国内结合新制度主义的成本收益（需求—供给）分析与公共选择的利益分析，这些理论分析虽然对中国体制转型的方式、特征、绩效分别以独特的视角进行了有益的探讨，但多数研究仅是从体制转型的某一方面或某一角度去研究，缺少综合性分析。

通过研究我们发现，中国的体制转型在取得巨大成效的同时，也隐含着巨大的危机，甚至很多危机已经日益凸显，成为威胁政治与社会稳定的主要因素，并影响了转型的深入与继续。比如国企改革中的内部人控制、国有资产流失与垄断行业高额垄断利润问题、对民营企业的歧视性政策；放权改革后的重复建设、地区分割、保护主义等；地方政府为提高政绩大搞花架子、劳民伤财，积极介入企业投身经济而对其公共服务职能忽略甚至漠视；城乡之间、地区之间、阶层之间、行业之间收入差距不断扩大，等等问题，不一而足。这些问题显然都是非效率的且有损人民利益的，而这些问题产生的原因也显然不是仅从制度这一单一角度能完全说明得了的，尽管制度很重要。制度是对观念的反映并通过约束主体行为而产生的，反过来，行为主体又通过观念与行为作用于制度，使得制度对行为的约束更有效或无效。可见，制度、行为、观念在制度变迁过程中是作为一个整体起作用。分析中国的体制转型离不开对制度、主体行为、意识形态这三大领域的综合分析，本书试图从制度、行为、意识形态这三个领域来分析中国体制转型的现状与存在问题。在理论工具的选择上，恰恰新制度主义在这三方面的理论探索给我们提供分析中国体制转型的新视角。而在所有制度中，对于转型国家经济相对落后的起始点而言，经济制度变迁无疑是最关键的，其中，产权制度则是重中之重，这也是我们考察中国体制转型的起始点。中国的体制转型具有明显的政府主导性特征。中国的改革方向、速度、形式、广度、深度和时间、路径在很大程度上取决于政府的利益目标和效用偏好。因此，分析中国的体制转型过程不能不分析政府行为。制度与行为均离不开观念的引导，而在体制转型中，对产权制度与政府行为构成最大约束条件的则是官方意识形态，产权制度与政府行为的调整必然伴随着官方意识形态的调整。同时，传统文化与价值观念成为约束制度变迁的另一重要的非正式制度。

　　体制转型不仅涉及政治、经济、社会、文化等领域数量众多的制度变迁，而且还涉及不同层次内容的变迁，本书即是从意识形态、政府行为、产权制度这三个联系密切的方面来分析中国的体制转型，指出体制转型即是这三方面基于行为主体的逐利动机而随制度环境与外部客观环境的变化而进行适应性调整的过程。在这三方面进行调整过程中既有适应性的方面，即推动经济与社会发展，促进社会主义市场经济体制的建立，也存在很多问题与不足，比如在产权制度调整方面，国有企业与民营企业各阶段的产权制度具有相对效率与动态适应性。但也存在着产权制度与外部竞争机制、内部治理结构的非耦合；制度供求不协调，相关制度安排配套改革不到位以及公平绩效与效率绩效的不均衡等问题；在政府行为调整方面，中央政府通过推动与我国各个阶段的经济制度相适应的放权改革、地方政府通过从"直接介入"到"间接推动"再到"外围提供服务"的阶段性行为模式的变迁使得其各自行为在自身趋利动机下根据制度环境（包括市场化进程、政策环境、意识形态约束等）进行适应性调整，对改革进程的深入与进一步的制度创新起到了积极推动作用。然而，中央政府行为与地方政府行为调整的效应具有双重性，既推动又阻碍了经济社会的发展，从而形成了"政府行为悖论"，在中央政府方面主要体现为中央政府

第九章 结 论

对国有企业与非国有企业的矛盾行为：一方面，国家努力保护作为权力组织基础的国有企业的利益；另一方面，国家为了实现税收的财政收入的增长，又必须使得国有企业部分退出，而允许和鼓励更有效率的非国有产权组织的存在。这两个目标的冲突也是国家政治利益与经济利益的冲突。在地方政府方面则主要体现为在体制转型期间，地方政府既有积极促进市场化改革、大力培植市场主体、推动市场区域化、积极提供基础设施等公共产品和服务、协同中央宏观调控以及通过扩大投资、招商引资促进辖区经济增长的一面；又有消极阻碍全国统一大市场形成、过度介入国有企业而延缓市场主体成熟、盲目投资、逆向调控、在提供公共物品与服务上"越位、缺位、错位"并存以及因投资冲动导致经济过热等对经济增长和社会发展造成负面影响的另一面。无论是中央政府还是地方政府导致其"悖论行为"的主要原因均是制度因素，主要源于意识形态以及相关制度没有及时针对变化了的经济基础及制度环境进行适应性调整，因此本书将其称为"制度性悖论"。在意识形态与观念调整方面，我们取得了巨大成就，构建了包括"邓小平理论"、"三个代表"重要思想和科学发展观等重大战略思想的中国特色社会主义理论体系，反映了改革开放不同阶段面对的不同主题，成为指导中国改革的思想指南。由于正确认识了计划与市场、公有制经济与民营经济、分配领域的效率与公平的关系，突破了传统僵化的意识形态束缚，最终促使国家整体意识形态的大变革。在肯定意识形态与观念调整的经济意义的同时，我们也应该看到其滞后性的一面，如导致对国有企业改革的认知时滞、发明时滞与启动时滞；无法解释产权制度变迁与分配制度变迁中的现实问题；也没有针对市场经济建立起对寻利行为合理规约的意识形态，以至于无法发挥其淡化机会主义行为的功能；还体现为传统文化与价值观念与市场经济不协调，等等。

我国体制转型在企业产权制度、政府行为与意识形态三大领域调整中出现的问题已严重影响到我国改革的绩效与进程，体制转型向纵深处发展必须首先要解决这些问题。解决产权制度调整中的问题就是要通过一系列相关配套制度的改革，在深化企业产权制度改革的基础上，继续完善企业治理结构，并健全外部竞争机制，合理确定国有企业的社会目标与市场目标；解决政府行为调整中的问题就是要通过相关制度的完善与健全来正确处理中央政府、地方政府、企业之间的关系，通过转变政府行为理念、构建公共财政体制并改革政府绩效评估标准来促使公共服务型政府的建立，通过完善地方政府权力制衡机制以从制度上约束地方政府"行为悖论"；解决意识形态与观念调整中的问题就是要一方面根据主导性与包容性并存、继承性与创新性兼顾、适应性与灵活性、有效性与实用性等原则继续发展与完善主流意识形态，另一方面还需要着力构建与社会主义市场经济体制相适应的文化基础和价值观念体系，以更好地指导与规范人们的市场行为。

通过深入研究，我们发现体制转型是一个系统工程，不仅包括正式的制度，还包括非正式制度与主体行为的调整，其中，行为主体在基于自身的利益目标和效用偏好发起制度变迁固然由其逐利的内在动力所致，但制度变迁并非单个行为主体理性选择和逐利的结果，而是不同利益集团之间博弈的结果，因此，分析制度变迁既要关注行为个体的收益成本比较，又要关注不同集团的利益博弈。此外，行为主体还需要具备一定发起制度变迁以获取利益的能力，这又与行为主体获得的权力正相关。地方政府之所以能够根据外部环境进行适应性调整并通过各种变异行为追求自身利益，一个很大原因在于中央政府的放权改革使其获得了一定的政治经济权力，有能力追求自身的经济利益和政治利益。利益动机与权力配置提供了行为主体追求自身利益的主客观条件，至于主体如何采取行动并如何推动制度变迁乃至最终的制度变迁朝何种方向发展以及会达到什么效果，主要还要受制于特定的制度环境，尤其是当时的意识形态以及相关配套制度的改革情况。体制转型中所出现的"非适应性"问题最根本的原因也主要是这两个原因。因此中国未来的改革实践需要重点解决的也是这两方面的问题，一个是深入进行相关配套制度的改革，最主要是政治制度与经济制度的配套改革；另一个是进行观念调整尤其是官方意识形态的适时调整。

体制转型中制度非耦合以及制度供给不平衡等问题，都可以最终归结为政治制度与经济制度改革的不配套。1978年改革开放以来，我国的经济制度改革虽然取得很大成就，然而政治体制改革的滞后却成为经济体制改革向纵深发展的障碍。对于二者之间的关系，邓小平早在20世纪80年代，就已明确指出强调经济体制改革必须同政治体制改革相适应，他说："政治体制改革同经济体制改革应该相互依赖，相互配合，只搞经济体制改革，不搞政治体制改革，经济体制改革也搞不通，因为首先遇到人的障碍。事情要人来做，你提倡放权，他那里收权，你有什么办法？从这个角度来讲，我们所有的改革最终能不能成功，还是决定于政治体制的改革"。①"我们提出改革时，就包括政治体制改革。现在经济体制改革每前进一步，都深深感到政治体制改革的必要性。不改革政治体制，就不能保障经济体制改革的成果，不能使经济体制改革继续前进，就会阻碍生产力的发展，阻碍四个现代化的实现"。②可见，邓小平已经把政治体制改革视为经济体制改革成功的必要条件。

邓小平也早就提出了国家权力结构体制层面的政治改革，然而在实践中，政治体制改革却主要被市场导向的经济体制改革所牵制。尤其是20世纪80年代末国内政治风波以后，稳定作为与改革、发展同等重要的议题被提上日程，改革的重点长期被限于行政体制层面，涉及国家权力结构体制的政治体制改革被搁置。权力高度集中、监督制约机制不健全、官员之间人身依附关系和庇护关系盘根错节、公权力由于缺少制约被滥用，导致贪污腐败泛滥。

最高决策层一直强调要适应经济体制和经济发展的需要，积极稳妥地推进政治体制改革，近30多年来政治体制改革也的确取得了不少成就：在政治价值观上承认了民主、法治、自由、人权等的普适性；提出了很多新理念，如"党政分开"、"健全民主制度""依法治国""建设社会主义政治文明""党内民主是党的生命" "科学执政、民主执政、依法执政" "以人为本、全面协调可持续的科学发展观"；加强了人民代表大会和党的代表大会的组织和程序建设；确立了主要领导干部有限任期制；从党的一元化领导体制转向坚持和完善党的领导下的各政权机关功能性分工的多元化政治体制；"三个代表"理论将从前被排斥在体制外的社会成员纳入到社会的政治生活中，使得排斥性的制度架构转变为包容性的制度架构；多党合作和政治协商制度得以完善和健全，使得党际民主参政有了质的提高；基层民主发展迅速，政治参与扩大化和制度化程度提高。这些现象表明，当下运行的政治体制远非改革开放前的那种个人的、非制度化的政治体制，而是一种正在逐步完善和变革中的非个人化且具有一定制度化的政

---

① 邓小平：《邓小平文选》（第3卷），北京：人民出版社1994年版，第164页。

② 同上书，第176页。

治体制。①

尽管在政治体制改革取得了以上这些成就,但是不可否认,总体而言,政治体制改革仍严重滞后于经济体制改革,集中体现在:② 第一,党政关系未能完全理顺。一方面体现在政权体系党政不分、以党代政的问题仍存在;另一方面体现在一些地方片面强调"党管干部"原则,并不顾实际工作需要,党委随意向地方政府及其所属部门委派干部,造成管人与管事脱节。第二,人民代表大会制度尚需健全,其作用尚未得以切实发挥。虽然经过改革,人民代表大会制度逐渐完善,其在国家政治生活中的地位也得以提高,但是还远未健全,对其他国家机关的监督机制尚未充分展开,党与人大的关系也急需进一步理顺,这些问题未能很好地解决,将影响人大在政治事件中的实际地位和作用的发挥。第三,尚未根除权力过分集中问题,包括在横向关系上,国家或政府的权力以及企业或经济组织的权力主要集中于党委领导机关;在纵向关系上,基层和下级组织的权力主要集中于上级领导机关;在个人与组织的关系上,组织的权力集中于主要领导者个人,形成领导者个人高度集权,从而产生官僚主义及其他弊端。

显然,政治体制改革相对于经济体制改革是滞后的。经过 30 多年的改革,经济基础基本上已经市场化了,但是,政治体制还基本是计划经济时那一套,因此,必须积极推动政治改革,使之适应市场经济发展的要求,实现"计划政治"向"民主政治"的转型。③ 目前,如何推进政治体制改革使其与经济体制改革相配套是体制转型中的重大课题。

体制转型的成功将意味着一个社会的良性发展,亦即经济与社会全面健康发展,这也就意味着观念、制度、行为三者相互协调,并能随外部客观环境和制度环境进行适应性调整,同时还要求能够达到效率与公平的均衡发展,这不仅是制度所追求的实质性绩效,也能够引导行为主体的行为,并对其理性选择构成必要的约束。要真正实现效率与公平的均衡发

---

① 张涛:《改革开放 30 年中国政治体制改革成就分析》,《社会主义研究》2008 年第 4 期,第 19 页。

② 张立荣:《当代中国行政制度改革的评析与前瞻》,《中国行政管理》2002 年第 3 期,第 59 页。

③ 关山:《任仲夷关于政治体制改革的思想》,《炎黄春秋》2006 年第 11 期,第 6 页。

展，不仅需要借助于某一方面或某一领域的制度建设，还需健全与完善其他配套制度，尤其是政治制度与经济制度的配套改革，同时也需要观念与意识形态的适时调整。我国转型时期，最重要的是要对现有产权结构和收入分配的现存安排及变革作出合理的说明，并需要建立健全一个较完备的社会公平体系，以保证资源无差别使用与配置；还需要调整政府理念，一个开明的政府应当认识到，效率与公平相对均衡的发展，是维系社会持续健康发展的根本前提，也是维系政府合法性的基础。

总之，中国的体制转型之路因工程浩大而显得漫长而艰辛，但也因上层领导集团的锐意进取、意识形态与指导思想的与时俱进、基层民众的创新精神以及对美好生活的渴求而变得充满希望！未来之路虽布满荆棘却也鲜花盛开！

参考文献

一 著作部分

[1] [比] 热若尔·罗兰：《转型与经济学》，张帆等译，北京：北京大学出版社 2002 年版。

[2] [波兰] 格泽戈尔兹·科勒德克：《从休克到治疗——后社会主义转轨的政治经济》，刘晓勇、应春子等译，上海：上海远东出版社 2000 年版。

[3] [德] 柯武刚、史漫飞：《制度经济学——经济秩序与公共政策》，韩朝华译，北京：商务印书馆 2000 年版。

[4] [美] 弗里德曼：《价格理论》，鲁晓龙等译，北京：商务印书馆 1994 年版。

[5] [美] R. 科斯、A. 阿尔钦、D. 诺斯：《财产权利与制度变迁——产权学派与新制度学派译文集》，刘守英等译，上海：上海三联书店、上海人民出版社 1994 年版。

[6] [美] V. 奥斯特罗姆、D. 菲尼、H. 皮希特编：《制度分析与发展的反思——问题与抉择》，王诚等译，北京：商务印书馆 1996 年版。

[7] [美] 安德鲁·肖特：《社会制度的经济理论》，陆铭、陈钊译，上海：上海财经大学出版社 2003 年版。

[8] [美] 丹尼尔·J. 伊拉扎：《联邦主义探索》，彭利平译，上海：上海三联书店 2004 年版。

[9] [美] 丹尼斯·C. 缪勒：《公共选择》，杨春学等译，北京：中国社会科学出版社 1999 年版。

[10] [美] 道格拉斯·C. 诺斯：《经济史上的结构和变革》，厉以平译，北京：商务印书馆 1992 年版。

[11][美]道格拉斯·C.诺斯：《制度、制度变迁与经济绩效》，杭行译，上海：格致出版社、上海三联书店、上海人民出版社2008年版。

[12][美]道格拉斯·诺斯，托马斯：《西方世界的兴起——新经济史》，厉以平、蔡拓译，北京：华夏出版社1989年版。

[13][美]凡勃伦：《有闲阶级论：关于制度的经济研究》，蔡受百译，北京：商务印书馆1964年版。

[14][美]康芒斯：《制度经济学（上册）》，于树生译，北京：商务印书馆1962年版。

[15][美]罗伯特·B.登哈特：《公共组织理论》，扶松茂、丁力译，北京：中国人民大学出版社2003年版。

[16][美]麦金农：《经济自由化的顺序——向市场经济转型中的金融控制》，李若谷，吴红卫译，北京：中国金融出版社1993年版。

[17][美]曼瑟尔·奥尔森：《集体行动的逻辑》，陈郁译，上海：上海三联书店、上海人民出版社1995年版，第28页。

[18][美]米尔顿·弗里德曼：《价格理论》，鲁晓龙等译，北京：商务印书馆1994年版。

[19][美]乔·萨托利：《民主新论》，冯克利，阎克文译，北京：东方出版社1997年版。

[20][日]青木昌彦：《比较制度分析》，周黎安译，上海：上海远东出版社2001年版。

[21][英]阿尔弗雷德·马歇尔：《经济学原理》，朱志泰译，北京：商务印书馆1981年版。

[22]陈国恒：《国有产权制度改革研究》，北京：中国社会科学出版社2004年版。

[23]陈宗胜：《中国经济体制市场化进程研究》，上海：上海人民出版社1999年版。

[24]单东主编：《浙江非国有经济年鉴2000》，北京：中华书局2000年版。

[25]邓小平：《邓小平文选（第2卷）》，北京：人民出版社1994年版。

[26]邓小平：《邓小平文选（第3卷）》，北京：人民出版社1994年版。

[27] 樊纲:《渐进改革的政治经济学分析》,上海:上海远东出版社1996年版。

[28] 樊纲:《渐进之路:对经济改革的经济学分析》,北京:社会科学文献出版社1993年版。

[29] 何显明:《市场化进程中的地方政府行为自主性研究》,博士学位论文,上海:复旦大学,2005年,第274—283页。

[30] 胡伟:《制度变迁中的县级政府行为——对A县个案的分析和研究》,北京:中国社会科学出版社2007年版。

[31] 黄佩华:《中国:国家发展与地方财政》,北京:中信出版社2003年版。

[32] 黄少安:《产权经济学导论》,北京:经济科学出版社2004年版。

[33] 季晓南:《产权结构、公司治理与企业绩效的关系研究》,博士学位论文,北京:北京交通大学,2009年。

[34] 金太军、赵晖:《中央与地方政府关系建构与调谐》,广州:广东人民出版社2004年版。

[35] 金祥荣、柯荣住等:《转型期农村经济制度的演化与创新——以沿海省份为例的研究》,杭州:浙江大学出版社2005年版。

[36] 景维民、孙景宇:《转型经济学》,北京:经济管理出版社2008年版。

[37] 李风圣:《中国制度变迁的博弈分析(1956—1989)》,博士学位论文,北京:中国社会科学院,2000年。

[38] 李国荣:《大型国有企业产权多元化改革问题研究》,博士学位论文,武汉:华中科技大学,2007年。

[39] 李兴耕等主编:《当代国外经济学家论市场经济》,北京:中共中央党校出版社1994年版。

[40] 厉以宁:《转型发展理论》,北京:同心出版社1996年版。

[41] 张问敏等:《中国经济大论战》,北京:经济科学出版社2005年版。

[42] 林毅夫:《论中国经济改革的渐进式道路》,《发展战略与经济改革》,北京:北京大学出版社2004年版。

［43］林毅夫：《中国奇迹：发展战略与经济改革》，上海：上海人民出版社1994年版。

［44］刘国光：《中国经济体制改革的模式研究》，中国社会科学出版社1988年版。

［45］刘金石：《中国转型期地方政府双重行为的经济学分析》，博士学位论文，成都：西南财经大学，2007年，第121页。

［46］刘小玄：《中国转轨过程中的产权和市场——关于市场、产权和行为、行为和绩效的分析》，上海：上海人民出版社、上海三联书店2003年版。

［47］柳新元：《利益冲突与制度变迁》，武汉：武汉大学出版社2002年版。

［48］卢现祥：《新制度经济学》，武汉：武汉大学出版社2004年版。

［49］陆建新：《中国制度创新中的地方政府行为悖论研究》，博士学位论文，北京：中国人民大学，1997年。

［50］吕炜：《经济转轨理论大纲》，北京：商务印书馆2006年版。

［51］罗必良：《新制度经济学》，太原：山西经济出版社2005年版。

［52］倪建涛：《经济转型与市场秩序重构》，北京：经济科学出版社2004年版。

［53］盛洪：《现代制度经济学》，北京：北京大学出版社2003年版。

［54］盛洪：《中国的过渡经济学》，上海：格致出版社、上海三联书店、上海人民出版社2009年版。

［55］史晋川、金祥荣、赵伟、罗卫东：《制度变迁与经济发展：温州模式研究》，杭州：浙江大学出版社2004年版。

［56］王凤生：《中国国有企业改革之探索》，北京：社会科学文献出版社2001年版。

［57］王绍光：《分权的底限》，北京：中国计划出版社1997年版。

［58］王玉海：《平滑转型推进的动力机制》，北京：社会科学文献出版社2007年版。

［59］魏礼群主编：《中国经济体制改革30年回顾与展望》，北京：人民出版社2008年版。

［60］谢庆奎等：《中国地方政府体制概论》，北京：中国广播电视出版社1998年版。

［61］严汉平等：《国有经济逻辑边界及战略调整》，北京：中国经济出版社2007年版。

［62］杨瑞龙主编：《国有企业治理结构的创新的经济学分析》，北京：中国人民大学出版社2001年版。

［63］姚洋：《制度与效率》，成都：四川人民出版社2002年版。

［64］叶勤良：《制度变迁中的政府行为分析——以苏南模式为研究对象》，博士学位论文，上海：复旦大学，2005年。

［65］张海生：《我国上市公司治理结构研究》，博士学位论文，武汉：华中科技大学，2008年。

［66］张军：《"双轨制"经济学：中国的经济改革（1978—1992）》，上海：上海三联书店1997年版。

［67］张旭昆：《制度演化分析导论》，杭州：浙江大学出版社2006年版。

［68］张宇：《中国的转型模式：反思与创新》，北京：经济科学出版社2006年版。

［69］张宇：《转型政治经济学——中国经济改革模式的理论阐释》，北京：中国人民大学出版社2008年版。

［70］张悦：《基于意识形态的中国农村土地制度变迁》，博士学位论文，沈阳：辽宁大学，2010年。

［71］张卓元主编：《论争与发展：中国经济理论50年》，昆明：云南人民出版社1999年版。

［72］章志诚等：《温州市志》，北京：中华书局1998年版，第1093页。

［73］赵德馨主编：《中华人民共和国经济史（1949—1966）》，郑州：河南人民出版社1989年版。

［74］周冰：《过渡性制度安排与平滑转型》，北京：社会科学文献出版社2007年版。

［75］周振华：《体制改革与经济增长》，上海：上海三联书店、上海人民出版社1999年版。

[76] 周振华:《体制变革与经济增长——中国经验与范式分析》,上海:上海三联书店、上海人民出版社 1999 年版。

[77] 左大培:《混乱的经济学》,北京:石油工业出版社 2002 年版。

二 论文部分

[1] [美] 大卫·科茨:《国家在经济转型中的作用》,陈晓译,《国外理论动态》2005 年第 2 期。

[2] [美] 道格拉斯·诺斯:《新制度经济学及其发展》,路平、何玮译,《经济社会体制比较》2002 年第 5 期。

[3] [美] 杰夫雷·萨克斯、胡永泰、杨小凯:《经济改革与宪政转型》,《开放时代》2000 年第 7 期。

[4] [美] 约瑟夫·斯蒂格利茨:《走向一种新的发展范式》,王燕燕译,《经济社会体制比较》2005 年第 1 期。

[5] 布成良:《地方政府在经济社会发展中的作用和制度创新——以"新苏南模式"为例》,《中共天津市委党校学报》2008 年第 2 期。

[6] 常征:《放弃苏南模式——苏南乡镇企业民营化改制纪实》,《经济观察报》2001 年 5 月 7 日。

[7] 陈天祥:《中国地方政府制度创新的角色及方式》,《中山大学学报》2002 年第 3 期。

[8] 陈宗胜:《论中国经济运行的大背景——双重过渡》,《天津社会科学》1995 年第 5 期。

[9] 戴长征:《国家权威碎裂化:成因、影响及对策分析》,《中国行政管理》2004 年第 6 期。

[10] 邓宏图:《转轨期中国制度变迁的演进论解释——以民营经济的演化过程为例》,《中国社会科学》2004 年第 5 期。

[11] 董全瑞:《诺斯意识形态理论与中国收入分配认同》,《江汉论坛》2006 年第 9 期。

[12] 樊纲、王小鲁、张立文、朱恒鹏:《中国各地区市场化相对进程报告》,《经济研究》2003 年第 3 期。

[13] 樊纲:《两种改革成本与两种改革方式》,《经济研究》1993 年第 1 期。

［14］樊纲：《论公共收支的新规范——我国乡镇"非规范收入"若干个案的研究与思考》，《经济研究》1995 年第 6 期。

［15］关山：《任仲夷关于政治体制改革的思想》，《炎黄春秋》2006 年第 11 期。

［16］郭小聪：《中国地方政府制度创新的理论：作用与地位》，《政治学研究》2000 年第 2 期。

［17］洪银兴、曹勇：《经济体制转轨时期的地方政府功能》，《经济研究》1996 年第 5 期。

［18］洪银兴、陈宝敏：《苏南模式的新发展——兼与温州模式比较》，《改革》2001 年第 4 期。

［19］洪银兴：《苏南模式的新发展和地方政府的转型》，《经济研究参考》2005 年第 1 期。

［20］洪银兴：《中国经济转型和转型经济学》，《经济学动态》2006 年第 7 期。

［21］胡书东：《加入 WTO 对中国中央与地方财政关系的影响》，《世界经济》2002 年第 3 期。

［22］黄桂田、张启春：《有限理性与制度变迁的渐进逻辑——对中国改革路径的一种理论认识》，《学习与探索》1999 年第 4 期。

［23］黄少安：《关于制度变迁的三个假说及其验证》，《中国社会科学》2000 年第 4 期。

［24］黄少安：《制度变迁主体角色转换假说及其对中国制度变革的解释》，《经济研究》1999 年第 1 期。

［25］贾康、白景明：《中国政府收入来源及完善对策研究》，《经济研究》1998 年第 6 期。

［26］金碚、黄群慧：《"新型国有企业"现象初步研究》，《中国工业经济》2005 年第 6 期。

［27］金碚：《国企改革再定位》，《中国工业经济》2010 年第 4 期。

［28］金太军、张劲松：《政府的自利性及其控制》，《江海学刊》2002 年第 2 期。

［29］金祥荣：《多种制度变迁方式并存和渐进转换的改革道路——"温州模式"及浙江改革经验》，《浙江大学学报》2000 年第 4 期。

［30］靳涛：《双层次互动进化博弈制度变迁模型——对中国经济制度渐进式变迁的解释》，《经济评论》2003年第3期。

［31］剧锦文：《世界经济大转轨中的转轨经济学》，《经济学消息报》1997年1月31日。

［32］李军杰、钟君：《中国地方政府经济行为分析——基于公共选择视角》，《中国工业经济》2004年第4期。

［33］李培林、张翼：《国有企业社会成本分析》，《中国社会科学》1999年第6期。

［34］李晟：《当代中国国家转型中的中央与地方分权》，《公共管理评论》2007年第1期。

［35］李寿喜：《产权、代理成本和代理效率》，《经济研究》2007年第1期。

［36］李艳：《中国关于新制度经济学意识形态的理论解读及其评价》，《学术交流》2010年第10期。

［37］李艳、罗小川：《中国关于制度变迁的理论性研究及其评价》，《云南社会科学》2009年第4期。

［38］李艳：《学界对中国国有企业效率认识分歧》，《山西财经大学学报》（财经理论与实务研究）2012年第3期。

［39］李艳、罗小川：《新制度产权理论在中国的研究与应用状况分析》，《廊坊师范学院学报》2012年第5期。

［40］李周：《现代企业制度的内涵与国有企业改革方向》，《经济研究》1997年第3期。

［41］刘承礼：《理解当代中国的中央与地方关系》，《当代经济科学》2008年第5期。

［42］刘汉屏、刘锡田：《地方政府竞争：分权、公共物品与制度创新》，《改革》2003年第6期。

［43］刘芍佳、李骥：《超产权论与企业绩效》，《经济研究》1998年第8期。

［44］刘小玄：《民营化改制对中国产业效率的效果分析——2001年全国普查工业数据的分析》，《经济研究》2004年第8期。

[45] 刘迎秋、刘霞辉：《非国有经济改革与发展 30 年：回顾与展望》，《经济与管理研究》2009 年。

[46] 刘元春：《国有企业的"效率悖论"及其深层次的解释》，《中国工业经济》2001 年第 7 期。

[47] 柳新元：《一致性意识形态与当代中国制度变迁的动力学》，《武汉大学学报》2006 年第 3 期。

[48] 卢新波：《对转型经济研究中激进与渐进二分法的评价》，《财经论丛》2008 年第 11 期。

[49] 吕炜：《中国式转轨与转轨的比较研究》，《经济研究参考》2006 年第 59 期。

[50] 罗峰：《马克思主义与诺斯的国家理论之比较》，《政治学研究》2001 年第 3 期。

[51] 罗仲伟：《中国国有企业改革：方法论和策略》，《中国工业经济》2009 年第 1 期。

[52] 马津龙：《温州股份合作制发展研究》，《浙江学刊》1994 年第 2 期。

[53] 马津龙：《温州经济改革的历史、现状和前景》，《技术经济与管理研究》1996 年第 3 期。

[54] 聂智琪：《制度变迁中的政府行为分析：苏南模式的启示》，《开放时代》2003 年第 2 期。

[55] 钱颖一：《第三种视角看企业的政府所有制——一种过渡性制度安排》，《经济导刊》2002 年第 5 期。

[56] 曲振涛、刘文革：《"宪政转轨论"评析》，《经济研究》2002 年第 7 期。

[57] 任保平、蒋万胜：《经济转型、市场秩序与非正式制度安排》，《学术月刊》2006 年第 9 期。

[58] 荣敬本、高新军、何增科、杨雪冬：《县乡两级的政治体制改革：如何建立民主的合作新体制》，《经济社会体制比较》1997 年第 4 期。

[59] 沈友军：《"诺斯悖论"的存在条件》，《云南行政学院学报》2001 年第 2 期。

［60］施端宁：《温州模式：转型时期的制度创新》，《社会科学战线》2003年第2期。

［61］时和兴：《论当代中国行政改革中的权力调整》，《社会科学战线》1994年第5期。

［62］宋林飞：《"苏南模式"的重大理论与实践问题》，《江海学刊》2001年第3期。

［63］托马斯·格雷：《论财产权的解体》，《经济社会体制比较》1994年第5期。

［64］王红领、张永山：《国有企业产权改革之我见——来自中国800家国有工业企业的实证分析》，《现代经济探讨》2005年第2期。

［65］文军：《从生存理性选择到社会理性选择：当代中国农民外出就业动因的社会学分析》，《社会学研究》2001年第6期。

［66］萧功秦：《改革开放以来意识形态创新的历史考察》，《天津社会科学》2006年第4期。

［67］杨光斌：《奥尔森集体行动理论的贡献与误区——一种新制度主义的解读》，《教学与研究》2006年第1期。

［68］杨光斌：《如何理解执政党的基本特征》，《学习月刊》2008年第1期。

［69］杨光斌：《我国经济转型时期国家权力结构的制度分析》，《学海》2006年第1期。

［70］杨光斌：《中国经济转型时期国家经济行为的政治学分析》，《中国人民大学学报》2004年第4期。

［71］杨龙：《新制度主义在中国的局限性分析》，《学习与探索》2005年第6期。

［72］杨瑞龙、邢华：《科斯定理与国家理论——权力、可信承诺与政治企业家》，《学术月刊》2007年第1期。

［73］杨瑞龙、杨其静：《阶梯式的渐进制度变迁模型再论地方政府在我国制度变迁中的作用》，《经济研究》2000年第3期。

［74］杨瑞龙：《论制度供给》，《经济研究》1993年第8期。

［75］杨瑞龙：《企业产权制度的变革与公司治理结构的创新》，《唯实》2000年第3期。

[76] 杨瑞龙:《我国制度变迁方式转换的三阶段论——兼论地方政府的制度创新行为》,《经济研究》1998年第1期。

[77] 杨天宇:《我国民营经济发展的制度性障碍研究》,《改革》2003年第6期。

[78] 姚先国:《浙江经济改革中的地方政府行为评析》,《浙江社会科学》1999年第3期。

[79] 姚洋、杨雷:《制度供给失衡和中国财政分权的后果》,《战略与管理》2003年第3期。

[80] 姚洋:《意识形态演变和制度变迁:以中国国有企业改制为例》,《江海学刊》2008年第5期。

[81] 袁庆明:《制度的效率及其决定》,《江苏社会科学》2002年第4期。

[82] 张德荣:《资源约束下的制度与制度变迁——对诺斯国家理论的补充》,《中南财经政法大学学报》2005年第5期。

[83] 张军,漫长:《中央—地方关系:一个演进的理论》,《学习与探索》1996年第3期。

[84] 张立荣、冷向明:《基本公共服务均等化取向下的政府行为变革》,《政治学研究》2007年第4期。

[85] 张立荣:《当代中国行政制度改革的评析与前瞻》,《中国行政管理》2002年第3期。

[86] 张曙光、赵农:《市场化及其测度——兼评"中国经济体制市场化进程研究"》,《经济研究》2000年第10期。

[87] 张涛:《改革开放30年中国政治体制改革成就分析》,《社会主义研究》2008年第4期。

[88] 张维迎:《公有制经济中的委托人—代理人关系:理论分析和政策含义》,《经济研究》1995年第4期。

[89] 张维迎:《控制权损失的不可补偿性与国有企业兼并中的产权障碍》,《经济研究》1998年第7期。

[90] 张文魁:《国有企业改革30年的中国范式及其挑战》,《改革》2008年第10期。

[91] 张旭昆：《民间自发的制度演化与政府主持的制度演化》，《财经论丛》2004 年第 4 期。

[92] 张宇：《论中国渐进式改革成功的原因》，《学习与探索》1997 年第 3 期。

[93] 张宇：《中国转型模式的含义和逻辑》，《经济社会体制比较》2008 年第 4 期。

[94] 章奇、刘明兴：《意识形态与政府干预》，《经济学》2005 年第 2 期。

[95] 李羚：《制度主义与意识形态的与时俱进》，《经济体制改革》2003 年第 3 期。

[96] 赵世勇、陈其广：《产权改革模式与企业技术效率——基于中国制造业改制企业数据的实证研究》，《经济研究》2007 年第 11 期。

[97] 周冰、黄卫华、商晨：《论过渡性制度安排》，《南开经济研究》2008 年第 2 期。

[98] 周冰、靳涛：《经济体制转型方式及其决定》，《中国社会科学》2005 年第 1 期。

[99] 周冰、李美嵩：《策略型过渡性制度安排——中国财政大包干体制研究》，《浙江大学学报》2006 年第 6 期。

[100] 周冰、商晨：《转型期的"国家理论"模型》，《江苏社会科学》2005 年第 1 期。

[101] 周冰、谭庆刚：《社区性组织与过渡性制度安排——中国乡镇企业的制度属性探讨》，《南开经济研究》2006 年第 6 期。

[102] 周冰：《"红帽子"企业产权现象的理论命题》，《中国流通经济》2005 年第 1 期。

[103] 周冰：《中国转型期经济改革理论的发展》，《南开学报》2004 年第 2 期。

[104] 周冰：《转型经济学在中国的兴起和学科定位》，《社会科学战线》2009 年第 7 期。

[105] 周黎安：《晋升博弈中政府官员的激励与合作》，《经济研究》2004 年第 6 期。

[106] 周其仁：《市场里的企业：一个人力资本与非人力资本的特别合约》，《经济研究》1996年第6期。

[107] 周雪光：《基层政府间的"共谋现象"：一个政府行为的制度逻辑》，《社会学研究》2008年第6期。

[108] 周业安：《地方政府竞争与经济增长》，《中国人民大学学报》2003年第1期。

[109] 周业安：《中国制度变迁的演进论解释》，《经济研究》2000年第5期。

[110] 周振华：《地方政府行为方式与地方经济自主发展》，《学习与探索》1999年第3期。

[111] 周振华：《经济发展中的政府选择》，《上海经济研究》2004年第7期。

[112] 周振华：《中国制度创新的改革程序设定》，《经济研究》1998年第2期。

[113] 朱光磊、张志红：《"职责同构"批判》，《北京大学学报》2005年第1期。

[114] 朱华、钱陈：《国家的起源、作用与演变——关于国家理论的比较分析》，《浙江工程学院学报》2004年第4期。

[115] 朱巧玲：《国家行为与产权：一个新制度经济学的分析框架》，《改革与战略》2008年第1期。

[116] 祝志勇：《国有企业的市场目标和社会目标相融性探析》，《财经问题研究》2007年第1期。

三　外文文献

[1] Bromley, Daniel. Sufficient Reason：Institutipons and Economic Change. Manuscript, 2000.

[2] Jeffrey Sachs and Wing Thye Woo. Structural factors in the economic reform of China, Eastern Europe, and Former Soviet Union. Economic Policy, April 1994.

[3] K. Polanyi. The Economy as Instituted Process. In：Granovetter and Swedberg（ed.），1992.

［4］Kolodko, Grzegorz W. Ten Years of Postsocialist Transition: the Lessons for Policy Reforms. Journal for Institutional Innovation, Development and Transition, Vol. 4, 2000.

［5］Kornai, Janos. What the Change of System from Socialism to Capitalism Does and Does not Mean. Journal of Economic Perspectives, Vol. 1, No. 1 (Winter 2000).

［6］Mcmillan, J. and B. Naughton. How to Reform a Planned Economy: Lesson From China. Oxford Review of Economic Policy, Vol. 8, No. 1, 1992.

［7］Montinola Gabriella, Yingyi Qian, and Barry Weingast Federalism. Chinese Style: The Political Basis for Economic Success. World Politics 48, 1 (1996).

［8］North, Douglass and Robert Thomas. The Rise of the Western World. Cambridge [England]: University Press, 1973.

［9］O'Brien, Kevin J. & Lianjiang Li. Selective Policy Implementation in Rural China. Comparative Politcs, 1999 (31).

［10］Peter Nolan. China's Post Maoist Political Economy: A Puzzle. Contributions to Political Economy, 1993 (12).

［11］Sacks, J. Wing Thye Woo and Xiaokai Yang. Economic Reforms and Constitutional Transtion. CID Working Paper, April 2000, No. 42.

［12］Yingyi Qian, Chenggang Xu. Why China's Economoc Reforms Differ: The M – Form Hierarachy and Entry/Expansion of the Non – State Sector. The Economics of Transition, 1993, Vol. 1 (2).

［13］Yoshio Wada. Incentives and Property Rights in China's state – owned enterprise reform. OECF Journal of Development Assistance, Vol. 4, No. 1, 1998.

［14］Zhou, Xueguang, Yun Ai & Hong Lian 2012, The Limit of Bureaucratic Power: The Case of the Chinece Bureaucracy. Research in the Sociology of Organizations (34).

后　　记

本书是在我的博士论文基础上修改而成。书稿终于顿笔，回想当年读博的艰辛和论文写作时期的彷徨困顿，心中五味杂陈！从完成博士论文，到进而形成此书，一路艰辛走来，得到了太多人的关心和无私帮助，此时此刻，千言万语，汇聚内心的只有感恩和感谢！

感谢我的导师南开大学周恩来政府管理学院杨龙教授！杨老师是我本科时的老师，有幸又成为杨老师的博士生，在整个读博期间，更深刻地感受到杨老师渊博的知识、严谨的治学态度以及求实认真的品格。有幸参与杨老师的教育部课题，使我有机会接触到新制度主义理论并更深入地思考一些问题，过程虽艰辛但有所获。对于自己在论文写作中反复换题目、换思路，杨老师始终给我以最大的支持。在对文稿的审阅和修改上，杨老师不辞辛苦倾注很多心血一遍一遍地修改，往往在我犹疑不决、思绪混乱之时，杨老师的启发令我茅塞顿开。在此，我对杨老师发自内心真诚致谢！同时，也感谢师母的慈祥、和蔼与善解人意，对学生有如亲人般的体谅和关心！

感谢南开大学副校长朱光磊教授！朱老师是我大学本科时的辅导员，并主教我们《政治学概论》。他热爱学生，知识渊博，对教育事业充满激情，和学生打成一片。读博期间有幸又能跟朱老师学习，听朱老师教诲，他的言传身教令我终生受益。

感谢南开大学周恩来政府管理学院常健教授、孙晓春教授、谭融教授、季乃礼教授，在论文开题、预答辩以及正式答辩时，他们以渊博的知识、深邃的洞察力和独到的见解为本书的写作和修改提出了许多宝贵的意见和建议；也感谢论文外审专家清华大学韩冬雪教授、国家行政学院许耀桐教授、复旦大学朱春奎教授、吉林大学王彩波教授、天津师范大学吴春华教授，感谢他们百忙之中审阅通过论文并提出宝贵意见，使论文得以不断完善和提高。

感谢我的硕士生导师河北地质大学校长王凤鸣教授和河北师范大学郝保英教授多年来对我学业和生活的关心与帮助！他们宽厚善良的品格总令人如沐春风，和谐温暖。

感谢南开！我的母校！南开的一草一木、一景一物，老图书馆对面的周总理塑像、马蹄湖夏天恬静和美的莲花、铺满沧桑的大中路……给我留下人生中最深刻的记忆，伴我走过一生！感谢她对我的垂青和关爱，从本科到博士，没有她的庇护，我无法走到今天。感谢我的大学同学，尤其要感谢南开大学政治学系主任程同顺教授和天津社会科学院的叶国平研究员，感谢他们在生活与学业上对我的帮助与照顾！

感谢我的同门师兄弟、师姐妹们！他们是张振华、刘畅、郭海英、彭彦强、罗国亮、徐晴、郑春勇、刘建军、寇大伟、成为杰、戴树青等博士，他们对论文提出了很多中肯的建议，帮助我分担了大量烦琐的事务，使我有更多时间和精力来准备答辩。

感谢周恩来政府管理学院的张国军博士在论文后续工作中帮助我解决了一些技术性问题，对论文提出很好的建议。感谢历史学院的马金霞博士帮助我解决很多电脑操作上的问题，为我顺利答辩提供便利。也感谢先后与我同宿舍的经济管理学院崔光华博士、周恩来政府管理学院曲妍博士和范围博士，这几位美丽善良、聪慧乐观且不失童趣的女孩，给我紧张沉闷的学习生活添加几分明快的色彩。

感谢我的同事兼好友戴俊兰、赵海英、毕连芳、兰红燕、王敏、刘翠娥、胡丽敏等老师，她们总会在我论文写作陷入彷徨无助和孤独苦闷之时，给我以很多慰藉。她们热心开朗和积极向上的心态，一直感染着我。

感谢爱人与我共同的朋友，他们是王军和朱新艳夫妇、张文鑫和白国红夫妇、袁培红和裴瑞君夫妇，感谢他们在各种场合对我继续学业的鼓励和鞭策。

尤其要感谢我最敬爱的母亲！父亲在我年少时去世，母亲含辛茹苦拉扯大我，我无以为报！读博的艰辛和困顿使我时常向母亲倾诉，她始终让我咬牙坚持，就在2012年11月她去世前一天的电话中，母亲还在鼓励督促我。母亲突然离去，我的世界完全塌了下来！经历了无数个泪湿衣襟的白昼和梦中哭醒的夜晚,论文终于落下最后一笔,心却异常沉痛。在此,谨以此书纪念我深爱着的母亲,告慰她在天之灵!感谢母亲多年来的养育之恩!愿她一路走好,勿再牵挂!往生善处,往生净土!

感谢我的哥哥姐姐!自我还是青少年时,他们就承担了大家庭的重担,帮助母亲照顾没有父亲的家庭,也令我感受到大家庭的温暖与欢乐。读博期间,又是他们一直帮我照顾母亲,让我在这几年可以尽可能专心读书,没有他们的付出,不要说博士,恐怕连大学本科我也无法完成。

感谢我的公公婆婆!我们多年来和睦相处,在我求学路上一再支持和帮助我。读博期间,他们从四川老家不远千里来到石家庄帮我照顾孩子和家庭,对我也格外关心,使我能安心地写作与生活。

感谢我的爱人和儿子!为了支持我求学,他们付出太多,也承受太多!爱人虽工作繁重,事务繁忙,多年来却无怨无悔地照顾我和孩子,并帮助我感恩与回馈亲人。我可爱的儿子心地善良,积极向上,经常激励我抓紧写论文,从不介意读博期间我对他的疏忽。

感谢河北师范大学马克思主义学院对本书出版提供资助!感谢马克思主义学院及法政与公共管理学院的各位领导和老师对我的关心和帮助!本书是作者承担的2015年河北省社会科学基金项目成果(项目编号:HB15ZZ012);同时本书也得到博士基金项目和校内基金项目的支持,在此,我对这些项目资助单位表示感谢!

最后,特别要感谢中国社会科学出版社编辑冯春凤老师对本书出版给予的指导和支持!

李艳

2016年7月15日